I0225301

Les Cahiers
d'Irem

5

LES ÉDITIONS DE L'ŒIL DU SPHINX
36-42 rue de la Villette
75019 PARIS, France
www.œildusphinx.com
ods@œildusphinx.com

Le Code de la propriété intellectuelle n'autorisant aux termes de l'article L. 122-5, 2° et 3°a, d'une part, que les " copies de reproductions strictement réservées à l'usage privé du copiste et non destinées à une utilisation collective " et, d'autre part, que les analyses et les courtes citations, dans un but d'exemple ou d'illustration, " toute représentation ou reproduction intégrale ou partielle faite sans le consentement de l'auteur ou de ses ayants droit ou ayants cause, est illicite " (art. L. 122-4). Toute représentation ou reproduction par quelque procédé que ce soit, contribuerait donc à une contrefaçon sanctionnée par les articles L. 355-2 et suivants du Code de la propriété intellectuelle.

© **2019 LES ÉDITIONS DE L'ŒIL DU SPHINX**

ISBN : 978-2-38014-011-8
EAN : 9782380140118
ISSN de la collection : 1627-6809
Dépôt Légal : décembre 2019

Illustration de couverture par Dana IN ©

Gérard d'Yvie

L'ARBRE AUX FEUILLES D'OR

Remerciements :

Je tiens à remercier tout d'abord mon éditeur, Philippe Marlin, sans qui ce projet n'aurait peut-être pas vu le jour. Son intérêt pour les sciences ésotériques, même sous forme romancée, fait de l'Œil du Sphinx une maison d'édition unique en son genre. Ce fut grâce à l'intervention de mon ami Emmanuel Thibault que je rentrai en contact avec l'ODS. C'est aussi lui qui a relu la première version du texte, m'encourageant à aller de l'avant, merci beaucoup, Emmanuel !

Il a tout d'abord fallu trouver ce qui allait constituer la matière première de ce récit : l'enseignement gnostique. Ceci a pu se réaliser par ma rencontre, il y a presque quarante ans, avec Imre Vallyon et après avoir suivi pendant toutes ces années son enseignement holistique portant sur toutes les traditions spirituelles. Imre a autorisé l'insertion dans ce roman des clés de tarot légèrement modifiées de la *Foundation for Higher Learning* ; les citations alchimiques sont aussi de lui. Peut-on jamais assez remercier son maître spirituel ? Je le fais donc une fois encore de toute mon âme et je lui dédie ce livre.

Finalement que serais-je devenu pendant tout ce temps si je n'avais pu partager cette spiritualité vécue, et bien d'autres choses, avec mon épouse Béatrice ; elle est aussi une relectrice assidue et le texte de ce roman a bien profité de sa sagacité. Béatrice, je t'embrasse de tout mon cœur.

G.

Avant-propos

Au début du siècle suivant la période où se situe ce récit, plus précisément en 1516, le réformateur Zwingli rencontra Érasme, l'éducateur. L'année suivante, Luther publia ses 95 thèses. La Réforme s'installait dans le Saint-Empire Romain Germanique et dans une partie des cantons suisses qui rejetèrent le catholicisme. En 1541, Calvin instaura même une république réformée à Genève. Cette libération du joug de l'Église catholique romaine permit à bien des libres-penseurs de s'exprimer sans risque de finir sur le bûcher ou décapités ; on continua cependant à brûler les sorcières... Au XVIᵉ siècle, on vit ainsi fleurir dans le Saint-Empire et les régions limitrophes une foule de philosophes, de kabbalistes, d'alchimistes et de mystiques qui dévoilèrent une connaissance jusque là bien cachée. On peut en citer certains dont les œuvres nous sont encore accessibles comme Johannes Reuchlin, Johannes Trithemius, Heinrich Agrippa, l'archimage Athanasius Kircher, Aegidius Gutmann – peut-être le premier Rose+Croix – Valentin Weigel, le mystique, Heinrich Khunrath, Johann Arndt, Kaspar Schwenckfeld, et les écrits plus connus de Jakob Böhme, Paracelse et Nikolaus von Kues pour le Saint-Empire, John Dee en Angleterre ou encore Marsile Ficin, Pic de la Mirandole et Giordano Bruno en Italie – ce dernier finit sur un bûcher en 1600 – et Guillaume Postel, l'érudit français.

Cette théosophie se manifesta, entre autres, à travers l'apparition du mouvement Rose+Croix en 1614 en Allemagne, pendant que les guildes de maçons tailleurs de pierres donnaient naissance en Angleterre à la Franc-maçonnerie, officiellement en 1717. Tous ces mouvements se réclamaient de la même source ésotérique : les Mystères de l'Antiquité revus à l'éclairage du christianisme des premiers siècles, mais ils diffèrent grandement dans leur façon de les présenter. À partir de la fin du XIXᵉ siècle, ce renouveau spirituel connut un nouvel élan dans l'ensemble de l'Europe. Avec notamment la fondation du mouvement théosophique, à New York en 1875, sous la conduite de Madame Blavatsky et ses associés, l'enseignement gnostique se vit mis en parallèle avec celui provenant de l'hindouisme, le *moto* de ce mouvement qui se voulait universel étant : « il n'y a pas de religion plus élevée que la Vérité ». Puis, au XXᵉ siècle, Paul Foster Case fonda en Californie le B.O.T.A. – *the Builders of the Adytum*, les Constructeurs du Temple, et proposa une nouvelle version des 22 arcanes majeurs. Une école des Mystères contemporaine émergea ainsi outre-Atlantique, alors même que l'Europe se trouvait dévastée par les guerres. D'autres mouvements encore plus actuels prolongent

8

cet enseignement autour des archétypes symbolisés dans l'Arbre de Vie, dont est directement inspirée la matière de ce récit. De nouveaux symboles ont été décryptés, l'enseignement se donne une ouverture universelle et inclut des techniques de méditation empruntées aux traditions orientales pour proposer un autre regard sur le monde que celui du matérialisme ou des religions fondamentalistes. Les arcanes majeurs du Tarot présentés dans ce livre sont dérivés de ceux utilisés par la *Foundation of Higher Learning*. Pour les versions en couleurs, le Tarot de Rider Waite est certainement celle qui est le plus accessible sur Internet, mais le Tarot du BOTA est, lui, plus proche de celui dont il est question ici.

Gérard d'Yvie

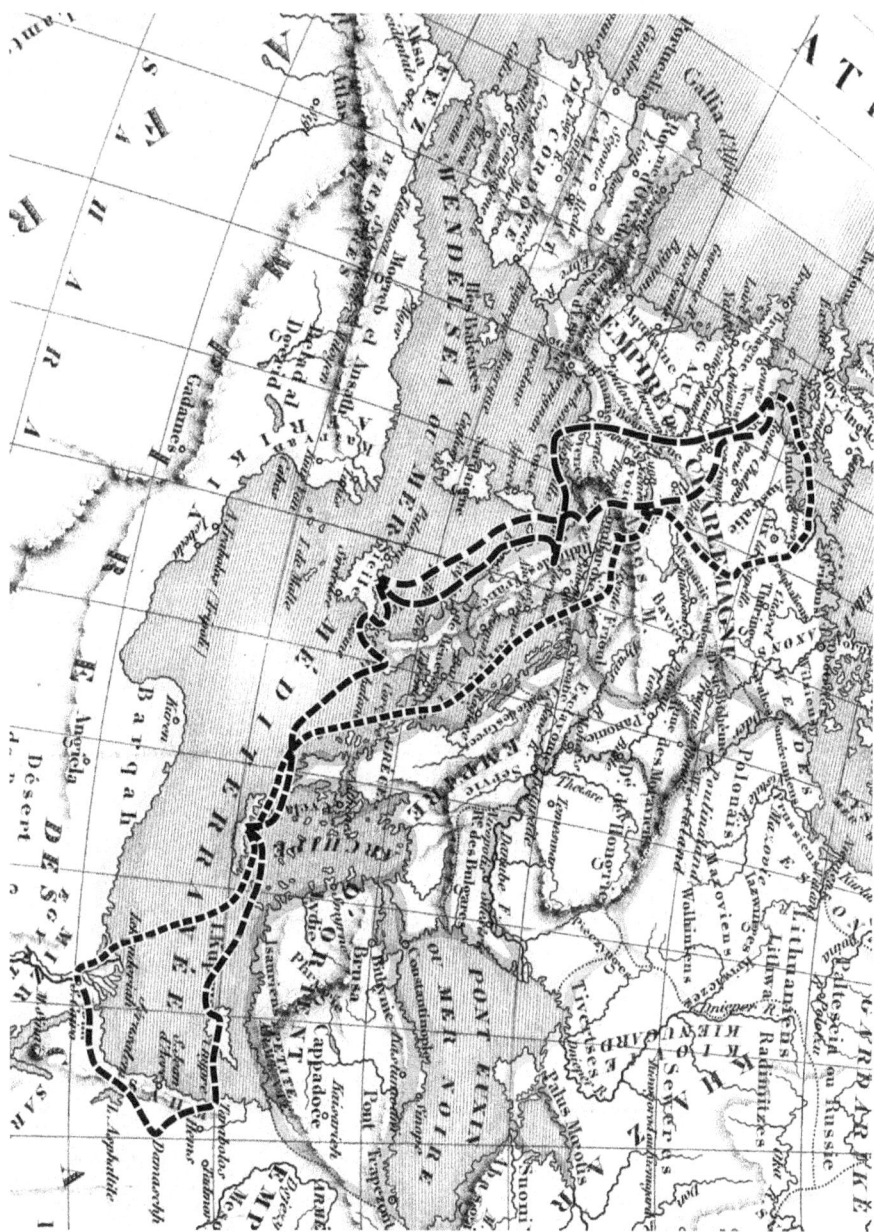

Le monde méditerranéen et les périples de Gabriel (Atlas Malte-Brun)

1431

— Sois comme le Soleil ! Lumineux, chaleureux et infatigable...

Pourquoi cette injonction de Jérémie me revenait-elle soudain à l'esprit ? Certainement à cause de ces pensées de découragement qui m'avaient assailli pendant la montée vers le col, sur ce chemin poussiéreux des Pyrénées, sous un soleil très ardent et avec une mule que je devais tirer derrière moi.

Il m'avait dit cela je devais avoir cinq ou six ans. Vingt ans déjà... je me sentais soudain un peu plus vieux. Infatigable ! J'avais fait remarquer à mon grand-père que le soleil se couchait tous les soirs.

— Il se couche parce qu'il est fatigué ?

— Non, mon garçon, il ne se couche pas, il brille ailleurs sur la terre.

S'en suivit une longue leçon sur Maître Soleil et l'agencement du cosmos. L'enseignement ne s'était jamais arrêté depuis ce jour-là, et de l'extérieur du cosmos nous passâmes aux Mystères qui se tenaient à l'intérieur de celui-ci. L'intérieur semblait encore plus vaste que l'extérieur, et ce que j'en avais expérimenté à travers mes contemplations et méditations n'en représentait qu'une infime partie.

Jérémie, *Maître* Jérémie, commençait à me manquer. Dix ans, onze peut-être, passés avec lui sur toutes sortes de chemin – moins raides que celui-ci et bien souvent sans soleil. Que de villes visitées et de gens rencontrés... et j'étais bien décidé à continuer, à revoir ces petits groupes de compagnons dispersés çà et là, comme au long de la vallée du Rhin, et avec qui nous avions tant partagé.

Mais voilà, l'empire germanique était encore bien loin ; fallait-il vraiment aller là-bas, ou y aurait-il d'autres lieux à visiter, d'autres groupes à trouver ou à former ? Comment s'y prendre ? Avec Jérémie tout se passait naturellement, en serait-il de même pour moi ?

Décidément, la solitude n'était pas une compagne très agréable, toutes ces questions semblaient me faire perdre confiance. Et pourtant, avant mon départ, lorsque j'avais laissé Jérémie auprès des siens dans ce petit village de Catalogne, tout paraissait clair.

Peut-être qu'en chemin je pourrais aller revoir cette famille éloignée à Marseille et m'y installer pour quelque temps avant d'aller plus loin. Lorsque nous étions partis de Florence pour le Saint-Empire – j'avais tout juste quinze ans, Jérémie n'avait pas désiré traverser les Alpes, nous avions donc pris un bateau pour Marseille et demeuré quelques semaines chez ma grand-tante Miriame.

Celle-ci était alitée, elle avait l'air mourante, mais en me voyant elle s'était exclamée :

— Te voilà de retour, mon garçon, tu as fait bien vite !

Qu'avait-elle voulu dire ? Cela restait un mystère, car je ne l'avais jamais vu auparavant. Et puis toute mon attention était prise par une jeune fille se tenant au chevet du lit – son regard m'avait enflammé le cœur… et il me semblait bien que cela fût réciproque. Un autre soir, alors que j'allais rendre une dernière visite à la tante avec l'espoir de revoir la jeune fille, ce fut comme une apparition qui se présenta à moi : un ange veillait sur la vieille Miriame !

L'ange, la jeune fille, était-elle toujours présente dans cette maisonnée ? Je me disais qu'elle était certainement mariée et mère de famille maintenant, ou au couvent, qui sait ? J'avais bien rencontré quelques autres demoiselles le long du périple qui nous avait amenés jusqu'en Bohème puis en Angleterre. À chaque fois que la relation allait devenir sérieuse, des événements désastreux nous avaient poussés à fuir l'endroit précipitamment, laissant tout derrière nous.

Cela me fit sourire, mon destin était peut-être de me transformer en ermite, seul dans une grotte ou au fond d'une forêt. Non ! ou pas avant longtemps. Je devrais aussi songer à retourner à Florence, voir mon oncle Guiseppe – pour autant qu'il soit toujours vivant. Une fois plus ou moins bien établi à Oxford nous avions pu échangé un courrier avec lui. Depuis, plus de nouvelle ; il y avait bien de ça trois ans.

Dans sa longue lettre, il m'annonçait le décès de mon père, celui-ci était devenu fou après la mort de maman, événements qui m'avaient amené à quitter Florence avec Jérémie, mon grand-père. Guiseppe exposait comment la ville se transformait de jour en jour. Il y arrivait de nombreux artistes en tout genre, une renaissance disait-il. Mon oncle était sculpteur, et il avait inventé une façon de faire des empreintes multiples sur papier à partir de blocs en bois sculptés. Ou plutôt c'était Jérémie qui avait eu cette idée, il l'avait vue pratiquée en Égypte.

Et voilà que la mule me tire hors du chemin à la rencontre de grosses touffes d'herbe fraîche, il me faudra encore attendre avant de découvrir le paysage de l'autre côté du col.

Et toutes ces langues! Pourquoi faut-il que chaque recoin de pays ait sa propre langue? Tout le monde ne sait pas le latin et encore moins le grec. Comment enseigner *Gnosis* et *Sofia* dans une langue inconnue ? Jérémie avait réussi cet exploit, il avait assemblé cette suite d'icônes, d'arcanes emplis de symboles sur lesquels il faisait méditer les gens, et la transformation de la conscience se produisait sans autres artifices. Miraculeux!

C'était pourquoi oncle Giuseppe avait élaboré des dizaines de copies de ces 22 arcanes que Jérémie avait distribuées au long de ses nombreux voyages. Bien plus tard, arrivé en Angleterre, il n'en restait plus qu'une série un peu défraichie. Alors, mes talents d'enlumineur me permirent de redessiner ces images mystérieuses. Chaque jour je recopiais mes épreuves puis je les coloriais sous la supervision de Jérémie. Il fallait que chaque détail soit précis :

— Tout a une signification sur ces arcanes, affirmait-il.

Tout a une signification, il le répétait souvent, cependant cette signification semblait m'échapper de temps en temps… Il m'avait fait découvrir le jeu des éléments dans la nature, dans les gens, c'était une science bien précieuse, celle que certains appelaient l'alchimie et d'autres le Grand-Œuvre. Combinée avec les arcanes nous tenions là l'essence de la Gnose, la porte d'entrée du chemin de l'âme.

Penser à mon âme mit fin à mes divagations et la mule reprit son chemin. J'arrivai enfin au point de vue sur l'autre côté de la chaîne de montagnes. Le pays cathare! Jérémie m'en avait parlé à maintes reprises ; il venait de cette région et avait réussi à y assembler un nouveau groupe gnostique lorsqu'il était jeune. Cette entreprise s'était terminée d'une façon dramatique, l'inquisition les avait découverts, son épouse avait péri pendant l'arrestation, lui permettant de fuir avec maman qui était encore toute petite.

Heureusement, Jérémie avait pu échapper à toutes les tentatives de l'Église d'empêcher le savoir immémorial d'atteindre ces âmes en peine placées sur son chemin. J'espérais non sans crainte qu'il en soit ainsi pour moi-même.

— Tu dois te considérer comme un *guerrier spirituel*, disait Jérémie. Tu ne te bats pas pour la guerre, mais pour la paix, surtout la *paix intérieure*. Tes meilleures armes sont tes vertus, ainsi que l'Amour et la compassion qui en découle, même envers tes ennemis et aussi envers toi-même.

Je repris la descente vers la vallée d'un cœur joyeux.

1er janvier 1400, quelque part en Normandie

— Gabriel, mon ange, lève-toi !

L'ordre réitéré de maman Jeanne me poussa finalement hors de ma couche jusqu'à l'âtre où elle se tenait. Je déposai une bise sur ses joues rougies et finis de m'habiller devant le feu. Il y avait une bonne odeur de soupe et de pain fraîchement cuit.

— Monsieur le curé va bientôt revenir de la messe, coiffe-toi un peu ! Et va *rabutlyier* le feu.

J'allai remettre quelques bûches dans le foyer.

— Je vais aller chercher du bois, il n'y en a presque plus.

Je me trouvai bien brave de décider ainsi au sortir du lit d'aller affronter le froid glacial de ce Premier de l'an.

— En même temps, va voir s'il y a des œufs frais, ajouta maman Jeanne.

Notre chaumière donnait par une petite porte sur la cuisine de la nouvelle maison à pan de bois de M. le Curé. Ce dernier finissait l'office en ce moment même dans notre chapelle toute proche, dédiée à Saint-Michel. Elle aurait dû être refaite en belles pierres blanches, comme celle que j'avais vue à Caen, mais rien n'avait encore été entrepris. On ne savait pas si cette *cathédrale des herbages* serait un jour construite.

De l'autre côté de la nouvelle maison se trouvaient quelques bâtiments de ferme, le poulailler et à côté, la remise avec le bois sec. Dehors, tout était blanc et glacé, y compris le soleil qui semblait ne rien réchauffer.

— Bonne année les poulettes ! Avez-vous fait de jolis œufs ? J'aimais bien parler aux animaux.

— Si vous ne pondez pas assez d'œufs, maman Jeanne va vous mettre à la casserole…

Je trouvai quelques œufs que je mis dans un petit panier, puis je posai autant de bûches que possible en équilibre sur l'autre bras et revins bien chargé jusqu'à la cuisine de M. le Curé.

Peu après, des bruits de pas à l'extérieur indiquèrent que notre bon curé et Sébastien, le *rébé*, étaient sur le point d'entrer. Ils apparurent dans la cuisine, l'air frigorifié.

— Ma bonne Jeanne, donnez-nous vite quelque chose de chaud, ce pauvre petit est à moitié gelé, dit M. le Curé en montrant un Sébastien aux lèvres bleuies et aux doigts rougis. Ce dernier ne dit pas un mot, nous saluant quand même du regard.

Il faisait très froid et chaque hiver semblait plus glacial que le précédent, les étés étaient devenus très pluvieux, les gens se plaignaient de ces changements de temps qui n'allaient pas dans le bon sens, mais que pouvions-nous y faire ? Certains disaient que c'était la fin du monde, que tout allait geler et c'en serait fini des hommes sur terre.

Après s'être tous mis à table, M. le Curé se tourna vers moi :

— Alors, Gabriel, j'espère que tu as bien profité de ce repos matinal… et réfléchi à ce que ça fait de se réveiller le 1er de l'an 1400.

D'habitude, j'assistais M. le Curé pour les messes journalières du matin, sauf les dimanches et jours de fête, comme aujourd'hui, où je devais aussi m'occuper de la grand-messe. Alors, c'était généralement Sébastien qui était servant à la première messe du matin.

— Oui, M. le Curé, j'y ai réfléchi.

— Et…

— et bien voilà, d'abord j'ai essayé de m'imaginer il y a 1000 ans, le 1er de l'an 400… Mais, comme je l'ai appris de vous-même, ceci n'aurait pas été très intéressant de se retrouver à cette époque, avec tous ces païens et ces barbares…

Monsieur le curé acquiesça de la tête, je continuai :

— Alors je me suis imaginé dans le futur, je fis une pause pour engloutir un peu de ce bon pain que maman Jeanne venait de cuire.

— Dans le futur ?

— Oui ! Le 1er de l'an 2000 ! En plus, ce ne sera pas seulement un nouveau siècle, mais aussi un nouveau millénaire, autre pause pour engloutir la soupe aux pois.

— Et...

— Et je me suis dit que peut-être ce serait mieux de se réveiller à cette époque-là... il y eut un bruit provenant de Sébastien qui semblait s'être un peu dégelé ; grâce à la soupe aux pois, il pouvait à nouveau parler :

— En l'an 2000, la terre aura disparu ! bafouilla-t-il.

— Disparue ? s'exclama M. le curé en levant les sourcils dans la direction de Sébastien, puis il ajouta en souriant :

— Elle est bien passée par l'an mille, alors l'an deux mille ça devrait aller, non ?

Sébastien fit mine d'acquiescer, mais ne put s'empêcher de répondre :

— Mon père dit qu'il fait chaque année plus froid et que dans un siècle, la terre sera toute gelée et tout le monde sera mort.

— Arrête de dire des bêtises, Sébastien, répliqua M. le Curé, puis il continua :

— Alors qu'est-ce qui sera mieux en l'an deux mille que maintenant, Gabriel ?

— Eh bien, je pense... j'espère ! que les gens auront fini de se faire la guerre, qu'on sera enfin en paix... et que chacun aura sa terre... et que tout le monde pourra manger à sa faim...

— Euh… Oui, espérons-le, Gabriel, espérons-le! S'empressa de dire
M. le Curé qui ne voulait pas me laisser aller plus avant dans l'exposition
de mes idées égalitaires. Mais encore?

— Bah… finalement… je me suis dit que ce n'était pas si mal, ici et
maintenant… Que j'avais beaucoup de bonheur à vous avoir, vous,
comme tuteur, et maman Jeanne qui me donne tant d'amour! Et toi
aussi, Sébastien, tu es mon meilleur ami, tu sais? Il y eut un grand
silence après cette déclaration qui m'étonna moi-même, mais c'était
certainement le bon moment pour la faire, en ce 1er de l'an.

Mes parents avaient disparu sept ans auparavant. M. le Curé m'avait
recueilli chez lui, Jeanne se trouvait là aussi, elle venait d'arriver
comme servante et m'avait adopté tout de suite, j'avais neuf ans. Il
faut dire, comme je l'appris par la suite, qu'elle avait *perdu* son enfant.
Il n'était pas mort en fait, mais lui avait été retiré tout bébé, le père
étant un prêtre; elle n'avait jamais su où l'enfant avait été placé.

J'étais devenu son enfant de remplacement… et elle, ma nouvelle maman.

— Mon Gabriel, sache que nous t'aimons aussi… et on est bien
content que tu sois heureux avec nous. N'est-ce pas ma bonne
Jeanne?

Maman Jeanne n'avait encore rien dit, bien qu'elle ait ouvert la bouche
à plusieurs reprises pour le faire. Elle se décida à parler:

— J'ai toujours dit que mon Gabriel était un ange; elle vint s'asseoir à
table avec l'omelette qu'elle avait préparée pendant notre discussion.
Mais c'est grâce à vous M. le Curé, et vous en avez fait un savant.

M. le Curé avait été professeur de droit romain à l'université d'Orléans.
Il s'était passé quelque chose dont il ne voulait pas trop parler et qui
l'avait amené à devenir curé à Rouen, puis finalement ici dans notre
beau village du Pays-d'Auge.

Il avait découvert mon don pour les langues, j'avais appris le latin et
le grec avec lui. Ce qui fait que maintenant, à seize ans, je parlais déjà
cinq langues, le normand, le français et l'anglais en plus de ces deux
langues anciennes.

Ma mère était anglaise, mon père l'avait épousée en Angleterre où il s'était caché pendant quelques années et avait changé de nom. Mais ça, il ne fallait le dire à personne, promesse faite à mon père et que j'avais tenue jusqu'à présent. Ce dernier était né à Paris, il parlait le *français du roi*, comme il aimait à le dire. J'avais donc parlé français dès mon enfance avec mon père, anglais avec ma mère et normand avec mes amis.

— Ne le flattez pas plus qu'il ne faut, ma bonne Jeanne, il a encore bien des choses à apprendre… et à ce sujet, j'ai une grande nouvelle à vous annoncer, ce sera pour ce midi, après la grand-messe… Jeanne, vous savez que nous avons nos invités habituels ?

— Bien sûr, M. le Curé, et nous aurons de la poule au pot, il y en a une qui est morte de froid hier, alors ça tombe bien !

Sébastien qui n'était pas invité fit grise mine, ce qui ne l'empêcha pas de saliver. Il ne mangeait pas tous les jours à sa faim. Bien qu'il eut le même âge que moi, il avait une tête de moins et était bien chétif, d'où son surnom de *rébé*, le petit. Ses parents s'occupaient d'une toute petite ferme et le seigneur ne leur laissait pas grand-chose pour survivre ; d'où ma suggestion que, dans le futur, chacun puisse posséder sa terre et manger à sa faim.

Les invités, c'étaient Jules et Henriette, les *mémoires du village*, comme le disait M. le Curé. Il les avait encouragés à se remarier pour pouvoir vivre ensemble après qu'ils soient devenus veufs, il y avait plus de dix ans maintenant. Ils s'occupaient tous les deux des propriétés de l'église, entre autres la petite ferme attenante à notre logis, mais aussi des forêts d'où nous tirions notre bois de chauffage. Jules et moi coupions les arbres et faisions les bûches, enfin c'était surtout moi et quelques garçons de ferme réquisitionnés par M. le Curé, car Jules avait maintenant plus de 70 ans et Henriette un peu plus, je crois, mais elle ne voulait rien dire sur son âge.

Le Premier de l'an tombait un jeudi, Jules et Henriette seraient contents de partager un bon repas avec nous en plus des habituels dimanches. Pour moi, ils étaient comme mes grands-parents, je n'avais pas connu les miens. Mon père m'avait parlé de mon grand-père, un forgeron de qui il tenait son savoir-faire qu'il aurait bien aimé me transmettre, particulièrement le cerclage des roues en bois.

Ma maman n'avait jamais voulu aborder le sujet de ses parents avec moi. Mais je savais par mon papa que son père à elle était mort en 1381 lors de la révolte des paysans en Angleterre. Mon papa lui aussi était un révolté, un *maillotin*. Ces gens du peuple avaient pris le pouvoir à Paris en 1382, lui-même avait fui avant qu'on l'attrape pour le juger, mais son père avait été exécuté en 1383, l'année de ma naissance en Angleterre.

Je ne l'avais jamais raconté. Je ne savais pas si je devais être fier d'avoir eu des parents avec un passé si tumultueux. Et surtout, tout ceci était maintenant bien loin dans ma mémoire d'enfant, je me demandais même si j'avais bien tout compris.

Après la grand-messe, nous nous retrouvâmes autour de la table où trônait la fameuse poule dans son pot. Maman Jeanne avait eu le temps de se faire des tresses qu'elle tenait enroulées sur le haut de la tête, ceci lui donnait un air de grande dame. Elle était jolie maman Jeanne, pas très différente de ma maman, dont je n'arrivais plus à me souvenir, et cela m'ennuyait à certains moments.

— Gabriel aurait voulu fêter ce 1er de l'an en l'an deux mille, fit M. le Curé après le *bénédicité* et en guise d'ouverture des discussions. Jules et Henriette adoraient parler de choses et d'autres, surtout du passé.

— Notre Gabriel est un grand rêveur, déclara Jules. Tu crois peut-être que les hommes seront devenus plus sages à cette époque-là ? M. le Curé t'aura certainement appris qu'ils sont mauvais depuis le début de la création…

M. le Curé ne répondit rien, ne voulant pas refaire le sermon qu'il venait de délivrer à la grand-messe, durant lequel il avait essayé de redonner espoir à ses brebis toujours prêtes à perdre la foi, surtout après toutes ces épreuves du siècle passé.

— Tu dis ça parce que nous, on a bien souffert depuis qu'on est sur terre, lui répondit Henriette, mais il faut laisser les jeunes espérer que les choses seront moins dures pour eux.

Ils avaient tous deux vécu plusieurs famines, avec des hivers de plus en plus rigoureux et des étés pourris. Puis il y avait eu l'invasion anglaise dans le but de reprendre la Normandie au roi de France. Les chevauchées des Anglais, accompagnées de pillages à travers le pays normand, avaient tout détruit et conduit la population à la pauvreté. Lors du passage de ces troupes dans notre village, les habitants s'étaient réfugiés plusieurs fois dans la grande tour carrée qui servait de clocher à notre chapelle, nous avait raconté Jules.

Mais surtout, il y avait eu la peste noire autour des années 1350. Leurs familles respectives avaient été décimées, ils étaient de vrais rescapés du siècle précédent. La dernière vingtaine d'années avait vu une certaine paix et prospérité s'installer, mais pour combien de temps?

Le repas succulent nous amena jusqu'au passage de l'ange, M. le Curé choisit ce moment pour revenir sur sa promesse du matin : la grande nouvelle.

— Comme promis ce matin, je voulais vous faire part d'une grande nouvelle, à vous mes amis, car ceci va certainement tous nous affecter d'une façon ou d'une autre… J'ai reçu de l'archevêque de Rouen, Monseigneur Guillaume de Vienne pour lequel j'ai travaillé il y a longtemps, une demande qu'il me sera difficile de refuser. Il fit une petite pause pour reprendre un peu de fèves, mais aussi pour maintenir la tension dramatique du moment.

— Il m'invite à me joindre à une nouvelle délégation de prélats qui va se rendre à Rome, puis en Avignon, afin de s'entretenir sur le sujet du schisme et de ses conséquences : comme les guerres que ceci pourrait bien de nouveau déclencher, surtout ici en Normandie… Comme vous le savez, nous avons deux papes… celui d'Avignon, Sa Sainteté Benoit XIII, mis en place par le roi de France, mais pour l'Angleterre, le Saint-Empire et les Bourguignons, le pape c'est celui de Rome, Boniface IX… Et maintenant que l'église de France est devenue libre suite à la soustraction d'obédience à l'égard des deux papes, nous voilà sans pasteur pour nous guider. D'autant plus que Benoit XIII est retenu assiégé, paraît-il… Il fit une pause plus longue, puis continua :

— L'archevêque s'est déjà rendu en personne à Rome il y a quelques années, sans résultats malheureusement… Il pense qu'il est temps de refaire un effort dans ce sens. Mais il n'a plus la force d'entreprendre ce voyage.

Ces déclarations surprirent tout le monde, un silence plein de gravité emplit la pièce. Il poursuivit :

— Le nouveau roi d'Angleterre revendique, tout comme ses aïeux, le trône de France… et notre roi Charles est devenu fou… C'est le duc de Bourgogne qui est chargé des affaires du pays et de l'affaire du schisme… cette soustraction d'obédience qu'il a déclarée envers les deux papes ne mène à rien, sinon à laisser la voie libre à ceux qui veulent se passer de l'avis du pape… des papes !

Il s'arrêta de parler pour boire un peu d'eau, tout le monde en profita pour bouger un peu, sans pour autant rompre le silence.

— Une délégation qui comprend des prélats anglais et français va se rendre tout d'abord à Rome, voir dans quel état d'esprit se trouve Boniface IX et s'il y a un espoir que les choses bougent, et dans quelle direction… Je crois que notre archevêque voudrait qu'un concile se tienne sur la question du schisme, et il aimerait que ce concile ait lieu en terre française et non pas dans le Saint-Empire ou en Italie…

Il fit une nouvelle pause.

— Personnellement, je crois que tout ceci nous dépasse, et qu'il faille nous en remettre à Dieu plus qu'à la volonté des uns et des autres, continua-t-il, mais l'archevêque tient à ce que cette délégation aille à Rome.

Nouveau silence…

— Et je pense y aller en compagnie de Gabriel, d'où mon petit cours d'histoire, afin qu'il sache de quoi il en retourne.

Se tournant vers moi, il ajouta :

— Tu pourrais devenir mon secrétaire personnel.

— Ah non ! s'exclama Jeanne, il n'est pas question que mon Gabriel quitte cette maison. Aller à Rome, avec tous ces brigands sur les chemins et ces guerres… et les bêtes sauvages !

Je ne savais quoi dire ou même quoi penser, Jeanne en était toute *terbouillie* ; Jules et Henriette se regardaient l'un l'autre.

— Mais laissez-le aller à Rome, Jeanne! Faut que ce *péquiot* grandisse, déclara Jules après un moment, je suis sûr qu'il en meurt d'envie, n'est-ce pas Gabriel?

Je ne savais toujours pas quoi dire, je n'avais jamais envisagé d'entreprendre un tel voyage, je n'étais pas allé plus loin que Lisieux ou Caen, et puis toutes ces histoires de papes et de rois ne m'intéressaient guère.

— Nous serons une petite troupe, avec quelques gens d'armes, je prendrai bien soin de lui, ma chère Jeanne, n'ayez crainte, affirma M. le Curé.

Jeanne était tout rouge de s'être emportée, mais n'osait pas répondre, réalisant certainement qu'elle n'était que ma mère adoptive.

— Nous devrons passer par plusieurs évêchés en cours de route, nous pourrons nous reposer, et leurs délégués viendront grossir notre troupe. Ceci sera vu comme un pèlerinage à Rome, comme le font de nombreux fidèles… Et finalement, peut-être que ce ne sera que ça, un pèlerinage…

Jeanne ne savait toujours pas quoi répondre, elle ne pouvait pas s'opposer à notre bon curé, elle se tourna vers moi les larmes aux yeux, je devais dire quelque chose.

— Quand partons-nous? M'entendis-je déclarer.

Par monts et par vaux

La date du départ fut fixée après Pâques, l'évêché de Lisieux envoya un remplaçant qui arriva pour la Semaine sainte. Jeanne n'appréciait guère ce changement. Le côté professeur de notre bon curé lui allait, mais elle semblait regarder les autres prêtres avec suspicion, certainement à cause de sa mésaventure de jeunesse.

Chaque jour la rendait plus malheureuse et je dus passer plus de temps avec elle pour la rassurer. Ceci me rappelait le départ de Saint-Augustin pour Rome et le chagrin de sa mère que j'avais lu récemment dans ses *confessions* – dans le cadre de mes leçons de latin et de théologie.

Il avait aussi été question d'un autre voyage ces derniers temps : nous devions aller en pèlerinage au mont Saint-Michel – *Mons Sancti Michaeli in periculo mari*. Nous voyions passer de nombreux pèlerins qui se rendaient là-bas, ceux qui en revenaient aimaient bien exposer en grands détails ces périls de la mer : les sables mouvants, la marée qui engloutit les retardataires… Cela avait fortement impressionné maman Jeanne qui du coup n'était plus trop sûre d'entreprendre le voyage de sa vie. Me savoir maintenant prêt à aller à Rome la rendait malade.

De mon côté, l'excitation de partir pour un si long périple me faisait tourner la tête, les leçons de grec et de latin devenaient un poids, et M. le Curé s'en aperçut bien vite. Il m'envoya chez un paysan qui élevait des chevaux pour la vicomté afin que je me familiarise un peu plus avec ces animaux et leur harnachement. Il avait été décidé que notre expédition irait à cheval, avec un minimum de bagages afin que le voyage ne soit pas trop long. Je deviendrais donc secrétaire-palefrenier !

Nous devions rejoindre la *via francigena* après la ville de Troyes. C'était la voie des pèlerins en route pour Rome depuis Canterbury en Angleterre. La liste des arrêts que nous devrions faire était fort longue. Monsieur le curé me raconta que son frère était allé à Rome dans sa jeunesse : sur la base de ce récit, nous pensions ne pas y arriver avant l'automne. La seule contrainte sur notre plan de voyage était la traversée des Alpes, uniquement possible pendant l'été.

La nuit précédant notre départ, je fis un rêve qui resta avec moi pendant des jours. Peut-être que le fait d'avoir discuté du passage des Alpes m'avait mis dans un état de questionnement intérieur, surtout sur le courage que je devrais certainement montrer pendant ce voyage.

arcane 0

Je me retrouvai en songe sur un chemin de montagne – étonnant pour quelqu'un qui n'avait jamais vu de montagnes... avec mon baluchon sur l'épaule, le petit chien blanc de Jules et Henriette, Ketty, m'accompagnant joyeusement. Je me sentais libre comme l'air, léger et profitant du soleil qui brillait au-dessus de ma tête. À un moment, dans un tournant, je me mis à marcher dans l'air, au-dessus du précipice, ce qui ne me perturba pas, me semblant au contraire normal et naturel.

Lorsque je prêtai plus d'attention à la vallée en contrebas, je perçus les cris et les larmes de ses habitants. Je ne pouvais pas rester dans ces hauteurs, il fallait que je descende, et voir si je pouvais faire quelque chose pour eux. La chute fut brutale, j'atterris dans mon corps et me réveillai en sursaut.

Le 21 avril fut le jour de notre départ, notre bon curé et moi-même à cheval et notre bagage sur une mule. La vicomté nous avait octroyé trois hommes d'armes pour nous accompagner jusqu'à Rouen.

M. le Curé fut bien content de revoir l'archevêque, ils avaient l'air de bien se connaître et de s'apprécier mutuellement. Pour moi, l'avantage fut d'avoir le souper et le logis à l'archevêché, au manoir de Déville un peu à l'extérieur de la ville. Nous y restâmes jusqu'à l'arrivée des prélats anglais. Ils n'étaient que trois, alors que l'archevêque en espérait plus ; nous repartîmes de Rouen début mai.

Pendant le voyage vers Paris, j'eus ainsi l'occasion de parler anglais ; je m'aperçus que ceci m'était devenu un peu difficile, les mots me manquaient. Les Anglais avaient aussi un palefrenier, mais son vocabulaire était presque autant réduit que le mien, sauf sur le sujet des chevaux. Les ecclésiastiques, eux, s'évertuaient à construire de belles phrases en latin, cela me faisait rire de les entendre discuter avec tant de sérieux, et ils commettaient beaucoup de fautes…

Un des Anglais, l'abbé Henry, désira savoir pourquoi je parlais anglais, je lui fis ma réponse en latin, une très longue phrase bien faite. Ceci me fit passer d'un seul coup du stade de palefrenier à celui de secrétaire de notre bon curé. Ce dernier ne voulait jamais me flatter ou me mettre en avant, il disait que la vanité ou l'orgueil était un des pires défauts, surtout chez un jeune homme ; il n'avait donc révélé à personne que je parlais plusieurs langues.

Lors de ces nombreuses heures d'études passées avec notre bon curé, celui-ci m'avait toujours encouragé, jamais rabaissé. Ce pour quoi je le considérais comme un homme bon, n'ayant jamais pensé qu'à mon bien-être, matériel et spirituel ; j'avais une grande confiance en lui.

Mes études avaient consisté surtout à traduire le Nouveau Testament du grec en latin et *vice versa*, pendant des années ! Plus récemment, j'avais pu lire quelques autres manuscrits, comme les *confessions de Saint-Augustin*. M. le Curé possédait beaucoup de manuscrits qu'il tenait de ses années à l'université, et de sa famille, comme cette Bible en grec, qu'il regardait comme un véritable trésor.

Ma maman avait aussi une Bible qu'elle chérissait, mais celle-là était écrite en anglais ; c'est dans ce livre sacré qu'elle m'avait appris à lire.

Et j'avais continué à la parcourir un peu chaque jour depuis sa disparition, pour ne pas oublier ; cette Bible était une des rares choses que j'avais de mes parents. Elle m'avait dit que c'était interdit d'avoir une Bible qui ne soit pas en latin, que les prêtres anglais ne voulaient pas que l'on puisse lire les Saintes Écritures. Ceci m'avait encouragé à apprendre le latin avec une grande détermination, afin de découvrir ce qui pouvait bien être caché dans ces textes.

Pour accompagner les confessions de Saint-Augustin, j'avais eu le droit de lire quelques auteurs grecs et latins, afin de mieux comprendre ce que le Saint leur reprochait. Nous avions de longues discussions d'ordre théologique avec notre bon curé, il me disait que mes idées sur ce sujet devaient être bien claires, comme celles du Saint après ses années d'errance, si je voulais envisager d'aller à l'université.

Mais je trouvais cette approche théologique de la religion trop compliquée et surtout trop prétentieuse ; faire dire des choses à Dieu, prétendre savoir ce qu'Il veut de nous, en condamnant ceux-ci et en appuyant ceux-là. Pour moi, la Vérité et ma foi ne se trouvaient pas dans cette théologie. Je n'avais jamais osé dire le fond de ma pensée à notre bon curé, et l'idée d'aller dans une université m'effrayait. J'étais bien content que ce voyage m'éloigne un peu de cette échéance.

Plus nous approchions de Paris et plus la situation sur les chemins devenait chaotique. Heureusement, la prévôté de Rouen nous avait aussi adjoint quelques soldats, ce qui fut bien utile pour arriver jusqu'à la Cité sans encombre.

Certains quartiers étaient très sales et puants, il y avait bien trop de monde dans cette ville. Je voyais la pauvreté comme je ne la connaissais pas chez nous. Il y avait des enfants abandonnés, qui mendiaient. Ceci me révolta, comment Dieu pouvait-il permettre ces choses-là ? Ce monde de pauvreté ne pouvait pas avoir été créé par un Dieu bon et miséricordieux, ce ne pouvait être que l'œuvre des hommes, ou du diable…

Nous fûmes soulagés d'arriver à l'archevêché. Nous restâmes à Paris plusieurs semaines, car les personnes qui devaient se joindre à nous n'étaient pas encore connues, semblait-il.

Je désirais aller visiter un peu la ville, mais M. le Curé n'était pas de cet avis. Finalement, il me laissa aller quelques fois avec un jeune prêtre de l'évêché, le père Xavier.

Je voulais me rendre aux halles, c'est là que mon père et mon grand-père avaient eu leur ferronnerie, une des rares choses que je savais sur ma famille. Entendre le bruit du marteau sur l'enclume me replongea dans mon enfance. Il y avait plusieurs ferronneries; laquelle pouvait bien avoir été celle de mes aïeux? Je ne connaissais même pas le vrai nom de mon père, il n'avait jamais voulu me dire son nom d'avant, maintenant c'était trop tard…

Tout occupé à ces réflexions, je me retrouvai soudain isolé de mon guide, où était-il passé? Rejoindre l'île de la Cité et sa magnifique Notre-Dame toute blanche ne devrait pas être un problème, sauf que je n'avais pas prêté attention au chemin suivi.

arcane 1

En essayant de retracer celui-ci, je me retrouvai arrêté par un groupe de badauds qui me barrait le passage; devant eux se tenait un « magicien », me déclara un jeune garçon. L'homme avait une cape rouge, ses cheveux noirs étaient ceints d'un bandeau blanc. Face à l'échoppe où il se tenait, il avait disposé sur une table plusieurs choses, dont une coupe, des deniers, une épée, un bâton. Il avait une baguette blanche dans sa main droite et faisait apparaître et disparaître des objets posés sous un tissu. C'était vraiment magique et fascinant.

Il fit ainsi apparaître cinq roses, puis quatre lys. Je ne sais pas comment, mais je m'étais retrouvé au premier rang et il me donna les quatre lys. Je m'en trouvai bien troublé et voulus m'éloigner lorsqu'une main se posa sur mon épaule, c'était Xavier.

— Que fais-tu avec ces fleurs ?

— Je... je viens de les recevoir de ce... magicien... il me regarda avec étonnement. Je me retournai, il semblait que le magicien avait disparu : il y avait toujours un attroupement devant l'échoppe, mais je n'arrivais plus à voir l'homme en tunique rouge.

— Quel magicien ?

— Je ne sais plus, il était là il y a un instant... Xavier me prit par l'épaule et m'entraîna dans ce qui devait être la bonne direction pour rentrer.

— Que vas-tu faire de ces fleurs ?

— Je ne sais pas... j'étais vraiment embarrassé et ça devait se voir, me sentant un brin bête avec ces fleurs à la main.

— Allons les donner à Notre-Dame, dit-il.

J'allais tous les jours à la messe du matin à Notre-Dame, c'était un lieu plein de révérence, on pouvait y ressentir la grâce de Marie dès le portail franchi ; y retourner pour Lui offrir ces fleurs me remplissait de bonheur.

Parmi les trois Anglais, il y avait un noble qui dépendait de la cour du nouveau roi Henry, il fut décidé qu'il devait donc aussi y avoir quelqu'un qui puisse représenter la cour de France auprès des papes. Mais le pouvoir royal en France était partagé entre la maison de Bourgogne et celle d'Orléans, vu la folie du roi. Cette délégation, qui ne se voulait pas officielle, prenait une nouvelle tournure plus politique.

Finalement, deux prélats de l'archevêché et un jeune homme de la maison d'Orléans ou d'Anjou se joignirent à nous.

Le jeune noble s'appelait Louis et désirait profiter de l'occasion pour rejoindre des membres de sa famille dans la région de Naples. Il ne semblait pas vraiment préoccupé par cette histoire de délégation auprès du pape. Malgré la différence de rang, on avait un peu sympathisé pendant le voyage, je crois qu'il trouvait cela intéressant de côtoyer quelqu'un du peuple, mais éduqué, ça le changeait de la cour, disait-il. J'appris ainsi beaucoup de chose sur le comportement des nobles, et leur façon de penser.

Il essaya de m'expliquer les enjeux qui tournaient autour de la prise de pouvoir en France et comment les Orléans et les Bourguignons plaçaient leurs pions en s'efforçant d'agrandir leurs territoires et zones d'influences. Il y avait eu des crimes pour en arriver là, me fit-il savoir en baissant la voix, et il y en aurait d'autres, ainsi que des alliances par mariage. Il fallait être au courant de toutes les jeunes filles à marier dans le royaume et sauter sur leur dote lorsqu'elle comportait un territoire, m'expliqua-t-il avec enthousiasme. Mon éducation par M. le Curé et maman Jeanne ne m'avait pas vraiment préparé à ce que je découvrais maintenant chez ce jeune homme, beaucoup de vanité et d'orgueil, et peu de cœur.

Début juin, nous rejoignîmes la *via francigena* un peu après Troyes où nous nous étions arrêtés quelques jours à l'évêché, puis nous entrâmes dans le duché de Bourgogne. Louis voulait se faire passer pour un prêtre, ayant peur d'être démasqué sur la terre de ses ennemis ; ceci nous fit bien rire, car il n'arrivait pas à dire une seule phrase correcte en latin et il ne savait même pas ses prières. En fait, nous n'étions pas seuls sur cette route de pèlerinage et nous passions presque inaperçus.

Nous devions maintenant traverser de grandes forêts, nous n'étions pas très tranquilles à cette idée. Un jour, nous nous retrouvâmes seuls, aucun autre voyageur sur le chemin, à croire que nous nous étions trompés de direction. Soudain, nous entendîmes des cris devant nous, tout le groupe se figea ; nous étions une douzaine, des hommes plutôt d'âge mûr, sauf Louis et les quelques palefreniers.

Louis décida d'avancer, prenant le devant de notre équipage, nous le suivîmes non sans appréhension. Puis, nous aperçûmes un groupe de voyageurs, visiblement en proie à une attaque de brigands. Un chevalier en armure semblait s'acharner à essayer de faire fuir les assaillants, mais à un moment l'un de ceux-ci réussit à la désarçonner.

Une fois à terre, il allait être roué de coup, mais Louis avait suivi la scène et foncé dans le tas de brigands, son épée à la main. Il cachait celle-ci sous sa fausse soutane. Le chevalier se releva et à eux deux, ils arrivèrent à mettre en fuite ce qui apparut comme une bande de jeunes garçons, armés seulement de bâtons et de fourches.

Un retardataire fut rattrapé par Louis qui le fit prisonnier et le ramena vers le groupe. Il y avait là quelques marchands avec des chars remplis de marchandises diverses, ainsi que quelques pèlerins. Tout le monde était encore sous le choc de l'attaque et de l'apparition miraculeuse de ce chevalier et de son écuyer, suivie de l'autre apparition tout aussi miraculeuse de notre groupe lorsque le sort du chevalier semblait tourner à la déroute.

Il y avait eu quelques blessés légers, excepté l'écuyer qui avait l'air mort pour de bon, une fourche plantée en pleine poitrine. Le chevalier se tenait maintenant à ses côtés, bien triste devant ce corps sans vie.

Louis avait commencé à interroger son prisonnier. C'était un jeune garçon, il expliqua qu'il venait d'un village à quelques jours de marche d'ici. Ce village avait été attaqué, pillé et brûlé par une bande de brigands, beaucoup de leurs parents étaient morts dans la bataille et maintenant les survivants mourraient tous de faim. Alors ils avaient décidé de venir par ici pour essayer de dévaliser les voyageurs.

Louis demanda ce que vous allions faire de ce misérable ; le chevalier ne semblait pas très intéressé par cette affaire, mais finalement il s'adressa d'une façon un peu solennelle à l'assemblée afin de nous proposer de relâcher ce pauvre garçon, car de toute façon, ce n'était pas lui qui avait tué son écuyer.

Personne n'osa s'opposer à cette demande, le gamin fut relâché par Louis qui ne se gêna pas de lui botter l'arrière-train pour le faire déguerpir.

Pour moi, tout ceci était bien nouveau, je réalisai que j'avais été protégé de ce genre d'aventures en habitant chez M. le curé dans notre village tranquille. Les morts que j'avais côtoyés jusqu'ici étaient généralement dans un cercueil, et les mauvais garçons ne trainaient pas trop du côté de l'église.

Le cadavre fut mis dans un char et tout le monde repartit vers le prochain village sur notre route. Nous retrouvâmes le chevalier lors du repas du soir. Il s'appelait Gaufridus de Bagar, *miles* – chevalier, et son *armigeri* – son écuyer, se nommait Sylvain Chabot, nous dit-il d'un air peiné. Il venait de Bretagne, son français n'était pas parfait, mais nous comprîmes qu'il avait eu une vision et des voix qui l'avaient enjoint à se rendre en Terre sainte.

À le voir et à l'écouter, il semblait bien exalté par ce projet, mais maintenant il était découragé de l'entreprendre seul sans son écuyer. Il regardait souvent dans ma direction et finalement, s'adressa à moi :

— Jeune homme ! Ne voudrais-tu pas te joindre à moi pour ce voyage en Terre sainte ? Quel est ton nom ? D'où viens-tu ?

— Je… je m'appelle Gabriel… j'allais continuer lorsque notre bon curé m'interrompit :

— Ce jeune homme est mon secrétaire et il m'accompagne jusqu'à Rome… pour une entrevue de tous ces prélats avec le pape Boniface.

Il dit ceci en montrant de la main l'assemblée autour de la table.

J'étais soulagé par cette intervention, car la seule idée d'aller avec ce personnage étrange en Terre sainte me paralysait. Le chevalier nous regarda tous, puis parla tout en tournant la tête à droite, à gauche.

— Eh bien ! mes bons pères, je vous souhaite un agréable voyage. Je vais aller enterrer ce brave Sylvain… et je continuerai ma quête sans fléchir. Que Dieu vous garde !

Il se leva, nous salua, et disparut dans la nuit avant que nous n'ayons eu le temps de lui souhaiter bonne route.

— Gabriel, je crois que tu n'avais pas vraiment l'intention d'aller en Terre sainte, je me trompe ? demanda M. le Curé.

— Non, non, pas du tout envie ! Et cet homme me fait un peu peur, je dois dire.

— Il a l'air bien exalté et ne sait pas grand-chose des embûches qui vont se dresser sur son chemin, je le crains. Qu'en pensez-vous mes amis ? demanda M. le Curé alentour.

La conversation s'anima, chacun y allant de ses commentaires. Je réalisai que la témérité de ce chevalier faisait peur à tous ces hommes d'Église, ils préféraient le prendre pour un fou plutôt que d'admettre qu'ils n'oseraient jamais entreprendre un tel voyage par eux-mêmes.

De mon côté, je me disais que j'aurais peut-être dû réfléchir à sa proposition et partir à l'aventure avec lui; je commençai à me faire des images de contrées inconnues, puis la vision de l'écuyer, une fourche plantée en plein cœur, refroidit un peu mon ardeur naissante.

Nous nous arrêtâmes de nouveau près d'une semaine à l'évêché de Besançon qui était sur notre liste encore très longue d'évêchés à visiter. Il y avait à chaque fois des discussions interminables; dans ce contexte, notre bon curé était souvent à la tache en tant que juriste réputé. Le soir, il était épuisé par ces entretiens sans fin et je ne le voyais plus guère. C'était beaucoup plus agréable lorsque nous voyagions, nous avions bien du plaisir, l'un à côté de l'autre en silence, profitant du paysage, perchés sur nos chevaux.

Mon travail de secrétaire consistait à recopier les notes et comptes-rendus de notre bon curé, afin qu'il puisse les envoyer à l'archevêque de Rouen. Il ressortait de tout ceci que chaque évêque consulté aurait bien voulu qu'un concile se tienne dans sa ville dans l'espoir de venir à bout du schisme. Il se passerait donc beaucoup de temps avant qu'un endroit soit trouvé…

Notre petite délégation auprès des Saints-Pères comptait maintenant une douzaine de participants. Il y avait un jeune palefrenier de plus, presque aussi muet que son homologue anglais, et un autre homme de main, récupéré à Besançon, plus âgé et qui ne parlait que par jurons. Ceci ne tarda pas à poser quelques problèmes, car certains prêtres ne pouvaient accepter d'entendre dire ces grossièretés, bien qu'elles fussent dites dans un patois local dans lequel il introduisait des mots en latin.

Ces trois-là se tenaient généralement à l'arrière du convoi avec les mules portant nos bagages. Les deux prélats anglais étaient toujours ensemble et j'étais le seul à leur tenir compagnie de temps en temps. Je chevauchais aux côtés de notre bon curé, mais souvent aussi en avant du convoi avec Louis.

Celui-ci avait décidé de me transformer en homme, dit-il. L'idée que j'aie pu être élevé par un curé et une femme qui n'était pas ma mère semblait dépasser son entendement. Il me demanda si je voulais devenir prêtre moi aussi ; lui ayant répondu par la négative, il se décida donc à reprendre mon éducation.

Il avait des opinions bien tranchées, principalement sur les gens, et surtout les classes supérieures dont il faisait partie. Il considérait les pauvres comme responsables de leurs propres malheurs, ainsi il ne salua jamais personne le long du chemin, regardant tous ces paysans que nous rencontrions comme des manants. Son opinion sur le clergé n'était pas meilleure.

Puis il décida de m'entretenir sur le sujet des femmes, dont visiblement il était un grand expert. Et après avoir eu la confirmation que j'étais puceau, il se mit à entreprendre mon éducation en matière de relations intimes, ce qui ne manqua pas de me faire rougir jusqu'aux oreilles à plusieurs reprises, le faisant bien rire.

C'était d'autant plus pénible lorsque notre bon curé voulait savoir par la suite ce qui nous avait fait rire pareillement. Louis alla même jusqu'à me demander si mon curé n'avait jamais essayé de… « de quoi ? » avais-je demandé, puis réalisant ce qu'il voulait dire, je faillis m'étouffer ; nouvel éclat de rire, nouvel embarras auprès de notre bon curé le soir venu.

Après Besançon, nous cheminâmes à travers une première chaîne de montagnes, le Jura. À la fin de la traversée, nous découvrîmes une large contrée avec un grand lac vers le sud et un autre vers l'est. Nous entrions dans le duché de Savoie et le Saint-Empire germanique. Les gens parlaient maintenant un mélange de français et une autre langue, celle du sud de la France.

L'évêché de Lausanne était sur notre liste ; nous n'en repartîmes que fin juin, il y avait eu des pluies torrentielles pendant plus d'une semaine et les montagnes de l'autre côté du lac étaient à peine visibles. Nous dûmes prendre un bateau pour traverser le Léman jusqu'à Villeneuve, car la voie terrestre avait été complètement coupée. Puis nous remontâmes la vallée du Rhône pour nous arrêter à l'abbaye de Saint-Maurice avant d'affronter le passage des Alpes. Il continua de pleuvoir sans cesse et nous restâmes un peu plus longtemps que prévu dans cette belle abbaye.

Je passai quelque temps avec les moines-copistes, réalisant que j'avais moi-même été une sorte de copiste pendant ces dernières années. Leur style d'écriture était magnifique, je fis quelques essais avec eux. Ce qui me fascinait aussi c'étaient les enluminures, j'aurais vraiment désiré être capable de faire cela.

Avant de traverser le col du Mt Joux, nous devions nous arrêter à Bourg Saint-Pierre, nous y arrivâmes mi-juillet. Le ciel était devenu plus clément. La montée vers le col fut un enchantement, les prairies étaient couvertes de fleurs, les torrents charriaient des flots d'eau boueuse, il y avait de la neige sur tous les sommets ; il faisait aussi de plus en plus froid, alors que le soleil était brûlant.

Ces montagnes qui nous barraient le passage, d'un blanc immaculé, lumineux, semblaient si hautes qu'on aurait pu croire qu'elles représentaient l'entrée du paradis. Gravir ces pics vertigineux ne paraissait pas à la portée de l'être humain, cependant. Le guide que l'abbaye nous avait donné pour nous amener à bon port, à savoir l'hospice en haut du col, nous racontait des histoires sur ces montagnes et les esprits qui les hantaient ; personne n'osait s'y aventurer, affirmait-il.

Avant même de rejoindre l'hospice fondé par Saint-Bernard, nous étions dans la neige et avions de la peine à progresser et à trouver notre chemin ; on y arriva à la nuit tombante.

L'accueil des moines fut chaleureux, il n'y avait pas beaucoup de pèlerins qui s'étaient lancés dans la traversée du col, ceux qui se déplaçaient à pied avaient fait demi-tour et attendraient que la neige fonde. Nos souliers ne nous permettaient pas de longues excursions dans la neige mouillée et comme il y avait peu de nourriture pour nos montures, nous ne restâmes que deux nuits à l'hospice, en route pour un autre évêché, celui d'Aoste.

En redescendant du col, j'avais l'impression d'avoir accompli un exploit personnel, mais aussi d'être maintenant coupé de mon pays natal pour de bon. Pouvait-on abandonner son pays à jamais ? Et s'en aller découvrir le monde ? Mon cœur et mon esprit se bataillaient à ce sujet.

Soudain, l'image de mon rêve avant le départ me revint : cette jeune personne sur un chemin de montagne, libre comme l'air et prête à descendre dans la vallée des larmes quoiqu'il arrive. Oui, je crois que je pouvais partir à la découverte du monde, comme ce chevalier breton, pour autant que je sache protéger mon cœur.

M. le Curé disait que nous naissions avec un cœur pur, mais que cela ne durait que quelques années. Alors, pour les gens pieux, protéger son cœur de la corruption du monde était un acte essentiel et prioritaire, affirmait-il.

À Aoste, une mauvaise nouvelle nous attendait, la plaine du Pô était complètement inondée, il y avait eu encore plus de pluie de ce côté-ci des montagnes. De nombreux ponts étaient détruits. Plutôt que d'aller vers Vercelli et Pavia, on nous conseillait de passer par Turin ; peut-être même de prendre un bateau pour Rome depuis Gênes. Nous décidâmes donc d'attendre et de voir si la situation changerait. Les gens ici parlaient un mélange de français, de patois local et d'italien. Avec le latin et le français, on arrivait à comprendre et à se faire comprendre.

Il y avait un groupe de jeunes garçons italiens qui habitaient autour de l'évêché, avec qui je liai connaissance. Ils étaient fils de commerçants, venus de la plaine du Pô. Ils vendaient de beaux fruits et légumes dans leurs échoppes, c'était un régal. Ils commencèrent à m'apprendre l'italien. Nous passions nos journées à discuter de choses et d'autres, j'enregistrai rapidement les expressions importantes et leur accent chantant.

Parmi les leçons, ils décidèrent de m'instruire dans les différentes manières de parler aux filles ; c'était indispensable, disaient-ils, pour mon séjour en Italie, car j'allais voir de nombreuses demoiselles, toutes très belles, surtout à Rome. Ils avaient tous quelques sœurs et se mirent en tête que je devais les rencontrer afin de m'exercer. D'abord, ils tinrent chacun à leur tour le rôle d'une jeune fille, se mettant un fichu sur la tête ; je devais lui parler, essayer de la charmer. Ceci nous faisait bien rire, surtout eux !

Je dois dire que je n'avais aucune expérience avec les filles, à part ce que j'avais récemment appris de Louis ; cela me faisait un peu souci, et encore plus l'idée que notre bon curé fût mis au courant de cette affaire. Cependant, refuser cette rencontre à mes nouveaux amis paraissait difficile.

Je repensais aux confessions de Saint-Augustin concernant ses mauvaises relations quand il avait mon âge, et combien il avait regretté par la suite. D'un autre côté, parler à de jeunes filles, si leurs frères étaient d'accord, ne devait pas porter à conséquence. C'était évidemment sans compter sur l'ardeur des jeunes filles en question.

Depuis que j'avais été recueilli par notre bon curé, je n'avais pas vu beaucoup de filles ; maman Jeanne était aussi là pour me surveiller, c'était une mère possessive ou peut-être même jalouse. Quant aux filles du village, elles avaient un peu peur de moi à cause de ma situation chez M. le Curé.

Plus petit, chez mes parents, j'avais eu une vraie bonne amie, Marie-Josèphe, elle était souvent chez nous, car ses parents travaillaient comme serfs dans la ferme voisine ; ils se tuaient à la tâche, les pauvres. Alors maman et moi, on s'occupait de Marie-Jo, maman lui avait appris à lire les lettres.

Elle avait disparu le même jour que mes parents. Il avait vraiment fallu toute la gentillesse de notre bon curé et tout l'amour de maman Jeanne pour que je me remette de ces événements dramatiques. Je faisais face, mais à l'intérieur j'étais si triste. J'avais continué à m'illusionner pendant quelques années en pensant que ces trois personnes qui m'étaient si chères réapparaîtraient peut-être un jour.

Avec le temps, mon chagrin s'était transformé en mélancolie passagère. Je me rendais compte maintenant que m'éloigner de mon pays natal m'éloignait aussi de cette tragédie.

Les sœurs de mes compagnons devaient m'attendre un après-midi près d'une fontaine pas trop proche de l'évêché, où il y avait rarement quelqu'un à cette heure-ci. Les frères, Roberto, Gianni et Andrea se tenaient à l'écart, cachés derrière un portique.

Elles étaient quatre, à peu près de mon âge et mignonnes. Elles eurent vite fait de m'entourer, une me prit le bras droit et l'autre le gauche. Je trouvais ceci un peu embarrassant, mais je les laissai faire. Une autre commença à me poser des questions. Elle ne parlait pas trop vite et en articulant, son frère avait dû la prévenir.

— Comment t'appelles-tu ?

— Gabriel.

— Comme c'est joli ! Comme l'archange !

— Oui, mais je ne suis pas un ange…

— Serais-tu un démon, alors ? Là, j'étais piégé, je me demandais quoi dire, mais n'eus pas le temps d'esquisser une réponse, elles commencèrent toutes à parler ensemble et très rapidement, en s'agitant beaucoup ; les deux qui me tenaient n'avaient pas lâché prise et mes bras bougeaient comme ceux d'un pantin.

Je ne comprenais plus grand-chose à ce qui se disait, puis il recommença à pleuvoir. Elles m'entraînèrent en courant et en riant dans les petites rues, jusqu'à une halle qui devait appartenir à l'un de leurs parents. Nous reprîmes notre souffle, nous asseyant sur de grosses balles de laine.

— As-tu une bonne amie ? me lança l'une d'elles. Je n'étais pas sûr d'avoir compris la question. Elles reparlèrent toutes ensemble. Je me sentais bien au milieu de ces jeunes filles, je dois dire, c'était une expérience nouvelle pour moi qui me changeait de ces derniers mois de voyage en compagnie de curés.

Il y eut un bruit dehors, des gens parlaient fort en s'approchant. Mes compagnes devaient savoir qui c'était, elles me poussèrent derrière les balles de laine. J'entendis deux femmes s'adresser aux jeunes filles, la conversation était très animée et dura longtemps. Puis, silence ; j'attendis encore un peu, et sortis de ma cachette, débouchant sur la ruelle pour tomber nez à nez avec notre bon curé en compagnie de deux de ses semblables.

— Gabriel ! Que fais-tu là ? Tu as de la laine dans les cheveux…

Il fallait inventer quelque chose, et vite.

— Je… je suivais un petit chien, adorable… il a disparu dans cette halle.

— On n'adore que Dieu ! s'exclama un des prêtres.

— Oui, mon Père, bien sûr, pardonnez-moi.

— Nous venons de décider d'aller vers Gènes finalement, on partira demain matin à l'aube… On ne peut pas attendre comme ça que la pluie cesse, dit le troisième.

Naufrage

Nous arrivâmes à Gènes deux semaines plus tard, début août, avec un nouvel arrêt à l'évêché de Turin, en passant. Il n'était pas sur notre liste, il avait fallu que le destin l'y rajoute…

À Gènes, la situation était très confuse : on ne savait pas s'il y avait un chef dans cette république. Les Français étaient un peu partout ; l'homme fort de la France, Boucicaut, pour le moment occupé à faire le siège du Pape à Avignon, était supposé reprendre la charge de gouverneur.

Et l'évêque venait de changer, il n'était pas très intéressé par notre petite troupe. Mais les nouvelles qu'il avait sur l'état des chemins vers Rome nous incitèrent à nous renseigner pour un voyage en bateau. Gènes était un grand port ; malgré les récentes défaites contre Venise, on pouvait encore ressentir la gloire passée de cette flotte marchande et militaire, pour le moment un peu décadente.

Les bateaux pour Rome ne manquaient pas, mais pour la plupart il fallait attendre des semaines, ou bien payer très cher, ce que ces Messieurs ne semblaient pas prêts à accepter. Faute de nous entendre sur la somme à débourser, nous dûmes nous rabattre sur un petit navire marchand, une sorte de nave qui paraissait ancienne. Vu le prix demandé, on aurait dû se méfier.

Nous vendîmes nos chevaux, car le voyage de retour se ferait aussi en bateau, vraisemblablement vers Marseille, pour aller ensuite en Avignon. J'avais le cœur gros de me séparer de ma bonne jument que M. le Curé avait achetée à la vicomté. Heureusement, le maquignon semblait s'occuper de ses chevaux comme de ses propres enfants ; il se plaignait que les gens ne traitent pas mieux ces bêtes qui leur rendent tant de bons services.

Son discours et le marchandage prirent des heures. Après cette vente, les bourses, sauf la mienne, étaient remplies de pièces en tout genre, bien cachées sous les habits, car les circonstances n'inspiraient vraiment pas confiance.

Il y eut ensuite une longue discussion sur le sujet des deux jeunes palefreniers, à savoir s'ils devaient rentrer chez eux ou nous accompagner. Mais, ne sachant pas ce qui nous attendait à Rome, il fut décidé de les garder ; ils pourraient toujours aider à porter nos bagages. Les pauvres garçons seraient transformés en bêtes de somme…

Nous partîmes le 16 août, après avoir remis nos âmes entre les mains de la Sainte-Vierge pendant la messe de l'Assomption. Il y avait beaucoup de vent et le bateau avançait bien, mais les marins n'avaient pas l'air de vouloir hisser toutes les voiles. Au coucher du soleil, nous vîmes arriver vers nous de lourds nuages noirs, ceux-ci faisaient vraiment peur, même les marins ne semblaient pas rassurés.

La nuit arriva bien vite et le vent se mit à souffler encore plus fort, quelques heures plus tard la mer était déchaînée. Le bateau paraissait escalader des montagnes d'eau, tout le monde était malade ; bientôt, l'eau s'infiltra un peu partout, le bateau craquait comme un feu qui crépite.

J'étais avec notre bon curé, il ne semblait pas trop affecté par cette situation, cela me rassurait. Nous nous déplaçâmes à l'écart des autres, dans le coin du château arrière où nous avions notre quartier.

— Mon cher Gabriel, dans quelle mauvaise aventure t'ai-je entraîné ? Si notre bonne Jeanne voyait ça, il y aurait une autre tempête… d'invectives.

Le bateau craqua plus fort que jamais, plus d'eau arriva sur nos pieds.

— Vous avez l'air calme M. le Curé, vous n'avez pas peur ?

— J'ai l'air calme, car je remets ma vie entre les mains du Seigneur, et je n'ai pas peur de la mort, mais je ne suis pas calme à l'idée que tu puisses mourir avec moi.

— Vous pensez que nous allons mourir ?

— Espérons que non, Gabriel, espérons… il était un peu livide ; il me prit le bras.

— Je dois te dire quelque chose d'important au cas où les choses tourneraient mal.

Je me rapprochai de lui, car le bruit autour de nous était infernal.

— Te rappelles-tu le jour où tes parents ont disparu ?

Où voulait-il en venir, pourquoi reparler de ceci maintenant ?

— Ce n'est pas un événement dont j'aime me souvenir…

—… oui… bien sûr, Gabriel, pourtant il s'est passé quelque chose que tu dois savoir.

— Quoi donc ? fis-je un peu agacé.

— Le matin de ce jour-là, j'ai reçu la visite d'un moine et d'un homme d'armes. Le moine était dominicain, il me fit comprendre qu'il était un personnage important de l'Inquisition. Il disait rechercher un fugitif qui avait échappé à la justice. Il pensait que cet homme était ton père… Ce moine était allé en Angleterre et avait des renseignements, affirmait-il, ainsi que sur ta mère. Il semblait qu'elle aussi avait été en relation avec un prédicateur qui avait amené à la révolte des paysans là-bas. Et les deux seraient venus s'installer dans notre village sous un faux nom. Savais-tu quelque chose à ce propos, mon Gabriel ?

Que fallait-il répondre, je n'avais jamais dit à quiconque le peu que je savais, et ce qu'il me racontait là ne faisait aucun sens.

— Mon père avait changé de nom, c'est tout ce que je sais.

—Ah… Toujours est-il qu'il me demanda de te garder plus longtemps que prévu pendant qu'il irait questionner tes parents. Je pensais que cette histoire était invraisemblable, tes parents étaient vraiment des gens bien et paisibles, qui rendaient de grands services à notre communauté. Mais que pouvais-je entreprendre sur le moment ? Je revins vers toi et attendis, tout en te donnant plus de travail.

Le bateau craqua de nouveau, on avait l'impression qu'il allait céder à un moment ou un autre. M. le Curé serra mon bras plus fort encore.

— Puis, te rappelles-tu ? Sébastien était arrivé tout essoufflé, il disait t'avoir cherché chez toi et il n'y avait personne, puis à la forge, et il n'y avait personne, mais il y avait du sang par terre, avait-il affirmé tout effrayé. Nous avions couru là-bas et, effectivement, il y avait du sang et des traces, comme si on avait trainé des corps... après avoir cherché partout, il devint évident que tes parents avaient disparu.

— Oui, je m'en souviens, hélas! c'était un peu comme dans un mauvais rêve pour moi... je me disais qu'ils allaient réapparaître. Nous étions allés à travers le village, nous arrêtant ici et là pour demander si quelqu'un les avait vus... Cela avait pris beaucoup de temps avant que les gens s'organisent et commencent à les chercher hors du village ; à la nuit tombante, tout le monde était rentré... bredouille...

— Oui, malheureusement... et les parents de Marie-Jo étaient aussi désespérés devant la disparition de leur fille unique... Et je n'osais pas impliquer le moine et le soldat qui m'avaient rendu visite, ce fut certainement une erreur, et j'avais peur de l'inquisition... je n'avais même pas retenu le nom de ce moine, tant ses accusations m'avaient perturbé. Je m'en veux beaucoup, mon Gabriel, me pardonneras-tu ?

Il fit une pause, mais continua avant que je ne puisse répondre.

— J'ai alors entrepris des recherches auprès de l'archevêché à Rouen, mais je n'appris rien, ou bien on ne voulut rien me dire. J'aurais dû insister, mais je me sentais un peu coupable pour ne pas avoir réagi à temps... j'ai eu peur de mettre en avant que tes parents avaient été tués par ces deux personnages, ce qui malheureusement semble évident. Tu dois me pardonner, Gabriel.

Il avait les larmes aux yeux, mais en moi-même je sentais un vent de révolte, la tête me tournait. Je n'eus pas le temps de lui répondre, dans un fracas épouvantable le château arrière se détacha du reste du bateau, en un instant je fus englouti par les flots.

Lorsque j'étais enfant, nous allions souvent pendant l'été plonger dans la rivière près du moulin à tan, il y avait une vanne et l'eau était profonde. J'avais appris à nager et avec mes camarades nous faisions des concours à celui qui resterait sous l'eau le plus longtemps. Ceci avait failli causer une grave commotion pour maman Jeanne, lorsqu'une fois elle passa par là et que j'étais au fond de la rivière, immobile.

Je retrouvai instinctivement les mouvements qui me ramenèrent à la surface. On ne voyait absolument rien, je montais et descendais sur des vagues immenses; je bus beaucoup d'eau salée. Je continuai à nager pour me maintenir à la surface, ceci dura très longtemps jusqu'à ce que je rencontre un grand morceau de bois auquel je m'agrippai désespérément.

Je ne pouvais pas me hisser sur ce radeau de fortune à cause des vagues énormes; lorsque le jour se leva et la mer se calma un peu, j'étais complètement épuisé. Il n'y avait aucune trace du bateau ou de quoi que ce soit d'autre. Après un moment, je pus me hisser sur le radeau et me reposer. Vers midi, le soleil réapparut et je commençai à cuire comme un poisson sur un gril, vu que la plus grande partie de mes habits avait disparu.

À la fin du deuxième jour et après une nuit presque sans dormir, je sentis que j'allais perdre connaissance. Heureusement, la mer était maintenant bien calme et lorsque la nuit arriva, je pus m'allonger sur mon radeau et m'endormir.

Il y avait une présence au-dessus de moi : ceci ressemblait à la Vierge-Marie, avec une longue robe bleue s'écoulant comme un flot, mais sa coiffe avec deux cornes me perturbait, en fait c'étaient plutôt des croissants de lune brillants que des cornes. Elle se tenait assise devant un temple dont l'entrée, entre une colonne blanche et une colonne noire, était barrée par un voile. On aurait dit une prêtresse des temps anciens.

Elle avait dans sa main un parchemin, celui-ci se déroula et j'eus l'impression de revoir toute ma vie à l'envers. Mes parents et des scènes de mon enfance m'apparurent. Puis il y eut une suite d'images comme du théâtre, sauf que c'était moi l'acteur : je jouais des rôles différents, les actions se passaient à des périodes anciennes, on aurait dit, il y avait des drames, du bonheur, du malheur. Il me semblait être souvent en compagnie d'une jeune fille.

Je me réveillai un court instant, il y avait un croissant de lune dans le ciel, j'entendais le clapotis de l'eau autour de moi; avais-je rêvé? Je retombai dans un sommeil profond.

La prêtresse avait l'air de s'être transformée en une jolie dame qui attendait un bébé. Elle portait une longue robe verte avec des broderies en fil de cuivre dessinant des cœurs, ses cheveux blonds étaient retenus par une sorte de diadème décoré d'étoiles, elle avait un collier de perles. Elle me souriait. Elle se tenait devant une grande tapisserie, tendue à travers la chambrée, représentant un paysage : un champ de blé, une cascade, un petit lac, des arbres et un ciel jaune.

Elle passait un linge humide sur mon front, ses lèvres bougeaient, mais je ne comprenais pas ce qu'elle disait : « *nero* ? », « *psomi* ? ». Le vin changé en eau… la multiplication des pains… elle parlait grec !

J'étais allongé sur une sorte de lit suspendu, tout semblait bouger autour de moi, on était sur un bateau ! La dame me donna à boire, j'aurais avalé une outre entière. Je la remerciai en grec, elle en fut très étonnée, me demanda si je parlais cette langue, j'avais un peu de mal à la comprendre et surtout très mal à la tête.

Elle me raconta que ce bateau marchand grec m'avait recueilli inconscient quelques heures auparavant. Elle était la femme du capitaine et rentrait en Grèce pour donner naissance à son enfant ; ils venaient de Marseille et se dirigeaient vers la Sicile pour y faire escale, je pourrais descendre là-bas si je le désirais.

Elle me donna un peu de pain, mais je me sentais encore très faible et me laissai tomber dans ma couche. Je repensai surtout à la disparition de mes compagnons, avaient-ils tous péri ? Je me sentais vraiment mal à cette idée. Puis la conversation avec M. le Curé ressurgit dans mon esprit, comme une espèce de monstre dévastateur.

Un moine de l'Inquisition ! Il aurait tué mes parents, et ceux-ci auraient été recherchés pour des crimes, quels crimes ? Mon père était un amoureux de la liberté, il n'arrêtait pas de m'en parler, de se plaindre de l'état de servage de la plus grande partie de la population ; mais était-ce un crime de dénoncer les inégalités ? Et ma maman, elle soignait les gens avec des herbes et des pierres précieuses, des talismans. Elle avait commencé à m'apprendre l'art de préparer les herbes pour faire des boissons, des onguents, des cataplasmes. Même M. le Vicomte la faisait appeler régulièrement pour soulager ses différents maux. Beaucoup de villageois disaient qu'elle faisait des miracles. Était-ce un crime ? Et cette Inquisition, c'était quoi exactement ?

M. le Curé ne voulait pas trop en parler. Lorsqu'une fois la conversation s'était engagée sur ce sujet, j'avais cru comprendre qu'il avait lui-même été victime de leurs investigations, que pour cela il avait dû quitter l'université. Mais ces moines avaient-ils pour autant le droit de tuer les gens comme ça ? Et même une petite fille qui elle, pour sûr, était innocente.

arcane 2

J'avais l'impression de délirer, la dame en vert continuait à me surveiller de près, l'air inquiet. Sa présence finit par me calmer, elle emplissait l'espace de compassion et d'une force tranquille qui me disait de ne pas sombrer dans le désespoir, mais plutôt de faire face, d'aller de l'avant.

Je ne sais pas combien de jours nous naviguâmes encore, mais un soir nous accostâmes en Sicile. Le capitaine vint me chercher, je constatai que je pouvais à nouveau marcher sans avoir la tête qui tourne. J'étais habillé en marin grec, je me demandais quelle allure je pouvais bien avoir.

— Il y a un homme important qui vient d'arriver sur le port, il veut te voir. Il dit que tu dois débarquer ici.

Ceci avait l'air d'un ordre ; quitter la mer me satisfaisait entièrement, même si je n'avais aucune idée de ce qui m'attendait. Je fis mes adieux à mes sauveurs, la dame me prit dans ses bras, j'en fus empli de courage et d'une force nouvelle pour affronter l'avenir.

Le capitaine m'indiqua que l'homme important en question se trouvait en haut d'une rampe surplombant le quai. Je le trouvai assis sur une grosse pierre cubique, les jambes croisées, revêtu d'une sorte d'armure et d'un casque. Il avait une belle barbe blanche et tenait un bâton de commandement en main. Derrière lui, les montagnes étaient rougies par le soleil couchant. Il ne regardait pas dans ma direction, mais fixait l'horizon, ou peut-être, même au-delà ; il souriait, on aurait dit que sa vision lui procurait un grand plaisir.

Je m'approchai en remontant la rampe et il finit par tourner la tête vers moi, il se leva et nous nous saluâmes.

arcanes 3 et 4

— Voici donc le rescapé, venu tout droit de Normandie, me dit-il en patois normand.

Je crus un moment que nous avions accosté dans le port de Touques, là où j'allais quelquefois avec mon père chercher des marchandises. Mais non, ce lieu-ci était bien différent.

— Te voilà bien étonné de m'entendre parler normand, n'est-ce pas ? Tu dois savoir que ce pays de Sicile se retrouva entre les mains de nos ancêtres, il n'y a pas si longtemps. Et si mon trisaïeul n'avait pas été prisonnier des Hafsides, ces Barbaresques de malheur, je serais encore comte ou duc ou je ne sais quoi, et toutes ces terres m'appartiendraient…

Il me dévisageait avec intérêt, son regard était bienveillant, mais on voyait qu'il avait souffert.

— Mais toi, mon garçon, comment vas-tu ? Il ne me laissa pas le temps de répondre.

— Comment le destin t'a-t-il amené ici ? C'est étonnant quand même… il faut que tu me racontes tout cela en détail, depuis le début. Tu vas habiter chez moi, je m'occupe de tout, ne t'en fais pas. On va te trouver d'autres habits, dit-il en souriant.

Voyant que je le regardais aussi avec un peu d'étonnement, il ajouta :

— Tu te demandes ce que je fais habillé pour la bataille ! Je rentre tout juste d'une course après un navire plein de ces pirates sarrasins, ils n'arrêtent pas de débarquer ici et là et de piller nos pauvres villageois. Quelques-uns de ces bateaux que tu vois dans le port sont à moi, je fais du commerce et aussi parfois la guerre sur mer quand il le faut… Ma demeure est un peu plus haut, ce n'est pas loin, tu pourras y arriver, ou veux-tu un cheval ?

Je ne pensais pas donner l'air d'être si faible…

— Non, Monsieur… le Comte… je… je vais y arriver.

Il se mit à rire.

— Monsieur le Comte ! ça, c'est bien mon garçon, tu es bien poli, j'aime ça… Allons-y.

Gnose sicilienne

La demeure du comte était très belle, et comptait de nombreux serviteurs. Il me conduisit vers une pièce à l'étage, avec une grande terrasse donnant sur la mer; cette mer si bleue et si paisible, et qui pourtant avalait les naufragés.

— Voilà! Tu es chez toi, c'est ta chambre, il y a des habits dans ces coffres, que veux-tu faire, te reposer? Il y a une salle avec de l'eau à côté, tu pourras enlever tout ce sel qui te blanchit… il rit de nouveau, puis soudain prit un air grave et triste.

— Les habits, ce sont ceux de mon fils… il est mort il y a maintenant quelques années… la mer me l'a pris lors d'un voyage qu'il faisait vers la Grèce. Sa pauvre mère n'a pas supporté cette disparition, elle s'est laissée mourir…

Il y eut un grand silence, je décidai de lui faire part de ma compassion, mais il m'arrêta :

— Tout ça, c'est du passé, oublions-le! Je t'attends en bas pour un bon repas, quand tu veux, mais change-toi…

J'allai me débarbouiller puis ouvris les coffres, les habits étaient très jolis, je ne savais pas quoi choisir. Je m'allongeai sur le lit pour réfléchir un peu et m'endormis.

Je fus réveillé par M. le comte qui tirait les rideaux de ma chambre, le soleil entra, ce devait être l'après-midi…

— Eh bien! mon garçon, tu as presque dormi une journée entière, maintenant tu dois avoir une faim de loup. Je t'ai préparé quelques habits, cette fois ne te rendors pas.

Il ressortit et je l'entendis descendre l'escalier. Je le rejoignis quelques instants plus tard. Il avait raison, j'étais affamé et les odeurs de cuisine qui arrivaient jusqu'à la chambre faisaient gargouiller mon ventre. Je me dirigeai vers ce que je pensais être la salle à manger.

— Ah, te voilà déjà, tu es magnifique dans ces habits, assieds-toi! Le comte semblait ravi, il donna quelques ordres en une espèce d'italien, deux serviteurs apparurent avec plusieurs plats. Poissons, viande, légumes, fruits…

— Sers-toi! Mange ce que tu veux et raconte ton histoire.

Raconter ma vie et mon périple prit un certain temps, c'était aussi bien, car ceci me forçait à faire des pauses entre les plats, et entre les bouchées, sinon j'aurais tout englouti sans m'arrêter.

Le comte ne parlait guère, mais son visage était très expressif, il rigolait de temps à autre, pas forcément aux moments que j'aurais crus opportuns. Parfois, il avait presque les larmes aux yeux, cela m'étonna de voir un homme de son état passer par tous ces sentiments; tout le contraire de Monsieur le Curé.

Je fis une pause un peu plus longue, car je pensais être arrivé au bout de mon histoire, mais aussi parce que mon ventre était plus que rempli.

— Et vous M. le Comte, pouvez-vous me dire pourquoi vous parlez le normand?

— Eh bien, tu vois, je suis marchand; les Génois et les Vénitiens s'occupent de la Méditerranée, mais ils n'osent pas vraiment s'aventurer vers l'ouest; alors en bons descendants des Vikings, mes aïeux ont décidé de continuer à naviguer entre ici et la Normandie. Je vais régulièrement dans ces contrées, Cherbourg assez souvent, et je suis même allé une fois jusqu'à Londres. De père en fils nous avons entretenu ces échanges, les produits d'orient se vendent très bien là-bas, ainsi que le coton. Plusieurs de mes aïeux ont épousé des Normandes. Ma mère venait de Cherbourg, mais mon épouse était d'Aragon.

Il s'arrêta de parler, un voile de tristesse passa sur son visage.

— Après les Normands, ce sont les Germains du Saint-Empire qui ont essayé de prendre notre place; ça n'a pas bien marché, et ça ne plaisait pas au pape de l'époque qui fit venir les Français, mais eux, ils ne plaisaient pas aux gens d'ici. Finalement, nous appartenons depuis une centaine d'années au royaume d'Aragon. Martin et Marie sont nos souverains, mais le malheur est sur eux : ils ont dû se battre contre le pape de Rome tout d'abord, puis il y a eu des révoltes il n'y a pas longtemps, et maintenant leur enfant vient de mourir… la reine est au désespoir…

Un long silence s'abattit sur nous. Pourquoi l'existence humaine, même celle des plus riches et des plus puissants, devait-elle passer à travers tous ces drames ?

— Finis de pleurer sur les morts ! s'exclama le comte, buvons encore un peu de notre bon vin… il descendit son verre, alors que je buvais le mien par petites gorgées ; je n'avais presque jamais bu de vin jusqu'à présent. M. le Curé, tout comme maman Jeanne, m'avait interdit d'en boire une seule goutte.

— Cependant, il va falloir s'occuper de toi, et prévenir l'évêché de Rouen de ce qui s'est passé. Ne t'en fais pas, je prends tout en charge et en attendant, je te garde auprès de moi… j'ai besoin de compagnie, et de jeunesse ! Tu me dis connaître déjà plusieurs langues, il y a quelqu'un ici que ça va intéresser, je te le présenterai demain.

Le reste de la journée se passa à visiter les bateaux et les entrepôts du comte, puis à aller à cheval au chantier naval. Depuis plusieurs générations, donc, la famille du comte, les Autavilla, construisait des navires, faisait du commerce et combattait de temps en temps les sarrasins.

Apparemment, le comte était riche. Ses ancêtres avaient toujours su, tout comme lui, se mettre au service du souverain en place et ainsi garder quelques privilèges, visiblement sans payer trop de taxes. Il me dit quand même qu'il y avait eu des hauts et des bas dans leur commerce, surtout à cause de la peste et puis des révoltes qui avaient accompagné la nomination du nouveau roi. Il avait dû faire des alliances à ce moment-là, et choisir le bon camp.

Il me raconta que la Sicile s'était retrouvée sans roi pendant des années et l'arrivée de Martin 1er en 1392 avait été saluée par les habitants de Palerme qui souffraient de la tyrannie du comte de Clermont, Andrea Chiaramonte. Celui-ci fut arrêté, puis gracié, mais ceci déplut fortement au favori du roi, Bernardo Cabrera, qui s'arrangea pour piéger Chiaramonte et même le faire passer à la question. Sous la torture, il avoua avoir fomenté un coup contre le roi ; il fut pendu. Cabrera obtint les biens de Chiaramonte et la charge de grand-amiral.

Heureusement pour M. le Comte, il était en bonne entente avec Cabrera, tout en sachant que c'était un homme dangereux. Toujours est-il qu'il put ainsi participer à l'effort de construction d'une marine sicilienne et entreprendre des courses aux pirates Hafsides.

Maintenant, la situation était devenue plus paisible et il avait pu reprendre ses entreprises commerciales, grâce aussi au nouveau système de banque qui facilitait les transactions, et en dépit des Génois et des Vénitiens qui dominaient le commerce dans la région, n'arrêtant pas de se faire la guerre.

Il aimait bien discuter de ces choses-là, du monde, du commerce, mais j'avais l'impression que ce n'était pas la seule de ses préoccupations. Lorsqu'il avait parlé du lendemain, ses yeux avaient brillé, et je sentais que ceci n'avait rien à voir avec le commerce ou les bateaux.

Le lendemain matin, il me tira du lit un peu après le lever du soleil, il me dit comment m'habiller, j'appréciais bien cela, car la soudaine abondance de vêtements à ma disposition me troublait.

Nous mangeâmes quelque chose rapidement et descendîmes vers la maison du dessous par un « passage secret », me dit-il. Nous débouchâmes dans un patio à ciel ouvert et entrâmes avec une grande discrétion dans ce qui ressemblait à une petite chapelle voutée avec quelques piliers décorés, et un grand vitrail au fond, éclairé par le soleil levant.

Nous avançâmes en silence : en face de nous sur un dais rouge un peu surélevé se tenait un personnage en chasuble rouge orangée, bordée d'un large ourlet bleu vert, qu'il portait sur un surplis blanc. Je n'avais jamais vu M. le Curé avec une chasuble comme celle-ci ni jamais assis sur un gros coussin ! Et il n'y avait pas de crucifix dans cette chapelle ni de statues des saints, mais le prêtre tenait une triple croix dans sa main gauche.

Sur les deux piliers de chaque côté du dais, il y avait un soleil et une lune, peints en or et en argent respectivement. Derrière le personnage une tenture de couleur bleu foncé comportait un dessin de trois couronnes superposées. Devant le maître de cérémonie se tenaient deux personnages en chasuble verte, deux diacres peut-être ? Mais je réalisai que la personne de gauche était une femme, sa tête était couverte d'une couronne de roses rouges, l'homme à droite portait un collier de fleurs de lys blancs.

Soudain, je repensai au magicien des rues de Paris, aux roses et aux lys, je réalisai que l'impression laissée par cette scène était toujours là. Lorsque je m'en souvenais, je ressentais comme un courant passer à travers moi, comme une source d'énergie.

arcane 5

Sur leurs chasubles, les deux personnes portaient un long chapelet autour du cou, formant un Y dans leur dos. Le maître de cérémonie donna une clef en or à la femme et une en argent à l'homme. Ensuite, il ferma les yeux et nous restâmes en silence pour un long moment. Puis l'officiant se leva, fit signe à l'homme et la femme de se diriger vers la sortie, et il leur emboîta le pas. Ils passèrent devant nous, le personnage fit un léger salut à M. le Comte en passant, puis nous les suivîmes.

On se retrouva dans le patio, M. le Comte me fit signe de m'arrêter alors que les trois autres disparaissaient dans un couloir.

— Tu viens de rencontrer Maître Jérémie, c'est notre *hiérophante*, dit-il en grec… C'est un être exceptionnel, c'est à lui que je voulais te présenter. Il a accepté que tu assistes à cette cérémonie, c'est un grand honneur, car ça veut dire que sans même te connaître, il te fait confiance. Un grand honneur… oui, c'est sûr !

J'étais plutôt perdu, de quelle cérémonie s'agissait-il ? Je connaissais le mot *hiérophante* de mes lectures grecques, mais ceci ne m'avançait guère. Le comte enchaîna :

— Ces cérémonies sont un peu, euh… secrètes. On n'est pas à l'église ici, en tout cas pas celle de Rome, ah ! ah ! s'exclama-t-il. On pourrait finir sur un bûcher avec ce genre de choses… Silence grave… Maître Jérémie va revenir dans un moment et on ira manger ensemble chez moi. Cet homme, si c'en est vraiment un, des fois je me le demande, possède deux trésors, le premier sont ses connaissances en matière de *Gnose*, dit de nouveau en grec, le second tu le découvriras bien assez tôt, ah ! ah ! ah !

Le comte aimait bien rire à haute voix, mais je me demandais s'il avait toujours été comme cela, vu son passé un peu dramatique.

— Je connais le mot *gnose*, mais qu'entendez-vous par là, M. le Comte ?

— Il te l'expliquera mieux que moi, voilà plus de dix ans que je suis son élève assidu, mais je ne saurais exprimer avec les justes mots ce que lui entend par Gnose, ou Connaissance, ou Sagesse. Je dois encore être bien vaniteux en ne voulant pas exposer mon ignorance devant toi… pardonne-moi.

Jérémie réapparut, habillé normalement. Il avait un visage comme éclairé de l'intérieur, entouré de cheveux grisonnants, quelque chose de spécial brillait dans ses yeux bruns.

— Ah, mon cher ami, venez que je vous présente notre rescapé des flots, dit M. le Comte.

Il avait dit ceci en une langue que j'avais bien de la peine à saisir.

— Je crois que notre jeune ami, malgré son don pour les langues, a du mal à comprendre notre patois local, c'est du sicilien ! dit-il à mon égard.

Je m'en doutais, malgré le peu d'italien que j'avais appris je pouvais reconnaître la différence. Le comte continua donc en latin.

— Il te faudra apprendre une langue de plus, mon Gabriel ! Jérémie parle aussi beaucoup de langues, mais moi je m'arrête au normand, au latin et au sicilien, et en me forçant un peu, à l'italien et au grec.

— Bonjour Gabriel, dit Jérémie, me prenant la main dans les deux siennes. Je suis bien content de faire ta connaissance. Roberto m'a déjà raconté ton histoire, mais j'aimerais bien l'entendre à nouveau, un de ces jours.

Le comte s'appelait donc Roberto, fallait-il que j'arrête de l'appeler M. le Comte ? Et comment devais-je m'adresser à Jérémie ?

— Quand vous voudrez… Maître… Jérémie.

— Je vois que tu as en toi le respect dû au rang, mais ici ce n'est pas nécessaire, appelle-moi Jérémie. Je ne suis le maître de personne… dit-il en souriant et en regardant le comte.

— Jérémie, vous êtes notre maître à tous, vous le savez bien, affirma le comte. Au fait, vous viendrez en compagnie, ce midi, n'est-ce pas ?

— Oui bien sûr, il y a une jeune personne qui est impatiente de faire ta connaissance, Gabriel.

Je décidai d'en savoir un peu plus sur cette gnose.

— Quelle était donc cette cérémonie à laquelle j'ai eu le privilège d'assister ?

— Oui bien sûr, on te doit quelques explications, dit Jérémie. Ce jeune couple, Leandro et Selena, ils ont demandé à faire partie de notre petit groupe gnostique il y a quelques années. Cette cérémonie confirmait leur engagement par la remise symbolique des clefs qui doivent servir à ouvrir et rouvrir leur *mens* et leur *anima*.

Je décidai d'en savoir encore un peu plus.

— Quelle est donc cette gnose ? Est-ce une religion ?

— Si c'était une religion, alors elle devrait être universelle, mais j'ai bien peur que cela n'arrive que dans plusieurs siècles, ou millénaires... Tu sais ce que veut dire le mot religion, se relier, se relier à Dieu. En fait, ce devrait être une démarche personnelle et il n'y a, a priori, pas besoin de faire partie d'une Église ou d'un groupe spirituel pour cela. Cependant, si les gens sont dans l'ignorance et seuls, alors ils ne sauront pas comment faire pour se relier à Dieu. La gnose, la Connaissance, et un groupe de compagnons peuvent leur apporter de quoi diminuer leur ignorance, les libérer un peu.

— Mais croyez-vous en Jésus-Christ ? Et à la Vierge-Marie ? Au Saint-Esprit ?

— Les croyances sont une chose, Gabriel, nécessaire aux religions, mais elles ne diminuent pas l'ignorance... au contraire, elles rendent souvent les gens facilement fanatiques et sectaires. Il faut distinguer les croyances et la foi. La foi est nécessaire pour faire le premier pas. C'est une qualité de l'âme, les croyances appartiennent à *mens*.

— Je me rends compte qu'en français on traduit *mens* par *esprit*, mais en anglais on dit *mind*. On devrait peut-être utiliser *intellect*, en français ?

C'était un sujet que nous avions discuté de nombreuses fois avec notre bon curé, et je pensais que c'était le bon moment pour le ressortir ici...

— Je vois que les problèmes de langues t'intéressent... pour essayer de répondre à ta première question, oui, Jésus, Marie, le Saint-Esprit sont importants pour nous aussi, mais on doit d'abord s'entendre sur leur signification, leur symbolisme. Toi, quelle signification leur donnes-tu ?

Je ne savais pas quoi dire, plus je réfléchissais et moins je pouvais avancer une signification plus qu'une autre.

— Je te vois un peu perplexe, Gabriel, c'est parce que tu essaies de trouver une signification à Jésus ou Marie avec ta tête, une signification *théologique*, essaie avec ton cœur...

— Avec mon cœur ? Eh bien... Jésus, c'est son sacrifice sur la croix qui parle à mon cœur, son sacrifice pour racheter nos péchés. Pour Marie, c'est sa miséricorde, sa capacité à nous octroyer la Grâce.

— Ah… tu vois, tu viens de faire ton entrée dans la gnose, la connaissance directe… et non une vue théologique sur Jésus ou Marie, du genre : *Jésus le Fils de Dieu*, et *Marie la Mère de Dieu*, ce qui n'a aucun sens, mais n'a pas empêché les théologiens d'en discuter pendant des siècles… et ils continueront à le faire…

Il fit une pause puis enchaîna :

— La vie du Christ doit nous servir de modèle, mais les gnostiques l'interprètent d'une manière symbolique ; ainsi, à la pratique de l'amour du prochain on doit ajouter une autre connaissance. Il semblait hésiter à m'en dire plus, mais continua :

— La naissance de Jésus, c'est la découverte de cette étincelle divine au fond de notre cœur et là, l'enfant Christ naît en nous. Le baptême de Jésus à un âge déjà avancé, c'est le temps qu'il nous faut pour arriver à une purification de nos pensées, de nos désirs, et ce véritable baptême nous amène à la transfiguration, notre âme transparaît alors à travers nos actions, nos paroles… pour aller plus loin, il nous faudra renoncer à tout ce que nous avons été, c'est une réelle crucifixion de laquelle nous pouvons renaître dans la lumière, c'est l'illumination tant recherchée par les mystiques. Le retour de Jésus après sa mort, c'est la possibilité de se réincarner afin de partager cette illumination avec nos semblables, leur permettre de recevoir une parcelle de l'Esprit-Saint… Plutôt que d'assurer notre propre salut, nous revenons sur terre pour partager notre amour, notre sagesse avec nos semblables. C'est la vision gnostique de l'existence, assez loin de la théologie, n'est-ce pas ?

Il y eut un silence que je décidai de rompre, je ne savais quoi dire sur cette vision gnostique, cela me dépassait un peu :

— Notre bon curé aimait discuter de théologie, et de dogme, il n'a jamais parlé de connaissance directe par le cœur.

— Oui, c'est bien possible, mais il t'a sûrement appris à prier ? Comment vois-tu la prière ? à quoi te sert-elle ?

— Souvent, c'est pour demander quelque chose à Dieu… ou à ses saints… Quand j'ai perdu mes parents, j'ai prié jour et nuit pour que Dieu les fasse revenir…

— Oui, beaucoup de gens pensent que l'on peut demander ce que l'on veut à Dieu. Mais ils n'obtiennent pas ce qu'ils veulent et finalement, ils ne croient plus en Dieu… Rajoute à ceci la peur du diable et toute cette ignorance des gens et des prêtres, et la religion devient un système de superstition, pas un moyen d'obtenir le salut dont on nous parle, ne penses-tu pas ?

Jérémie ne me laissa pas répondre, il continua :

— Vois-tu, la vraie prière c'est entrer dans le sanctuaire de notre cœur, et y contempler la présence divine.

Il y eut un long silence.

— Si on arrêtait là ? Coupa M. le Comte. J'ai des choses un peu urgentes à régler avec ce jeune homme, on doit pouvoir le faire avant le repas de midi. Alors mon cher Jérémie, à tout à l'heure…

Le comte m'entraîna vers sa demeure, je le suivis en silence, tout en réfléchissant à ce qui venait d'être dit. La religion, une superstition, Jérémie avait certainement un peu raison ; cependant, je sentais en moi un attachement à ces dogmes rabâchés par notre curé. Fallait-il abandonner tout cela, n'allais-je pas perdre ma foi, finir en enfer ? Où étais-je donc tombé ?

Nous arrivâmes dans une pièce qui servait d'office au comte.

— Nous devons écrire quelques lettres, mais tout d'abord, il faut que je signale ta présence à notre autorité locale, cela, je m'en occupe. Mais tu dois surtout écrire à ta mère adoptive, afin qu'elle ne te croie pas mort… à qui devons-nous l'adresser ?

— Maman Jeanne ne sait pas lire, elle n'a jamais voulu apprendre, il faut adresser la lettre au curé de la paroisse.

— Bon ! on va lui écrire et lui dire que nous écrivons aussi à l'archevêché de Rouen, c'est bien de là qu'est partie l'initiative de cette délégation ecclésiastique auprès des papes ? Peux-tu établir la liste de ceux qui ont disparu dans ce naufrage ?

— Oui, c'est possible, mais je n'ai pas les noms de famille de tout le monde, je sais d'où ils venaient…

— Cela suffira, je ne serais pas étonné qu'ils envoient quelqu'un pour enquêter. On verra… et… toi, que comptes-tu faire ? Désires-tu rentrer chez toi ?

Je voyais bien que le comte était mal à l'aise, qu'il avait déjà planifié quelque chose, mais qu'il n'osait pas me l'exposer.

— Je ne sais pas M. le Comte, si je peux rester un peu ici, ce serait avec plaisir, retraverser la mer n'est pas une perspective très attrayante pour moi.

— Oui, bien sûr ! Tu peux rester ici aussi longtemps que tu le désires, mon garçon.

Esther

Nous arrivâmes dans la salle à manger, tout semblait prêt pour recevoir les convives ; d'ailleurs, il y en avait déjà deux, je reconnus Leandro et Selena.

— Venez ici, que je vous présente, dit M. le Comte.

— Au fait, j'y pense, dit-il en s'adressant à moi, ces deux *néophytes* parlent grec, ils sont originaires d'un village où il y a plus de Grecs que de Siciliens… Je vous laisse ! M. le Comte disparut vers les cuisines.

Je les saluai donc en grec, ils en furent un peu étonnés, mais je savais aussi que c'était plutôt à cause de ma façon de parler ; au moins étaient-ils plus polis que les marins sur le bateau qui m'avait recueilli, certains d'entre eux éclataient de rire en m'entendant parler.

Évidemment, ils voulurent savoir tout un tas de choses sur moi. Je leur contai mon histoire, prenant quelques raccourcis. Je désirais aussi en savoir un peu plus sur eux.

— Et vous, vous êtes des amis de Monsieur… Roberto ?

— Nous travaillons pour lui, nous nous occupons de son domaine, nous sommes ses régisseurs, dit Leandro.

— Avant, mes parents étaient chargés de cela, maintenant qu'ils sont morts nous avons pris la relève, dit Selena.

— Je suis désolé qu'ils soient morts, dis-je.

— Merci, dit Selena, tout le monde aimerait devenir vieux et rester en bonne santé, mais il semble que ce ne soit pas possible…

— Vous… vous êtes des *gnostiques*, m'a dit Jérémie… depuis longtemps ?

— Jérémie est arrivé ici il y a une dizaine d'années, dit Leandro. Il est venu comme tuteur pour le fils de M. Roberto, il enseignait le grec, le latin et le calcul.

— M. Roberto désirait que nous nous joignions aux classes, mes parents étaient encore vivants à cette époque, dit Selena. Mais à travers ses leçons, il nous parlait de bien d'autres choses comme la valeur du *Pneuma*, et de la *Psyche*.

Je comprenais qu'ils voulaient dire de l'Esprit et de l'Âme, mais à la suite de notre discussion du matin, je n'étais pas sûr de la « signification » qu'ils donnaient à ces termes. Selena continua :

— Il ne s'agit pas de philosophie, il nous l'a bien fait comprendre, et il nous a proposé de nous enseigner *Gnosis* et *Sofia*. C'est un enseignement pratique, pas seulement des idées.

Voyant que je voulais en savoir plus, Leandro allait ouvrir la bouche lorsque M. le Comte entra dans la salle à manger.

— Alors les enfants, vous êtes prêts pour le banquet en votre honneur ?

Devant notre étonnement, il ajouta :

— Oui, pour vous deux ! Selena et Leandro, pour avoir reçu les clefs ce matin… et pour Gabriel, qui est maintenant un peu des nôtres, dit-il en posant sa main sur mon épaule.

— Ah ! J'entends Jérémie qui arrive, accompagné de son deuxième trésor, dit M. le Comte à mon égard.

Effectivement, Jérémie déboucha dans la pièce, une belle jeune fille à ses côtés, sa fille, pensai-je. Elle fixa son regard sur moi tout de suite, et je crois que je devins rouge comme le vin de M. le Comte. Elle me fit un joli sourire, elle était vraiment belle, même plus que ça. Mes oreilles se mirent à bourdonner et mon cœur semblait vouloir sortir de ma poitrine.

— Esther, mon enfant, viens ici saluer notre Gabriel, dit M. le Comte.

Nous nous saluâmes, ne sachant quoi dire…

— Asseyez-vous donc, dit-il en nous désignant nos places.

J'étais assis en face d'Esther et à droite de son père. Le problème de la langue se posait à nouveau, et nous dûmes recourir au latin ; bien qu'après un moment il y eut un mélange de sicilien, grec et latin.

Le repas arriva, tout avait l'air si appétissant, et il y avait du vin. J'essayai de ne pas me jeter sur la nourriture et de me tenir aussi bien que possible ; je me sentais surveillé depuis en face, mais je n'osais pas trop la regarder.

— Gabriel, j'ai été un peu direct tout à l'heure, excuse-moi, dit Jérémie. J'espère que nous aurons l'occasion d'approfondir cette discussion. Que comptes-tu faire à l'avenir ?

— Monsieur... Roberto... va envoyer quelques lettres en Normandie afin de faire savoir que je suis vivant et que mes compagnons ont disparu... Peut-être voudront-ils que je rentre – je parle de l'évêché de Rouen, ou bien ils enverront quelqu'un ici. Après on verra.

— En attendant, voudrais-tu donner des leçons de français à cette jeune personne ? dit-il en dirigeant son regard vers Esther. Ce n'est pas une élève modèle, tu dois le savoir...

— Père, ce n'est pas juste de lui donner une mauvaise opinion de moi, n'avez-vous pas honte ? N'ai-je pas appris tout ce que vous m'avez enseigné pendant toutes ces années ? Toute cette grammaire latine ! Et l'hébreu.

— Apprendre est une chose, comprendre en est une autre... dit Jérémie, mais tu as raison de te plaindre de ton père, je ne suis pas parfait, hélas ! Gabriel, tu dois savoir que j'ai perdu mon épouse, et Esther sa maman, il y a déjà fort longtemps... Esther devait avoir quatre ans et, pour ton information, elle en a seize maintenant, comme toi, n'est-ce pas ?

— Je vais avoir dix-sept ans à la fin de l'année.

— Je sais que tu es orphelin, mais qu'heureusement de bonnes personnes ont pris soin de toi ; mais Esther a grandi sans sa maman, sans trop de présence féminine autour d'elle, surtout depuis que l'épouse de Roberto est décédée. Je pense que ceci explique quelques traits de son caractère.

— Que veux-tu encore dire de mal sur moi ? dit Esther, maintenant presque fâchée. J'ai le caractère que j'ai et c'est de ta faute !

— Tu vois ce que je veux dire, Gabriel, alors désires-tu toujours essayer de lui apprendre le français ?

— Oui, avec joie, mais je ne sais pas si je serai un bon professeur. Je… ferai de mon mieux…

— Je serai une bonne élève, c'est promis ! dit Esther, maintenant assez excitée à l'idée d'avoir à me revoir régulièrement, espérais-je.

— On fera ces cours chez nous ? demanda-t-elle, s'adressant à son père avec un air nettement plus soumis.

— Oui, c'est possible, ainsi on pourra aussi discuter un peu plus sur le sujet de la religion et de la spiritualité. Qu'en penses-tu Gabriel ?

— Oui, bien volontiers, mais au fait, êtes-vous… catholiques ? Allez-vous à l'église ?

— Oui, nous allons à l'église ; quant à être catholiques, c'est une autre histoire.

On apporta quelques plats supplémentaires et je ne savais pas où ceux-ci pourraient prendre place dans mon estomac.

— En fait, notre famille a été persécutée par certains catholiques. C'est une longue histoire, mais nous avons le temps, je crois, si cela t'intéresse ?

Je fis signe que oui.

— Je suis d'origine juive du côté de ma mère, mon père était catalan. Ma maman était issue d'une famille qui avait fui l'Andalousie il y a un peu plus de 200 ans à cause des persécutions des Maures. Ils se sont installés dans le sud de la France, à Posquière… Mais ils en furent chassés il y a une centaine d'années par le roi de France, Philippe le Bel, qui s'était d'abord attaqué à la papauté romaine, et avait… *remplacé* celle-ci par un pape en Avignon. C'est aussi lui qui fit torturer et mettre à mort les Templiers. Je ne sais pas d'où lui vient le surnom de « le bel ».

Il fit une pause puis reprit :

— Il fit expulser les juifs du royaume et confisqua tous leurs biens. La famille de ma maman se réfugia sur les terres du pape en Avignon. Puis il y eut la peste noire. Ce fut une période terrible pour les juifs. Assez rapidement, les gens se mirent en tête que la peste était due à l'empoisonnement des puits par les juifs. Certains d'entre eux furent arrêtés et torturés jusqu'à ce qu'ils avouent qu'ils étaient les responsables. À partir de là, il y eut des massacres dans presque toutes les contrées touchées par la peste, des centaines de milliers de juifs furent tués, torturés, brulés vifs… Même le roi de France fit condamner des juifs pour empoisonnement… Le pape essaya d'arrêter ces massacres, mais rien ne put stopper la folie meurtrière de la populace. Les massacres continuèrent pendant près de deux ans, autour de 1350, et s'étendirent à tout l'empire germanique… Tous ces bons catholiques se donnaient le droit de tuer, d'enfreindre les commandements divins… et ceux du pape…

Il s'arrêta de parler ; les autres convives avaient suspendu leur conversation et tout le monde écoutait Jérémie.

— Comment votre maman a-t-elle échappé au massacre ? demandai-je afin de rompre ce silence pesant.

— Eh bien, c'est la famille de mon père qui les a accueillis chez eux. Ils étaient en fuite et on les cacha, on leur apprit ce qu'il fallait dire et faire pour passer pour de bons chrétiens, et ils partirent avec mon père et grand-père dans la région de Barcelone. Tous deux étaient dans les devoirs, des compagnons maçon, tailleurs de pierre, qui voulaient s'affranchir des maîtres afin d'avoir plus de liberté dans leurs métiers. Avec la peste, beaucoup de maîtres avaient péri et il devint plus facile de recréer de nouvelles structures dans les métiers. Mon grand-père connaissait des bâtisseurs à Barcelone qui l'hébergèrent et ils s'installèrent là-bas ; et mon père épousa ma mère.

— Et c'est là-bas que tu es né, ajouta Esther.

— Oui, mais c'est une autre histoire. On ne va pas la raconter maintenant, j'ai déjà assez parlé.

L'atmosphère s'était un peu détendue, on se remit à manger quelques morceaux de gâteau et des fruits.

Après le repas, nous allâmes chez Jérémie, car il y avait une *surprise* : Esther se mit à chanter en s'accompagnant à la harpe. C'était la première fois que j'entendais une jeune fille chanter ainsi, la démonstration fut très brillante et j'étais complètement sous le charme ; je flottais, la tête me tournait un peu.

Dans la maison de Jérémie, il y avait beaucoup de manuscrits, et de grands diagrammes suspendus sur les murs. On aurait dit le repaire d'un mage. Il y avait aussi des dessins d'architecture ; avant de demander quelques explications sur les diagrammes, je me renseignai sur l'origine des dessins, et surtout sur le support de ces derniers.

— C'est du papyrus, ça vient d'Égypte, et voici du papier fabriqué ici en Sicile, c'est bien plus pratique que le parchemin, dit Jérémie. Et les dessins, c'est moi qui les ai faits. Comme je l'ai raconté, mon père et grand-père étaient des compagnons tailleurs de pierre. Ils étaient bâtisseurs de cathédrale, et j'ai suivi leurs traces. Je continue à faire quelques travaux par ici.

— C'est comme ça qu'il est devenu maître, dit M. le Comte.

— Oui… Mon père avait combattu le pouvoir trop grand des maîtres et finalement, il s'est retrouvé maître lui-même, à cause de tous ceux qui avaient disparu suite à la peste. Nous ne restâmes pas longtemps en Aragon. Quand j'ai eu 10 ans, nous allâmes à travers la France et le Saint-Empire germanique, pour finir des cathédrales ou les réparer. Ce fut une période très intéressante, j'ai appris tellement de choses. Ma maman noua des contacts avec les quelques communautés juives qui essayaient de survivre et je commençai à assimiler les bases de l'architecture en même temps que celles de la Kabbale.

— La Kabbale, c'est l'enseignement ésotérique de la religion juive, dit M. le Comte pour mon information. Mais continuez, mon cher Jérémie.

— Vers 1380, le roi d'Aragon avait acquis des terres en Sicile, en Italie ainsi qu'en Grèce, il voulait y construire des églises et nous partîmes avec mes parents jusqu'à Athènes. Mais il n'y avait rien à construire là-bas, faute de moyen, alors nous nous rendîmes à Rhodes, où les hospitaliers avaient besoin d'architectes pour les nombreuses constructions et fortifications qu'ils entreprenaient sur l'île.

— Les hospitaliers appartiennent à un ordre monastique qui aidait les pèlerins sur la route de Jérusalem, précisa M. le Comte, et lorsque la ville tomba aux mains des mahométans, ils se replièrent sur Rhodes qui devînt leur place forte. Entre temps, ils avaient « hérité » de la fortune des Templiers, brulés vifs ! Quelle histoire !

M. le Comte fit signe à Jérémie de continuer.

— À Rhodes, ma mère rencontra des juifs, elle apprit que son oncle, qui était un kabbaliste célèbre, avait réussi à s'enfuir pour Alexandrie ; alors après quelque temps, nous partîmes pour cette grande ville d'Égypte. Mon père était ravi : après avoir pu contempler le génie constructeur des Grecs, il allait pouvoir observer celui des Égyptiens.

— Et c'est là que tu as rencontré maman, ajouta Esther.

— Oui, elle était la fille d'un ami, des chrétiens coptes. Maman aurait préféré que j'épouse une juive… puis, on est rentré en Aragon pour ta naissance, Esther, fin 84.

— Oui, je suis née début décembre, je suis Sagittaire ! dit-elle fièrement.

Qu'était-ce donc cela ? Moi aussi j'étais né en décembre, la veille de Noël ! Et pourquoi en était-elle si fière ? Voyant mon étonnement, elle ajouta :

— Tu ne connais pas les signes du zodiaque ? Intimant que je devais être un peu demeuré pour ne pas connaître cela.

— Notre bon curé, à travers les lectures de Saint-Augustin, m'a mis en garde contre l'astrologie, avançai-je comme excuse.

— Si ça t'intéresse, père pourra établir ton thème astral et là, on en saura beaucoup plus sur toi… elle arborait un grand sourire.

— Non… enfin… oui… peut-être.

— Gabriel, mon enfant, ce n'est pas un péché de se faire faire son thème astral, n'aie crainte, déclara M. le Comte.

Saint-Augustin, avant de devenir saint, avait commis bien des erreurs, consistant à faire confiance à des personnes de diverses sectes, toutes plus hérétiques les unes que les autres. Notre bon curé avait voulu que j'étudie le cheminement du Saint afin que je ne sois pas tenté de dévier de la droite ligne du catholicisme. Avait-il vraiment réussi ? On allait bientôt le savoir.

Le feu et la terre

Un rendez-vous avait été fixé pour la première leçon de français. Le moment venu, je descendis chez Jérémie et attendis assez longtemps avant que celui-ci et Esther, l'air un peu fâché, n'entrent dans la grande salle aux dessins.

— Ah ! Gabriel, excuse notre retard, mais cette demoiselle pensait qu'il lui fallait encore quelques rubans supplémentaires dans les cheveux, certainement pour mieux te plaire. J'espère que ce sera son talent et son assiduité qui te plairont, plus que les rubans... Bon, je vous laisse, je repasserai dans un moment, il y a de quoi écrire ici et de nombreuses feuilles de papier, n'hésite pas à les utiliser, Gabriel.

Nous étions de nouveau face à face, et c'était visiblement à moi d'entreprendre quelque chose...

— Euh... *bonjour, Esther, comment allez-vous ce matin* ? dis-je en français.

Elle répondit en latin :

— Maître Gabriel, je n'ai rien compris, était-ce du français ?

— *Oui*, on dit *oui* pour dire oui.

— Et comment dit-on, je vous aime, en français ?

— *Je vous aime* !

— Moi aussi ! s'exclama-t-elle en latin.

Et voilà, j'étais piégé bien plus vite que je n'aurais pu le penser.

— Euh... on dit, *moi aussi*, en français.

— Ah ! Vous aussi vous m'aimez ?

Je devais maintenant être aussi rouge qu'il est possible de l'être…
Bien sûr que je l'aimais, mais je trouvais qu'une telle déclaration aurait
dû se faire dans d'autres circonstances et certainement pas après
avoir rencontré ma bien-aimée le jour précédent.

— Continuons, euh… *continuons*.

— Peut-être avez-vous déjà une fiancée en Normandie ?

Décidément, la leçon de français était en train de tourner court.

— Euh… non, en fait comme j'habitais chez M. le Curé… je n'avais
pas le temps de m'occuper des jeunes filles…

Pourquoi m'étais-je engagé dans une telle discussion ?

— Pas le temps, ou pas l'envie ?

Son père avait raison, elle avait un caractère bien à elle, et je ne savais
plus maintenant si je l'aimais toujours autant.

— Quand votre père reviendra, il voudra savoir ce que vous avez appris, essayai-je d'affirmer avec autorité

— Oh, j'ai appris beaucoup de choses déjà, comme… il semblerait
que vous m'aimiez.

— Je parlais du *français*.

— *oui, oui, j'aime le français, aussi le Normand*. Et elle éclata de rire.

Je savais maintenant qu'avec elle, je n'aurais jamais le dernier mot.
Jérémie réapparut, peut-être attiré par les rires de sa fille.

— Ah ! Je vois que vous vous amusez bien, est-elle une bonne élève,
Gabriel ?

— Je sais déjà dire, *j'aime le français… continuons Gabriel* !

Jérémie fit mine d'être impressionné, et il repartit. La leçon continua
effectivement, non sans autres *quid pro quo*.

Puis, je fus invité à partager leur table pour le repas de midi. La conversation finit par arriver sur le sujet de la gnose, de son origine. Mais voyant les livres sur les étagères, je me posai une question bien catholique.

— Avez-vous des écrits comme la Bible dans votre gnose ? demandai-je.

— La Bible est un écrit gnostique, Gabriel, surtout le Nouveau Testament, et quelques autres évangiles moins connus. L'enseignement de Jésus est une source de connaissance et de sagesse pour tout le monde, pas seulement pour les catholiques. Son message d'Amour est universel, dit Jérémie, puis il continua :

— De nombreuses personnes ont écrit sur la gnose, sur les maîtres disant posséder la connaissance gnostique ou hermétique. Il y a eu beaucoup de groupes qui se réclamaient de la gnose, mais vois-tu, ce qui apparaît à la surface, ces écrits, ces maîtres, tout ceci reste superficiel... C'est de la matière pour les historiens... il fit un grand sourire... Tu me racontais que ton curé ne voulait pas que tu lises autre chose que la Bible, et Saint-Augustin ! Il avait certainement raison dans un sens...

— Pourquoi dites-vous cela ? Moi je le trouvais un peu sévère...

— Tu peux lire tous les livres que tu veux sur le sujet de la gnose ou de la religion, la vie des saints, la vie des sages, mais ceci ne t'amènera jamais très loin... re-sourire. Cependant... c'est peut-être mieux de t'en apercevoir par toi-même après avoir lu tous les livres que tu désires, plutôt que de t'interdire de les lire... je suis d'accord ! Il y a ici de nombreux manuscrits de tout genre, alors, lis ce que tu veux, dit-il en montrant les étagères, mais sache que les pensées qui se trouvent dans les livres ne peuvent toucher que ton intellect, ou tes sentiments, mais beaucoup plus difficilement ton âme...

Il mit sa main sur son cœur en disant ceci.

— Quant aux origines de la gnose, je crois que depuis la nuit des temps les hommes ont voulu comprendre les mystères qui les entouraient, certainement celui de la mort et surtout de la *Vie* après la mort... Jérémie ponctuait ses discours de silence, durant lesquels il m'observait.

— Les Égyptiens ont écrit le *livre des morts* et ils embaumaient les corps, ceci il y a des milliers d'années. La vie après la mort représentait quelque chose de central dans leur religion… il m'observa de nouveau.

— Mais… vous êtes tous les deux encore bien jeunes, penser à la mort vous effraie certainement un peu… et qui veut parler de cela ? Et que sait-on sur la vie après la mort ?

— On sait ce que l'Église nous dit, la vie éternelle, avançai-je.

— L'enfer pour l'éternité, ou le paradis pour l'éternité… répondit Jérémie avec une espèce d'enthousiasme, levant les bras au ciel.

Le concept d'enfer éternel me faisait comme des frissons dans tout le corps, et m'éloignait généralement de toute pensée reliée à la mort et de ce qu'il pouvait bien y avoir après.

— Dans ce dogme, ce qui est effrayant c'est le mot *éternel*, n'est-ce pas ? continua Jérémie.

Je crois bien qu'il avait raison, c'était le mot éternel qui me faisait rentrer sous terre.

— Mais quel Dieu voudrait infliger une telle chose à ses créatures ? dit Esther avec de la colère dans la voix. Moi, je ne peux pas m'imaginer, même au paradis, pour toute l'éternité… ajouta-t-elle levant aussi les bras au ciel, à contempler sans fin la grandeur de Dieu assis sur son trône, avec Jésus à son côté, le Saint-Esprit volant de-ci de-là, et les anges qui chantent et jouent de la harpe à tout jamais… Pour moi, c'est un cauchemar… pas une récompense pour une vie vertueuse.

Esther avec sa façon directe de présenter les choses venait de déstabiliser quelque chose en moi. Ce que disait Jérémie m'énervait un peu, sa critique des dogmes du catholicisme me poussait dans mes retranchements, mais ce qu'Esther venait de dire tournait cet énervement vers ceux qui m'avaient forcé à croire à ces dogmes. Je ne savais plus quoi dire ni penser. Jérémie reprit :

— La résurrection du Christ montre à tous ceux qui veulent le savoir que la *Vie* nous attend après la mort. L'Église, elle, met trop souvent en avant la mort du Christ, cependant, elle a raison de nous dire de nous préparer pour l'au-delà, et que nos actions auront forcément une répercussion sur notre avenir après la mort.

— Mais alors, quel genre de vie après la mort nous attend? demandai-je d'un ton un peu désespéré.

— Si on changeait de sujet, demanda Esther. Ne pourrait-on pas aller faire un petit voyage pour montrer notre joli pays à Gabriel?

— Oui... bien sûr... tu as raison Esther, d'ailleurs j'ai un projet spécial pour Gabriel...

— Quoi donc? demanda Esther, un peu inquiète.

— Il a connu de près l'élément air et l'élément eau combinés en une tempête qui a bien failli lui coûter la vie, alors maintenant il doit expérimenter de près l'élément feu et l'élément terre. Qu'en penses-tu Gabriel?

— Oui... peut-être... mais j'espère que ce sera moins dangereux que la tempête... où irons-nous pour cela?

— Eh bien, tu vois, il y a ici en Sicile de nombreux *vulcani*, sur les îles Éoliennes, et vers Catane il y a un immense *vulcan*, l'Etna. C'est un peu difficile de grimper sur l'Etna, mais nous pourrions aller au Stromboli qui, paraît-il, est très actif ces temps-ci. C'est une île, nous irons à cheval à Milazzo, comme ça on verra un peu le pays, ceci prendra deux ou trois jours et de là, en bateau, on peut y arriver en une journée.

— Oui, mais c'est quoi un *vulcan*?

— Tu verras! dit Esther arborant un grand sourire et avant que son père me donne une explication.

Nous partîmes quelques jours plus tard. Entreprendre un trajet à cheval qui devait me mener à prendre un bateau pour aller sur une île n'était pas sans me causer du souci. Cependant, la présence d'Esther me réjouissait à chaque instant du voyage.

Nous longeâmes la côte, les paysages étaient grandioses avec cette étendue d'eau toute bleue, parfois indigo. La mer était bordée de temps en temps de falaises de roches blanches ou colorées, entre-coupée de plaines et de plages de sable. Je réalisai que la végétation était bien différente de celle de Normandie. Il y avait des arbres que je n'avais encore jamais vus, et toute cette végétation exhalait des senteurs un peu enivrantes. Esther me montra ces oliviers dont les gens ici tiraient une huile qu'ils utilisaient pour la cuisine et pour beaucoup d'autres choses.

Nous nous arrêtâmes dans des villages de pêcheurs pour manger du poisson et des fruits et y trouver un gîte. Trois jours plus tard, nous arrivâmes à un port et embarquâmes sur une jolie barque de pêcheur.

Jérémie connaissait bien le maître-pêcheur. La mer n'était pas si calme à cause d'un vent du sud assez fort, mais ceci nous permit d'arriver en une demi-journée à cette île en forme de cône dont le sommet fumait, un *vulcan*.

Nous trouvâmes le gîte chez un parent du batelier et attendîmes le deuxième jour pour escalader la montagne ; nous fûmes accompagnés d'un guide local qui n'avait pas l'air très enthousiaste, il disait que ce n'était pas le bon moment. Le chemin était raide, nous dûmes faire plusieurs pauses et arrivâmes vers le sommet à la nuit tombante.

On sentait la montagne gronder sous nos pieds. Alors que nous approchions du sommet, il y eut plusieurs explosions, et maintenant qu'il faisait nuit le spectacle était grandiose et effrayant avec ces jets de roche incandescente. Jérémie m'avait expliqué ce qu'était un volcan pendant la montée, mais je ne comprenais pas d'où venaient ces roches en fusion. Était-ce possible que ceci soit l'entrée d'un quelconque enfer ? Je posai la question à Jérémie :

— Non, s'il y a un enfer il est sur terre, pas sous la terre ! s'exclama Jérémie en riant.

Nous étions assis sur un promontoire au-dessus du cratère, et le spectacle ne s'arrêtait pas, au contraire on aurait dit que les choses s'accéléraient.

— Nous devrions redescendre, notre guide est inquiet, dit Jérémie.

Mais soudain, il y eut une explosion encore plus forte et des morceaux de roche incandescente tombèrent à nos pieds. Ce fut un peu la panique,

Esther me prit la main et nous courûmes, mais nous nous retrouvâmes dans une épaisse fumée qui nous faisait tousser à en perdre le souffle. Le bruit des explosions empêchait d'entendre les cris des uns et des autres, le sol trembla encore plus fort, nous chutâmes à terre. Des morceaux de roches tombèrent de nouveau autour de nous, je me jetai sur Esther pour la protéger, sans même réfléchir. Nous nous relevâmes.

Esther me serrait dans ses bras, nous avions de la peine à nous voir, sauf pendant les explosions, alors nos visages étaient rouges comme ces morceaux de lave. Le guide réapparut, il nous tira derrière lui et nous retrouvâmes Jérémie qui avait l'air soulagé de nous revoir vivants. Visiblement, nous étions partis dans la mauvaise direction.

— Ça va les enfants ? Vous avez l'air entier… Dieu soit loué !

— Gabriel m'a sauvé la vie, papa, c'est un héros !

— Remercie plutôt notre guide, c'est lui qui vous a retrouvé dans ce nuage nauséabond… Esther alla vers le guide et le remercia gracieusement.

Nous dévalâmes la montagne en silence dans une pente sableuse permettant une descente rapide au clair de lune jusqu'au village des pêcheurs.

Arrivés en bas, nous nous mîmes tous à parler ensemble et à rire.

— Pardonne-moi de t'avoir fait risquer ta vie Gabriel, dit Jérémie. Il me prit dans ses bras, je restai là un moment, je sentis mon cœur se gonfler, c'était magnifique.

Pendant le retour vers la Sicile, le vent tomba ; nous nous étions installés confortablement sur une pile de filets de pêche, un peu fourbus par notre ascension du volcan. Esther s'était endormie.

— Ton baptême du feu et de la terre n'a pas été plus calme que celui de l'air et de l'eau… me dit Jérémie.

— Est-ce là un baptême gnostique ? demandai-je.

— Dans un sens oui, mais tu dois le prendre de façon symbolique…

Le feu, la terre, l'air, l'eau sont les éléments qui composent toute la création, nous y compris. Nous devons apprendre à les reconnaître en nous, l'astrologie et l'alchimie nous donnent des moyens d'y arriver. Il faut aussi les maîtriser si possible… Tu as montré une certaine maîtrise jusqu'à maintenant, je dois dire… Mais il y a aussi un cinquième élément, l'éther, l'espace, ce qui tient tout le reste ensemble. Pour maîtriser ce dernier, ça prend un peu plus de temps.

— Comment fait-on ?

— Tu dois devenir cet espace, à la fois vide et plein… Voudrais-tu que je te l'enseigne ?

Il y avait soudain comme un gouffre qui s'ouvrait devant moi, mais il suffisait d'un seul pas pour le traverser, il suffisait de dire…

— Oui.

L'inquisiteur

Jordi de Mérifons trouvait que la providence divine faisait décidément bien les choses. Cette lettre de l'archevêché de Rouen et ce nom qui y figurait lui remémoraient bien des événements qui s'étaient produits des années auparavant. Le nom, Gabriel Aubriot, fils de Charles Aubriot, il le connaissait mieux sous celui de Charles Toussaint.

Ce Toussaint-là lui avait causé bien du souci en s'évadant au dernier moment, sautant dans la Seine juste avant d'être amené devant le tribunal de l'Inquisition, mais Toussaint père, lui, avait été raccourci.

De Mérifons n'avait pu supporter cet affront, avait entrepris des recherches et découvert, grâce aux aveux extorqués à un batelier dans une autre affaire, que Toussaint fils était parti en Angleterre.

En tant qu'inquisiteur il avait presque tous les droits, même celui d'aller enquêter en Angleterre, ce qu'il fit quelques années plus tard. Il se rendit là où Toussaint avait débarqué. Il put y réunir une petite troupe de moines dominicains avec des traducteurs qui s'attela à explorer toute la région, cherchant avant tout les forges, car Toussaint était ferronnier-forgeron. Cela prit quelques semaines, mais finalement on retrouva sa trace. Il avait épousé une fille du pays et changé de nom, prenant celui d'Aubriot, ce prévôt de Paris qui avait été mis en prison pour sodomie et autres perfidies, et libéré par ces maillotins dont Toussaint père était l'un des chefs.

La fille en question était celle d'un autre fauteur de trouble, Anglais celui-là, un certain Straw, prêtre défroqué qui avait eu une fille et qui, avec d'autres, s'était retrouvé à la tête de la fameuse révolte des paysans dans tout le sud de l'Angleterre. Comment ces deux-là s'étaient trouvés restait un mystère, mais mettre la main sur eux représenterait une affaire retentissante et ferait de lui quelqu'un d'encore plus indispensable auprès de ses supérieurs.

Le couple avait disparu avec un enfant en bas âge, ils l'avaient fait baptiser avant leur départ, il s'appelait Gabriel ; l'acte avait été retrouvé dans une église de la région ; avaient-ils été prévenus que quelqu'un les recherchait ?

De Mérifons avait certainement été inspiré par l'Esprit-Saint lorsqu'il eut l'idée que la famille était peut-être rentrée en France. Il en fit de même et mit toutes les paroisses de Normandie à contribution, il fallait bien commencer quelque part. Cela prit des années jusqu'à ce que la nouvelle lui parvienne à travers un de ses agents : on savait où ils se trouvaient, il n'y avait plus qu'à les cueillir.

Dans l'empressement d'arriver à une gloire prochaine, et vu qu'il passait par hasard dans la région, il ne prit qu'un solide gaillard de la prévôté de Lisieux avec lui pour procéder à l'arrestation. Les choses, cependant, ne tournèrent pas comme il l'avait espéré. Le garde en question tua la femme par accident, lorsqu'elle s'était interposée au moment où il interpellait le mari.

Toussaint s'était retourné contre le meurtrier de sa femme, le gaillard n'allait peut-être pas avoir le dessus. Alors il avait essayé de frapper le mari dans le dos, mais ceci ne l'avait pas blessé sérieusement et Toussaint s'était jeté sur lui ; lui, un pauvre moine !

Toussaint tenait une pique en fer à la main, qu'il utilisait pour attiser son brasier. Ils avaient roulé à terre et dans la bagarre, Toussaint lui avait collé le fer rouge sur la joue, quelle douleur ! Il comprenait maintenant pourquoi les gens braillaient pareillement lorsqu'on leur infligeait ce même supplice pendant les séances de questions de l'Inquisition.

Le garde avait fini par transpercer Toussaint dans le dos avec son épée. Seulement, sans aveux du couple il n'y aurait pas de procès, on lui reprocherait certainement sa façon d'agir dans la précipitation, et cet empoté de garde le menaçait, lui l'inquisiteur, s'il ne l'aidait pas à faire disparaître les corps. C'est à ce moment-là qu'ils découvrirent qu'une gamine se cachait derrière le fourneau, elle avait certainement tout vu.

Ils s'emparèrent de la charrette et de la mule de la forge, y chargèrent les corps, les dissimulant sous de la paille, et prirent la fillette avec eux. Ils passèrent par un chemin détourné, trouvèrent une clairière en haut d'une colline où ils enterrèrent les corps. Il congédia le garde en le menaçant de l'enfer et même plus s'il disait quoique ce soit sur cette affaire et conduisit la gamine dans un couvent à Rouen. Apparemment, personne d'autre ne les avait vus.

Il connaissait la Mère supérieure du couvent et il savait comment exercer un chantage sur elle ; il ne fallait pas que cette fillette sorte de ce couvent, il ne fallait pas qu'elle contacte sa famille. Si quoi que ce soit arrivait, l'abbesse devait le prévenir ; ce qu'elle n'avait jamais fait jusqu'à présent.

Mais il y avait le fils de Toussaint. Pendant qu'il était allé arrêter les parents, il avait demandé au curé du village de s'occuper du gamin. Vu la tournure des événements, il n'était pas repassé chez le curé. Il avait appris par la suite que le curé avait adopté l'enfant orphelin et lui avait donné une bonne éducation.

Ce même curé avait posé des questions à l'évêché, il ne savait pas ce qu'il avait bien pu apprendre et le gamin était peut-être au courant de quelque chose. Ce curé, il l'apprit par la suite en passant à l'évêché, avait été professeur à l'université d'Orléans. Quelle coïncidence ! Il n'était pas sûr de l'avoir reconnu, mais il avait déjà eu affaire à lui, indirectement, à Orléans.

Il se trouvait là-bas dans le cadre d'un procès, celui d'un jeune homme qui, entre autres, avait émis des doutes sur ce professeur de droit, sur ses mœurs. Il avait bien compris que le jeune homme mentait pour détourner l'attention sur quelqu'un d'autre, mais lui, au lieu de s'interposer, avait laissé aller les calomnies ; le professeur avait été expulsé de l'université.

Et voilà que l'évêché lui proposait d'aller enquêter en Sicile sur la disparition d'un groupe de prélats, comprenant ce curé et ancien conseiller de l'archevêque, auprès de ce Gabriel qui avait échappé à un naufrage en mer, en route vers Rome.

Il se souvenait avoir aperçu Gabriel dans le bureau du curé, il devait avoir huit, neuf ans. Lui aussi avait cet âge lorsqu'il devînt orphelin. Sa mère était morte en lui donnant naissance. Aussi loin que sa mémoire lui permettait d'aller, son père lui apparaissait comme un tyran, qui lui imputait la mort de son épouse, de sa maman qu'il n'avait jamais connue.

Il n'avait pas eu de mère, et pas de père… celui-ci le harcelait, le battait parfois, jusqu'à ce jour, quand il avait neuf ans, où son père n'était pas rentré de promenade. Toute la maisonnée était partie à sa recherche avant que la nuit ne tombe.

Lui aussi était allé au hasard vers un endroit où il aimait jouer en solitaire. Il y avait trouvé son père en bas d'une petite falaise, il avait dû chuter là. Il avait descendu la pente avec prudence, son père était conscient, mais il ne pouvait ni bouger ni parler. Il le regardait avec des yeux implorants, combien de fois lui aussi avait regardé son père avec ces yeux-là, sans jamais ne rien obtenir.

Il était reparti vers le château chercher de l'aide, mais, arrivé sur place, il avait changé d'avis et n'avait rien dit. Les recherches avaient repris le lendemain matin ; il avait entraîné quelques personnes vers la petite falaise, ceux qui l'accompagnaient trouvèrent le corps sans vie de son père.

Son oncle lui donna alors un précepteur qui s'avéra bien doux dans un premier temps, mais qui finit par abuser de lui. Cela dura des années, jusqu'à ce soir d'automne où il attira le personnage en haut d'une tour, soi-disant pour observer les étoiles. Il fut facile de pousser l'homme un peu fragile en bas de l'escalier lors de la descente ; il en mourut sur le coup, ce qui fut regardé comme un malheureux accident.

Après cet événement, il fut envoyé dans un monastère dominicain proche de là. Il semble qu'à partir de ce moment son avenir fût tout tracé. Il était allé jusqu'en Avignon voir le pape, y rencontra Eymeric, le grand maître de l'Inquisition et devint un de leurs membres très zélés. Puis il fut attaché au tribunal de l'Inquisition de Toulouse. Il participa à des procès et fut amené à contribuer activement aux séances de questions, et finalement à la recherche d'individus en cavale.

Les regards implorants des torturés lui rappelaient le regard de son père au pied de la falaise. La torture avait été instaurée par le pape Innocent IV, plus d'un siècle auparavant ; ceux qui la subissaient étaient rarement innocents, eux... ils étaient toujours prêts à avouer n'importe quoi pour que la souffrance cesse.

Il s'était mis principalement à la recherche des gnostiques qui se trouvaient au sein même de l'église, y compris chez les dominicains ! Comme ce soi-disant « maître » Eckhart. Il avait étudié la condamnation des 28 thèses d'Eckhart, publiée dans une bulle du pape de l'époque, et dont 17 étaient regardées comme hérétiques : ainsi il savait ce qu'il devait rechercher.

Une dizaine d'années avant cela, il était retourné quelque temps dans son pays natal au sud de la France ; il y avait découvert une affaire : la présence d'un groupe de gnostiques, des nouveaux cathares, des albigeois ! Ceci semblait impossible puisqu'ils avaient tous été tués ou brûlés vifs voilà déjà bien longtemps, grâce aux bons services de ses prédécesseurs. Malheureusement, le chef de ces nouveaux cathares lui avait échappé. Il le retrouverait, tout comme il avait retrouvé ce Toussaint.

Il se voyait déjà comme le successeur de Nicolas Eymeric ; cet ancien inquisiteur général d'Aragon venait de mourir en 1399. La rencontre avec ce grand personnage en Avignon quand il était jeune – il devait avoir un peu plus de vingt ans, l'avait beaucoup marqué, ainsi que d'avoir reçu la bénédiction du pape Clément VII.

Eymeric l'avait alors encouragé à entrer pleinement dans sa mission contre les hérétiques avec toute la détermination qu'il pourrait. Le grand inquisiteur lui avait laissé voir le manuscrit qu'il écrivait à l'époque, le *Directorium Inquisitorum* et ceci lui donna toute la connaissance nécessaire pour ses futures traques des cathares.

Devenir gnostique

Ma vie s'organisa de façon un peu routinière, ce qui me faisait le plus grand bien après les événements de ces derniers mois. Le matin de bonne heure, je retrouvais Jérémie à la chapelle pour une contemplation intérieure pour laquelle il me donnait des instructions. C'était mieux que d'être servant de messe dans notre église glaciale.

Je demandai à Esther pourquoi elle ne venait pas nous rejoindre le matin, préférait-elle son lit ? Elle me regarda d'un air étonné et me dit que c'était son père qui ne voulait pas qu'elle vienne, car, paraît-il, « *cela te troublerait* ». Mais ça ne l'empêchait pas de méditer de son côté, elle faisait ça régulièrement depuis toute petite, m'affirma-t-elle.

Après un peu de nourriture prise avec M. le Comte, on se retrouvait avec Jérémie pour mes leçons conjuguées d'hébreu et d'arabe : deux langues à la fois similaires, mais aussi très différentes. Apprendre de nouveaux alphabets était fascinant. Puis, en fin de matinée, je donnais ma leçon de français à ma bien-aimée. C'était toujours comme un nouveau lever de soleil. Je prenais généralement le repas de midi avec eux. L'après-midi, on allait se promener, visiter le port et les bateaux, voir s'il y avait de nouveaux arrivages. On allait au chantier naval constater l'avancement des travaux sur le dernier grand bateau du comte. Ou bien on visitait des églises, des monastères. Jérémie m'expliquait beaucoup de choses sur la construction, sur le symbolisme des formes architecturales.

J'admirais beaucoup ces mosaïques de toutes les couleurs et même en or, semblait-il, dont les artistes siciliens avaient recouvert les murs de certaines églises de toutes sortes de motifs religieux, comme cette immense figure du Christ dans notre cathédrale.

Avant le repas du soir, je passais souvent un peu de temps avec Jérémie pour un autre enseignement, ou des lectures, ou simplement en contemplation. Esther, Selena et Leandro se joignaient à nous de temps en temps pour des invocations des noms divins en Hébreux.

C'était toujours un moment très fort, nous déclamions un nom divin trois, cinq ou sept fois, sur une mélodie très spéciale – les lettres hébraïques correspondant à des notes de musique, puis nous restions en contemplation intérieure, répétant le nom en silence.

Après quelque temps, je m'aperçus que l'énergie liée à un nom ou un autre était vraiment présente et très forte, elle me traversait comme une vague, engendrant des secousses dans mon corps, comme sur le volcan.

Parfois, lorsque j'allais ouvrir la bouche pour énoncer le nom, toute l'énergie était là, sur le bout de ma langue, plus proche de moi que mon propre souffle et je restais la bouche ouverte sans pouvoir n'émettre aucun son ; ou bien, était-ce comme énoncer un grand silence ?

Je rejoignais toujours M. le Comte pour le repas du soir et là, je devais lui raconter toute ma journée et ce que j'avais appris ; ce qui prenait toute la soirée jusqu'à ce que l'on aille se coucher. Le comte était ravi de m'écouter parler, se lançant parfois dans de longs commentaires.

Nous étudions aussi la géographie ensemble, il possédait des cartes de toute la mer Méditerranée, redessinées sur la base de celles de Ptolémée. Le premier roi normand de Sicile avait fait établir ces cartes à partir de documents en arabe, puis elles avaient été modifiées et complétées. Cette science-là était bien nouvelle pour moi, mais je trouvais fascinant de pouvoir ainsi représenter la surface de la Terre, se rendre compte de son immensité.

Il me disait que les Grecs anciens connaissaient beaucoup de choses sur notre terre, que celle-ci était une sphère dont ils avaient mesuré le pourtour, et que c'était la terre qui tournait autour du soleil et non le contraire ; il ne savait pas comment me l'expliquer, mais je le croyais.

Il disait aussi que nos ancêtres normands avaient découvert quelques siècles auparavant, une nouvelle terre au-delà de ce grand océan qui s'étend à perte de vue vers le couchant, mais que personne n'y était retourné depuis, semblait-il.

Cette nouvelle vie n'avait rien à voir avec la précédente, cependant je m'inquiétais pour maman Jeanne, avait-elle reçu ma lettre ? J'aurais voulu partager ce nouveau bonheur avec elle. Si je ne retournais pas en Normandie, il faudrait songer à la faire venir ici. Ça ne serait pas facile…

Mais qu'allait-il se passer ici ? Je devrais trouver une occupation ; pour le moment, M. le Comte prenait soin de moi comme un père, mais ceci allait-il durer ?

Et Esther… mon Esther… j'aurai bien voulu l'épouser de suite, mais personne ne parlait de mariage… il faudrait d'abord nous fiancer, et il fallait demander sa main à son Père, ce que je n'avais pas encore osé entreprendre. Les choses étaient trop nouvelles autour de moi, j'aurais voulu me confier à quelqu'un comme je le faisais si naturellement avec maman Jeanne.

D'un autre côté, ces personnes qui m'entouraient maintenant semblaient avoir une totale confiance en moi, ce qui me donnait comme une nouvelle énergie, me faisant passer gentiment dans l'âge adulte.

Mon attention était donc principalement partagée entre Esther et l'enseignement que je recevais de Jérémie. Apprendre deux nouvelles langues et deux nouvelles écritures n'était pas simple, mais j'avais un don pour ceci et aussi beaucoup d'entraînement grâce à tout ce temps passé avec notre bon curé à approfondir les grammaires latine et grecque pendant des années.

Quant à l'enseignement spirituel donné par Jérémie, c'était toute autre chose que le catéchisme… Rien à apprendre par cœur, pas de longues réflexions théologiques ni de longs discours sur la nature de Dieu ou de l'être humain.

À ce propos, Jérémie disait :

— Dieu, l'Absolu, ne peut être discuté par nous humains, que nous soyons paysan ou pape… ou philosophe. Alors, oublie tout de suite toutes tes idées sur Dieu.

Il avait alors sorti un manuscrit de sa bibliothèque : *Liber XXIV philosophorum*.

— On y trouve vingt-quatre définitions de Dieu, avait-il dit, me montrant la liste dans le manuscrit. Est-ce que vingt-quatre est suffisant ? Bien sûr que non… mais en fait c'est déjà vingt-quatre de trop… Tiens ! Lis-les et dis-moi si tu en trouves une qui te satisfait…

Je lus les vingt-quatre définitions avec attention.

— Si je m'en tiens à votre conseil, alors c'est la XVI : « *Dieu est ce que le propre du langage ne signifie pas à cause de son excellence, comme les esprits ne le saisissent pas à cause de sa dissemblance* ».

— Très bien Gabriel ! Tu as compris, alors on peut en rester là ?

— Oui, je crois…

En fait, je trouvais les vingt-quatre définitions apparemment correctes, mais je saisissais ce que Jérémie voulait dire : on ne connaît pas Dieu avec des mots. J'en étais persuadé grâce à ce que j'avais ressenti lors des invocations des noms divins et aussi pendant certaines méditations, car ce que j'avais ressenti n'était pas explicable avec des mots.

En y réfléchissant encore plus tard, je trouvai que la meilleure définition, s'il y en avait une, était la II : « *Dieu est une sphère sans limites, dont le centre est partout et la circonférence nulle part* ». Mais je n'aurais pas su expliquer pourquoi.

Quant à la nature de l'être humain, il m'avait dit un jour :

— Dieu créa l'homme à son image, n'est-ce pas ? C'est ce qui est écrit dans la Bible… crois-tu que ceci veuille dire que nous soyons parfaits ?

Que pouvait-on répondre à cette question ? J'avais une assez bonne idée de certaines de mes propres perfections, mais elles n'avaient rien de divin ; quant au reste de l'humanité, il se distinguait plus par ses péchés que par ses qualités de paix et d'amour. Voyant mon embarras, il continua :

— Notre corps n'est pas parfait, il tombe malade et finit par mourir, nos sentiments non plus, nous passons si facilement de la joie à la colère, à la mélancolie, et quant à nos pensées, eh bien, nous les utilisons pour fabriquer nos plus graves péchés de vanité, d'orgueil, d'envie… alors, il ne reste que notre âme… Dans l'âme de chaque être humain, bon ou mauvais, se trouve une parcelle de Lumière Divine, et ceci la rend parfaite et à l'image de Dieu… il me regarda intensément dans les yeux… Tu vois, la Bible a raison, mais il ne faut surtout pas prendre ces textes littéralement... nouveau regard… Alors Gabriel, ne vaudrait-il pas mieux se mettre à la recherche de l'âme sans tarder ?

— Mais où se trouve notre âme ? demandai-je. Ceci restait encore un mystère pour moi.

Il m'expliqua que je devais tourner mon attention vers l'intérieur, oublier Esther pour un moment, cela dit avec un petit sourire, et me mettre à la disposition de l'Esprit-Saint qui m'amènerait vers mon âme, immanquablement, un jour ou l'autre.

Il ajouta que je devais être guidé dans cette contemplation intérieure, et qu'il fallait trouver un support pour l'attention, sinon mes pensées auraient vite fait de prendre le dessus. C'est cela que nous pratiquions chaque matin ; généralement, il me fallait tout le temps de l'exercice pour calmer mes pensées… et ne plus penser à Esther.

Le dimanche, toute la maisonnée allait à la messe ; j'interrogeai Jérémie à ce propos vu son attitude assez critique à l'égard de la sainte Église catholique. Il me dit qu'il y avait eu trop de gnostiques et autres philosophes qui avaient résisté à l'Église… ils avaient tous étaient excommuniés et bien souvent martyrisés. Si on voulait protéger cet enseignement, alors il fallait passer inaperçu, accepter ces conditions et s'y adapter, et si possible y trouver aussi de la satisfaction.

— Mon plaisir c'est de rencontrer des gens qui ont la foi, un peu comme toi, dit-il en souriant. Mais pour le gnostique, aller à l'église, c'est surtout un moment d'adoration de Dieu, de dévotion à la Vierge-Marie, vu que l'église où nous allons lui est dédiée.

— Vous adorez aussi Notre-Dame ? dis-je un peu surpris.

— Notre-Dame est la représentation du côté féminin de Dieu… si Dieu a fait l'homme à son image, malheureusement l'homme a aussi fait Dieu à son image, et il est avant tout mâle, pour les juifs et les musulmans aussi, d'ailleurs.

— Un Dieu féminin ! m'exclamai-je.

— Oui, Dieu l'Absolu est peut-être masculin, mais Dieu Immanent, présent dans toute la création, est féminin, sinon rien ne fonctionnerait ici-bas, ni dans les cieux... dit-il avec un grand sourire. Après un assez long silence, il continua :

— C'est comme une force d'Amour qui tient tout l'univers ensemble, une force qui nous pousse à devenir meilleurs, avec compassion. Elle s'oppose à une autre force, celle de la matière qui veut nous maintenir esclaves de notre condition...

Nous restâmes là un moment, j'avais l'impression que ces deux forces étaient soudainement présentes en moi-même et qu'il s'y déroulait une bataille que j'avais ignorée jusqu'ici.

Voyant que j'avais l'air perdu dans mes pensées, Jérémie me demanda :

— Tu es souvent allé à la messe, si je comprends bien ? Qu'est-ce que ça t'a apporté pendant toutes ces années ?

En matière de messe j'étais à n'en pas douter un expert, faire les répons, sonner la cloche, s'occuper des burettes, brûler de l'encens... Mais cette question de Jérémie semblait sans bonne réponse, juste là, maintenant. Jérémie nota mon embarras, il continua :

— Certainement à contribuer à maintenir ta ferveur ?

Ma ferveur, oui, bien sûr, mais je réalisai maintenant que mon occupation quotidienne de ces dernières sept ou huit années avait été un peu superficielle.

— Je crois bien être passé à côté de l'essentiel, avouai-je, après un moment de réflexion.

— Oui, c'est bien le drame des religions, mettre les gens dans une routine où ils oublient pourquoi ils sont là.

Une autre fois, il me dit qu'il y avait vraiment nécessité à cacher ce qu'il était en se faisant passer pour un bon catholique, car l'Inquisition était toujours prête à bondir sur tout ce qui pouvait être excommunié et torturé.

Il en avait souffert très profondément, m'avoua-t-il, car son épouse, la maman d'Esther, était morte en voulant les protéger de l'Inquisition.

Esther avait alors quatre ans, il avait tout juste pu s'échapper avec elle alors que son épouse était tuée avec d'autres compagnons ; ceci s'était passé en Catalogne. Il avait pu fuir à bord d'un bateau, la mort dans l'âme, et s'était réfugié en Sicile, abandonnant aussi ses vieux parents là-bas. Il avait fini chez Roberto qui l'avait pris comme précepteur pour son fils. Malheureusement, ce dernier était mort il y avait deux ans, suivi de près par sa mère. Les parents de Jérémie étaient morts entre temps sans qu'il ait pu les revoir.

Au fur et à mesure que le temps passait, Jérémie me confia de plus en plus de choses sur sa vie. Son cheminement à travers tous ces pays et toutes ses rencontres avec des gens exceptionnels me fascinaient. Mais, il m'expliqua que les rangs de ses *compagnons gnostiques* avaient été décimés par la peste, et par l'Église… et il faudrait dans un proche avenir essayer de les unir autour d'un enseignement nouveau, en tout cas par sa forme ; ajoutant qu'il savait comment, que tout était prêt, qu'il n'y avait plus qu'à passer à l'action.

Il désirait m'initier à ce projet et m'impliquer si je voulais bien le suivre, c'était à moi de décider ; si je refusais, ceci ne changerait rien à nos relations, m'affirma-t-il. Je me demandais ce qu'Esther en penserait, mais il fallait d'abord en savoir plus sur ce projet.

À ma demande, Jérémie entreprit de m'initier à la gnose. Il commença par la gématrie, cet art de donner une valeur numérique aux mots des textes sacrés, en hébreu et en grec. Ceci permettait de mélanger mes leçons de langues et la gnose.

Le but ne consistait pas en un exercice pour l'intellect cependant, mais bien de montrer que derrière les mots se cachait un autre sens ; les mots de mêmes valeurs peuvent être mis en parallèle, ce qui amène à une compréhension hors de la logique.

Je finissais souvent avec un mal de tête. Comme celui qu'engendra l'équivalence entre le mot Messie, épelé d'une certaine façon en hébreu, et Nachash, le serpent, les deux valant 358. Le serpent représente un symbole de sagesse dans la Bible, mais c'est aussi celui qui tenta Ève…

Puis, il m'avait montré que les textes du Nouveau-Testament en grec et en hébreu présentent les mêmes corrélations gématriques. Le même 358 de Messie en hébreu se retrouve dans les rapports du mot Jésus-Christ en grec ; à savoir 888 pour Jésus, 1480 pour Christ, et 2368 pour Jésus-Christ : 888/1480=3/5, et 1480/2368=5/8... Je n'avais jamais effectué autant de calculs ! Et je ne voyais toujours pas pourquoi on obtenait ce genre de résultat, un vrai mystère...

Puis on aborda la Kabbale et son Arbre de Vie qui semblaient lui tenir vraiment à cœur. Il me dit un jour en me montrant ce diagramme coloré, fait de sphères et de chemins qui les joignent :

— Les gens qui entreprennent un voyage savent généralement par où passer, quelle voie suivre. Dans le domaine de l'âme, beaucoup se jettent dans la dévotion ou la contemplation sans aucune idée de là où ils vont. Mais ils arrivent forcément quelque part et souvent, ils vont croire que c'est la fin du chemin... Ils ont eu une vision du Christ ou de la Vierge, ou des anges, et ils s'arrêtent là, pensant avoir atteint leur but. Ils risquent alors de stagner et finalement de tomber dans le désespoir, croyant que Dieu les a abandonnés... tu me suis ?

Je lui fis signe que oui, il continua :

— Cet Arbre de Vie permet de savoir où on en est sur ce chemin : on part de la sphère du bas, le Royaume, pour arriver à celle du haut, la Lumière Divine, Kether. Chaque étape est connue grâce à ceux qui sont passés par là, il n'y a qu'à les suivre, dit-il en souriant.

Lorsqu'il m'expliqua un peu chaque étape, je me rendis compte qu'il fallait certainement toute une vie pour arriver dans les branches supérieures de cet arbre.

Ses arguments étaient cohérents et fascinants pour l'esprit, mais Jérémie me mettait toujours en garde contre les idées toutes faites :

— Si tu penses avoir compris avec ta tête ce que ces sphères, ces séphiroth, représentent, alors tu es dans l'erreur. Tu ne peux les comprendre que si tu expérimentes directement ce qu'elles représentent, ces mondes intérieurs. Et, il ne faut pas croire que Dieu ou la Création consistent en compartiments, tout cet Arbre ne fait qu'Un... une *grande sphère sans limites, dont le centre est partout et la circonférence nulle part* ! avait-il ajouté en souriant.

Cet Arbre représente à la fois une image du cosmos et une image de nous-mêmes, « *en haut comme en bas* » disait-il, c'est la devise de départ... et d'arrivée.

Cette devise était un peu plus développée dans la fameuse *tablette d'émeraude* attribuée à Hermès Trismégiste que nous étudiâmes avec assiduité ; d'abord en grec puis dans sa version arabe.

Il me raconta que la Sicile était devenue, il y avait quelque temps déjà, un centre de traduction pour tous les manuscrits en arabe, principalement des écrits de philosophes grecs, œuvres disparues en occident, souvent brûlées par l'Église pour hérésie.

Il existait aussi des traités de mathématiques venus des Indes où la notion du zéro était présentée. Il affirmait que ceci allait révolutionner le monde, je ne voyais vraiment pas comment... car je ne comprenais pas de quoi était fait ce zéro, fait de rien du tout...

Ces traductions continuaient maintenant : des descendants de familles arabes travaillaient ici même sous la conduite de Roberto. Jérémie avait fait rapporter de nombreux manuscrits d'Alexandrie, et il en recevait encore. Il avait là-bas des amis et de la famille, du côté de son épouse défunte, et était resté en contact avec tous ces gens-là.

Je comprenais enfin où disparaissait le comte de temps en temps, il allait rendre visite à ses traducteurs et copistes. Ces manuscrits une fois traduits en latin avaient une grande valeur, surtout lorsqu'il s'agissait d'un nouveau texte. Il y en avait sur tous les sujets : la médecine, l'astrologie, la philosophie, l'algèbre, la géographie et l'alchimie. M. le Comte faisait donc, entre autres, le commerce de livres.

Ces traducteurs étaient des musulmans convertis pour la plupart, mais il y avait aussi un petit groupe qui se disait *soufi*, arrivé plus récemment, me dit M. le Comte lorsque j'abordai le sujet des traductions. Ces soufis étaient des mystiques musulmans, venus se réfugier en Sicile, car dans le califat, leurs vies avaient été menacées. Ils étaient venus ici avec des écrits des maîtres soufis, afin de les mettre à l'abri. Décidément, on trouvait des *hérétiques* partout et ceux qui voulaient leur couper la tête aussi.

Il me proposa de les rencontrer et d'assister à une de leur réunion nocturne. Il me dit que Jérémie avait l'habitude de se joindre à eux. Il m'avait caché cela...

La réunion eut lieu dans une grande salle voutée sous la maison des traducteurs plus haut dans le village, et qui appartenait aussi à M. le Comte. Il y avait des musiciens, tout le monde se mit à chanter en arabe les louanges de Dieu. Ici, il s'appelait Allah, ailleurs, Jéhovah et pour d'autres encore Yahvé.

Ces chants étaient rythmés, envoûtants, ils vous amenaient à un état d'harmonie intérieure, ils étaient aussi pleins de feu qui embrasait le cœur. On se sentait si proche du Divin, sans effort.

Puis Jérémie se mit à chanter des chants sacrés en hébreu, tout le monde se joignit à lui. Visiblement, tous savaient les chants par cœur ; l'effet fut similaire, le même feu, la même dévotion, le même Dieu !

À la fin, nous restâmes en contemplation intérieure, les vibrations des chants emplissaient encore l'espace. L'espace… l'éther… à la fois vide et plein…

Après la réunion, Jérémie vint vers moi.

— J'ai vu que tu as apprécié notre soirée, la prochaine fois tu nous chanteras des chants en latin… Avant que j'eusse le temps de lui répondre que je ne chantais pas très bien, il ajouta :

— J'ai attendu que tu sois prêt avant de t'amener ici, tes pensées devaient d'abord avoir été pacifiées pour que ces chants t'emmènent loin et puissent toucher ton âme… Maintenant, tu sais où elle se trouve, dit-il en pointant son doigt sur mon cœur.

— Je ne sais pas si elle se trouve dans mon cœur ou dans l'espace, dis-je, encore un peu sous le charme.

— Les deux, Gabriel, les deux…

Nous étions bientôt à la fin de l'année et nous reçûmes enfin une lettre de Normandie par l'intermédiaire des bateaux qui commerçaient entre ici et Cherbourg, m'expliqua M. le Comte. C'était le curé du village qui nous donnait des nouvelles de Jeanne.

Il avait dû la renvoyer, car cela n'allait plus avec elle depuis que j'étais parti ; elle travaillait maintenant à la vicomté et semblait heureuse là-bas, d'autant plus maintenant qu'elle me savait vivant et recueilli par de braves gens. Mes quelques affaires se trouvaient avec elle dans un coffre. J'avais donc aussi été expulsé de chez moi.

La lettre n'en disait pas plus, j'étais à la fois content et déçu. Peut-être pourrais-je écrire au vicomte et lui demander plus de nouvelles sur Jeanne ? M. le Comte comprit mon désarroi à ce peu d'information et proposa de contacter lui-même le vicomte à travers ses amis à Cherbourg.

Nous étions à peine remis de cet événement, qu'une deuxième lettre arriva, plus officielle celle-là, avec un cachet et des rubans. C'était l'archevêché de Rouen qui nous faisait savoir qu'une délégation viendrait nous voir pour m'interroger sur le naufrage ; qu'il aurait mieux valu que je rentre à Rouen pour m'expliquer directement, mais les enquêteurs pensaient que c'était aussi nécessaire qu'ils se rendent sur place pour interroger d'autres témoins.

Visiblement, ils n'avaient pas compris que le naufrage avait eu lieu à plusieurs jours de bateau de la Sicile et qu'en plus, j'étais certainement le seul rescapé. L'archevêché recommandait que les enquêteurs soient accueillis comme il convenait à leur rang ; l'un d'eux était un chanoine du chapitre de Rouen, Hugues de Montjoye, l'autre, un moine dominicain membre de l'Inquisition, Jordi de Mérifons. Ces deux messieurs devaient arriver par bateau depuis Marseille, un peu après Noël, si le temps le permettait. Le dernier paragraphe de la lettre mit tout le monde en émoi : l'archevêque désirait que je rentre à Rouen pour me mettre à son service, il me connaissait par notre bon curé, il voulait continuer à m'apporter protection et éducation.

La Voie Royale

Le lendemain matin, mon moral était à la baisse, la méditation matinale semblait ne plus avoir aucun sens. Jérémie vînt vers moi et me dit :

— Viens manger quelque chose avec nous ce matin, Roberto est parti pour Palerme, il a une idée en tête, je crois bien, et doit obtenir l'approbation du pouvoir royal.

Je le regardai, les yeux dans le vague.

— Cet inquisiteur, je pense savoir qui il est, dit Jérémie l'air inquiet, si c'est le cas, je dois accélérer notre projet et te l'exposer tout à l'heure.

Nous retrouvâmes Esther, aussitôt j'allai un peu mieux, mais constatai aussi son air morose.

— Allons, les enfants, soyez courageux ! Et avant que tu ne me le demandes Gabriel, je t'offre la main de ma fille et j'aimerais bien que l'on fête ces fiançailles avant l'arrivée des inquisiteurs. Mais il faut aussi demander à la demoiselle si elle est d'accord avec ce projet. Esther…

— Ne soyez pas bête, Père, bien sûr que je veux épouser Gabriel, nous nous aimons, et ce sera pour toujours ! dit-elle en m'adressant un de ses jolis sourires que j'essayai de lui retourner.

— Papa a raison, Gabriel, soyons courageux ! S'il le faut, on les jettera à la mer ces deux inquisiteurs, ajouta-t-elle en riant.

Mon sourire s'élargit un peu. Je devais dire quelque chose.

— Merci à vous deux, moi aussi je t'aime Esther, de tout mon cœur… je suis un peu honteux d'être triste, mais vous avez raison, soyons courageux ! Jérémie, je vous remercie pour votre confiance, je ferai tout mon possible pour rendre Esther heureuse, je vous le promets.

Il y eut un petit silence… je continuai :

— J'aimerais que vous nous présentiez votre projet Jérémie, car ceci aura certainement une incidence sur notre futur, et Esther devrait être au courant de tout ceci.

— Oui, bien sûr Gabriel, c'est bien ce que je comptais faire, c'est pourquoi j'ai commencé par les fiançailles…

Il nous raconta alors qu'à Alexandrie, il fut initié par un groupe gnostique dont l'oncle de sa maman faisait partie. Ce groupe était une école des *Mystères*, comme dans la Grèce antique, dont l'enseignement était connu sous le nom de *Gnosis*. Il y avait là-bas une tradition gnostique depuis l'antiquité, et qui avait donné déjà bien des maîtres. Ce groupe possédait un document attribué à Hermès, Toth pour les Égyptiens : *le livre de Toth* ou *livre des feuilles d'or*. Les membres du groupe aimaient se désigner eux-mêmes comme le « groupe des *feuilles d'or* ».

Ce livre contenait la description détaillée d'images symboliques correspondant aux chemins de l'Arbre de Vie et qui résumaient toute la sagesse des Égyptiens, de la Kabbale juive, des Grecs et des gnostiques chrétiens. Cet enseignement millénaire, principalement oral, avait été mis par écrit en copte, gravé sur des feuilles en or, au moment où les chrétiens avaient commencé à persécuter les philosophes. Le *livre des feuilles d'or* appartenait à l'école d'Alexandrie. Il aurait pu disparaître lors de l'incendie de la bibliothèque au IVe siècle, mais quelqu'un avait dû le sauver des flammes et de la vindicte des chrétiens fanatiques qui massacrèrent au même moment la célèbre philosophe pythagoricienne Hypathie.

Ils renommèrent ce document *la Voie Royale* : 22 arcanes ou images magiques dont la contemplation et visualisation amènent à la connaissance gnostique, sans autres explications sophistiquées ou spéculations philosophiques.

« *Ce que vous visualisez, vous devenez* » est le principe de base de cet enseignement. Car ces images s'adressent à notre entendement féminin plutôt qu'à notre esprit rationnel. Notre entendement féminin comprend ces symboles et leur arrangement, et va produire les changements nécessaires dans notre conscience afin d'obtenir le résultat escompté : l'Illumination !

À force de contempler ces images, notre conscience va changer radicalement et se réaligner sur le chemin de l'âme. Ceci se produit en douceur : seulement après quelque temps devenons-nous capables de l'exprimer avec notre esprit rationnel, masculin, expliqua Jérémie.

Les membres du « groupe des *feuilles d'or* » complétèrent ce document en ajoutant les indications de couleurs, et se mirent d'accord sur la symbolique. Il était important que les symboles parlent à tout le monde ; il fallait les unifier, mais surtout ils devaient être corrects afin de transformer notre conscience de façon harmonieuse et profonde.

Puis, l'un d'entre eux, un artiste, se mit à dessiner les arcanes, utilisant des personnages et des symboles de notre époque. Au départ, les figures provenaient de la symbolique égyptienne et de ses dieux. Avec l'arrivée des Grecs en Égypte, cette symbolique avait déjà changé, les dieux aussi. Puis le christianisme avait apporté d'autres éléments. Tout ceci devait être revu et intégré.

Pendant l'élaboration de chaque dessin, ils se réunissaient pour parvenir au meilleur résultat. Lorsqu'une image était finie et coloriée, ils la contemplaient et partageaient leurs expériences, s'assurant que l'image les amenait sur le bon chemin. Cela prit plus d'une année pour arriver jusqu'au 22ᵉ arcane.

Il s'agissait ensuite de distribuer ce document à tous les groupes qu'ils connaissaient et de partager ce qu'ils en avaient retiré pendant leur méditation. Comme Jérémie possédait un large réseau en Europe, à travers le compagnonnage, il fut chargé de cette mission qu'il accepta bien volontiers, tellement ce nouveau matériel était fascinant. Mais il fallait un moyen de cacher cette découverte aux yeux de l'Église et du califat.

Trouver une solution leur prit du temps : finalement, ils décidèrent que le meilleur moyen était de l'exposer à la vue de tout le monde. En Égypte, les soldats mamelouks utilisaient un jeu de cartes avec quatre suites, il suffisait de les transformer pour les faire correspondre aux quatre éléments de la Kabbale. Les bâtons, les coupes, les épées et les deniers, correspondant au feu, à l'eau, à l'air et à la terre, ainsi qu'aux quatre mondes de l'Arbre de Vie. Les numéros de 1 à 10 renvoyaient aux dix sphères de ce même Arbre. Le jeu comportait aussi des rois, des reines, des chevaliers et des pages, mis en correspondance avec les quatre niveaux de conscience : spirituel, mental, astral et physique.

Ils travaillèrent sur ce matériel encore pendant une année pour l'aligner avec les principes de la Kabbale, de l'astrologie, de l'alchimie et de la gématrie, c'est-à-dire les 22 lettres de l'alphabet hébreu et leurs valeurs numériques, et avec les 12 couleurs et les 12 notes de la gamme pythagoricienne.

Puis, ils inventèrent une version simplifiée des arcanes, avec d'autres couleurs et peu de symboles. Ils leur donnèrent des noms communs, gardant pour eux-mêmes les titres ésotériques, comme *Pneuma*, l'Esprit, pour l'arcane zéro qu'ils nommèrent le Fou, *follis* en latin qui renvoie à *souffler* ou à *baudruche pleine d'air*, donc à *Pneuma* en grec !

Ils remirent cette série de 72 cartes à un fabricant de jeux afin qu'elle soit distribuée. Il existait en Égypte une méthode pour transférer des dessins sur du papyrus, ou du papier, en fabricant des blocs de bois sculptés que l'on pouvait encrer et utiliser pour produire des impressions multiples.

Jérémie était donc chargé de reproduire la même chose en Europe. Car si le même jeu apparaissait en Égypte, puis en Europe, on penserait qu'il venait de là-bas. L'église condamnerait certainement ce jeu, comme elle le faisait avec tous les jeux, mais on pourrait se trouver en sa possession sans que ceci représente un trop grand danger.

Jérémie alla chercher sa version des 22 arcanes coloriés qu'il étala sur une table. Je faillis m'évanouir à la vue des six premières…

— Que t'arrive-t-il Gabriel ? demanda Esther un peu inquiète.

Je restai sans voix encore un moment ; les yeux écarquillés, je finis par bégayer :

— J'ai déjà vu ces six-là ! montrant les arcanes numérotés de zéro à cinq.

— Où ça ? dit Esther, en me prenant le bras.

Je leur racontai mon rêve en Normandie avant de partir, correspondant à l'arcane zéro, puis le magicien à Paris, avec les roses et les lys, l'arcane numéroté un. La prêtresse qui m'apparut dans un rêve sur mon radeau, et la belle dame en robe verte qui s'occupa de moi sur le bateau grec, les arcanes 2 et 3. Enfin, la vision de M. le Comte sur le quai du port et la cérémonie des clefs, les arcanes 4 et 5.

— Ça alors! dit Esther... il y eut un long silence, interrompu par Jérémie :

— Pour la cérémonie des clefs, c'était voulu; pour les autres, il faut savoir que ces arcanes, ces *archétypes*, il dit ceci en grec, sont présents dans l'entendement féminin de chacun de nous, c'est comme un langage universel. Leur vision veut dire que ces *archétypes* sont passés dans ta conscience éveillée, et qu'ils ont déjà réarrangé tes pensées et tes sentiments, ils sont en train de te recréer en un homme nouveau Gabriel! l'*Adam Kadmon*...

— C'est... extraordinaire ce que tu nous racontes là, s'exclama Esther, Gabriel, tu es béni des dieux!

Il y avait donc aussi des dieux maintenant... la tête me tournait.

— Quels dieux? dis-je en secouant la tête.

— Les Égyptiens, les Grecs, les Romains avaient des dieux, et des images et statues de ces dieux, expliqua Jérémie, et toute une mythologie. Ils ne savaient pas comment représenter l'Absolu, alors ils élaboraient des représentations de ses qualités, de ses pouvoirs, sous la forme de dieux ou de démons. Les arcanes, c'est un peu la même chose, mais, fait d'une façon intelligente et subtile... Esther a raison, c'est comme une bénédiction ce qui t'est arrivé, une *initiation*.

— À quand le prochain arcane? dis-je en soupirant.

— On va arranger ça bientôt, regarde bien le numéro 6, les amoureux, ce sera pour vos fiançailles.

Je dus retourner dans ma chambre pour digérer tout ceci. Comment se pouvait-il que ces images me soient apparues en songe ainsi qu'en chair et en os avant même que je ne les connaisse? En tout cas, il me semblait difficile maintenant de dire que je ne voulais pas être impliqué dans le projet de Jérémie, d'autant plus que ce projet paraissait aussi beaucoup plaire à Esther.

Jérémie avait l'intention de se joindre à Roberto la prochaine fois qu'il se rendrait à nouveau à Florence. Il pourrait y faire faire les impressions des arcanes et produire un autre jeu de 72 cartes. Il connaissait une famille d'artistes florentins, dont un sculpteur qui semblait enthousiaste à cette idée. Puis, de Florence, nous irions à travers toutes les contrées contacter les compagnons maçon de Jérémie et, sous couvert de travaux d'architecture, distribuer des copies des arcanes à ceux qui le voudraient bien.

Mais avant cela, je devais affronter l'Inquisition…

Adoption

M. le Comte rentra trois jours plus tard, il était à la fois joyeux et soucieux. Je lui demandai si son voyage s'était bien passé.

— Oui, très bien mon garçon, je crois que du côté des autorités, les choses sont réglées. Il ne manque plus qu'à les régler ici. Il n'osait pas me regarder.

— Que me cachez-vous, M. le Comte ? Régler quoi ?

— Eh bien… tu vas pouvoir cesser de m'appeler M. le Comte…

— Et comment devrais-je vous appeler ?

— Eh bien… il me fixa droit dans les yeux… *Père*… si tu le veux bien ?

J'allais dire quelque chose, mais il continua :

— Cet interrogatoire et cette demande de retour à Rouen ne me plaisent pas du tout, et je suis convaincu que c'est encore pire pour toi. Je me trompe ?

J'acquiesçai.

— Alors, tu me ferais un immense plaisir d'accepter que je t'adopte… tu sais que j'ai perdu mon enfant unique, il me manque tellement… et mes héritiers sont de lointains cousins, je ne tiens pas à leur laisser tout ça, dit-il en faisant un geste de la main. Et, si tu acceptes, tu seras à l'abri de ces coquins qui veulent mettre la main sur toi. Et puis je t'aime bien, Gabriel.

J'hésitai un cours instant, certainement à cause de cette suite ininterrompue d'événements qui me tombaient dessus, mais je ne pouvais pas faire attendre M. le Comte plus longtemps. Je répondis en bafouillant :

— C'est un grand honneur que vous me faites là… et vous montrez beaucoup de générosité à mon égard… Oui, j'accepte avec bonheur… Père !

J'étais de nouveau étonné par mon courage à m'engager si ouvertement dans des situations si nouvelles pour moi. C'était une espèce de fuite en avant, à l'image de ce fou sur cette montagne prêt à descendre dans la vallée des larmes sans réfléchir.

Le comte, Père, me serra dans ses bras, il ne voulait plus me lâcher. Puis, il me prit par les deux épaules, me regardant avec gratitude, les yeux humides :

— Magnifique *min fieu*, mon garçon ! J'ai l'impression de revivre… viens par ici ! tu as une lettre à écrire et d'autres documents à signer ; mais avant ceci, je te remets cet anneau, il est aux armes de notre famille, il me vient de mon grand-père quand il était jeune. Je crois qu'il t'ira. Je reçus l'anneau avec révérence, il m'allait très bien, mais était assez massif.

— Voilà, pas besoin d'attendre les juges, maintenant tu es un Autavilla.

Le blason de la famille était d'*azur, à la bande échiquetée de gueules et d'argent*, m'expliqua-t-il. Une pierre bleue était effectivement sertie dans la bague en argent, incrustée d'une étroite bande de petites pierres rouges et de carrés d'argent.

Il voulait encore que j'écrive une lettre pour les juges de Palerme afin de déclarer que je prenais cette décision de plein gré et que j'étais prêt à assumer ce que cela impliquait. Un jugement serait bientôt rendu ; Père connaissait bien les juges et cela ne devrait être qu'une formalité, affirma-t-il.

C'était la fin de l'après-midi ; il fut décidé que nous aurions un bon repas avec Jérémie et Esther pour fêter ça. Père se réjouissait de féliciter Esther de bientôt devenir elle aussi une Autavilla. Et il éclata de rire.

La nouvelle fit sensation auprès des invités, surtout Esther, qui semblait me regarder avec un peu plus de respect. Tout le monde me congratula, ainsi que Père pour sa grande générosité. Leandro et Selena étaient là, accompagnés d'un autre personnage que j'avais vu lors de notre soirée avec les soufis. C'était le responsable des traductions des livres en arabe – par la suite, j'allais passer pas mal de temps avec lui pour améliorer mon arabe. J'appris qu'il était d'origine syrienne et chrétien, mais il voulait qu'on l'appelle par son prénom arabe, Ridwan. Il m'expliqua que, comme le mien, c'était un nom d'ange : gardien du paradis pour les musulmans.

— Le paradis pour moi, ce sont tous ces manuscrits encore à traduire, me dit-il. Il était assis à côté de moi et il parla pendant longtemps de *ses* livres… Nous commençâmes en latin puis poursuivîmes en grec, alors que le reste de la tablée était retourné au sicilien. Il s'intéressait principalement aux philosophes grecs, Platon revenait souvent dans le discours.

— Vous connaissez Platon, et Socrate ? demanda-t-il.

— Un peu… en fait, notre curé ne voulait pas que je lise les philosophes.

— Ah… quelle erreur ! Enfin, il vous a appris le grec, c'est déjà ça… Alors vous ne savez donc pas ce qu'est la *métempsycose* ? Non, évidemment, c'est bien ça que votre… curé ne voulait pas que vous découvriez. Si vous êtes malin, vous aurez deviné que ceci touche la migration de l'âme, n'est-ce pas ? Il attendit que je réponde.

— Oui, le *déplacement* de l'âme.

— C'est ça ! les Grecs parlaient aussi de palingénésie « *ce qui a été renaît* », affirmait Pythagore. Les Grecs utilisaient aussi le mot *méten-somatose*, que l'on peut traduire par *réincarnation*. Ils n'étaient pas les seuls à parler de cela, dans la Kabbale aussi ils en parlent, Jérémie vous l'aura dit, j'en suis sûr. Ils l'appellent, attendez… *gilgoul*, je crois, la transmigration de l'âme. Les mahométans aussi… enfin, certains, comme mes parents qui étaient druzes… oui, nous croyons à la transmigration, et les yézidis aussi… Et même les chrétiens y croient… enfin, ceux qui y croyaient ont été brûlés… les cathares, les albigeois. Après une pause pour mesurer l'effet de ses paroles, il demanda :

— Et vous, Gabriel, vous y croyez ?

Croire ou pas à quelque chose que je venais de découvrir était trop me demander.

— Il faudrait que j'en apprenne plus pour pouvoir me prononcer.

— Oui, évidemment, mais vous devez savoir qu'en orient ils y croient aussi. Jérémie avait trouvé quelque chose là-dessus dans des manuscrits venant des Indes, c'était sur les mathématiques, mais il y avait aussi quelques passages sur la réincarnation... Ils ont aussi un Dieu et une trinité : un dieu créateur, un qui maintient cette création et un autre qui la détruit, si j'ai bien compris ; on pourrait lui demander... Mais je vois qu'il est bien occupé à écouter les histoires de Roberto et de ses courses aux pirates barbaresques et autres sarrasins... il eut un grand sourire en regardant Père.

— Maintenant que vous êtes son fils, vous devriez le convaincre d'arrêter cela, un jour il va se faire tuer ou être pris en otage.

Ridwan me raconta que Père avait utilisé une partie de sa fortune pour mettre sur pied une petite flotte afin de protéger la population du sud de l'île des incursions des pirates barbaresques, et qu'il était allé de nombreuses fois leur prêter mainforte.

Pendant que Ridwan m'expliquait ceci, je ne pouvais m'empêcher de repenser à ces visions que j'avais eues sur mon radeau, le parchemin que déroulait la prêtresse et sur lequel semblaient s'afficher des images de moi-même à d'autres époques, dans d'autres vies peut-être ? Et cette jeune fille que j'avais entrevue à plusieurs reprises, était-ce Esther ? Je ramenai la conversation sur le sujet des vies antérieures :

— Et vous, Ridwan, vous souvenez-vous de vies passées ?

— Oui, je crois... c'était quand j'étais petit, j'avais ces visions d'un prophète, il réalisait des miracles, il y avait aussi des personnes crucifiées. Je n'avais jamais entendu parler de Jésus, j'ai été élevé dans la foi druze. Je ne sais pas si c'était une vie antérieure, mais ceci me poursuivit à tel point que je me fis chrétien, au grand désespoir de mes parents.

— Je crois bien avoir eu des visions de vies antérieures, lui déclarai-je. C'était un peu tragique, je me battais contre un ennemi à certains moments, mais je n'arrive pas à savoir qui ce pouvait être.

— Peut-être bien toi-même, dit-il en riant... tu sais Gabriel, ce ne sont pas les vies passées qui importent, mais bien celle-ci. Si on veut se libérer du cycle d'incarnation, il ne faut pas oublier l'*essence divine de notre âme*, comme le disaient les Grecs. Et pour ça, il faut déjà trouver son âme, n'est-ce pas ? Et cela se passe ici et maintenant, mon garçon…

On revenait toujours à la même question, où est notre âme ?

— Eh bien les amis, vous avez l'air bien sérieux ! dit Père, s'adressant à nous de nouveau.

La soirée se termina avec quelques autres récits de batailles navales et nous allâmes nous coucher. Je ne pouvais pas dormir, j'avais l'impression que ma vie s'accélérait au point où je n'arrivais plus à suivre.

Je me réveillai le lendemain en ayant rêvé que j'étais sur ma couche dans mon village normand et que maman Jeanne m'appelait. L'anneau à mon doigt me rappela à la réalité du moment. Je repensai à mes parents, seraient-ils fiers de me savoir riche et libre et bientôt fiancé ? Sûrement ! Ils avaient combattu pour la liberté et pour elle ils avaient été traqués, poursuivis comme des animaux et mis à mort.

Pourquoi cette vie ici-bas semblait-elle être aussi difficile, et si injuste ? Saint-Augustin avait décidé que Dieu était bon et ses œuvres forcément bonnes, alors d'où venait toute cette injustice ? L'œuvre du diable, ou l'œuvre de l'homme ?

Fiançailles mystiques

La perspective des fiançailles avait fini par avoir raison de mes doutes et nous passions plus de temps ensemble, Esther et moi ; j'apprenais à mieux la connaître et tout le reste ne comptait plus. Nous parlions de notre union prochaine, mais les mots devenaient de moins en moins nécessaires, un seul regard suffisait pour comprendre que nos vies étaient déjà liées à jamais. Cependant un beau matin elle me déclara :

— Je ne pourrais supporter d'avoir l'impression d'appartenir à quelqu'un, me dit-elle un jour de son ton toujours direct et bien décidé. On dirait que le mariage, pour les hommes, leur donne le droit de posséder leurs épouses, comme ces seigneurs qui possèdent leurs serfs et les traitent comme des animaux… Comment vois-tu ça, Gabriel ?

J'aimais ses déclarations d'indépendance, intimait-elle que j'eusse de pareilles pensées de possession à son égard ? Je n'en étais pas trop sûr.

— Je suis d'accord avec toi, ma mie, je crois que nous avons eu de la chance tous les deux d'avoir connu la liberté jusqu'ici, alors il ne faut pas que ça change.

Que pouvais-je dire d'autre ? Elle continua :

— Ce que je voulais dire, c'est que le mariage va nous lier l'un à l'autre, pour cette vie… Même si ceci donne l'impression que nous nous possédons l'un l'autre, je sais que mon âme restera libre, c'est comme ça !

On était de retour à l'âme, et effectivement je n'avais pas songé à aussi épouser son âme…

— Mon âme est tellement libre que je ne sais pas où elle est, dis-je en souriant.

— Regarde-moi dans le fond des yeux, dit-elle en me prenant par les épaules et approchant son nez du mien.

Je m'exécutai. Ce fut comme entrer dans une mer bleu-turquoise avec des reflets émeraude. Soudain, je revis les pierres précieuses que ma maman utilisait comme talismans pour guérir les gens, et qui m'avaient toujours fasciné... Quelque chose se passa, Esther semblait disparaître, son joli visage, ses cheveux d'or rouge, il ne restait plus qu'une présence... était-ce son âme ? Une présence qui apparaissait être partout et nulle part... Esther me parlait, mais je ne l'entendais plus.

— Eh bien ! mon amour, tu t'es perdu dans mon âme ? dit-elle en riant tout en reculant son visage du mien.

— Oui... peut-être bien... balbutiai-je, encore sous le choc de cette découverte. Et toi, qu'as-tu vu dans mes yeux ?

— Ton âme ! Ne t'en fais pas, tu en as une aussi... Puis elle me donna un rapide baiser sur les lèvres. Nous étions conscients que les rapports physiques étaient vraiment hors de question à ce stade de nos relations, mais nous nous retrouvions souvent sans surveillance, nos pères respectifs nous faisant confiance ; rompre cette confiance était inimaginable.

— Que penses-tu mettre comme habit pour les fiançailles ? Il ne faudrait pas que nous soyons trop dépareillés, n'est-ce pas ? Je devrais peut-être choisir pour toi, non ?

Je n'eus pas le temps de donner une quelconque réponse, et je n'étais pas encore habitué à ces brusques changements de sujet... Elle continua :

— Cela ne t'ennuie pas de porter les habits de Gassan ?

Autre sujet, en moins de temps qu'il ne fallait pour le dire.

— Euh... non, en fait ceci fait vraiment plaisir à... Père. Et j'aime lui faire plaisir...

— Je me souviens d'un bel habit qu'il mettait parfois, allons voir si on le retrouve. Je crois qu'il ira à merveille avec le vêtement que je pense porter.

Lorsqu'Esther et son père étaient arrivés dans la famille Autavilla, Felicia, la femme de Roberto, avait considéré Esther comme sa fille ; Gassan, leur fils, était devenu comme un grand frère, il avait douze ans de plus qu'elle. Je réalisai que la disparition de Felicia et Gassan avait dû être une grande épreuve pour elle.

— Comment était Gassan ? demandai-je.

— Je l'aimais comme un frère, il m'a appris à monter à cheval comme un garçon, et aussi à manier l'épée ; c'est surtout avec lui que j'ai appris le sicilien, il me donnait des rôles dans des petites pièces de théâtre qu'il écrivait lui-même, on s'amusait comme des fous. Et Felicia était si douce, avoir de nouveau une maman, c'était comme un miracle. Et Roberto c'est un peu comme mon grand-père, Felicia était beaucoup plus jeune que lui…

— Père dit qu'elle est morte de chagrin !

— Oui et non, je crois bien que c'est la maladie qui a eu raison de sa santé ; après la disparition de Gassan en mer, elle avait perdu toute force pour la combattre.

— Comment est-ce arrivé, cette disparition ?

— Il naviguait vers le duché d'Athènes qui appartenait au roi d'Aragon, mais était tombé entre les mains des Vénitiens. Roberto voulait renouer des liens commerciaux avec ceux-ci, il avait envoyé son fils en ambassade. Il n'est jamais arrivé, on n'a retrouvé personne.

Nous allâmes voir les différentes malles d'habits de Gassan ; Esther eut tôt fait de retrouver ce qu'elle cherchait : l'habit en question était fort joli. J'avais encore de la peine, non pas à porter les habits d'un disparu, mais à porter de riches habits ; j'avais l'impression de prétendre à quelque chose que je n'étais pas au fond de moi-même. Je ne savais même pas comment s'appelaient ces différents vêtements en italien. J'en fis part à Esther.

— Eh bien, *quelle ignorance* ! dit-elle en français, car en fait nous parlions surtout italien entre nous, et c'était plutôt moi qui avais appris l'italien de Sicile, qu'elle le français. Elle me récita la liste des différents habits qu'elle avait choisis et étalés sur mon lit :

— Une chemise blanche de fine batiste, sur laquelle tu porteras deux cotes, celle-ci bleu clair, et par-dessus une, moins longue, bleu foncé ; puis comme housse, ce manteau de beau drap couleur rouille, doublé de fourrure formant des liserés aux manches et en bas de la housse, dit-elle en accompagnant du geste les liserés en question. Et… des chausses rouges… en sortant celles-ci d'un autre coffre. Je te laisse choisir les braies… dit-elle en riant. Je n'avais pas beaucoup de choix, toutes les braies se ressemblaient, faites de toile blanche, et sous les chausses on ne les voyait pas.

— Auras-tu assez chaud comme ça, mon ange ?

L'hiver approchait, il faisait encore chaud en novembre en Sicile, mais Esther me disait que le temps allait se rafraîchir d'un jour à l'autre. Elle fouilla dans le coffre et en sortit une espèce de chapeau.

— Tiens, tu peux encore mettre ça sur la tête, pour la garder bien au chaud…

— Ça ira comme ça, je pense… j'avais l'impression de devenir un jouet entre ses mains ; et toi que vas-tu porter, princesse ?

— J'aurai un habit à sept pièces… mais ce sera une surprise.

La cérémonie fut fixée début décembre, le jour de l'anniversaire d'Esther qui aurait 17 ans. Il y aurait une bénédiction avec remise d'un anneau. J'allais me retrouver avec deux bagues aux doigts. Il y aurait aussi une cérémonie plus discrète dans la petite chapelle de la remise des clefs.

Jérémie souhaitait établir mon horoscope, non pas pour savoir si celui-ci était compatible avec celui de sa fille, mais plutôt pour choisir le bon jour pour cette cérémonie *mystérieuse*.

— Il me faudrait ton heure de naissance, me demanda-t-il. Et tu sais, Saint Thomas d'Aquin était un astrologue, si ceci peut calmer tes doutes… un dominicain, tu t'en rends compte ! Il est célèbre pour avoir dit : « *les astres inclinent, mais ne déterminent pas* », il n'a pas tort, mais ce qui détermine c'est plutôt l'heure de naissance… il était avant tout théologien, pas vraiment astrologue…

— Je ne sais pas à quelle heure je suis né.

— Réfléchis un peu ta maman ne t'en a jamais parlé ?

— Euh… si peut-être… oui, je crois que je suis né un peu après midi… maman m'a raconté que papa était rentré de la forge pour manger et il n'y avait rien de préparé, elle venait d'accoucher, c'était allé très vite, personne n'avait eu le temps de le prévenir.

— Alors c'est très bien, midi et demi, donc.

— Si les astres nous inclinent à faire ceci plutôt que cela, en quoi l'heure détermine ? demandai-je. Notre destin est-il déterminé ? Je ne trouve pas ceci très acceptable… d'un point de vue théologique évidemment, m'empressai-je d'ajouter, sachant que Jérémie avait certainement une explication *hermétique* à ce déterminisme. C'était le nouveau mot qui revenait souvent dans nos conversations ces jours-ci, vu que nous avions étudié quelques autres textes attribués au fameux Hermès trois fois mage !

— Bien sûr que tout est déterminé, dans le sens que tout est compris dans le *plan divin*, incarnation après incarnation, au moins pour nous autres humains… Et je ne vois pas où est le problème théologique, vu que la position des planètes, l'heure de naissance, tout ceci doit être imputé à Dieu ; n'a-t-Il pas créé le ciel et la terre, et tout le reste ? Il se mit à rire.

— Mais où se trouve notre liberté alors ? Si ces planètes ou cette heure nous inclinent à être méchant ou victime d'un accident, il n'y a pas d'espoir de s'en sortir, ou bien ?

— L'horloge divine détermine les événements en fonction du *plan*, nous n'y pouvons pas grand-chose… Mais nous sommes *libres* de réagir d'une façon ou d'une autre à ces influences célestes, à ces événements, que nous y croyions ou pas. Il s'arrêta un moment et continua, l'index de la main droite levé :

— Nous sommes *libres* ! Oui, et c'est bien le problème… écoute ! Les prêtres ont fustigé les foules pendant des siècles, ils leur ont promis l'enfer, la damnation pour l'éternité, mais les gens continuent à pécher, n'est-ce pas ? Ils se sentent *libres* de pécher… encore et encore, vie après vie… on peut donc se demander à quoi bon être libre… Il fit une plus longue pause, puis reprit :

— Il n'y a rien de mauvais dans le plan divin, *nous* le rendons mauvais en désobéissant, en n'acceptant pas la nature des événements que Dieu nous envoie. Ces événements nous paraissent bien souvent injustes, et nous décidons que Dieu est injuste... ou mauvais... Alors que nous sommes tout simplement dans l'ignorance de la signification profonde de ces événements... Au nom d'une liberté que nous aurions bien de la peine à définir, nous créons notre propre esclavage, jusqu'à ce que nous découvrions ce qu'est la vraie liberté...

— Et c'est quoi ?

— Se libérer du cycle des incarnations, c'est très simple. Il refit une longue pause, et reprit :

— Pour ce qui est de l'astrologie, elle permet de ressentir la nature des événements, de voir comment ils s'inscrivent dans ce plan, comment ils vont nous aider à construire notre destinée, c'est une porte ouverte sur la conscience cosmique. Il ouvrit les bras vers le ciel, puis continua :

— Notre destinée *doit* s'inscrire dans ce plan, sinon on sort du chemin et on est perdu... de toute façon, on ne peut pas sortir du plan, mais on peut se retrouver comme sur un sentier qui tourne en rond ! La plupart des gens se disent libres, mais ils sont bel et bien perdus, et ils reviennent sur terre encore et encore, toujours aussi perdus... ils gaspillent leur liberté !

— Alors Jérémie, vous pourriez prédire ma destinée ?

— Non, certainement pas ! Il n'est pas question de prédire quoi que ce soit... Dieu est le seul responsable, et non pas l'astrologue, heureusement ! dit-il en riant à nouveau. On peut voir les moments importants à venir, comment ils se situent dans le cycle de notre vie, et donc savoir que les choses vont changer, évoluer, mais nous n'avons aucune idée de l'importance de l'événement... Et lorsque l'événement arrive, nous ne savons pas si nous allons y réagir bien ou mal, pour ça nous devons savoir écouter notre âme le moment venu... Il s'arrêta plus longuement, regardant vers le ciel, puis ajouta :

— De toute façon, il nous manque encore quelques planètes dans notre astrologie, elles n'ont pas toutes été découvertes et ceci pose des problèmes... à l'astrologue...

— Quelles planètes ? Comment sait-on qu'elles existent ?

— Les sages qui ont élaboré l'Arbre de Vie les connaissaient déjà il y a fort longtemps, c'est pourquoi il y a 10 sphères dans l'Arbre de Vie, et même onze, car une des sphères est cachée, Daath, la séphirah de la Gnose. On connaît 7 planètes, donc il en manque 4... De même, il y a 22 arcanes, 12 pour le zodiaque, et 10 pour les planètes.

— Alors ce n'est pas une science très précise.

— Oui, tu as raison... pour le moment... on doit donc accepter que bien des choses nous échappent, et faire avec ce que l'on connaît.

— Et s'en remettre à la grâce divine, ajoutai-je.

— La grâce se mérite, tu sais ! Ce n'est pas un bien distribué çà et là au hasard, par Dieu le Père ou la Vierge-Marie... ou Allah... ou Jéhovah...

Il avait dit ceci avec gravité ; je connaissais ce ton-là, il voulait dire que la conversation était finie et que je devais aller méditer cette dernière phrase. Ce que je fis.

Que la grâce se mérite ne me posait pas de problème, mais que ma liberté individuelle soit remise en cause par les étoiles me paraissait encore difficile à accepter. Ce que je retenais de mon père était une recommandation répétée maintes fois : « *ne laisse personne te prendre ta liberté* » ; ma maman ajoutait souvent que « *notre plus grande liberté était celle de faire le bien* ». C'était peut-être ce que Jérémie avait dit en conseillant de ne pas gaspiller notre liberté. D'autre part, j'avais appris que Jérémie faisait le bien autour de lui, pas seulement en s'occupant de mon éducation spirituelle, mais aussi en donnant des cours d'architecture à un groupe de maçons dans notre petite cité et sans contrepartie.

Je me trouvais soudain devant un choix philosophique : Dieu existe, et il a un plan pour notre humanité, et donc pour moi aussi ; suivre ce plan m'amènera à mon salut, quelles que soient les épreuves à venir. Ou bien : Dieu n'existe pas, l'humanité est laissée à elle-même, d'où cette souffrance et ce chaos.

Mais voilà, grâce à Jérémie, je devais l'admettre, j'avais pu toucher à mon âme ; ou plus exactement, mon âme m'avait touché. J'entrevoyais maintenant que l'obstacle principal sur le chemin de l'âme, c'était bien ces croyances ou non-croyances; nous sommes libres de croire ou ne pas croire, mais l'expérience directe du Divin me semblait être la seule solution. Quant au chaos, il devait être imputé à l'ignorance des hommes.

Une semaine plus tard, nous avions dû, avec Père, nous rendre à Palerme pour voir les juges et autres autorités du royaume pour formaliser l'adoption. En partant très tôt le matin, on pouvait y arriver en une journée à cheval, ce que nous fîmes.

Ces vieux juges qui étaient tous des prêtres faisaient front devant nous et avaient l'air un peu revêches. L'un d'eux s'adressa à moi, me demandant en latin si c'était bien moi qui avait écrit cette lettre « *en très bon latin* » signée de mon nom. Je répondis dans ce même *très bon latin* que c'était le cas, que mon tuteur avait été un prêtre, lui-même juriste, et que j'avais été à bonne école pour écrire cette lettre avec les termes adéquats.

Ceci changea radicalement leur attitude, ils voulurent en savoir plus ; pouvais-je en dire plus sans que cela interfère avec le processus d'adoption ? Père avait l'air de m'encourager à aller de l'avant avec mon histoire, ce que je fis. L'audience prit donc toute la matinée, puis ils nous invitèrent à nous joindre à eux pour le repas, ce qui laisserait le temps aux clercs de rédiger les documents.

Tout se passa bien et nous rentrâmes le lendemain, après avoir un peu visité la ville, principalement le palais des Normands avec sa magnifique chapelle palatine ; quelle merveille ! J'aurais aimé que Jérémie soit là pour commenter l'architecture et la symbolique de ces monuments.

Quelques jours plus tard, lors d'un repas pris tous ensemble, Jérémie nous dit qu'il avait décidé du jour de la cérémonie dans notre chapelle. Ce serait dans une semaine, le 27 novembre, en début d'après-midi, au moment où Mercure s'arrête dans le ciel et Vénus et le Soleil sont conjoints.

Ceci ne disait pas grand-chose au reste de l'assemblée, mais nous lui faisions confiance, que la date serait de bon augure. Seules quelques personnes seraient invitées. Puis la conversation tourna vers la cérémonie officielle qui, elle, aurait lieu le 15 décembre, un mardi, un peu après l'anniversaire d'Esther. On irait à la petite chapelle au-dessus de la ville, d'où la vue sur la mer était splendide. Le chapelain avait été prévenu et désirait nous voir.

Père nous rassura : c'était un brave homme, déjà âgé, qui voulait certainement nous mettre en garde sur le sujet des rapports physiques, et que les fiançailles n'étaient pas une permission de tout faire… Et il éclata de rire, Esther était devenue un peu rouge.

La semaine passa rapidement et nous nous retrouvâmes le jour dit, à l'heure dite, dans notre petite chapelle. Le décor avait changé, le dais avait disparu. Une grande statue d'ange se tenait du côté droit de la chapelle, sous une fenêtre comportant un vitrail jaunâtre. Le soleil de l'après-midi formait un halo lumineux au-dessus de l'ange. Sa tunique était violette, ses cheveux couleur de feu, son teint jaune lumineux, ses ailes rouges et ses deux bras relevés en position de bénédiction. À droite de l'ange, il y avait un chandelier avec 12 chandelles allumées, à gauche un oranger en pot avec 5 oranges. Je reconnaissais l'arcane 6, auquel Jérémie avait dit que nous serions confrontés. Maintenant, nous étions dans l'arcane…

Jérémie me plaça devant le chandelier, et Esther devant l'oranger. Nous étions simplement habillés de robes blanches. Jérémie nous exposa comment cet arcane pouvait être interprété :

— On peut y voir un couple recevant la bénédiction de l'ange, en fait c'est l'archange Raphaël ici, exposa-t-il, l'archange qui guérit tous nos maux, surtout ceux de l'âme perdue ici-bas… Mais cette image d'un homme et d'une femme sous la protection de l'ange, c'est aussi celle de nous-mêmes avec notre conscience masculine et notre conscience féminine, l'ange représentant notre conscience supérieure, notre âme… ces trois consciences doivent fonctionner en harmonie, tout en recevant la Lumière divine.

Le soleil brillait effectivement maintenant juste derrière le vitrail.

— Les douze chandelles représentent les 12 types d'humanité comme définis par le zodiaque, montrant que ces douze types sont aussi en nous. L'oranger et ses fruits évoquent la sphère des désirs, les tentations du monde. Jérémie s'arrêta et vint vers moi.

— Gabriel, tu dois regarder Esther, et toi Esther, tu regardes l'ange… Jérémie revint au centre de la chapelle.

— En regardant Esther, Gabriel, tu te fies aux intuitions venant d'Esther avant d'entreprendre toutes actions importantes dans votre vie… Esther, en regardant l'ange, tu reçois une vision du plan divin, tes intuitions seront correctes, et tu restes sourde aux tentations du monde… Alors vous vous tiendrez toujours sous la protection de Raphaël, il amènera la Lumière divine dans vos consciences et une vie pleine de sens.

Nous demeurâmes ainsi un moment à méditer ces paroles. Père regardait cette scène avec fascination, il semblait ailleurs. Puis nous nous déplaçâmes vers les bancs pour nous asseoir. Après un petit moment, Jérémie nous fit signe de nous lever et de sortir. Arrivé dans la courette, il dit que nous pouvions nous embrasser, ce que nous fîmes avec enthousiasme, puis tout le monde se prit dans les bras des uns des autres. Leandro, Selena et Ridwan étaient des nôtres.

Avec notre bon curé, j'assistais à presque toutes les cérémonies de notre paroisse normande, baptêmes, premières communions, fiançailles, mariages, enterrements. C'était un peu la routine et je ne prêtais pas trop attention à ce qui se passait. Maintenant, j'étais partie prenante d'une cérémonie qui n'avait rien à voir avec ce que j'avais connu jusqu'ici. Ma vie avait vraiment totalement changé, et j'en devenais profondément conscient.

Pour en être bien sûr, quelques semaines plus tard je me retrouvai dans mon habit coloré, au milieu de la chapelle de la Sainte-Trinité, à prononcer des vœux de fiançailles aux côtés d'une splendide jeune fille parée de ses plus beaux atours. Mais était-ce bien encore moi dans ce rôle de jeune prince, ma princesse à mon bras, sortant de la chapelle sous un beau soleil d'automne ?

La fête fut joyeuse, la nourriture abondante et délicieuse, le vin coulait à flots, et tout laissait croire que la vie était belle et bonne à croquer à pleines dents. La fête de Noël ne fut qu'une continuation d'une série de rencontres et de repas pris en bonne compagnie qui suivirent les fiançailles officielles.

Je me réveillai le 1er de l'an 1401, avec encore en mémoire ce qui s'était passé il y avait juste une année. Comment aurais-je pu alors deviner ce qui allait m'arriver ? Pourquoi sommes-nous si ignorants de notre destin ? Comment avais-je pu croire sur mon radeau que tout était fini ? Alors que tout venait de commencer…

arcane 6

L'assassin démasqué

La nouvelle du débarquement de la délégation de l'archevêché de Rouen à Palerme nous arriva fin janvier. Depuis quelques semaines, il se passait de drôles de choses chez Jérémie : il avait rangé toutes ses affaires en relation avec la gnose dans un coffre qu'il me montra. Puis un beau matin, il nous prit à part, Esther et moi, un air grave sur son visage.

— Mes enfants, je ne vous cacherai pas que la visite de ce moine de l'Inquisition n'est pas sans me causer du souci. Nous ne pouvons prendre aucun risque ; il se peut qu'il vienne mettre son nez, pas seulement dans tes affaires Gabriel, mais aussi dans les miennes. Tu ne devras pas lui parler de moi ni de ce que je t'ai appris. Dis juste que je te donne des leçons de latin et grec. Je pense que les mots *hébreu* et *arabe* sont à proscrire de ton vocabulaire, mais méfie-toi, il essaiera peut-être de te piéger, ne réponds jamais avec précipitation à ses questions…

— Mais… vous avez peur de quoi exactement, Père ? demanda Esther.

— Nous nous sommes échappés de Narbonne pour venir ici après que l'Inquisition eut découvert notre petit groupe gnostique, mais je n'ai aucune idée s'ils savent que j'étais à la tête de ce groupe… je suis peut-être recherché… ils connaissent peut-être mon nom.

Il y eut une longue pause, puis il continua, l'air un peu désespéré :

— Ce n'est pas impossible que nous devions fuir, Esther, car je ne peux te laisser derrière moi, ils pourraient t'utiliser pour me faire prisonnier en te menaçant de mort ou de torture sous un prétexte quelconque. Ces gens-là n'ont aucun scrupule et pensent avoir Dieu de leur côté.

— Non ! Ce n'est pas possible, papa ! Nous ne pouvons pas fuir comme ça maintenant… et Gabriel devrait venir avec nous.

Jérémie posa sa main sur l'épaule d'Esther pour la calmer.

— Écoute Esther, rien n'est encore sûr. Mais nous devons nous tenir prêts, nos vies en dépendent. Gabriel doit rester en dehors de tout ça : il aura beaucoup plus de chance de nous retrouver par la suite si nous devions fuir. S'il s'enfuit avec nous, il sera regardé comme complice par ces gens-là.

Je n'avais encore rien dit tellement la situation me paraissait irréelle, puis je repensai à ce que notre bon curé avait dit sur la disparition de mes parents, qu'un moine de l'Inquisition avait été impliqué dans ce qui apparaissait comme un double meurtre.

— Gabriel, dis quelque chose ! s'exclama Esther.

— Ton père a raison, je crois… Nous devons être prêts à sauver nos vies, mes parents ont certainement été tués, parce qu'ils n'étaient pas préparés, souviens-toi de mon histoire…

Nous restâmes en silence un long moment. Jérémie reprit :

— Je dois m'entretenir avec Roberto afin qu'il soit prêt lui aussi à toute éventualité, et il ne doit pas donner l'hospitalité à ces deux émissaires. On leur trouvera un gîte auprès de l'évêché.

— Mais où irons-nous, si nous devons fuir ? dit Esther au bord des larmes.

— Je sais exactement où aller et comment, mais le moins vous en saurez là-dessus, le mieux ce sera. Cependant, nous devons convenir d'un rendez-vous avec toi, Gabriel…

Je voyais qu'il hésitait à ne pas m'en dire trop sur cet endroit.

— Tu iras avec Roberto à Florence à un moment ou à un autre, c'était ce qui était prévu… je saurai quand vous serez arrivés. Alors après quelques jours, rends-toi au *duomo*… à la cathédrale. Il s'interrompit, et reprit :

— Mon père a travaillé à sa construction et je l'accompagnais, donc je connais très bien les lieux et je connais des compagnons maçon là-bas. Les travaux ne sont toujours pas terminés ; en fait, il n'y a pas encore de dôme, j'y travaillerai certainement avec les architectes chargés du projet… tu diras que tu es *le conducteur des sphinx* et que tu veux voir l'architecte. Je te trouverai, dit-il en souriant.

— *Le conducteur des sphinx*? répétai-je, qu'est-ce là?

— Le prochain arcane, Gabriel, le numéro sept.

Jérémie nous laissa pour aller discuter avec Père. Esther me regardait de ses yeux humides et pleins de tristesse.

— Courage, ma chérie, tout se passera bien peut-être, et cela n'aura été qu'inquiétude et supposition, lui dis-je en lui prenant les mains.

— Je crois que je suis prête à les transpercer d'un coup d'épée s'ils se montrent hostiles, déclara-t-elle, soudain pleine de rage.

— Ils viendront peut-être en compagnie de gens d'armes, lui dis-je pour la calmer.

— Eh bien! on verra, ils ont intérêt à bien se tenir en tout cas.

J'étais soulagé que sa tristesse n'ait duré qu'un court instant, et qu'elle soit prête à faire face à l'adversité; je comptais sur Jérémie pour canaliser sa fougue si les choses tournaient mal.

Le soir, Père me fit part de la discussion qu'il avait eue avec Jérémie : tout était arrangé et plusieurs plans mis en place au cas où. Un gîte était réservé à l'évêché pour ces messieurs et nous serions prévenus de leurs faits et gestes – Père avait des hommes de main un peu partout en ville.

L'évêque de notre petite ville était aussi au courant de mon adoption depuis le début, c'était même lui qui avait conseillé Père sur la marche à suivre. Il confirma que je ne devais en aucun cas retourner à Rouen sous la contrainte, et qu'étant maintenant le fils de Roberto, c'était lui qui détenait toute décision concernant mon avenir, ceci jusqu'à ce que j'aie vingt ans.

— Ne t'en fais pas mon fils, dit-il, ils ne t'emmèneront nulle part! Et quoiqu'il arrive, nous irons à Florence comme prévu, et j'espère en compagnie de ta bien-aimée et de son père. Je dois aller régler pas mal de choses là-bas pour mon commerce, des questions d'argent surtout. J'y ai un bon ami qui est devenu très riche avec toutes les constructions qui s'y font, il est dans le commerce du marbre et tout le monde désire du marbre, surtout celui de Carrare, et lui en possède des montagnes entières... Maintenant, tu dois te préparer pour cet interrogatoire, Dieu sait ce que ces deux-là veulent entendre.

Puis il prit un air sérieux et me dit droit dans les yeux :

— Surtout, dis la vérité, exactement comme c'est dans ta mémoire, comme ça tu ne risques pas de te contredire... il fit une pause, et reprit :

— S'ils avaient un moindre doute sur toi, les choses risquent d'aller de travers... et ils voudront en savoir plus... et Dieu sait quoi !

Je voyais qu'il commençait à s'énerver, il était inquiet lui aussi.

— Ne vous en faites pas, Père, tout ira bien, je serai prudent.

Les deux hommes d'Église accompagnés d'un clerc arrivèrent chez nous le surlendemain, tôt le matin. Nous parlâmes de choses et d'autres pendant un moment, de leur voyage jusqu'ici. Le chanoine avait très peu voyagé dans sa vie, il avait l'air excité d'être allé si loin, il s'émerveillait de toutes ces nouveautés.

L'autre était beaucoup plus réservé, il se tenait vers la fenêtre, j'avais de la peine à voir son visage en contre-jour. Il resta là, alors que le chanoine s'assit près de moi et commença à écouter mon récit. Il posait quelques questions lorsque les choses ne lui semblaient pas claires et laissait du temps au scribe pour prendre ses notes. Il voulait savoir les noms des gens et vérifiait sur sa propre liste. Son attitude était bienveillante et mon histoire de naufrage le bouleversa.

L'autre, l'inquisiteur, me demanda enfin comment s'étaient passés exactement les derniers moments avant que le bateau ne sombre :

— Votre curé, voyant que la situation devenait très critique, vous a-t-il fait des recommandations ? Donné un message pour quelqu'un ?

Je n'étais pas prêt à lui répéter ce que le curé avait dit.

— Il m'a demandé de prier pour son âme si je devais sortir vivant de cette aventure, et lui pas…

— Mais encore ?

— Il regrettait profondément de m'avoir entraîné dans ce voyage, il me pria de lui pardonner lorsque le bateau se brisa en deux.

— Mon Dieu, quelle horreur ! dit le chanoine, pauvre curé, il sera mort en pensant être responsable de votre mort.

— Dieu dans sa miséricorde lui aura sûrement pardonné, dit l'inquisiteur.

Il s'était rapproché de nous, mais je ne voyais toujours pas très bien son visage. Lorsque Père entra dans la pièce et qu'il tourna la tête dans sa direction, la lumière éclaira le côté droit de sa tête et je vis que sa joue avait une cicatrice assez grande formant une sorte de dessin. Il tourna la tête de nouveau et regagna la fenêtre, mais le dessin était gravé dans ma tête. Ce dessin je le connaissais, c'était celui de l'extrémité de la pique en fer forgé que mon père utilisait pour remuer les braises dans sa forge, j'en étais sûr, et ceci me glaça les sangs.

Roberto prit la parole :

— En avez-vous fini avec mon brave garçon ? Je crois que son histoire est bien triste et qu'il ne faut pas le tourmenter outre mesure avec cela.

— Oui bien sûr ! dit le chanoine, il a l'air tout retourné, le pauvre, nous allons vous laisser. Nous ferons notre rapport et nous vous le ferons relire demain matin, à la même heure, si ceci vous convient. Qu'en pensez-vous, de Mérifons ?

— Oui, oui, ceci me va bien, mais il est encore tôt, vous feriez-nous le plaisir de visiter votre belle demeure, Monsieur d'Hauteville ?

Nous nous levâmes, mais de Mérifons revint à la charge, s'adressant à moi :

— Nous avons appris que vous vous êtes fiancé avec la fille de votre précepteur, maître Jérémie Lovinay, n'est-ce pas ? Il dit ceci d'un air réjoui.

— Toutes nos félicitations ! dit le chanoine. De Mérifons continua :

— Votre précepteur vous enseigne les langues ?

J'allais suivre les conseils de Jérémie, lorsque Père répondit pour moi :

— L'hébreu et l'arabe, dit-il.

— Ah… oui, c'est ce qu'on nous avait dit à l'évêché… serait-il juif ou arabe cet homme ? Père continue à répondre :

— Maître Jérémie a passé quelques années à Alexandrie, mais il est originaire d'Aragon.

— Ah… d'Aragon ? Depuis quand est-il à votre service ?

Je sentais que Père ne devait pas répondre à cette question, je me tournai alors vers les deux ecclésiastiques :

— Mes bons pères, je vous demande de m'excuser, je dois… aller me reposer… on se revoit demain matin, donc.

Je quittai la pièce et pris le passage secret menant à la chapelle et entrai précipitamment dans les appartements d'Esther et Jérémie. Je les appelai et tombai nez à nez avec Esther.

— Que t'arrive-t-il mon amour ? Sont-ils à ta poursuite ?

— Non, ça s'est bien passé, mais ce Mérifons pose des questions sur ton père, où est-il ?

— Viens, il est par là.

Nous le trouvâmes en train de faire du rangement dans ses livres.

— Ah ! Gabriel, que se passe-t-il ?

— C'est terrible, ce Mérifons, c'est lui qui a tué mes parents ! il a une cicatrice sur la joue, celle de la pique que mon père utilisait dans sa forge… et… il pose des questions sur vous, il avait l'air ravi de vous savoir ici, et il connaît votre nom.

— Mon Dieu ! Esther, nous devons nous préparer à partir. Gabriel, que font-ils en ce moment ?

— Ils voulaient visiter notre maison, je pense que Père aura eu tôt fait de les mettre dehors.

— Alors va lui dire de faire surveiller ce Mérifons, que l'on sache s'il ne revient pas par ici avec des hommes en armes, ou quelque chose de ce genre… Et dis à Roberto que nous partons dès que possible… et reviens nous dire adieu.

Je retournai prudemment dans notre maison, je trouvai Père au milieu de la cuisine l'air très perplexe. Je lui fis part de la demande de Jérémie. Il appela un serviteur et donna quelques ordres puis revint vers moi.

— Ce Mérifons est un diable, tu t'en es bien sorti mon fils.

— Père, sa cicatrice sur la joue droite, elle a été faite par la pique en fer forgé que mon père utilisait pour attiser les braises dans sa forge…

Père resta comme paralysé par cette nouvelle, les yeux écarquillés. Je continuai :

— Ne pourrions-nous pas le faire arrêter ? Cette pique, je l'ai encore.

— Où ça ?

— Euh… je voulais dire, elle se trouve en Normandie, dans ma chambre, je l'ai gardée.

— Eh bien, ça ne va pas être facile, tu réalises ! Ces gens, on ne les arrête pas comme ça… Et le plus important, c'est d'aider Esther et Jérémie à s'enfuir d'ici. Allons les voir.

Nous redescendîmes vers leurs appartements. Nous trouvâmes Esther en pleurs au milieu de la pièce, un grand sac à ses pieds.

— Gabriel, Roberto, dites-moi que ce n'est pas possible !

Elle se jeta dans mes bras. Je lui caressai les cheveux, Jérémie apparut, le visage un peu blême.

— Ah, Roberto, vous avez fait le nécessaire ? Père fit signe que oui.

— Gabriel, je t'ai laissé un message dans ta chambre. Ouvre-le seulement quand tu sauras que nous sommes partis, demain peut-être.

— Partez-vous à l'instant, Jérémie ? demanda Père.

— Nous allons suivre votre plan, Roberto… oui, je pense que nous partons maintenant… au revoir mes amis, nous nous reverrons à Florence, j'en suis sûr, dit-il avec un vague sourire.

— Esther, nous devons y aller, embrasse ton Gabriel.

Elle leva son regard vers moi, et posa un long baiser sur mes lèvres, la chaleur de son corps irradiait mes entrailles et mon cœur.

— Rejoins-nous vite mon amour, dit-elle.

Je ne savais quoi dire, Père le fit pour moi :

— Que Dieu et ses anges vous gardent !

Ils prirent chacun leur sac, enfilèrent une cape et sortirent par la porte de côté. Père s'assura que la voie était libre, et ils descendirent par les escaliers en direction du port. Esther se retourna une dernière fois pour nous faire signe.

— Où vont-ils ?

— Ils vont prendre un bateau, celui que vous avez pris pour aller sur le volcan. J'avais demandé au batelier de venir ici et d'attendre quelques jours, au cas où. C'est un de mes compagnons de courses aux Barbaresques ; ils sont en de bonnes mains, ne t'en fais pas… Suivant les vents, ils iront sur une des îles éoliennes, ou bien directement vers Naples en longeant la côte.

— Père, où tout cela va-t-il nous mener ?

— À Florence, mon enfant, à Florence !

On voyait que Père était un combattant dans l'âme, ces événements tragiques ne semblaient pas trop l'affecter, au contraire cela avait l'air de lui donner bien du courage, alors que celui-ci paraissait m'abandonner.

Je passai une nuit presque blanche sans avoir cherché à trouver le message de Jérémie. Père me réveilla pour me dire que les deux diables étaient en route et qu'ils avaient donné l'ordre que des soldats les rejoignent dans un moment. Je retrouvai tout le monde dans l'office de Père.

— Bien le bonjour, mon garçon, dit le chanoine. Il avait l'air un peu chagriné.

— Voici notre rapport, voulez-vous bien le relire et nous dire si tout vous paraît correct. Il me tendit le parchemin, je m'assis, et ils en firent tous de même. Le silence devint pesant pendant ma relecture. Arrivé à la fin, je pris la parole :

— Tout ce qui écrit ici est correct… je vois que je dois le contresigner.

— Oui, il y a deux parchemins, dit de Mérifons, nous en remettrons une copie au Saint-Siège lorsque nous passerons par Rome sur le chemin du retour, le second ira à l'évêché de Rouen. Les familles des disparus pourront le consulter et faire leur deuil.

Il y eut un autre long silence, interrompu par de Mérifons.

— Vous nous feriez un grand plaisir en nous présentant votre fiancée, sieur Gabriel.

Voilà, les hostilités étaient ouvertes, aurait-dit Père. Nous avions répété ce que nous allions dire et faire :

— J'ai bien peur que ceci ne soit possible, elle et son père ont dû se rendre à l'intérieur de l'île pour visiter des amis. Ils sont partis hier déjà, sachant que je serais occupé par ces présentes affaires pour quelques jours.

Le visage de de Mérifons prit une tout autre expression, il y avait de la rage qui soudain explosa :

— Que me dites-vous là ! Quelqu'un les a vus hier matin, vous nous cachez quelque chose, nous allons fouiller partout et nous verrons bien. Il enchaîna :

— Ce Jérémie est un dangereux personnage, un cathare, le saviez-vous ? Il m'a déjà échappé il y a bien longtemps, mais sa veuve avait prononcé son nom en mourant et celui de sa fille : Jérémie… Esther… Il fit celui qui imitait la mourante. Je lui aurais bien sauté au cou et tranché la gorge, mais ce n'était pas dans le plan de Père.

— En hébergeant ce Jérémie ici, vous êtes son complice ! hurla-t-il.

— De Mérifons, allez-y un peu plus doucement ! dit le chanoine d'un ton ferme, ces braves gens ne savaient certainement pas à qui ils avaient affaire, et ce jeune homme vient de se fiancer à la jeune Esther en question, qui est certainement innocente… ayez aussi un peu de respect pour sa défunte mère, s'il vous plait.

— On verra, dit de Mérifons, nous allons fouiller leurs appartements, on trouvera bien des documents qui prouvent leur appartenance à cette secte.

Il quitta la pièce précipitamment, le chanoine resta avec nous et nous assura qu'il se tenait de notre côté. Il ne comprenait pas la hargne de son compagnon qui ne se comportait pas en *bon chrétien*.

— Nous avons affaire à l'Inquisition, mon cher de Montjoye, dit Père, est-elle vraiment chrétienne ?

Le chanoine ne sut que dire, de Mérifons entra dans la pièce avec deux hommes d'armes.

— Monsieur de Hauteville, je vous somme de bien vouloir laisser ces deux soldats vérifier que votre précepteur et sa fille ne se cachent pas ici.

— Mais faites donc ! Ce que Gabriel vous a dit est parfaitement exact, mais si vous doutez de sa parole, alors fouillez ! Permettez que l'on vous accompagne pour montrer le chemin.

Nous allâmes de pièce en pièce, ils ne trouvèrent rien, évidemment. En passant dans ma chambre, je notai que le bel habit de fiançailles était posé sur un des coffres d'habits. Puis nous descendîmes vers les appartements des *fugitifs*, comme commençait à le répéter de Mérifons, pour se convaincre lui-même.

Il se mit à inspecter tous les recoins de chaque pièce, ouvrit tous les coffres d'habits qu'il éparpilla à gauche à droite. Puis il s'en prit aux manuscrits, je constatai que les seuls qui restaient sur les étagères de la salle d'étude étaient bien inoffensifs, du genre grammaire latine, ou grecque, et des livres de prières ou de théologie, ainsi que toute une série sur le droit romain que je n'avais jamais vue ici, mais que je connaissais bien de notre bon curé.

De Mérifons dû se rendre à l'évidence qu'il ne trouverait rien. Il s'adressa à Père :

— Où sont-ils donc allés, il me faut le nom de cet endroit.

— C'est un tout petit village, loin d'ici, je n'y suis jamais allé, et si je devais y aller, je devrais prendre un guide.

— Eh bien trouvez-moi un guide, et vite ! Et envoyez-le à l'évêché, nous allons les prendre en chasse.

Il s'en alla ; le chanoine resta juste un moment pour s'excuser de l'offense faite à ma bonne foi, puis partit à son tour. Une fois loin, nous demeurâmes avec Père au milieu de la salle d'étude et soudain nous éclatâmes de rire : le stratagème avait marché.

En fait, Leandro et Selena étaient partis tôt le matin pour un périple qui devait les ramener ici dans deux jours, après avoir visité plusieurs endroits dans la campagne et les montagnes de l'arrière-pays. Le guide était un homme de main de Père, il conduirait de Mérifons sur la trace de ces faux fugitifs, récoltant des témoignages de-ci de-là, puis à un moment la trace se perdrait et ils devraient bien finir par rentrer bredouille, si possible dans une semaine au moins. On attendrait le retour de l'inquisiteur avant de partir pour Florence.

Florence

Voulant ranger l'habit de fiançailles dans son coffre, je réalisai que le coffre plus petit de Jérémie y était dissimulé, je l'ouvris et trouvai sa lettre. Elle était écrite en grec :

Cher Gabriel,
J'espère que la suite des événements ne t'aura pas porté préjudice. Je dois m'en remettre à toi pour continuer mon œuvre, je sais que je peux te faire confiance. J'ai laissé le matériel des 22 arcanes dans ce coffre, je ne pouvais pas le prendre au cas où nous serions arrêtés par ce moine. Prends les dessins et une fois à Florence, rends-toi chez Giuseppe Sciuffagni, son atelier se situe tout près du baptistaire Saint-Jean.
C'est un sculpteur sur bois, je l'ai contacté il y a quelque temps et il m'a confirmé son accord de fabriquer les empreintes de ces dessins pour les copier sur des feuilles de papier. Il produira une trentaine de copies puis détruira les blocs, tu devras t'assurer qu'il le fasse. Ensuite, il a la permission de les refaire et d'élaborer des jeux de cartes sur le modèle de ceux des Mamelouks ; il devra juste altérer les figures, changer l'ordre des arcanes, voire en ajouter d'autres. Tu trouveras dans le coffre un de ces jeux à lui remettre. Puis il distribuera ces jeux comme bon lui semblera.
Je pense que ce travail prendra quelques mois, ne me contacte pas avant que ce soit terminé, n'essaie pas de nous retrouver, car tu seras peut-être suivi. C'est moi qui te trouverai. Mets Roberto au courant, il a déjà offert de payer le sculpteur.
Que Dieu te garde dans l'Amour et la Lumière

Jérémie

Détruis cette lettre après l'avoir lue

Je me retrouvais responsable d'une bien grande entreprise… Cependant, après ces mois passés avec Jérémie et son enseignement pratique sur la gnose, j'étais convaincu que je devais l'aider, quoi qu'il en coûte, dans sa mission de répandre son enseignement là où il le jugerait opportun.

Ma foi avait beaucoup changé grâce aux nombreuses heures passées en contemplation sous sa direction. J'avais eu quelques expériences mystiques qui avaient bien transformé ma conscience. Et la présence d'autres membres de ce groupe comme Père ou Ridwan qui étaient si généreux et ouverts, pleins de sagesse, avait eu raison de mes réserves initiales sur ce nouvel enseignement spirituel.

Je me considérais donc comme un des leurs. Je ne voyais pas cette conversion comme imposée par les circonstances, c'était au contraire comme une grande libération. J'étais libéré des dogmes grâce à l'expérience directe de la présence divine en mon âme. Ceci n'était pas encore profondément établi en moi, mais la certitude de me trouver sur le bon chemin, un chemin droit et direct, était là.

Et ce chemin passait donc par Florence. J'allai voir Père avec la lettre qu'il lut avec attention, puis nous la brûlâmes. Nous décidâmes de mieux cacher le coffret de Jérémie, puis nous nous rendîmes chez les traducteurs copistes pour faire fabriquer un livre à la taille des arcanes : ceux-ci seraient dissimulés dans la couverture du manuscrit. Ce dernier consistait en un traité de mathématiques ayant trait au calcul des trajectoires des planètes – cette science-là me paraissait bien compliquée, mais Jérémie serait bien content de l'avoir en sa possession. Le manuscrit serait prêt dans deux semaines.

Nous devions de toute façon attendre le retour de de Mérifons et son guide, et voir ce qu'il déciderait sur la suite à donner à cette affaire.

Leandro et Selena rentrèrent deux jours après leur départ, ils avaient profité de leur petit voyage pour rapporter quelques provisions.

Puis ce fut le tour de de Mérifons quelques jours plus tard. L'inquisiteur était visiblement très fâché lorsqu'il vint nous rendre visite au lendemain de son retour.

— Le guide que vous m'avez donné était un idiot, l'avez-vous fait exprès, Hauteville ? dit-il avec mépris à Père.

Il ne lui laissa pas le temps de répondre.

— Nous avons perdu la trace de ces bandits, Dieu sait où ils sont maintenant. Je ne vais pas parcourir tout le pays à leur recherche, mais nous les retrouverons et s'il s'avère que vous étiez leur complice, il vous en coûtera...

— Maître Jérémie et sa fille sont de bons chrétiens qui vont à la messe tous les dimanches, ils sont charitables et bienveillants comme le recommande notre Seigneur, dit Père d'un air supérieur. Et vous n'avez aucune preuve de ce que vous avancez à leur égard. De Mérifons allait répondre quelque chose à Père, mais celui-ci lui coupa la parole :

— Mon fils et Esther sont fiancés, ceci a été fait devant Dieu et rien ne vous permet de traiter ces enfants de bandits ou d'hérétiques.

— Eh bien, amenez-les devant moi et on verra s'ils n'avouent pas leurs crimes, dit de Mérifons avec un sourire narquois.

— Mérifons, vous devriez savoir que votre justice s'arrête aux portes de la mort, ne vous êtes-vous jamais demandé ce qui vous attend de l'autre côté? À votre place, j'irais passer le reste de mes jours en prière au fond d'un ermitage et je ne sais même pas si ceci pourrait vous sauver des flammes de l'enfer!

De Mérifons allait dire quelque chose, mais préféra tourner le dos et disparaître.

Nous apprîmes par le chanoine qu'ils partiraient dans deux jours pour Rome et par des gens de l'évêché que de Mérifons avait laissé des ordres pour qu'on nous surveille. Ce qui ne nous empêcha pas de nous préparer pour notre voyage à Florence.

Un bateau de Père était prêt pour le départ, chargé de toutes sortes de marchandises locales et exotiques, et bien sûr de quelques manuscrits nouveaux qu'il pourrait vendre à prix d'or. L'autre livre dont la couverture renfermait les 22 arcanes était maintenant fini.

Nous attendîmes que le temps devienne suffisamment clément pour partir et début février, nous accostâmes à Pise de bon matin. La situation n'était pas très agréable dans cette ancienne place de pouvoir qui était en train de perdre toute son influence au profit d'autres ports italiens, et aussi de Florence avec laquelle elle était en guerre larvée depuis quelque temps.

Mais les commerçants avaient leurs moyens d'échapper aux contraintes politiques et militaires. La partie la plus importante de nos marchandises resta à Pise pour y être vendue, alors que la plus petite partie, de grande valeur, partit avec nous en faisant quelques détours pour éviter les garnisons le long de la vallée menant à Florence.

Florence était en pleine construction on aurait dit… trouver son chemin ne fut pas simple, mais nous arrivâmes à la demeure flambant neuve de l'ami de Père avant la nuit. Pietro Mellini nous reçut avec beaucoup d'empressement, visiblement impatient de voir ce que Père avait apporté avec lui : de nouveaux manuscrits.

Mais d'abord, il dut nous montrer nos appartements et nous offrir un repas, et comme Père prétendit être fatigué, il dut attendre le lendemain pour voir ce que nous avions apporté. Nous étions très bien logés dans cette belle demeure, heureusement, car nous allions devoir y rester certainement plusieurs mois.

Messer Mellini, comme il désirait qu'on l'appelle, était un petit homme un peu gras, qui parlait beaucoup, comme nombre de ses compatriotes. Il était toujours très bien habillé et voulait se faire passer pour quelqu'un d'éduqué, d'où son intérêt pour les manuscrits, plus pour les montrer que pour les lire.

J'avais un peu de mal à comprendre son italien au départ, mais après une ou deux semaines je pus m'entretenir avec lui, ce qui consistait surtout à l'écouter. Il nous aida à prendre contact avec Giuseppe Sciuffagni, le sculpteur recommandé par Jérémie.

Nous devions entreprendre cela avec discrétion. Mellini mit un serviteur en qui il avait toute confiance à notre disposition, il devait s'assurer que nous n'étions pas suivis. Nous allâmes donc visiter quelques autres sculpteurs, et le serviteur s'aperçut après quelques jours que quelqu'un nous suivait, juste au moment où nous allions nous rendre chez Sciuffagni.

Nous décidâmes alors de demander au sculpteur de venir chez Mellini afin de le mettre au courant et savoir s'il était vraiment prêt à exécuter ces 22 œuvres dans la plus grande discrétion. Maître Giuseppe était un véritable artiste et, au contraire de *Messer* Mellini, il ne se souciait guère de son apparence. Sa famille semblait être dédiée aux différentes formes des arts décoratifs, il avait des frères sculpteurs et peintres.

Il était très intense dans sa façon de s'exprimer, mais il savait contrôler ses sentiments. Il nous fit comprendre qu'il réalisait tout à fait l'importance du travail que Jérémie voulait lui confier, et il était fier de participer à la *rivelazione* de la gnose en terre italienne. Je lui montrai les 22 arcanes, faits à l'encre sur du papyrus, et il resta un peu stupéfait devant ces dessins. Puis il les regarda un à un, ce qui prit longtemps, et ceci dans un grand silence que je n'osai interrompre.

Maître Giuseppe devait exécuter des épreuves en noir et blanc qui seraient coloriées par la suite, d'après les instructions écrites de Jérémie. Puis je dus lui rappeler qu'une fois le travail fait, il devrait détruire les blocs sculptés, mais qu'il aurait le droit de les reproduire afin de fabriquer une série de 72 cartes à jouer sur la base du jeu venu d'Égypte que je lui donnai.

Il réalisait l'importance de ce subterfuge et m'assura qu'il saurait faire le nécessaire pour simplifier les dessins, et de changer l'ordre de quelques-uns des arcanes afin de produire un nouveau jeu. Mais il voulait aussi me faire comprendre que le fait de détruire les blocs sculptés n'impliquait pas qu'il ne se souviendrait pas de tous les détails du travail qu'il allait entreprendre – il avait certainement une mémoire parfaite de ce qu'il regardait et exécutait.

— Qui mettra les couleurs sur ces arcanes ? demanda-t-il.

— Je ne sais pas. Peut-être Jérémie lui-même, pensai-je.

— Et si vous preniez des cours de peinture avec mon frère Andrea ? Ainsi vous pourriez venir me voir sans attirer l'attention, et ceci pourrait vous servir.

— Oui effectivement, c'est peut-être une bonne idée, votre frère vit avec vous ?

— Oui, nous partageons une grande maison qui appartient à la famille… Alors je prends ces dessins, et je vais commencer tout de suite le travail, je me suis déjà beaucoup exercé pour mettre au point la technique de transfert sur du papier épais, ça marche très bien…

venez demain déjà… allez directement chez mon frère, je le préviendrai. Et entre deux chefs-d'œuvre, vous pourrez me rendre visite ! dit-il en riant.

Je n'avais aucune idée de mes dons pour la peinture, mais je serais vite fixé. Maître Giuseppe nous quitta, il remit les dessins dans la couverture du livre et nous nous dîmes au revoir et au lendemain.

Je mis Père au courant le soir même, il avait été très pris à régler ses histoires d'argent et de banque avec un certain Medici. Il avait l'air très content de ce qui avait été décidé, pour son argent, et pour mes cours de peinture. Il m'avoua qu'il avait lui aussi pensé à m'occuper pendant ces quelques mois devant nous, et qu'il avait pris contact avec une école d'*escrime*.

— Qu'est-ce là Père ? demandai-je un peu soucieux que l'on s'occupe ainsi de mon temps libre.

— L'art de manier l'épée, mon fils… tu ne peux pas être le fils d'un pourfendeur de sarrasins et espérer ne pas apprendre cet art-là. Alors le matin tu manieras le pinceau et l'après-midi l'épée, qu'en penses-tu ?

— Je pense que j'aimerais bien aussi me reposer de temps en temps…

— Et te morfondre en pensant à Esther, n'est-ce pas ?

— Oui, elle me manque, et en plus elle est là quelque part et je ne peux la voir…

— Si on arrangeait qu'elle puisse venir t'admirer en apprenti tireur d'épée, ceci t'encouragerait-il ?

— Vous feriez ça ?

— En fait, j'ai eu un contact avec Jérémie… l'homme qui nous a suivis l'autre jour était un de ses amis, et nous avons pensé à ce moyen pour que vous puissiez vous voir, mais il faudra être très prudent… l'école d'escrime se trouve un peu en dehors de la ville, c'est plus facile à surveiller. Tu devras y aller quelque temps et une fois la routine établie, peinture, épée – il dit ceci en joignant les gestes à la parole, vous pourrez vous rencontrer régulièrement là-bas.

— Voilà une nouvelle occupation qui va certainement me passionner, je ne peux plus attendre ; quand vais-je commencer ?

— Un de ces jours, on ira là-bas ensemble, je dois m'assurer que ces gens savent manier l'épée… C'est dans le quartier *Oltrarno*, près de l'église Santa Maria del Carmine.

Ainsi ma nouvelle vie à Florence prit un tournant inattendu, peinture et escrime. Mes débuts dans ces deux arts furent un peu pénibles, comme pour beaucoup d'apprentis, je dus faire preuve de discipline et de persévérance, mais j'avais été à bonne école avec notre bon curé. Le plus important était de pouvoir revoir Esther après une dizaine de jours.

Ce matin-là, un air printanier remplissait les cœurs d'insouciance et de légèreté. La leçon de peinture se passa bien ; en fait de peinture, jusqu'ici, j'avais surtout appris à fabriquer des couleurs – tout un art qui faisait appel à bien des connaissances.

L'après-midi, je me rendis à ma leçon d'escrime. J'avais un jeune *professore* comme j'aimais l'appeler, Camillo, qui semblait avoir un peu de peine à m'enseigner les bases de cet art martial, certainement parce qu'il parlait trop. À la fin de chaque leçon, nous organisions un petit duel durant lequel il pouvait me montrer tout son savoir-faire.

Ce jour-là, comme auparavant, je ne faisais que reculer et reculer encore sous ses assauts. Généralement, je finissais le dos au mur, la lame de son épée sous ma gorge. Nous mettions des protections, fort heureusement, et les épées n'étaient ni coupantes ni pointues. Cependant, ce jour-là, j'arrivai à esquiver sa dernière attaque et pus lui coller un coup du plat de l'épée sur le dos qui le fit atterrir dans le mur ! Il y eut des applaudissements qui me firent lever la tête, ils venaient du balcon surplombant la salle, c'était… Esther !

Je me défis aussi rapidement que possible de mes protections et grimpai les escaliers quatre à quatre pour me jeter dans ses bras. Quel réconfort ! Je m'étais parfois imaginé ne jamais la revoir, mais là je la tenais dans mes bras. Nous relâchâmes notre étreinte après un long moment où nous semblions flotter au-dessus du sol…

— Mon amour, que je suis heureuse! Raconte, me dit-elle.

— Non toi, raconte, je me suis imaginé plein de choses sur votre voyage, avec ce moine à vos trousses.

— Ça s'est très bien passé, nous sommes allés sur une île, Lipari ; nous y sommes restés quelques jours jusqu'à ce que le vent change de direction, puis nous avons navigué directement vers Naples. La mer était houleuse, mais nous allions vite. J'ai pensé à toi, seul au milieu de toute cette eau, sur ton radeau, quelle horreur!

Elle me reprit dans ses bras. Je lui caressai les cheveux et essuyai quelques larmes sur son visage.

— À Naples, nous sommes restés quelques jours chez des compagnons, puis nous avons pris un autre bateau pour Livourne et sommes arrivés ici deux semaines avant vous, je crois. Et toi, et Roberto? Et ce Mérifons ?

— Mérifons est reparti très fâché vers Rome, on ne sait pas où il est maintenant. Il nous fait peut-être suivre, nous devons être très prudents... Nous avons embarqué sur un des bateaux de Père quelque temps après vous et nous sommes ici depuis deux semaines. Nous habitons chez son ami Mellini, *Messer* Mellini! Et tu sais, je prends des cours de peinture...

— De peinture? Pourquoi? Moi, je fais de la musique, je chante des chansons d'amour en pensant à toi. Feras-tu mon portrait?

— Tu chantes si bien, mon amour! J'aimerais passer mon temps à t'écouter... non, je ne vais pas faire ton portrait, tu es trop belle pour ça... je veux dire, je suis trop maladroit... En fait, les cours ont lieu chez le frère du sculpteur qui fabrique les blocs pour reproduire les arcanes. Mais Andrea, le peintre, serait peut-être intéressé à faire ton portrait, comme ça on pourrait se voir là-bas aussi.

Nous continuâmes notre discussion un petit moment, puis Esther dit qu'elle devait rentrer, car elle aidait à la cuisine dans la maisonnée où elle habitait. C'était une famille de compagnons, les hommes travaillaient au *Duomo* sans dôme... Et comme souvent ils dormaient sur place, on devait leur apporter de la nourriture. Jérémie travaillait avec eux, il rentrait quelques fois pour voir Esther.

C'était de braves gens, très gentils avec elle, en fait un jeune garçon l'avait accompagnée jusqu'ici ; il ne la lâchait pas des yeux, dit-elle, c'était un peu embarrassant. Nous nous promîmes de nous revoir aussi souvent que possible ici même, et elle allait voir si je pouvais venir là où elle habitait un de ces prochains dimanches, après la messe, pour un bon repas. Et elle essaierait de convaincre Jérémie de la laisser aller chez le peintre. Nous étions bien excités par tous ces projets.

Nous nous embrassâmes longuement, puis elle disparut par une petite porte au bout de la galerie. Je restai là me demandant si j'avais rêvé ; un appel venant d'en bas me ramena à la réalité, le *professore* disait qu'il s'en allait et qu'il allait fermer la porte. Son nez était égratigné, il n'avait pas l'air très fier de s'être fait avoir par ma feinte.

Maestro Sciuffagni, le sculpteur, avait bien avancé dans son travail, il avait déjà exécuté quelques essais sur papier épais qui étaient très bien réussis. Les originaux sur papyrus étaient faits de traits fins, alors que l'épaisseur et les variations du trait travaillé dans le bois donnaient une impression de force. Certains arcanes exerçaient une attraction forte et mystérieuse qui donnait envie d'entrer dans la représentation pour y jouer le rôle de l'*archétype*.

Jérémie m'avait montré que les arcanes disposés en trois rangées de 7, sans l'arcane zéro, avaient en leur centre l'arcane 11, la justice. Si l'on additionnait les trois arcanes le long de toutes les diagonales passant par 11, la somme était toujours 33. La justice semble donc équilibrer toute cette création archétypale, elle correspond aussi au signe de la balance. Mais de quelle justice s'agit-il ?

Je décidai de prendre avec moi l'épreuve de cet arcane pour faire un essai de coloriage et méditer dessus. Andrea m'aida à préparer les couleurs qui pouvaient être dissoutes à l'eau, on fit des essais sur du papier vierge. Certaines couleurs étaient faciles à étaler, d'autres beaucoup moins ; cela prit bien une semaine pour trouver les bons matériaux, puis je me lançai.

Le résultat était satisfaisant, le dessin étant simple. Andrea me montra comment faire des ombres dans les habits et l'arcane prit vie devant nous. Une fois sec, je l'emmenai pour une contemplation plus approfondie.

0 א

1 ב	2 ג	3 ד	4 ה	5 ו	6 ז	7 ח
8 ט	9 י	10 כ	11 ל	12 מ	13 נ	14 ס
15 ע	16 פ	17 צ	18 ק	19 ר	20 ש	21 ת

tableau des 22 arcanes

Andrea, lui utilisait surtout la tempera : une peinture avec du jaune d'œuf comme moyen pour lier les pigments. Il peignait sur des panneaux de bois recouverts de nombreuses couches de *gesso*, un enduit à base de colle et de plâtre. Ses peintures consistaient principalement en tableaux religieux ; je lui demandai s'il faisait aussi des portraits. Il m'en montra quelques-uns, de son frère, de sa mère. Ils étaient très bien faits et ressemblants, et je me voyais déjà en possession d'un portrait d'Esther.

Lors de l'une de mes rencontres avec Esther, je reçus l'ordre de cette dernière de me rendre le deuxième dimanche du mois de mars à la messe à Santa Maria del Carmine, et de m'asseoir au troisième rang au bout du banc. C'est là qu'elle assistait à la messe ; si j'avais su, j'y serais allé tous les dimanches ! Je devais suivre le jeune garçon qui viendrait me chercher à la sortie de la messe et me guiderait jusqu'à leur demeure.

Les choses se passèrent comme prévu, sauf que je trouvai que la messe durait un peu trop longtemps… puis je me retrouvai dans cette belle maison, où toute une tablée m'attendait ; Jérémie était là. Quel plaisir de le revoir et de lui conter comment le travail sur les arcanes suivait son cours : encore quelques semaines et la série serait complète. Je lui dis aussi que j'avais commencé à colorier certains d'entre eux.

— Que comptez-vous faire une fois les impressions terminées ? lui demandai-je.

arcane 11

— J'ai établi un plan du parcours à suivre, me dit-il, je crois que je vais éviter la France et l'Angleterre : je vais me concentrer sur le Saint-Empire, c'est là qu'il y a le plus de personnes déjà prêtes à recevoir cette nouvelle matière et qui sauront l'utiliser intelligemment ainsi que la préserver pour les générations à venir. J'espère que tu es prêt à me suivre… à nous suivre ?

— Oui bien sûr ! Où irons-nous ?

— Je pense que nous rejoindrons le duché de Bourgogne, puis la Hollande ; mais on verra, on n'en est pas là… et… il faudra songer à vous marier. Je crains qu'un mariage en Sicile ou même ici soit impossible, alors vous allez devoir choisir un autre endroit…

Esther était bien occupée à servir tout le monde, ce n'était pas le moment de parler de mariage. Je continuai donc ma discussion avec Jérémie.

Je lui dis que j'avais colorié l'arcane de la justice et commencé à méditer dessus.

— Commencer par la pièce centrale, *la fille du Seigneur de vérité*, c'est une bonne idée Gabriel, qu'en as-tu appris ?

— Cette figure de la justice, c'est un aspect de Dieu immanent, je pense, *Dieu notre Mère* comme vous aimez le dire, Jérémie... Notre Mère nous aime, comme toute mère, sa justice est là pour nous conduire afin que nous restions sur le bon chemin...

J'attendais qu'il dise quelque chose, mais il ne le fit pas, je poursuivis :

— C'est comme une mère avec son petit enfant, elle va lui interdire de jouer avec le feu, ou bien de se pencher au-dessus d'une eau profonde... l'enfant ne comprend pas, il va pleurer, s'énerver, penser que ce n'est pas juste... Comme vous aimez le dire, c'est l'ignorance qui nous empêche de voir ce qui est correct ou bon pour nous et ce qui ne l'est pas.

— Oui, c'est très bien Gabriel, mais il y a un message encore plus profond dans cet arcane, c'est celui que toute action crée une réaction... Nous engendrons à travers nos propres actions notre propre justice, notre propre rétribution... et ceci se produit non seulement sur une vie, mais aussi au-delà, sur toutes nos vies passées... et le prix est bien souvent lourd à payer, d'où toutes ces souffrances que nous devons endurer.

— Vous voulez dire que nous payons le prix de nos péchés de toutes nos vies antérieures dans cette vie-ci ? Mais quand ceci cessera-t-il ? Il faudrait plusieurs vies de sainteté pour tout équilibrer, ou bien ?

— La Bible dit que Dieu créa le monde en sept jours, et que Dieu en fut bien content, mais ceci n'est qu'une image... Le monde est en constante création, il évolue. Alors, rassure-toi, nous évoluerons un jour ou l'autre vers plus de sainteté, mais ceci prendra des milliers d'années, ou plus...

Il fit une pause lorsqu'on nous apporta le plat principal : du cochon en sauce. Jérémie continua :

— Mais, comme tu le sais, notre âme est proche de la perfection, nous pouvons sortir de ce cycle infernal de renaissance en nous souvenant de notre âme… Dans les mystères orphiques, comme je t'en ai déjà parlé, les Grecs anciens qui en faisaient la démarche espéraient par leur travail spirituel obtenir, une fois dans l'au-delà, la mémoire de leurs vies précédentes… Ceci était vu comme l'antidote au mal absolu que représente la réincarnation. Cependant, cette mémoire-là n'efface pas les actions perpétrées dans nos vies antérieures, même si elle nous pousse à nous améliorer.

Esther passa vers nous :

— Mais vous ne mangez pas, cessez de parler, et mangez ! C'est moi qui ai préparé la sauce, c'est un délice ! Elle repartit vers la cuisine.

— Elle a raison, mangeons un peu, hum ! Oui c'est délicieux… dit Jérémie, certainement fier que sa fille se soit mise à la cuisine. En Sicile chez Roberto, il y avait une cohorte de serviteurs qui s'occupaient de cela. J'engloutis quelques gros morceaux et repris la parole, laissant le temps à Jérémie de manger un peu.

— Les orphiques, si je me souviens bien, espéraient arriver à une forme de vie nouvelle et se libérer de la métempsycose et ils pensaient y arriver par l'abstinence en tout, n'est-ce pas ? Alors… avec tout ce *cochon* à manger, on va certainement s'en éloigner !

Jérémie ne mangeait généralement pas de porc, avec sa maman juive et son passé de cathare il n'en avait jamais eu l'habitude, je supposais.

— L'abstinence doit s'appliquer surtout à ce qui est essentiel pour notre Esprit, répondit-il, et montrant la nourriture devant lui, il ajouta :

— Aujourd'hui, je mange du porc pour faire honneur à nos hôtes et plaisir à ma fille… On doit évidemment faire preuve de retenue pour ne pas céder aux tentations du monde et y succomber, mais avant tout il faut se soucier de notre âme, c'est-à-dire devenir conscient de celle-ci… ce qui implique effectivement de s'abstenir de certaines actions et pensées au profit d'autres, comme la contemplation, la pratique de la gnose, le service désintéressé envers autrui.

— Nos méditations matinales m'ont bien manqué, dis-je, j'ai de la peine tout seul, je dois dire.

— Je te sais persévérant, Gabriel, alors persévère !

— En quoi doit-il persévérer ? dit Esther venant s'asseoir à mon côté, me poussant un peu pour que je lui fasse de la place sur le banc. Elle continua :

— Il doit persévérer pour devenir un mari parfait...

— Justement, Jérémie propose que l'on se marie, mais nous laisse décider du jour et de l'endroit, quelque part en Europe... malheureusement pas en Sicile, et peut-être pas ici non plus ?

— Où allons-nous enfin trouver la paix nécessaire pour fonder une famille ? dit Esther d'un air un peu accablé. Ce moine a bien retrouvé tes parents mon amour, alors il nous retrouvera bien un jour ou l'autre. Nous devons... le... l'arrêter ! Père, serait-il impossible d'envisager de le faire... supprimer ? dit-elle d'un air renfrogné.

— Nous parlions des philosophes grecs tout à l'heure avec Gabriel, ceux-ci déclaraient *qu'il valait mieux subir de grandes injustices plutôt que de les commettre*. Tu as ma réponse, ma fille.

— Il y a certainement des endroits sur terre où l'Inquisition n'existe pas, dis-je me tournant vers Jérémie.

— Oui, bien sûr, mais ces endroits sont sous la coupe d'autres religions ou despotes... Nous pourrions aller habiter à Alexandrie, nous y avons de la famille, mais, comme vous le savez, j'ai d'abord une mission ici, alors il vous faudra attendre si c'est là-bas que vous voulez vivre...

— Mère venait d'Égypte, alors pourquoi ne pas y retourner ? dit Esther. Et toi mon amour, qu'en penses-tu ?

— Je te suivrais jusqu'au bout du monde, ma mie...

Espionnage

De Mérifons avait compris qu'on s'était joué de lui en Sicile. Mais il ne laisserait pas tomber cette histoire, il était sûr que ce Jérémie était bien celui qui lui avait échappé à Narbonne. Il savait aussi qu'il n'arriverait à rien avec Roberto Autavilla qui avait trop d'appuis dans l'île, mais son fils d'adoption et cette Esther ne devraient pas vivre la vie tranquille à laquelle ils aspiraient.

Penser que ces deux graines d'hérétiques puissent se marier et avoir des enfants lui donnait la nausée ; il était prêt à les tuer de ses propres mains s'il le fallait, mais les laisser en paix, jamais ! Il avait donc fait parvenir des ordres aux dominicains de Palerme pour qu'ils surveillent la maison des Autavilla.

À Rome, il était allé à Santa Sabina, la maison générlice, voir le maître de l'ordre afin de renouveler ses liens avec la hiérarchie et s'assurer qu'il pourrait mobiliser des *spione*, pour faire surveiller les Autavilla qui devaient être arrivés à Florence.

Il n'avait jamais parlé à ses supérieurs de ce qui s'était passé en Normandie à propos de la mort des parents de Gabriel. Maintenant, il mettait en avant sa découverte de Jérémie Lovinay, chef cathare reconnu par ses disciples lorsqu'ils furent soumis à la question à Carcassonne, et dont la fille devait épouser le fils Autavilla. La fille mènerait forcément au père.

Il était allé ensuite au Saint-Siège avec le chanoine Hugues de Montjoye, afin de remettre le rapport sur le naufrage et la disparition des ecclésiastiques en route vers Rome, dont le seul rescapé était ce Gabriel. À présent, il était fâché avec de Montjoye qui prenait trop facilement la défense du fils Autavilla, il avait peur que ceci nuise à ses projets.

De Montjoye repartit pour Rouen quelques semaines plus tard. Ce qui rappela à de Mérifons qu'il y avait là-bas dans un monastère une fillette, elle devait être nonne maintenant, qui ne devait jamais parler de ce qu'elle avait vu un jour en Normandie. Elle aurait pu s'être confessée et ceci aurait pu être arrivé aux oreilles de l'évêque... et si de Montjoye apprenait cela... il n'osait pas imaginer la suite.

La mère supérieure ne lui avait jamais donné de nouvelles, tout comme lui avait oublié d'en demander. Il se dit que son prochain voyage devait absolument passer par Rouen, à moins que quelque chose n'advienne à Florence.

Jusque là, les nouvelles de Florence présentaient peu d'intérêt. Les Autavilla résidaient chez un riche marchand, le père s'occupait de son commerce et le fils prenait des leçons de peinture et d'escrime. Quelles stupidités !

Il se rendit à Florence quelques semaines plus tard. Il y avait un projet d'installer les dominicains dans cette ville, peut-être à la place des sylvestrins au couvent de San Marco ; il avait obtenu la mission d'aller là-bas pour inspecter les lieux... et les gens.

Il alla voir son contact, un jeune homme qui ne lui inspirait pas forcément confiance, mais suffisamment insipide pour passer inaperçu. C'était un moine défroqué pour on ne sait quelle abomination et qui avait été envoyé de la maison mère de Rome à sa demande. Bien que ne connaissant que peu l'italien, il réalisa que son espion s'exprimait avec un fort accent romain et que, s'il ouvrait la bouche ici, il ne passerait pas si inaperçu que cela. Enfin, pour suivre les gens, il n'y avait pas besoin de parler.

L'homme lui répéta ce qu'il lui avait écrit dans sa lettre. La seule chose nouvelle était que le fils Autavilla avait assisté à la messe dans une église proche de son cours d'escrime, et qu'il avait disparu après cette messe ; l'espion n'avait pu le suivre, car des gamins l'en avaient empêché.

Ceci parût suspect à de Mérifons, il décida donc d'aller à la messe dans cette église le dimanche suivant. Il demanda à l'espion de s'habiller comme le fils Autavilla. Il lui donna un peu d'argent pour ceci, et lui dit de s'asseoir au même endroit dans l'église que le fils Autavilla, au cas où celui-ci ne serait pas présent.

De Mérifons arriva un peu à l'avance afin de choisir un emplacement dans le transept d'où il pourrait voir les personnes qui s'intéresseraient éventuellement au sosie du fils Autavilla. S'approchant de l'église, il fut abordé par un jeune mendiant qui s'accrocha à lui, lui demandant l'aumône ; il l'envoya promener, ne supportant pas que quelqu'un le touche ainsi.

Ce qu'il ne savait pas, c'est que le mendiant était l'ange gardien d'Esther, Paolo. Ce jeune garçon travaillait au dôme jusqu'à ce qu'il soit accusé de vol. Jérémie avait pris sa défense et l'avait sauvé de la prison, depuis, il participait à la surveillance d'Esther avec grand zèle. Jérémie lui avait demandé d'être spécialement vigilant si un semblant de moine dominicain, avec une marque sur la joue, venait se promener dans les environs de la maison où habitait Esther.

Cette dernière devant se rendre à l'église ce dimanche-là, Paolo s'était posté à l'entrée de l'édifice suffisamment à l'avance. Il avait tout de suite été sur ses gardes lorsque de Mérifons été arrivé ; il devait s'agir du moine en question, se dit-il, et il s'en était approché pour être sûr : il avait vu la marque sur le visage. Après avoir été éconduit, il courut en direction de la maison d'Esther, la rencontrant alors qu'elle était déjà en chemin. Celle-ci le regarda arriver avec suspicion.

— *Signorina*, le moine est là dans l'église !

— Paolo, tu ne peux pas me laisser un peu tranquille, puis elle réalisa ce qu'il venait de dire, quoi ? Quel moine ?

— Le moine avec la marque sur la joue !

Esther s'arrêta nct, l'inquisiteur était là… heureusement que Gabriel ne venait pas ici ce dimanche. Que faire ? Elle décida de faire front, le moine ne l'avait jamais vue, mais elle savait qu'il était là, elle avait donc l'avantage.

— Merci Paolo, va prévenir Père de cette nouvelle tout de suite !

Esther se dirigea vers l'église. Il y avait déjà du monde. Comment savoir où se trouvait le moine ? Elle décida de rester derrière, au cas où il faudrait fuir. Au moment où elle allait s'asseoir, son cœur s'arrêta dans sa poitrine, Gabriel était assis là-bas devant, au bout du troisième rang. Puis elle sentit un regard se poser sur elle. Un peu plus à droite dans le transept, un moine observait la congrégation. Il allait tourner la tête dans sa direction, elle se dépêcha de s'agenouiller et plongea son nez dans son missel, tout en surveillant les alentours.

Puis la chose lui parut impossible. Gabriel était assis près du transept, il aurait reconnu le moine et aurait fait quelque chose pour la prévenir, ce devait être quelqu'un d'autre : un piège tendu par le moine pour la débusquer. Elle tremblait maintenant et ceci dura pendant un long moment. Elle ne voyait pas ce qui se passait devant, car à présent l'église s'était remplie.

Rosa, sa gouvernante, était venue la rejoindre et au moment de la communion, elles se levèrent, se plaçant dans la queue pour recevoir le saint Sacrement. Elle fut soudain terrorisée lorsqu'elle s'aperçut que le moine participait à la distribution des hosties. Elle se trouvait dans la mauvaise file, changer de file aurait été suspect, mais accepter l'hostie des mains de ce meurtrier faillit la faire s'évanouir, elle espérait que sa pâleur passerait inaperçue. Elle retourna à sa place et s'accrocha au bras de Rosa pour être sûre de ne pas tomber du prie-Dieu.

Dès que l'*ite misa est* fut prononcé, et que le prêtre eut donné sa bénédiction, elle poussa Rosa vers la sortie et elles s'empressèrent de rentrer à la maison, non sans se retourner pour voir si elles étaient suivies.

De Mérifons était déçu, il ne s'était rien passé d'extraordinaire, il y avait pas mal de jeunes filles dans cette foule, laquelle pouvait être Esther ? Il ne l'avait pas deviné. Mais il reviendrait dimanche prochain et utiliserait le même subterfuge.

Subterfuge et subterfuge

La nouvelle de la présence de de Mérifons à Florence arriva un dimanche soir, un dimanche sans Esther, car Jérémie devait recevoir quelques compagnons et des architectes ; je n'étais pas invité.

Pour finir, Esther était restée cloîtrée chez elle après la messe où le moine s'était fait voir. Jérémie avait envoyé Paolo, l'ange gardien, pour nous prévenir, car il n'était pas impossible que de Mérifons vienne nous rendre visite.

Une nouvelle semaine s'ouvrait devant moi où il faudrait donc faire les choses habituelles, peinture, escrime, mais comme si Esther n'existait pas. À midi, je rejoignis Père pour un petit repas, il arriva tout excité avec une lettre à la main :

— Nous avons une lettre de Normandie ! De Jeanne, par l'entremise de Madame la Vicomtesse pour laquelle elle travaille, si j'ai bien compris…

Voyant mon étonnement, il continua :

— Oui, c'est écrit dans une drôle de langue. Regarde !

Effectivement, la lettre de la vicomtesse était un subtil mélange de latin, français et normand… quant à la grammaire, ce n'était aucune des trois.

La lettre, adressée à Père, nous disait que Jeanne allait très bien, que la vicomtesse était très satisfaite de son travail. Suivait une longue énumération de ces différents travaux… *Jeanne avait accepté son nouveau statut avec courage, et l'absence de son fils avec résignation.* La vicomtesse espérait que j'étais bien traité. Venait une autre longue liste de ce que *bons traitements* impliquaient. Jeanne avait récupéré mes affaires, ainsi que quelques manuscrits. Tout ceci se trouvait à la vicomté d'Auge.

Dans le dernier paragraphe nous attendait une nouvelle surprenante, Jeanne me faisait savoir, sous couvert du secret, qu'une certaine

Marie-Jo allait très bien, elle était devenue sœur Claire, à l'abbaye de Saint-Amand à Rouen.

Cette nouvelle me fit chaud au cœur, au moins quelqu'un avait échappé aux griffes de de Mérifons, mais pour combien de temps ? Il faudrait s'assurer que Marie-Jo… sœur Claire, soit mise à l'abri de ce monstre.

— Père, nous devrions nous rendre à Rouen.

— Oui, c'est certainement une bonne idée, mais si Mérifons apprend cela, il se doutera que nous tramons quelque chose, nous devons attendre qu'il parte d'ici.

— Oui, mais ceci risque de prendre du temps.

— On doit lui donner une bonne raison de partir, alors !

— Comme quoi ?

— Nous pourrions disparaître, ou bien on pourrait lui faire savoir qu'un certain Jérémie a été vu, je ne sais pas, en Grèce, en Espagne…

— Je pense que la disparition est la meilleure solution, il est capable de faire passer à la question celui qui lui dira un mensonge sur Jérémie.

— Alors, je vais de ce pas organiser notre disparition ; de ton côté, tu iras voir demain matin combien de temps il faut à notre artiste pour finir son travail.

Le lendemain matin, je me rendis chez Giuseppe directement, il avait terminé le dernier arcane, ne lui restait plus qu'à transférer le dessin sur le papier. Je repartis pour la cathédrale, il fallait décider quoi faire des copies avec Jérémie.

Je trouvai un groupe de compagnons et leur demandai s'ils savaient où était Jérémie, mais je n'obtins aucune réponse. Je dus me forcer pour leur dire que j'étais le *conducteur des sphinx*. Il y eut des sourires ici et là, puis ils me tournèrent le dos, pensant que je devais être un peu fou. J'allais m'en retourner lorsque quelqu'un vînt vers moi et me fit signe de le suivre.

Nous sortîmes de la cathédrale pour entrer dans un bâtiment contigu, nous montâmes des escaliers qui débouchaient dans une première pièce pour passer dans une seconde plus petite, l'homme me dit d'attendre là. Un moment plus tard, il revint avec Jérémie.

— Que se passe-t-il ? dit celui-ci un peu inquiet.

Je lui racontai le contenu de la lettre, et qu'avec père nous avions décidé de *disparaître*, pour réapparaître en Normandie et rencontrer Marie-Jo. Je lui dis aussi que les copies des arcanes étaient bientôt finies et que je venais vers lui pour savoir quoi en faire, et… était-ce une bonne idée d'aller en Normandie ?

— Je crois que c'est une excellente idée, Gabriel. Tu prendras la moitié des copies, je prendrai l'autre moitié. Nous nous retrouverons en Hollande, à Rotterdam, si Dieu le veut ! Nous ne pouvons pas voyager ensemble de toute façon, ce serait trop dangereux si on se faisait repérer par Mérifons. Et sachant qu'il est ici, c'est certainement mieux de nous en aller. Mais toi, qu'en penses-tu ?

— Je voudrais revoir Marie… sœur Claire, et en apprendre plus sur la mort de mes parents… et… peut-être pouvoir confondre ce Mérifons de malheur ! Je serai avec Père, il me donnera le courage d'affronter ce qui nous attend là-bas.

Évidemment, ne plus côtoyer Esther pendant longtemps me chagrinait profondément. J'aurai aimé que cela ne dure pas trop longtemps.

— Quand pensez-vous arriver en Hollande ?

— C'est difficile à dire, j'ai encore un peu de travail ici que je dois finir pour recevoir le paiement de mon labeur, puis je pense que nous passerons par la *via francigena*. On ne pourra pas traverser les Alpes avant mai ou juin. Après, nous suivrons la vallée du Rhin de Bâle à Rotterdam. J'ai des amis à Bâle, on restera un certain temps là-bas, si c'est possible. Nous n'arriverons pas en Hollande avant juillet-août. De votre côté, vous n'irez peut-être pas plus vite ?

— Je crois que Père pense prendre un bateau pour Marseille, puis on ira le plus rapidement possible à Rouen. Mais après ça, c'est l'inconnu…

— Je vais t'indiquer où nous retrouver à Rotterdam ; c'est en train de devenir un grand port de Hollande, peut-être pourriez-vous y aller en bateau depuis la Normandie ? Pour ce qui est des copies des arcanes, j'ai fait faire des *saccocie* en cuir avec un compartiment caché, vous en prendrez deux et nous aussi, c'est mieux de partager les copies entre nous quatre.

— C'est ici que vous travaillez, alors ?

— Oui, c'est la maison des architectes ; ce dôme nous pose bien des soucis, mais les rivalités entre architectes semblent encore plus insurmontables... Je crois que tu te demandes si Esther vient ici de temps en temps. En fait, elle ne vient jamais ici, c'est plus sage, mais nous pourrions nous rencontrer chez les frères Sciuffagni. J'ai entendu dire qu'Esther voudrait bien avoir un portrait d'elle... il faudra juste être très prudent.

Il me donna un nom de compagnon maçon à Rotterdam et une indication pour trouver cette famille, puis nous nous quittâmes. La tentation d'aller chez Esther était grande lorsque je me rendis à ma leçon d'escrime, mais je savais que ce n'aurait pas été très judicieux. Je pris congé du maître d'armes, le remerciant de m'avoir transformé de secrétaire en « guerrier ».

Le soir, je retrouvai Père : avait-il établi un plan pour notre disparition ?

— Nous allons utiliser le même subterfuge qu'en Sicile, déclara-t-il. Trouver des sosies que nous allons mettre sur la *via francigena* qui passe près d'ici, à San Miniato. Si ceci suffit à faire partir Mérifons, alors nous prendrons un bateau pour Marseille. En espérant arriver avant lui à Rouen, au cas où il aurait l'idée d'y aller aussi. Qu'en penses-tu ?

— Essayons ! on verra bien. Nous devons décider quand organiser tout cela, les dessins seront prêts demain, nous pourrions entreprendre notre fausse fuite vers la fin de la semaine.

Le lendemain après-midi, je me rendis chez Giuseppe, je le trouvai tout excité d'avoir fini ce superbe travail. Il avait reçu les sacoches de Jérémie, et nous devions nous retrouver un peu plus tard pour un bon repas chez sa *mamma*.

D'abord, je devais l'amener, en douceur si possible, à la réalisation qu'il allait devoir brûler les 22 blocs sculptés, ceci pour sa propre sécurité au cas où l'Inquisition remonterait jusqu'à lui. On voyait bien qu'il ne voulait pas aborder le sujet, alors il parlait et parlait, mais d'autres choses.

Je me dirigeai vers la cheminée, les blocs étaient empilés non loin de là. Après un moment, réalisant que je ne l'écoutais plus, il vint me rejoindre, prit quelques blocs et les plaça dans l'âtre. Il y avait de quoi allumer un feu, il me fit comprendre, sans dire un mot cette fois, que c'est moi qui devais démarrer l'holocauste. Il recommença à parler en apportant d'autres blocs : le mot *miseria* revenait très souvent et lorsque le feu eut bien pris, il quitta la pièce en criant, les bras levés au ciel.

Je terminai mon travail d'*iconoclaste*, non sans amertume. Puis je retournai vers Giuseppe, il était parti chez son frère, je l'entendais geindre à distance. Andrea réconfortait son frère et me regardait un peu de travers. Après un moment, je m'adressai à lui :

— Giuseppe, tu es un grand artiste, et je ne sais comment te remercier. Tes œuvres vont maintenant voyager dans toute l'Europe, elles rendront compte à tout le monde de quel grand artiste tu es… et puis à présent, tu es libre de refaire le travail, comme convenu… tu pourras vendre le jeu de 72 cartes à de riches personnes, tu seras le premier, tu vas devenir célèbre.

— Ou condamné par l'Église, se lamenta-t-il presque en pleurs.

Il fallait changer de sujet. Je m'adressai à Andrea le peintre :

— Andrea, Jérémie t'a-t-il demandé d'exécuter le portrait de sa fille Esther ?

— Il m'en a parlé, mais ce sera après ton départ.

Je n'avais pas pensé à cela, c'était évident qu'il ne valait mieux pas que nous nous croisions dans son atelier. Tant pis pour le portrait, je devrais attendre. Une fois Giuseppe un peu consolé, nous partîmes pour la demeure de ses parents à travers un dédale de petites rues et de maisons en construction. Nous avions les copies avec nous dans les sacoches.

Nous retrouvâmes tout le monde, Esther était là, nous restâmes dans les bras l'un de l'autre un long moment, jusqu'à ce que la *mamma* nous pousse vers la salle à manger. C'était un repas d'adieu et nous restions tous un peu silencieux, mais ceci ne dura pas très longtemps, surtout après l'arrivée de quelques autres membres de la famille Sciuffagni.

Père, Jérémie et nous deux occupions un bout de la table, ce qui nous permit d'élaborer notre plan pour les jours à venir ; Jérémie demanda à Paolo de se joindre à nous. Celui-ci regardait Esther avec admiration, il s'était assis à côté d'elle et semblait en être très fier ; soudain, je me rendis compte de ce que la jalousie pouvait être. Ce sentiment ne fit qu'effleurer mon esprit un court moment, et je réalisai alors que je devais rester centré dans mon cœur. Là, dans le cœur, il n'y avait de place que pour l'amour, et il était évident que la jalousie n'était pas l'amour, mais bien son contraire.

Paolo se serait certainement sacrifié pour sauver Esther s'il le fallait, tout comme moi. Je me mis à me demander ce qu'il adviendrait d'elle si je disparaissais ; ceci me noua l'estomac encore plus. Il se dénoua un peu lorsque je commençai à gouter à la délicieuse nourriture qui nous était offerte et à boire l'excellent vin de Toscane. Esther se tourna vers moi :

— Mon amour, tu seras prudent, il se peut que Mérifons vous retrouve, si vous allez dans la même direction.

— Il vaut mieux qu'il nous retrouve nous que vous deux, il se peut aussi que nous puissions le confondre à jamais. Toi aussi, sois prudente… et prends des habits chauds.

Je lui contai à nouveau notre traversée des Alpes, avec toute cette neige. Et toute cette pluie. Elle devait être préparée à affronter les éléments ! Là, il s'agirait de l'eau et de l'air… une nouvelle combinaison… Nous restâmes longtemps à table et nous séparèrent avant que la nuit ne tombe, après plusieurs adieux et après nous être partagé les précieux documents.

Le lendemain, le subterfuge prit forme, Père et *Messer* Mellini avaient trouvé deux sosies. Il s'agissait d'un des carriers venus rendre visite à son maître, et qui portait une barbe pouvant être arrangé pour correspondre à celle de père. L'autre était un domestique de la maison qui me ressemblait un peu. Les deux furent lavés et habillés avec nos vêtements, la métamorphose était presque parfaite, pour autant qu'ils n'ouvrent pas la bouche, tant leur accent toscan était prononcé.

De faux bagages et des montures furent assemblés. Ils devaient prendre la route menant à la *via francigena*, passer *il Passo de la Cissa*, où ils disparaîtraient. C'était la région d'où venait le carrier, il lui serait facile d'organiser ceci sans se faire remarquer. En route, ils devraient fraterniser avec le plus de monde possible, décliner leurs fausses identités et clamer qu'ils se rendaient en Angleterre, où le petit était né…

L'espion de de Mérifons ne se tenait jamais très loin de la maison des Mellini ; lorsque les sosies quittèrent l'endroit le lendemain matin, il se mit à les suivre de loin.

Nous devions rester cachés chez Mellini jusqu'à ce que Paolo, qui surveillait de Mérifons, vienne nous avertir d'un quelconque changement. Cela prit plus de dix jours, Paolo arriva en courant un beau matin pour nous dire que de Mérifons avait pris des dispositions pour partir en bateau. Le subterfuge avait-il fonctionné ? Nous ne le savions pas, mais nous attendrions d'être sûrs du départ de Mérifons pour nous embarquer à notre tour.

Retour en Normandie

On apprit quelques jours plus tard que de Mérifons était parti sur un bateau génois qui vraisemblablement irait d'abord à Gènes. En nous rendant directement à Marseille, nous pourrions prendre un peu d'avance sur lui. Mais le bateau de Père étant reparti pour la Sicile avec une cargaison, il nous fallut trouver un autre bateau. Puis les vents ne furent pas très favorables, nous arrivâmes à Marseille beaucoup plus tard que prévu. De Mérifons nous avait certainement devancés.

En plus, Jérémie avait demandé que nous remettions une série des arcanes à sa tante Miriame qui habitait Marseille. Nous la trouvâmes rapidement heureusement et elle nous hébergea avec grande joie. C'était la sœur de la mère de Jérémie qui s'était enfuie avec elle et avait passé quelques années en Aragon dans la famille Lovinay. Puis elle était repartie avec eux, mais n'était pas allée plus loin que Marseille où elle était tombée amoureuse d'un compagnon maçon.

Rapidement, ses dons de voyance lui avaient valu une certaine renommée, s'accompagnant du risque de se faire dénoncer comme sorcière. Heureusement, son mari était devenu un personnage important de cette ville et cela la protégea des velléités assassines de l'Église. Elle bénéficia aussi du fait que les Marseillais s'étaient souvent opposés à cette même Église, qui les avait excommuniés en masse à plusieurs reprises durant les siècles précédents.

Elle fut enchantée par les arcanes, elle les regardait un à un, les caressant du bout des doigts. Elle nous dit que sa petite-fille avait aussi des dons de voyance, qu'elle allait étudier ces arcanes avec elle.

Avant que nous partions, elle me prit à part :

— Je vois la lumière de Jérémie qui plane sur toi, mon enfant, me dit-elle. Puis elle me prit la main, regarda ma paume.

— Je ne vais pas te prédire ton avenir, tu n'es pas perdu, comme beaucoup ici-bas… ton destin est tout tracé, aie confiance quoiqu'il arrive. Elle souriait, mais en même quelques larmes coulèrent sur ses joues.

Nous avions trouvé une compagnie qui partait vers Paris, les chemins n'étant pas sûrs, il fallait aussi savoir par où passer. Un groupe d'hommes armés en charge de la sécurité des marchands venait de rentrer, ils voulurent bien repartir rapidement, moyennant un surplus de deniers. Père avait prévu cette situation et les choses furent promptement arrangées.

Ainsi nous nous retrouvâmes chevauchants sur les chemins de France, ceci me rappelait mon premier voyage en compagnie de notre bon curé. Je l'avais un peu oublié, le saint homme… et j'avais aussi dû lui pardonner de n'avoir pas agi comme il aurait dû lors de la disparition de mes parents. Depuis, tout avait été comme transformé dans ma conscience, j'acceptais mon destin sachant qu'il devait y avoir un plan derrière les apparences ; découvrir ce plan devenait maintenant une priorité. Les paroles de la tante de Jérémie m'avaient aussi mis en confiance.

Père était ravi de chevaucher avec un groupe d'hommes en armes, et il était fier de moi, de ma détermination. J'étais vraiment prêt pour affronter le destin, quel qu'il soit. J'avais cette impression à ses côtés que lui avait une claire vision du plan et que, s'il le fallait, il pouvait même changer les circonstances, afin que tout aille mieux et plus rapidement. La vision, ce devait être la clef de son succès jusqu'ici, je lui demandai si c'était bien le cas.

— Tu as certainement raison, mon fils. Mais ce n'est pas comme une vision que j'aurais recherchée, elle vient à moi, c'est tout !

— De votre âme ? J'étais toujours à la recherche de celle-ci, chez moi et chez les autres.

— Oui, assurément. Après ces années passées avec Jérémie, j'ai compris que mon âme pouvait me donner la vision des choses justes à faire… Comme des pas qui me guident sur un chemin sûr et direct.

— Mais que doit-on faire pour en arriver là ?

— Rien ! mon fils, rien ! Et il poussa en avant son cheval tout en riant.

Nous allions d'auberge en auberge, parfois nous nous arrêtions dans de petites bourgades. Un jour, nous prîmes beaucoup de retard à cause d'un gué où il y avait trop d'eau et nous dûmes dormir sous les étoiles.

Père connaissait bien toutes les étoiles, il m'avait appris à distinguer les planètes des étoiles fixes. Vénus et Mercure ne sont jamais très loin du Soleil, m'expliqua-t-il, et Jupiter peut être aussi brillant que Vénus ; il aimait me nommer les constellations, disant qu'un marin devait connaître le ciel pour ne pas se perdre !

Puis il me dit que Jérémie en savait encore plus que lui en matière d'étoiles et de planètes, qu'il pouvait même prédire les éclipses.

Ce soir-là, les discussions allaient bon train au sein de notre troupe assise sous la voûte céleste, surtout après que l'un des soldats eut ouvert une bouteille d'eau-de-vie.

Ces soldats ne nous inspiraient pas trop confiance au début, ils auraient tout aussi bien pu nous dévaliser. Notre compagnie n'était pas très importante à cause de notre départ précipité, il y avait presque autant de soldats que de marchands, une dizaine, ils auraient facilement eu le dessus.

Cependant, l'alcool aidant, ces hommes d'armes nous apparurent comme de braves gens, qui aimaient chevaucher à travers la France et gagner leur vie en protégeant les voyageurs. Tout le monde essayait de s'exprimer en français, la langue d'oïl, car peu de ces personnes parlaient le latin, mais la plupart d'entre eux parlaient plutôt la langue d'oc.

La conversation s'engagea sur les personnages importants qu'ils avaient dû escorter. Soudain, l'un d'entre eux mentionna qu'il avait même pris en charge un dominicain de l'Inquisition !

À ces mots, Père et moi tournèrent notre attention vers l'homme qui pensa peut-être que nous ne le croyions pas. Il insista, nous dit que c'était pendant leur voyage précédent, un autre homme confirma ses dires. Le moine devait aller à Paris urgemment, mais vers Troyes il était tombé malade, ils avaient dû trouver un monastère pour l'y déposer. Ils avaient attendu quelques jours, mais comme l'homme n'allait pas mieux, ils étaient repartis et arrivés juste à temps pour se joindre à notre convoi.

Comment savoir s'il s'agissait de de Mérifons ?

— Il ne vous a pas fait trop peur, j'espère ? demanda Père.

— Un peu, fit un des deux hommes, il avait une sale tête et avec ces gens-là, on ne sait jamais quoi dire ou pas dire.

— Quel genre de tête ? demanda Père.

— Il avait comme une balafre sur la joue, ou une brûlure peut-être.

— Il avait dû s'approcher un peu trop des flammes de l'enfer, dit Père en rigolant bien fort pour mieux exorciser le mot qui faisait peur à tout le monde.

Père et moi nous éloignâmes pour discuter. Il était évident que c'était de Mérifons dont ils parlaient, et il nous avait devancés ! Cependant, il était peut-être toujours dans ce monastère. Nous devrions quitter le groupe et rejoindre Rouen dès que possible.

Nous retournâmes vers les hommes, l'un d'eux nous apostropha en normand :

— Je vous ai entendu parler, vous êtes normands, vous venez d'où ?

Père prit la parole :

— De Cherbourg, mais toi aussi tu viens de Normandie ?

— Oui, de Honfleur.

— Saurais-tu nous emmener là-bas aussi vite que possible ?

— Pourquoi ?

— La compagnie est trop lente pour nous, nous devons nous rendre à Rouen aussi vite que possible, je te paierai ce qu'il faut. Y a-t-il un de tes compagnons qui pourrait se joindre à nous ?

Il y eut une conversation animée en langue d'oc, je commençais à me familiariser avec cette langue, mais pas assez pour tout comprendre. Le normand revînt vers nous pour nous signifier son accord, et donna son prix ; Père dit qu'il paierait à la fin du voyage et demanda quand on arriverait. Il nous répondit qu'il ne fallait pas nous *argancher*, nous tracasser, qu'on irait *pyid dé galop*, à toute vitesse. Un Gascon se joindrait à nous, il voulait aussi voir la Normandie, soi-disant.

Nous arrivâmes à Rouen une vingtaine de jours plus tard. Le voyage avait été pénible, car nous dormions souvent dehors et le temps était devenu pluvieux, c'était la mi-avril et le printemps se faisait attendre.

Nous trouvâmes une auberge proche de l'abbaye où nous pûmes nous rafraîchir et faire laver nos vêtements avant notre visite à sœur Claire. Notre guide honfleurais, Renold, fut envoyé pour se renseigner sur la présence de la sœur, mais surtout sur celle d'un moine dominicain. Il devait dire que nous étions à la recherche d'une certaine Marie-Josèphe Groual, que son *cousin* Gabriel Aubriot visitait les différents monastères de la région pour la trouver.

Il revint nous dire que la voie était libre, mais que la sœur tourière était une féroce gardienne. J'affrontai à mon tour le cerbère, gardienne de l'abbaye, et pus finalement obtenir une entrevue avec l'abbesse elle-même.

L'abbesse se tenait derrière un grand bureau sur une grande chaise en bois qui la rendait bien impressionnante ; elle me rappelait l'arcane de la justice, car il y avait aussi de grandes tentures derrière elle.

— Alors jeune homme, ainsi vous voulez voir sœur Claire ? Quelles sont vos motivations ?

— Oui ma Mère, voilà bien longtemps que je la cherche, je la croyais morte et on m'a fait savoir qu'elle était à Rouen dans un monastère. C'est très important que je puisse lui parler.

— Très important ? Pourquoi cela ?

— Ce n'est pas facile à expliquer, peut-être pourriez-vous la faire venir.

— La faire venir ? Si vous ne me dites pas le pourquoi de tous ces mystères, vous ne la verrez pas.

Fallait-il tout lui dire ?

— Ma Mère, étiez-vous là quand elle a été amenée à l'abbaye ?

— Et maintenant, c'est moi qui dois répondre à vos questions ! Eh bien soit, je vous dis cela et vous me donnez toutes les explications.

— Oui bien sûr, ma Mère.

— Je viens d'arriver ici ; la précédente abbesse, Marguerite de Saane, vient de décéder, je suis Mathilde de Reuville, ceci vous suffit-il ?

— Oui ma Mère, ça change peut-être bien des choses. Je pense que Marie-Jo… sœur Claire, a été amenée et cachée ici il y a huit ans déjà, contre son gré… Je fis une pause pour voir les réactions de l'abbesse, mais il n'y en eut aucune ; je continuai :

— Elle a été témoin d'un crime, celui de mes parents ; un des personnages impliqués dans ce crime est un moine dominicain de… l'Inquisition… nouvelle pause, toujours pas de réaction.

— J'ai vu ce moine, et je détiens la preuve que c'était bien lui qui se trouvait dans la forge de mon père ce jour-là. L'abbesse fit un geste signifiant que je devais arrêter de parler. Elle sonna une petite cloche et attendit. Une jeune sœur apparut. L'abbesse s'adressa à elle :

— Sœur Claire, allez donc saluer votre *cousin*.

La jeune sœur s'avança vers moi, j'aurais eu bien de la peine à reconnaître Marie-Jo, surtout à cause de son habit de nonne. Elle me fit une petite révérence et un grand sourire.

— Eh bien ! sœur Claire, reconnaissez-vous ce jeune homme ?

— Oui, ma Mère, c'est bien Gabriel, et je suis si contente de le revoir après toutes ces années !

J'étais soulagé qu'elle m'eût reconnu malgré tout ce temps écoulé depuis sa disparition.

— Sachez Gabriel, que sœur Claire s'est confiée à moi après le décès de ma prédecesseure. Je me demandais comment faire justice à sœur Claire, mais sans trouver de solution. Vous me dites avoir rencontré ce moine, où ? Et comment ? Quel est son nom ?

Je lui contai mon périple, ceci prit bien du temps, sœur Claire écoutait ce récit la bouche ouverte et les yeux écarquillés.

— Vous me dites que ce *moine* est certainement en route pour Rouen, alors je dois donner quelques ordres pour mettre notre jeune sœur à l'abri de ce mécréant.

Je trouvai le mot un peu fort, mais après réflexion, j'étais aussi d'avis qu'elle avait raison : de Mérifons ne devait pas vraiment croire à la vraie religion de Notre-Seigneur. L'abbesse se leva et disparut, demandant à une autre sœur de rester là et veiller sur nous depuis l'entrée de la pièce. Après un long silence, sœur Claire prit la parole :

— Gabriel, comme je suis heureuse de te revoir, je n'ai cessé de penser à toi, de me demander ce qu'il t'était arrivé… Elle me dévisageait avec une intensité toute particulière qui me mettait un peu mal à l'aise. Que s'est-il passé après le… malheur ?

Je lui racontai ma première adoption par Monsieur le Curé, et maman Jeanne dont je n'avais pas encore parlé.

— Toi, tu dois me dire ce qui s'est passé, lui demandai-je.

— Oui, je vais le faire, mais attendons le retour de l'abbesse, car je ne lui ai pas tout dit. Que deviens-tu maintenant ? Qui est ce nouveau père adoptif dont tu as parlé ? Où est-il ?

— Il est certainement dehors à m'attendre, il s'appelle Roberto, c'est un descendant des Normands qui régnaient sur la Sicile, sa mère était de Cherbourg, alors il parle normand, comme nous. Avec l'abbesse, nous avions parlé français.

— Alors il faut le faire entrer ! Je reviens, reste ici ! Elle partit rapidement et je me retrouvai presque seul dans cette grande pièce.

Dans cette solitude temporaire, le poids de la vie monastique s'abattit soudainement sur mes épaules… Fallait-il vivre entre ces murs pour mieux connaître Dieu ? Mes récentes expériences mystiques semblaient me prouver le contraire. Restait le renoncement : *prends ta croix et suis-moi*, avait dit Jésus. Mais ceci ne voulait pas forcément dire de renoncer à tout, mais bien d'être prêt à porter la croix de l'existence que l'on avait choisie, y compris celle de moine, ou de nonne…

Je me rappelai ce que Jérémie disait sur ce sujet. Il y a longtemps, la spiritualité était vécue en famille dans le cadre de la vie de tous les jours. Avec les soucis grandissants associés à la vie en communauté, certains préférèrent s'isoler en pensant que ce serait plus facile ainsi d'arriver à la réalisation de Dieu. Mais, diminuer nos soucis matériels n'augmente pas notre vie intérieure, disait-il, c'est bien plus une question de conscience que de circonstances. Plus celles-ci sont difficiles et plus grand sera le succès si l'on arrive à rester en son cœur sans oublier Dieu.

Le gnostique doit être dans le monde sans être du monde, disait Jérémie.

Mes divagations furent arrêtées par le retour de Marie-Jo.

— Voilà, il est avec la sœur tourière, et notre abbesse sera bientôt de retour… quelle bénédiction qu'elle soit là ! j'ai enfin pu me confier à quelqu'un, après toutes ces années…

Elle avait les larmes aux yeux et je réalisai à quel point elle avait dû souffrir, coupée de sa famille. L'abbesse entra dans la pièce.

— Sœur Claire, soyez sans crainte ! Vous êtes à l'abri ici.

— Ma Mère, j'ai encore quelque chose à vous confesser sur ce qui est arrivé autrefois.

— Parlez sœur Claire, parlez !

Elle reprit tout son témoignage depuis le début : comment elle était venue me chercher pour aller jouer et, entendant des voix inconnues, elle s'était cachée dans la forge. Elle avait vu mon père attaquer ce soldat et ma mère s'interposer et recevoir un coup fatal. Mon père s'était alors rué sur le garde avec sa pique rougeoyante dans la main, mais de Mérifons l'avait frappé dans le dos. Mon père s'était jeté sur lui, ils avaient roulé à terre, de Mérifons avait poussé un cri horrible, et le garde avait transpercé le dos de mon père sur l'ordre de de Mérifons. Elle s'était alors mise à gémir et les deux hommes l'avaient trouvée.

Après avoir déposé les corps dans notre charrette, ils avaient pris le chemin vers Surville et en haut de la montée, dans la forêt, ils avaient enterré les cadavres au pied d'un grand hêtre. Marie-Jo avait été attachée à cet arbre pour qu'elle ne se sauve pas, elle en avait profité pour graver avec une pierre une grande étoile à l'envers dans l'écorce, le signe du diable! Elle se signa en disant ceci.

Puis le garde était parti pour Lisieux, elle et le moine pour Rouen, où elle avait été confiée à la précédente abbesse. Elle m'expliqua avec plus de détails où exactement les corps étaient enterrés :

— Tu dois pouvoir les retrouver, il y a une petite maison à la croisée des chemins avant la montée, et un buisson d'ifs tout près du grand hêtre.

— Allez-y jeune homme! dit l'abbesse, en compagnie de votre père et si possible, avec des représentants de la vicomté ou de l'évêché, et cherchez bien, parce que sœur Claire n'y ira pas, pas pour le moment, ici je réponds de sa sécurité.

Il n'y avait plus rien à dire après cet ordre; je serais bien resté avec Marie-Jo en tête à tête, mais l'abbesse la renvoya vers sa cellule. Elle me salua furtivement, puis l'abbesse m'emmena retrouver Père, en grande discussion avec la sœur cerbère qui avait été bien amadouée, semblait-il; elle reprit son rôle dès que l'abbesse apparut et nous reconduisit fermement jusqu'à la porte.

Je rapportai à Père tout le témoignage de Marie-Jo, et nous décidâmes de partir dès le lendemain matin.

Nous allâmes directement à la vicomté d'Auge, je crus que maman Jeanne allait s'évanouir en me revoyant, les effusions durèrent un long moment, puis elle nous emmena auprès du vicomte. Père prit le relais, lui conta qu'il avait fait écrire à Jeanne, et que nous avions bien reçu la lettre de Madame la Vicomtesse en retour.

Le vicomte réalisa alors qui j'étais, il me dévisagea un long moment, puis nous dit qu'il nous invitait à rester avec lui pour que nous lui contions mon aventure; il semblait bien excité à cette idée qui devait le changer de sa vie un peu routinière.

Nous étions arrivés en fin d'après-midi ; il demanda à Jeanne de préparer des chambres et ce qu'il fallait pour que nous puissions nous rafraîchir avant le repas du soir.

Le repas dura très longtemps tellement il y avait à dire, et la vicomtesse n'arrêtait pas de m'interrompre avec des questions auxquelles j'avais de la peine à répondre. Heureusement, le vicomte désirait en arriver au fait.

— Votre père, jeune homme, était un brave homme, il avait obtenu de ma part une franchise pour ouvrir sa forge et commencer son travail de charron ; ces roues cerclées de fer, c'était une grande invention. Et il savait aussi fabriquer des épées. Le vicomte se leva et revint avec une belle épée.

— Regardez, n'est-ce pas un travail magnifique, dit-il en posant l'épée entre les mains de Père.

— Ma foi, c'est splendide, dit Père en me passant l'épée.

Cette épée entre mes mains semblait vibrer, elle me parlait, je me souvenais soudain de bien des choses que mon père avait commencé à m'apprendre. J'entendais sa voix calme me dire comment on devait tremper l'acier, et le bruissement de l'eau quand le fer rougi y était plongé. Le vicomte interrompit mes pensées.

— Et votre mère, quelle belle âme ! Depuis qu'elle a disparu, je ne sais à qui m'adresser pour soulager mes maux, et ceux de mon épouse, se plaint-il en regardant celle-ci.

Redonner la parole à la vicomtesse n'était pas une bonne idée, elle nous dressa une longue liste de tous ces maux, jusqu'à ce que les choses deviennent plus intimes et que le vicomte reprenne la parole.

— Si je comprends bien, cette sœur Claire est bien vivante, ses parents n'ont rien dit, évidemment… et cette pique est celle qui a défiguré le moine, dit-il faisant référence à la pique que j'avais retrouvée dans mes affaires mises de côté par Jeanne.

— Oui, c'est juste, dit Père, mais sœur Claire nous a dit où se trouvent les dépouilles des pauvres parents de Gabriel… nous voudrions les retrouver, en présence de votre autorité seigneuriale ou de l'évêché…

Le vicomte réfléchit un moment, puis s'exclama :

— Nous irons ensemble dès l'aube ! Il ne faut pas faire trainer cette affaire plus longtemps, après toutes ces années.

Sur ce, il se leva et nous souhaita une bonne nuit.

Le lendemain à l'aube, une petite troupe était rassemblée dans la cour avec des hommes en armes, des chiens et un chariot. Le vicomte donna l'ordre du départ. Je partis en avant, trouvant que cette troupe était bien lente. J'arrivai seul à la maison de la croisée des chemins, une vieille femme se tenait là, comme si elle m'attendait :

— Ah ! Tu viens chercher les pierres ? me demanda-t-elle.

Voyant mon étonnement, elle continua :

— J'ai rêvé de toi… tu es le fils de Gelsey, n'est-ce pas ?

Que disait-elle ? Gelsey, c'était le prénom de ma maman, de quelles pierres parlait-elle ? Voyant que mon étonnement persistait, elle enchaîna :

— Quand ta maman est morte, je suis allée chercher ses pierres, comme elle me l'a demandé en songe… C'était il y a longtemps… Et te voilà, juste après avoir rêvé de toi la nuit dernière.

Maintenant je commençais à comprendre : elle détenait les pierres que ma maman utilisait pour guérir les gens, en plus des plantes et autres onguents. La vieille femme disparut dans sa masure et réapparut avec une boîte en bois que je reconnus tout de suite. Après l'épée de mon père, je me retrouvais avec la boîte de *talismans* de ma mère ! Je restai sans voix.

— Tu viens pour autre chose, n'est-ce pas ?

— Euh, oui, merci beaucoup pour ces pierres… êtes-vous aussi guérisseuse ?

— J'ai arrêté, je suis trop vieille maintenant! Alors tu peux garder ces pierres, elles ne me servent plus à rien, même pas à me guérir de la vieillesse... dit-elle en ricanant. Mais pourquoi es-tu là?

— Je cherche un arbre avec une étoile gravée dans l'écorce, il doit se trouver un peu plus loin en haut de la côte, à gauche du chemin.

— *Le chemin de l'enfer...* ceux qui passent par là ont vu des choses... moi aussi... Il y a des esprits inquiets là-haut... Elle allait continuer lorsque les autres apparurent au loin.

— Tu n'es pas venu seul, je vois. Elle voulut s'en retourner chez elle, mais je l'arrêtai :

— Si vous savez où se trouve cet arbre, vous devez me le montrer, ce sont les corps de mes parents qui sont enterrés là-bas.

— Mon Dieu! Est-ce possible? J'y suis souvent allée pour essayer de les apaiser, ces esprits, mais ils sont encore bien tourmentés... Je t'y conduis, mais il faudra me porter...

Entre temps, la troupe était arrivée ; je leur contai l'histoire de la vieille femme. Monsieur le vicomte donna des ordres pour la faire porter vers la forêt. Après un moment, elle nous dit que c'était là, désignant un bouquet d'ifs. Elle mit pied à terre et contourna les arbres prudemment, nous la suivîmes. Elle s'arrêta au pied d'un grand hêtre, et nous montra de son bâton l'étoile gravée dans l'écorce, et elle se signa.

Les hommes de main commencèrent à creuser et trouvèrent les squelettes rapidement. La vieille femme entonna des sortes d'incantations, je me sentais comme rétréci de l'intérieur. Les os furent chargés dans la charrette et nous les accompagnâmes en procession vers le cimetière non loin de la vicomté. Le curé avait été prévenu.

On dut creuser une fosse, faire fabriquer deux cercueils en hâte. Je restai sur place avec Père alors que le reste de la troupe s'était dispersé. Jeanne vint nous rejoindre en fin d'après-midi.

L'inhumation eut lieu le lendemain après-midi, d'autres personnes dont les parents de Marie-Jo étaient là, et Sébastien, quel plaisir de le revoir malgré les circonstances.

Je ne pus dire un seul mot du reste de la journée, à part remercier d'un signe de tête ceux qui avaient été présents au cimetière. Le soir, on retourna à la vicomté. Le vicomte m'assura que justice serait faite. Ceci consistait avant tout à essayer de retrouver le garde qui accompagnait le moine et qui avait été désigné par Marie-Jo comme étant le meurtrier. Nous décidâmes d'aller dès le lendemain à Lisieux, à la prévôté ou à l'évêché, voir si un homme correspondant à la description s'y trouvait.

Sœur Claire avait confessé en ma présence avoir mordu le garde jusqu'au sang lorsqu'il l'avait attrapée, il devait avoir une cicatrice sur l'avant-bras gauche – les deux hommes avaient donc été marqués dans leurs chairs, la justice divine avait été prompte à réagir à leurs méfaits. D'autre part, il était très grand, plus que mon père, avait-elle ajouté.

Je m'endormis sur ces considérations ; en songe je revis mes parents, ils me souriaient, puis la scène du rêve s'élargit, elle se situait dans un cimetière, je vis les corps de mes parents sortir de leurs tombes, je me tenais entre eux. Je me réveillai soulagé d'un immense poids. Je ne pus m'empêcher de voir dans ce rêve l'arcane 20, et dans cet arcane, l'archange, c'est Gabriel !

Même si les coupables couraient toujours, j'étais maintenant en paix à l'idée d'avoir pu donner une sépulture digne à mes parents ; j'étais persuadé qu'eux aussi demeuraient à présent en paix, où qu'ils soient.

Monsieur le Vicomte désirait à nouveau nous accompagner dans cette affaire qu'il considérait maintenant comme sienne. Nous arrivâmes à Lisieux à midi et fûmes reçus par l'évêque, Guillaume d'Estouteville, qui avait été prévenu la veille déjà.

Il n'avait aucun souvenir du passage d'un moine de l'Inquisition, il était là depuis 1382, nous affirma-t-il, et n'avait jamais eu vent de cette affaire. On pouvait s'en douter, évidemment, cependant j'étais un peu déçu par le manque de compassion qu'il montrait, ce qui agaçait aussi le vicomte. Finalement, il demanda à quelqu'un de son entourage de nous accompagner pour servir de témoin d'une arrestation, si celle-ci devait avoir lieu.

Ce quelqu'un était un jeune chanoine qui, lui, montra un peu plus d'enthousiasme que son maître et nous emmena vers une grande bâtisse où se trouvait le capitaine de la garde. Celui-ci fut surpris par notre délégation, on dut lui expliquer à plusieurs reprises le but de notre visite.

Finalement, il nous demanda de le suivre le long d'une vieille muraille, romaine nous dit-il, jusqu'à une autre masure. Là, il y avait un peu d'animation créée par une troupe de gardes en grande discussion. À la vue de leur supérieur, ils se raidirent tous, l'un d'eux dépassait d'une tête le reste de la troupe.

Le vicomte alla directement vers celui-ci, alors que nous restions un peu en retrait.

— Toi, montre-moi ton bras gauche ! ordonna le vicomte.

L'homme n'obtempéra pas, il nous regarda, moi particulièrement. Le vicomte allait répéter son ordre lorsque le garde se sauva, grimpant prestement sur la muraille, courant à son sommet. Le capitaine lui ordonna de s'arrêter, mais l'homme courait toujours, nous le suivîmes le long de ce mur décrépi. Il finit par trébucher et tomba devant nous sur un tas de pierres, sa tête s'y fracassa, le sang coulait de partout, mais il était toujours conscient.

Père remonta la manche de sa cotte sur son avant-bras gauche, il y avait bien une belle cicatrice laissée par la denture acérée de Marie-Jo. Le chanoine lui demanda s'il avait tué mes parents il y avait de ça presque neuf ans. L'homme était comme hébété, il avait de la peine à ouvrir la bouche, il fit quelques efforts et finalement balbutia quelque chose que personne ne comprit.

Le vicomte le pressa de répéter avant qu'il ne lui coupe la gorge lui-même, joignant le geste à la parole en sortant son poignard. Le chanoine dut retenir le bras du vicomte avant qu'il n'y ait un autre malheur. L'homme avait l'air de reprendre un peu ses esprits.

— Tout ça… c'est la faute de ce maudit moine… Mé… Mérifons ! C'est lui qui donnait les ordres… j'ai obéi…

Puis, il sombra dans l'inconscience.

Il fut transporté jusqu'à la maison des gardes et allongé sur des planches. Il ne semblait pas encore vraiment mort. Le chanoine demanda à tous ceux présents de se tenir prêts à témoigner de ce qui s'était passé, et prit les noms des différentes personnes.

Le jugement fut rendu seulement deux mois plus tard, l'évêque se montra aussi mou que possible dans cette affaire qui impliquait un moine de l'Inquisition dont on n'avait plus aucune nouvelle. En son absence, tout fut mis sur le dos du garde, mort entre temps sans avoir recouvré ses esprits.

Je dus témoigner devant le tribunal ecclésiastique : il n'était pas question que je répète ce que notre bon curé avait dit avant le naufrage, à savoir que mes parents étaient soupçonnés d'hérésie et autres idéaux révolutionnaires. Je n'en avais parlé qu'à Père et nous avions décidé de ne rien dire de la sorte, mais plutôt que je n'avais aucune idée du pourquoi de la visite de ce moine.

Un témoignage écrit de sœur Claire fut envoyé par l'abbesse ; là aussi, il n'y avait rien sur les causes de l'intérêt de l'Inquisition envers mes parents. L'évêché s'adressa également à l'archevêché de Rouen pour en savoir plus, mais rien de bien précis n'arriva de la part de Guillaume de Vienne. Il connaissait bien notre curé, et celui-ci était allé le voir, mais rien de plus ne fut dit à ce sujet.

Mes parents ressortaient donc blanchis de cette tragédie, c'était le principal pour moi. La franchise de la forge qui avait été reprise par le vicomte lui resta. J'en étais bien satlsfalt, car je voulais couper tous les liens qui me retenaient encore ici.

Nous avions séjourné tout ce temps chez le vicomte. Père était allé à Cherbourg pendant un certain temps, alors que je tenais compagnie à maman Jeanne. Je dus tout lui raconter sur ma fiancée. J'avais bien du plaisir à parler d'Esther, mais nous étions sans nouvelles, ce qui me pesait de plus en plus.

J'avais aussi passé du temps avec Sébastien, lui contant mes aventures ; il me semblait qu'il avait de la peine à me croire. Je réalisai à quel point j'avais changé, surtout ma conscience des choses, alors que lui était toujours le même.

À Cherbourg, Père avait arrangé qu'un bateau venant de là-bas nous prenne à Touques et nous emmène vers Rotterdam. Nous allions enfin pouvoir partir vers la Hollande : le bateau devait bientôt passer, nous devions donc aller nous installer à Touques et attendre.

Je devais dire adieu à Jeanne, je redoutais un peu ce moment, ne sachant pas quand je la reverrais. Le vicomte organisa un repas d'adieu qui dura des heures, c'était la mi-juin, les jours étaient très longs et la fête se poursuivit donc très tard.

Le lendemain matin, nous nous préparions à partir avec Père lorsque le vicomte me surprit en me demandant de bien vouloir accepter qu'il me remette l'épée de mon père. C'était une épée d'estoc, bien équilibrée, dans un beau fourreau en bois et cuir, permettant de la porter à cheval. Je dus donc m'affubler de cette arme pour mon départ de la vicomté, remercier Monsieur le Vicomte de nombreuses fois et consoler Jeanne qui restait inconsolable…

Le bateau arriva quelques jours plus tard. Le temps était beau et le vent d'ouest permettait d'avancer vite sur ce navire normand aux allures de drakkar.

Le trafic naval vers la Hollande et plus loin vers le nord était dominé par la flotte de la Hanse du nord. Sous l'influence des chevaliers teutoniques, ce groupe de marchands détenait tous les monopoles du commerce dans cette région. Notre bateau transportait donc peu de marchandises à son bord pour ne pas entrer en conflit avec la Hanse. Les amis de Père désiraient se rendre à Hambourg et voir si un accord pourrait être réalisé avec la Hanse pour un commerce de vin d'Aquitaine vers le Saint-Empire et plus au nord, si possible.

En Hollande

Rotterdam avait obtenu de Guillaume de Hollande, une cinquantaine d'années auparavant, le statut de ville, maintenant en pleine transformation, devenant le port le plus important de la région, commerçant principalement avec l'Angleterre.

Nous débarquâmes fin juin sur un quai très encombré de marins qui parlaient des langues qui nous étaient inconnues. Heureusement, nous rencontrâmes quelques Anglais qui purent nous indiquer le chemin à suivre pour trouver la maison de la famille de Werf, maîtres maçons bien connus pour leurs activités dans la construction du port.

La maison de Werf était toute récente ; de nombreuses personnes rentraient et sortaient d'une cour attenante à la bâtisse. Personne ne faisait attention à nous et nous dûmes insister pour trouver un *interlocuteur* avec qui nous puissions communiquer.

Ce fut une des filles de Werf qui parlait un peu latin, mais ne comprit rien à notre histoire. Elle nous amena à l'intérieur de la maison où nous dûmes attendre longtemps avant que le maître de maison n'apparaisse.

Maître de Werf était au courant de notre venue, mais Jérémie n'était pas encore arrivé. Il offrit de nous héberger dans sa grande maison jusqu'à l'arrivée de celui-ci. Nous poser un peu au calme après tous ces événements en Normandie nous fit le plus grand bien.

En attendant que nos amis arrivent, nous devions trouver quelques occupations. Père était maintenant bien pris avec ses compères normands par de difficiles négociations avec les représentants de la Hanse du nord. Visiblement, ceux-ci voulaient tout prendre et ne rien donner… D'autre part, il y avait un problème de langues : ces Germains-là ne parlaient pas beaucoup le latin ni le français. Il fallait trouver des *trucheman*, des interprètes, et les payer.

De mon côté, je désirais justement me mettre à apprendre un peu ces langues germaniques. En Hollande, la langue avait beaucoup en commun avec l'anglais il me semblait, mais pas la prononciation. Je commençai donc par là, avec l'aide d'un des secrétaires de maître de Werf qui en profitait pour améliorer son français et me renseigna un peu sur l'histoire de son pays.

La Hollande était gouvernée par le duc Albert, un Germain du sud. Son frère Guillaume, gouverneur avant lui, était devenu fou – encore un roi fou ! Il y avait eu beaucoup de tension dans le pays autour de la nomination du gouverneur du duché. Maintenant, la situation était moins tendue, mais les Bourguignons se tenaient à l'affut, ils voulaient mettre la main sur toute cette région et créer un pays entre la France et le Saint-Empire. Des alliances par mariage allaient les aider à arriver à leurs fins.

Le reste du temps, j'avais décidé de me remettre à méditer sur les arcanes, en commençant par les colorier. Je me mis à la recherche d'un peintre. Celui que je trouvai était allé étudier dans une nouvelle école de peinture dans les Flandres, à Anvers ou à Bruges. Ses œuvres religieuses n'étaient pas sans me rappeler celles de mon ami Andrea à Florence. Il me procura les pigments dont j'avais besoin.

Je ne savais par quel arcane commencer. J'aimais beaucoup le zéro, l'Esprit. Ce rêve fait avant mon départ de Normandie me poursuivait toujours un peu. Je pouvais de mieux en mieux m'identifier avec le personnage, ce qui me plaisait bien, même si on peut le regarder comme un fou. Finalement, je décidai de colorier l'arcane 20, le jugement, que Jérémie appelait *le grand éveil*, et que j'avais entraperçu dans ce rêve récent impliquant mes parents…

Ces trois personnages sortant de leurs tombes à l'appel de la trompette de l'ange me fascinaient, surtout que l'archange en question est Gabriel.

Je me souvenais des explications de Jérémie sur les trois personnages de l'arcane qui font référence aux dieux de l'Égypte des pharaons, une histoire qui semblait le fasciner : Isis et Osiris avec leur fils Horus au centre. Ce dernier fait le signe de Typhon, le démon, ou Apophis, le destructeur. Il montre que la renaissance hors de la tombe ne se produit pas sans destruction préalable.

Cette destruction correspond au mythe d'Osiris qui a été démembré puis recomposé par son épouse Isis. La conscience masculine devait être détruite, puis reconstruite par la conscience féminine afin que le nouvel homme, Horus, puisse apparaître dans la Lumière. D'ailleurs, la position des bras des trois personnages écrit le mot *LVX*, Lumière, et les initiales des noms égyptiens donnent le mot sacré *IAO*.

Dans les mystères grecs, il y a aussi ce démembrement et recomposition de Dionysos devant nous ramener à l'âge d'or, au-delà du cycle des renaissances. Nous avions trouvé quelques textes à ce sujet dans la bibliothèque de Jérémie ; on pouvait y voir que les Grecs anciens attachaient beaucoup d'importance à la vie de l'âme, ici-bas, mais aussi dans l'au-delà.

Je me souvenais d'une phrase qui disait : « *heureux ceux qui vont dans le monde des morts en aillant participé aux Mystères, car eux seuls y jouissent de la vie, alors que pour les autres il n'y a que malheurs là-bas* ». Certains sermons de notre bon curé disaient un peu la même chose, avec d'autres mots…

arcane 20

Je pouvais aussi établir un lien entre cet arcane 20 et mon destin, la mort de mes parents, ma *renaissance* en Sicile, tout prenait maintenant un nouveau sens, bien plus profond qu'une suite de malheurs comme on aurait pu l'interpréter.

Je me sentais libéré d'un lourd fardeau, d'un passé nébuleux.

L'inquisiteur s'échappe

De Mérifons avait bien cru mourir de ce qu'il considérait comme un empoisonnement. C'était certainement le fait d'un de ces hommes d'armes qui l'accompagnait dans son voyage vers Rouen et qui s'était sauvé sans l'attendre. Il le retrouverait un jour et saurait bien lui faire avouer son crime.

Il lui fallut deux mois pour se remettre et recouvrer suffisamment de force pour reprendre son voyage. Il ne se sentait pas assez fort cependant pour remonter à cheval, alors il profita d'une charrette allant vers Troyes. Il fut tout aussi secoué par ce moyen de transport que sur un cheval, mais au moins il pouvait accabler d'insultes le conducteur du char. À Troyes, il trouva un autre char un peu plus confortable, mais le problème venait surtout des chemins défoncés qui ne s'amélioraient pas en approchant de Paris.

Un autre char l'amena à Rouen et il se retrouva derrière la porte de l'abbaye à essayer de convaincre la sœur tourière de le laisser entrer. Ceci prit beaucoup de temps, il se demandait bien pourquoi. Mais finalement, il fut amené devant l'abbesse.

Ce que de Mérifons ne savait pas, c'est que l'abbesse attendait sa visite : elle avait pris des dispositions en ordonnant que des gardes soient postés non loin de l'entrée de l'abbaye.

L'abbesse de Saint-Amand avait beaucoup de privilèges, comme celui de pouvoir passer l'anneau au doigt de tout nouvel archevêque de Rouen. Lors de cette cérémonie, elle lui disait « *je vous le baille vivant, vous me le rendrez mort* ». Et le corps du défunt archevêque était effectivement ramené dans l'abbaye avant son inhumation dans la cathédrale.

De Mérifons avait pu mettre quelques pressions sur l'abbesse quand il avait déposé la fillette ici. L'abbesse avait un frère qui avait été accusé de sodomie, il était passé entre les mains de de Mérifons qui considérait ces agissements comme une ignominie infecte, certainement pour l'avoir subie lui-même étant jeune.

Il avait promis à l'abbesse d'intercéder auprès des autorités pour que l'on améliore le sort du détenu si elle gardait le secret sur cette Marie-Josèphe Groual. Mais il fut bien surpris lorsqu'il se retrouva devant l'abbesse : ce n'était plus la même personne! Celle-ci se présenta.

Cette Mathilde de Reuville ne semblait pas très facile, elle restait debout et ne lui offrait pas de s'asseoir. Et au moment où il voulut prendre la parole, elle la lui coupa :

— Je dois vous faire part de ce qu'il y a sur ce document, déclara-t-elle montrant un parchemin sur son grand bureau, et qui vous concerne directement, Sieur Mérifons.

Pourquoi l'appelait-elle ainsi? Il allait ouvrir la bouche, mais elle fit signe de la main que ce n'était pas le moment.

— Ce document est un jugement rendu récemment par l'évêché de Lisieux... ses yeux passèrent du document vers ceux de de Mérifons. Il s'agit du procès d'un garde que vous aviez embauché pour tuer les parents de Gabriel Aubriot... même mouvement des yeux, il y a de cela plus de neuf années... Les squelettes de ceux-ci ont été retrouvés récemment, grâce au témoignage de sœur Claire que vous aviez amenée ici de force. Et c'est bien elle que vous veniez voir, n'est-ce pas? L'abbesse le considérait maintenant d'un regard soutenu et sévère.

De Mérifons aurait bien voulu dire quelque chose, mais il était comme pétrifié par ce qu'il venait d'entendre, il restait la bouche ouverte sans qu'aucun son n'en sorte. L'abbesse continua :

— De toute façon, cette cicatrice vous a trahi... dit-elle, le montrant du doigt comme un accusé. L'abbesse enchaîna :

— Des gardes vous amèneront à la prévôté en sortant d'ici et vous aurez l'occasion de lire ce jugement dans tous ses détails lors de votre procès. Elle lui fit signe de s'en aller.

La sœur tourière était là, accompagnée de deux autres jeunes sœurs grandes et bien en chair, il ne pouvait sortir son couteau et trancher la gorge de toutes ces femmes. Son mal de ventre le reprit, le sol semblait vouloir l'engloutir, alors il repartit sans rien dire, un peu courbé, une main sur le ventre, et se retrouva entre les deux gardes avant même d'avoir réalisé ce qui venait de se passer.

Ils marchèrent jusqu'à déboucher dans une ruelle déserte ; de Mérifons avait repris ses esprits, il s'adressa aux gardes :

— J'ai sur moi beaucoup d'or, je pense que ça devrait vous faire plaisir de vous le partager. Puis il sortit une bourse pleine de piécettes, dont certaines en or, qu'il ouvrit et jeta à l'entour. Il y eut un moment d'hésitation de la part des gardes, mais soudain l'un d'eux se précipita à terre pour ramasser les pièces, certaines coincées entre les pavés de la rue ; il fut suivi de près par son compagnon.

De Mérifons courut aussi vite que possible, sachant que les pièces, surtout celles en or, étaient petites et qu'il faudrait bien du temps aux gardes pour tout ramasser. Il se retrouva bientôt le long de la Seine et repéra un emplacement plein de bateaux. Il se renseigna et en trouva un en partance ; il sortit une autre bourse, celle-ci avec des deniers, et s'adressa au capitaine en lui disant qu'il avait de quoi payer s'il le prenait à bord. Il s'empressa d'y monter avant que les gardes ne retrouvent sa trace.

La barge partit presque aussitôt, descendant la Seine vers Harfleur. De Mérifons s'effondra sur une banquette et reprit son souffle. Puis soudain, il regretta ce qu'il venait de faire : sa fuite confirmait qu'il se sentait coupable des crimes qu'on lui imputait. Un procès lui aurait permis de se défendre, d'un autre côté en y réfléchissant bien, il n'en était pas si sûr. Il ressentait maintenant tout le poids de sa mauvaise conscience, il aurait bien voulu que ce bateau sombre et que tout s'arrête.

Arrivé à Harfleur, il ne savait que faire : continuer à se faire passer pour un moine dominicain, ou changer d'identité ? Il réalisa à quel point il tenait à ce qu'il avait été jusqu'à présent, tout ce pouvoir qu'il avait eu sur les gens... et tout ça venait de disparaître à cause de cette gamine. Il aurait dû la tuer de ses propres mains, comme le garde avait voulu le faire, après que la fillette l'eut mordu jusqu'au sang. Il l'en avait empêché, grave erreur !

Il marcha un peu au hasard. Il pourrait essayer de se faire engager comme marin, et partir loin d'ici, se dit-il. Il trouva un fripier, acheta quelques habits pas trop usagés et se changea en cachette. Il se demandait quelle tête il pouvait bien avoir ainsi, et se dit qu'il se laisserait pousser la barbe pour cacher sa cicatrice. Il retourna vers le port et commença à poser des questions sur les possibilités de travail à bord d'un bateau.

Ayant fait savoir qu'il était instruit et connaissait même le latin, le capitaine d'un grand voilier lui proposa de l'embaucher comme clerc pour tenir ses registres, le sien ayant disparu avec l'argent du bord. Il lui fit comprendre qu'il l'aurait à l'œil, et qu'il ne se ferait pas avoir une seconde fois.

De Mérifons accepta, trop content de ne pas devoir effectuer des besognes trop éreintantes. Le bateau était sur le départ, il dut se mettre au travail immédiatement et commencer à lire des livres de comptes remplis de listes de marchandises très diverses afin de se familiariser avec son nouvel emploi.

Le voilier devait se rendre à Hambourg. Le capitaine venait d'Anvers et le bateau appartenait à un marchand de ce port. Il faisait du commerce entre la France et les régions sous domination de la Hanse du Nord.

Une fois parti, de Mérifons se dit qu'il pouvait bien recommencer une nouvelle vie, en mer ou ailleurs. Cependant, après avoir essuyé une rude tempête, il était prêt à changer d'avis et décida qu'il devrait plutôt trouver quelque chose à terre : pourquoi pas avec cette Hanse du Nord et ces chevaliers teutoniques dont le capitaine lui avait parlé ? Ses connaissances des langues de France et du latin pourraient peut-être leur être utiles. Il se voyait déjà ambassadeur de cette force martiale et germanique.

Puis il repensa aux personnes qu'il poursuivait, allait-il les laisser tranquilles ? Encore faudrait-il qu'il les retrouve et qu'il ait la possibilité de les harceler. Pour l'instant, son instinct de survie lui disait qu'il valait mieux les oublier et se concentrer sur ses projets avec les Germains.

Arrivé à Anvers, le capitaine décida que ce secrétaire aux airs bizarres serait plus utile à terre, qu'il pourrait lui servir pour la réception des marchandises venant du Rhin et devant être embarquées plus loin vers les ports de la Hanse du Nord, et en sens inverse. Il lui ordonna donc de se rendre à Rotterdam s'il voulait continuer à travailler pour lui.

De Mérifons était ravi, surtout lorsqu'il toucha sa première solde. Comme un bon soldat, il prit alors la direction de Rotterdam pour rejoindre les offices d'un certain marchand au nom italien, mais aussi à moitié allemand, Wilhem Obertanghi. De Mérifons parlait un peu l'italien, il en espérait de même de ce marchand.

Il arriva à Rotterdam quelques jours plus tard et trouva les entrepôts de la Hanse et son nouveau chef, *meister* Obertanghi. Celui-ci s'exprimait en italien et aussi en français, mais il n'avait l'air ni de l'un ni de l'autre. Dès qu'il se fâchait, il parlait allemand, ou hollandais, allez savoir ? Mais c'était horrible à entendre !

De Mérifons se retrouva avec quelques autres secrétaires à remplir des livres de compte où le principal problème était de savoir de quelle marchandise il pouvait bien s'agir, car les descriptions étaient en toutes sortes de langages. L'autre problème était la quantité ou le poids qui étaient aussi en toutes sortes de mesures, il n'en connaissait presque aucune. Mais il était intelligent, et maîtrisait l'art de manipuler les gens, il n'eut donc pas trop de mal à s'installer dans son nouveau poste.

Il découvrit assez rapidement combien de profit tout ce commerce engendrait, c'était impressionnant. L'appât de l'argent qui se trouvait en lui sans trop se manifester, à cause de sa situation de moine voué à la pauvreté, ressortait maintenant comme une nouvelle lumière sur son chemin : devenir riche serait possible.

Il lui faudrait monter dans les échelons de cette compagnie, et certainement non sans quelques intrigues. Il devrait trouver qui était la personne au-dessus de ce Wilhem, qui ne lui plaisait guère, et voir si quelques calomnies pourraient être organisées pour le chasser de sa place.

Un beau matin, alors qu'il venait de se mettre à son bureau de scribe avant tout le monde, il vit arriver vers lui avec détermination, un personnage barbu, portant une épée au côté. Lorsque celui-ci se planta devant lui, il n'en crut pas ses yeux.

Voyage alchimique

Esther avait du plaisir à poser pour son portrait, et elle pouvait aussi parler de Gabriel avec Andrea Sciuffagni. Elle avait commencé à peindre une série d'arcanes en sa compagnie. Elle trouvait Andrea très agréable et lui ne se gênait pas d'essayer de la charmer. Esther se demandait si l'on pouvait aimer deux hommes à la fois, ce qui la perturbait. Elle ressentait une passion profonde pour Gabriel, envers Andrea c'était autre chose, il était juste très charmant et on se sentait si bien en sa présence ; pour le moment, cela la satisfaisait.

Andrea la surprit un jour en lui montrant une esquisse de portrait de Gabriel. Quel jeu jouait-il ? Voulait-il voir à quel point elle était attachée à Gabriel ? Le portrait était très ressemblant, elle le félicita. Quelque chose se passa, elle ne savait pas quoi, peut-être n'avait-elle pas été si enthousiaste en revoyant son bien-aimé en dessin ? Ou bien Andrea désirait juste lui rappeler qu'elle était déjà fiancée à Gabriel avant que leur relation ne prenne une autre tournure.

Son père était bien occupé à essayer de terminer ses projets d'architecture. De temps en temps, ils se réunissaient avec certains compagnons maçons, et Jérémie finit par leur dévoiler les arcanes. Il en expliqua l'origine et la part importante qu'ils allaient représenter dans l'enseignement gnostique.

Un soir, Jérémie leur montra l'arrangement des 21 arcanes sur trois lignes de sept, l'arcane zéro se tenant au-dessus des autres. Cet arrangement produisait aussi sept colonnes de trois arcanes. Elle se souvenait bien de cette soirée, car la première colonne, celle de gauche, comprend les arcanes un, huit et quinze : le Magicien, la Force et le Diable ! Esther n'avait jamais regardé l'arcane du diable plus d'un instant, mais maintenant, comme les autres, elle était là devant cette image et ne savait quoi en penser, sauf qu'elle aurait voulu regarder ailleurs. Cependant, elle ne pouvait s'empêcher de faire le tour dans sa tête de tous les détails de ce symbole magique.

— Que représente le Diable pour vous ? avait demandé Jérémie. Il y avait eu un grand silence et des sourires embarrassés.

— Je pense que vous avez tous un peu peur de cette image, n'est-ce pas? Les sourires embarrassés continuèrent.

— Satan, le *Prince des Ténèbres*, existe-t-il? Là est la question... Mais ce n'est pas le sujet qui nous intéresse, avait déclaré Jérémie à la surprise générale.

— Il y a dans les mondes intérieurs, tout comme ici-bas, de bien mauvaises personnes, certaines avec beaucoup de pouvoir, comme des princes ou des rois, mais elles ne sont pas invincibles, tout comme ici sur terre... En quoi réside leur puissance? Certainement la peur qu'elles instillent en nous, mais aussi l'*illusion* de leur puissance qu'elles projettent sur nous. On peut vaincre la peur, mais avec l'*illusion* c'est autre chose...

Un des participants avait demandé :

— Comment peut-on vaincre la peur, Jérémie? Surtout celle du diable...

— Il y a dans votre cœur une puissance d'Amour infini qui peut vaincre n'importe quoi... si vous voulez bien la laisser s'épanouir en vous, évidemment. C'est aussi simple que cela! Mais ce qui empêche cet Amour de se manifester pleinement en vous, c'est bien souvent l'illusion... C'est pourquoi le sujet, ce soir, c'est l'illusion et non pas le diable...

— Et les deux autres arcanes, qu'ont-ils à voir avec le diable? avait demandé un autre participant.

— Comme vous le voyez, il y a sept colonnes, la première qui nous intéresse ce soir représente le premier pas sur le chemin de la gnose, un pas profondément libérateur; il y en a donc six autres à franchir avant d'arriver à la vraie libération. *Sept vallées et sept montagnes.* Ce premier pas peut être résumé à travers ces trois arcanes... L'arcane du bas, le *diable*, représente le résultat ou la condition; celui du milieu, la *force*, le moyen ou la loi qui permet d'y arriver; et celui du haut, le *magicien*, l'outil ou le principe qui va agir sur le moyen... Nous sommes tous des magiciens, mais nous ne le savons pas vraiment. Nous sommes l'outil qui peut produire des résultats.

Quelqu'un d'autre avait demandé :

— Comment le diable peut-il représenter le résultat ? Qui voudrait devenir le diable ?

— Vous devriez mieux regarder l'arcane, il n'y a pas que le diable, il y a deux personnages, un homme et une femme nus et ressemblants à des bêtes avec des sabots et une queue. Ils *semblent* enchaînés à ce piédestal noir sur lequel se tient le diable, mais vous voyez qu'ils peuvent facilement enlever leurs chaînes.

Esther avait fait remarquer que ces deux personnages lui rappelaient ceux de l'arcane 6, les Amoureux, dont elle gardait un vibrant souvenir. Mais le personnage central était un ange sur le 6, pas le diable... Jérémie avait expliqué que les arcanes 15 et 6 sont reliés par les nombres, 1+5 = 6, derrière l'arcane 15 se tient l'arcane 6, avait-il dit, ajoutant :

— Le résultat, ou condition recherchée, serait effectivement de changer le diable en ange, d'ailleurs l'arcane précédant le diable est celui de l'ange gardien, l'arcane 14...

Puis il était revenu à l'arcane 15, visiblement pas prêt à aller plus loin dans cette digression.

— Ce diable est un montage, une supercherie, il est composé d'un corps mi-femme, mi-homme, avec une tête de chèvre, des oreilles d'âne, des ailes de chauve-souris, et des pattes d'aigle. Il devrait plutôt nous faire rire que peur...

Jérémie avait ensuite expliqué que les deux personnages représentent nos deux formes de pensée ou d'entendement, masculin et féminin, enchaînées à l'illusion de l'apparence des choses, à la matérialité. Le premier pas sur le *chemin du retour* est bien de rompre ces chaînes de l'attachement aux formes, principalement l'attachement à notre corps physique qui représente seulement l'enveloppe temporaire de l'âme.

Esther ne pouvait s'empêcher de se dire qu'elle était attachée à sa propre forme physique et à celle des gens qu'elle aimait, comme *son* Gabriel. Elle allait certainement devoir devenir plus sensible à ce qui se cache derrière ces formes, car elle savait très bien qu'elles étaient périssables. Une pensée qui l'effrayait un peu...

Jérémie avait continué en montrant l'arcane du magicien. Celui-ci symbolise notre conscience pleinement éveillée, capable de transformer les circonstances de notre vie en laissant la volonté de l'Esprit s'exprimer à travers nos pensées et nos actes. Et le magicien va agir sur la *force de vie* représentée par l'arcane 8. On y voit une femme, notre conscience féminine sous-jacente, qui fait parler le lion. La lumière venant du magicien va réarranger cette *force*, créer les bonnes *suggestions* dans notre conscience, et nous libérer de nos *illusions*.

Jérémie avait encore parlé longtemps de cette force, *Shekinah* en hébreu, qui s'exprime sous différentes formes que bien souvent nous ne maîtrisons pas, comme la passion, la colère, et beaucoup de nos désirs insatisfaits. Ce lion en liberté en nous-mêmes doit être domestiqué afin que sa force soit à notre service et non le contraire.

C'est là que le principe de départ, le magicien, est très important. Une fausse image de départ nous amènera à utiliser cette force pour notre propre intérêt, alors que nous devons le faire dans l'esprit d'un service envers l'humanité : s'améliorer afin de mieux servir.

Esther était restée avec cette dernière idée en tête. Comment servir l'humanité, et pas seulement soi-même ? Tout seul, certainement que l'on ne peut pas faire grand-chose, se disait-elle. Mais des petits groupes gnostiques pouvaient être beaucoup plus efficaces pour briser les chaînes de ceux qui voulaient bien faire le premier pas vers une autre connaissance de Soi.

Servir son père dans cette entreprise semblait être la meilleure façon de procéder pour le moment. Elle se disait qu'elle le ferait encore mieux avec Gabriel à ses côtés.

Après quelques semaines, Jérémie décida de partir pour Milan. Giuseppe le sculpteur avait produit quelques jeux de cartes, Jérémie voulait en donner un à un personnage important de cette cité, un certain Sforza.

Arrivés à Milan, ils durent choisir quel chemin prendre pour traverser les Alpes. Il était possible de prendre le col du Gothard pour se diriger vers Zürich, puis Bâle. Ils trouvèrent une compagnie qui se préparait à la traversée, il faudrait encore patienter quelques semaines que la neige fonde, leur avait-on dit.

Entre temps, la compagnie s'était mise en route vers le Val Bedretto et attendrait au pied de la montée le moment propice. Ils s'arrêtèrent à Santa Caterina del Sasso le long d'un grand lac, le paysage était magnifique. Là, ils rencontrèrent d'autres voyageurs, certains avaient déjà traversé le col et racontaient toutes sortes d'histoires, comme quoi il y aurait même eu quelques dragons ou démons dans ces montagnes. Un passeur arriva qui devait guider une troupe de marchands craignant pour leurs biens. Il eut tôt fait de rétablir la vérité, les seuls démons étaient les bêtes sauvages, affirma-t-il, comme les ours et les loups, mais généralement ces animaux restaient invisibles. L'un des seuls dangers est l'empressement de certains à vouloir s'engager sur des sentiers étroits sans s'assurer que personne ne vienne en sens inverse. Ils reprirent le chemin du col, bien contents d'être en compagnie de ce passeur.

Il y eut une semaine de pluie intense, mais le temps devenait de plus en plus doux et fin mai, il fut enfin possible d'entreprendre l'ascension. Il y avait encore beaucoup de neige autour du col et Gabriel avait eu raison de les prévenir et de leur dire de prendre des habits chauds et des chaussures qui résistent au froid et à la neige. Ce n'était pas le cas de tous et certains avaient les pieds gelés.

La compagnie s'arrêta de l'autre côté du col à Hospental, puis repartit vers Zürich. Là, tout le monde se sépara et Jérémie et Esther se dirigèrent vers Bâle. Ils avaient été surpris en découvrant l'existence de ces nouveaux états indépendants, *la confédération des huit cantons* qui s'étaient libérés, par la force, du joug de leurs seigneurs, principalement du duc d'Autriche. Il y avait donc un endroit en Europe où les gens étaient devenus libres. Cependant, il semblait que l'Église pesait encore sur cette population, pourrait-elle se libérer du clergé aussi ?

Esther se disait qu'ils pourraient peut-être vivre en paix dans cet endroit montagneux et fort joli. Gabriel avec son don pour les langues n'aurait pas de difficulté à apprendre cette langue rude et chantante qui lui faisait un peu mal aux oreilles. Mais il fallait, tout d'abord, traverser tout le Saint-Empire jusqu'en Hollande.

L'arrêt à Bâle fut bienvenu. Ils résidèrent dans une belle maison neuve dominant le Rhin chez une connaissance de Jérémie, maître Graf, fondeur. La ville avait été détruite une cinquantaine d'années auparavant par un tremblement de terre et un incendie. C'était peu après la peste noire qui avait engendré la funeste extermination des juifs. Ceux qui étaient revenus s'installer ici venaient d'être expulsés pour quatre siècles de la ville… Jérémie ne pourrait parler ni de ses origines, ni de Kabbale.

En fait, il trouva cette situation idéale pour commencer un enseignement sur l'alchimie. Leur hôte, Felix Graf, s'était spécialisé dans les alliages et l'étude des métaux ; il était forgeron, fondeur et joaillier. Ses ancêtres travaillaient dans l'art du vitrail, pour lequel on emploie du plomb. Maintenant il faisait toutes sortes d'objets en métal, y compris des bijoux en or. Il utilisait aussi des pierres précieuses et des billes de verre coloré ; Esther était éblouie par ces magnifiques parures.

Mais Felix s'intéressait à d'autres choses, l'alchimie, la transmutation des métaux et les pouvoirs des pierres précieuses. C'était ainsi que lui et Jérémie étaient devenus amis quand ce dernier et son père avaient travaillé à la reconstruction de la cathédrale de Bâle pendant une ou deux années.

Felix avait en sa possession bien des ouvrages d'alchimie comme ceux écrits par des moines franciscains, de *Cortone*, de *Crémone* ou *Bacon*, alors que les dominicains, eux, s'évertuaient à faire détruire ces mêmes livres et éventuellement ceux qui s'y intéressaient de trop près…

Jérémie avait été en contact à Alexandrie avec des alchimistes renommés, qui tenaient leur science des textes anciens grecs ou coptes traduits autrefois en arabe, et aussi des écrits sur l'alchimie et l'astrologie venant des Indes, transmis par les marchands juifs qui voyageaient souvent là-bas. Ceux-ci s'étaient installés au Kerala il y avait fort longtemps et avaient gardé des contacts avec les communautés juives du Yémen. Le commerce des épices, comme le poivre ou le bois de santal, avait été une des raisons de ces échanges, mais maintenant les commerçants arabes avaient pris le relais.

Jérémie expliqua qu'il y avait aussi bien longtemps que deux aspects de l'alchimie étaient apparus. Pour les anciens, l'alchimie était une façon de replacer l'astrologie dans la gnose, ou comment les planètes affectent la constitution humaine à travers les douze types d'humanité.

Les planètes peuvent être regardées comme des centres de forces en nous, et les différentes parties du corps correspondent aux signes du zodiaque, du *bélier* pour la tête aux *poissons* pour les pieds. Ainsi le cosmos se reflète-t-il en nous. Et ce que nous ressentons ne vient pas toujours de nos petits problèmes, de nos sentiments et de nos désirs, mais aussi de ce qui se passe dans ce macrocosme, qui est comme un Être vivant aux dimensions infinies.

En nous, le centre de force de Saturne se tient à la base de la colonne vertébrale, Mars correspond aux organes génitaux, Jupiter au creux du ventre, là où nous ressentons les sentiments, le Soleil au cœur, Vénus, le Verbe créateur, à la gorge, et la Lune au centre du front, où, comme le dit le Nouveau Testament : « *votre œil est la lampe de votre corps, si votre œil est simple tout votre corps sera lumineux* ». Le centre de la Lune est comme un œil unique qui permet de voir la Lumière intérieure. Quant à Mercure, il se tient au sommet du crâne et permet à la Lumière blanche du Père, de l'Absolu, d'entrer dans nos corps physiques et subtils. Alors que le feu de la Mère divine, *Shekinah*, entre par Saturne.

C'est par ce feu que notre transmutation peut s'effectuer, mais ce feu est dangereux, il peut aussi nous détruire : il faut savoir comment et quand l'utiliser. Cette énergie nous transforme en augmentant la vibration de nos atomes, disait Jérémie, reprenant des termes déjà utilisés par les Grecs anciens. Cette transformation amène à créer l'élixir de vie en nous, engendrant la *conscience d'immortalité*, la conscience que nous sommes des âmes vivantes à jamais, alors que l'immortalité du corps physique n'est qu'une illusion.

Les planètes ont leurs contreparties sur terre sous forme de métaux : le Soleil, l'or; la Lune, l'argent; Saturne, le plomb; etc. Ainsi les planètes, et même les étoiles, se retrouvent-elles en nous, et grâce aux métaux nous partageons la vitalité de la Terre-Mère.

Les douze signes du zodiaque correspondent aussi à douze étapes de transformation *alchimique* dans notre psyché, amenant les douze types d'humanité à n'en faire qu'une en nous. Une fois ces étapes maîtrisées, elles amènent à la pierre philosophale, ou *Union Divine* – la rencontre de *Shekinah* et de la *lumière blanche*. Ce processus est connu sous le nom de *Grand Œuvre*.

L'autre aspect de l'alchimie s'intéresse aux métaux en tant que solides ainsi qu'aux liquides et aux gaz, afin de réaliser bien des choses dans le domaine de la fonderie et de la joaillerie.

arcanes 1 – 8 – 15

Il y avait maintenant une grande confusion entre ces deux aspects, des fondeurs voulant trouver la pierre philosophale et des alchimistes voulant transformer le plomb en or ; deux approches vouées à l'échec... Mais Jérémie et bien d'autres ésotéristes avaient vu le côté positif de cette confusion. On pouvait avoir une approche totalement spirituelle ou gnostique de l'alchimie et de l'astrologie, et se cacher derrière l'écran de fumée des fondeurs et forgerons. On pouvait ainsi éviter de tomber entre les mains de l'Inquisition.

Il fallut des heures à Jérémie pour faire comprendre à Felix que les deux aspects avaient très peu à voir l'un avec l'autre. Depuis qu'ils s'étaient quittés, Felix avait fait de nombreuses expériences pour transmuter le plomb en or, évidemment sans succès. Il avait de la peine à abandonner ce point de vue de transmutation sur le plan matériel, d'autant plus que Jérémie n'excluait pas que notre corps puisse être influencé, transformé, par les activités alchimiques de notre Esprit. Mais Felix reconnaissait volontiers que Jérémie avait une connaissance bien meilleure que la sienne sur ces sujets : comme cette explication de Jérémie, que le plomb, Saturne, l'énergie de base, devait être changé en or, le Soleil, dans le cœur. Il voulait donc en savoir plus et partager ces connaissances avec ses nombreux visiteurs.

Son art de fondeur était reconnu et de nombreuses personnes venaient chez lui pour apprendre à faire des alliages ainsi que l'art de la joaillerie. Quelques-uns étaient déjà là, et d'autres arrivèrent pendant le séjour de Jérémie et Esther chez Felix. Jérémie put instruire ceux qui le désiraient sur le sujet de la gnose et leur offrir une approche synthétique entre *la voie royale* des arcanes et le *Grand Œuvre* les deux ne faisant qu'un.

Jérémie ne se faisait pas d'illusions, il savait que chacun s'en retournerait chez lui et élaborerait sa propre doctrine, sa propre médecine de l'âme, ses propres recettes magiques. De nombreux manuscrits seraient écrits sur les sujets des arcanes, de l'alchimie, de la Kabbale, de l'astrologie, ou un mélange des quatre, et la confusion continuerait à régner pendant longtemps ; l'écran de fumée serait total ! On pouvait le déplorer, mais quelque chose resterait, c'est sûr. D'autres maîtres gnostiques amèneront la lumière ici-bas, la fumée deviendra moins dense et de plus en plus de monde y verra plus clair, au moins fallait-il l'espérer.

Après ces quelques semaines passées chez Felix, il était temps de rejoindre Rotterdam. Jérémie avait envoyé une lettre à son ami de

Werf pour lui faire savoir qu'ils étaient en chemin. Par contre, il n'avait aucune idée de la situation de Gabriel et Roberto.

Ils décidèrent de descendre le Rhin en bateau, ce qui ne fut pas simple à cause des problèmes de péages. Ils étaient souvent arrêtés, cependant c'était certainement plus rapide que par les chemins en raison des inondations. Il y avait donc beaucoup d'eau dans le fleuve et parfois la navigation était dangereuse, il fallait juste faire confiance aux bateliers.

Ils en étaient bien au dixième passeur lorsqu'ils arrivèrent en vue de Rotterdam à la mi-juillet. En aval, le fleuve se divisait en de nombreux bras, il fallait s'y retrouver ; en plus, il n'y avait presque plus de courant et un vent contraire leur fit perdre beaucoup de temps. Esther était de plus en plus impatiente à l'idée de revoir son bien-aimé, serait-il déjà là ?

De Mérifons confondu

Roberto n'en crut pas ses yeux lorsqu'il aperçut lors d'une de ses discussions au port quelqu'un qui ressemblait tellement à Mérifons que ce devait être lui. Cependant, il n'était pas habillé en moine. Il demanda à l'un de ses amis normands d'aller voir de plus près si l'homme avait une cicatrice sur la joue.

Bertil, l'ami, revint après un moment et lui dit qu'il lui semblait que, oui, l'homme avait quelque chose sur la joue, mais il avait aussi un début de barbe, ce qui empêchait de bien voir la chose.

Il demanda à Bertil d'essayer d'en savoir plus sur ce que Mérifons faisait ici, lui recommandant d'être prudent avec ses questions afin de ne pas éveiller ses soupçons. Bertil revint vers lui après un long moment. Il avait pu discuter avec de Mérifons qui était bien content de pouvoir parler français. Il disait venir du sud de la France, bien qu'ils aient parlé la langue d'oïl, Bertil ne parlant pas le latin. Il travaillait soi-disant pour un marchand d'Anvers et s'occupait des marchandises venant par le Rhin pour être embarquées plus loin vers le nord. Il n'en sut pas plus, ne voulant pas insister.

Lorsque Père m'apprit la nouvelle, je fus un peu bouleversé, mais il m'assura que la présence de Mérifons ici devait être *un pur hasard*. Il avait dit cela avec un grand sourire, sachant que Jérémie le reprenait souvent sur le sujet du hasard qui, selon lui, n'existait que dans la tête des ignorants. Il pensait que de Mérifons avait dû s'enfuir en montant sur un bateau, ou quelque chose comme ça. S'il était vraiment à notre recherche, il aurait gardé son habit de moine qui lui donnait des privilèges. Cependant, je n'étais pas trop rassuré et dès qu'Esther et Jérémie seraient là, il vaudrait mieux partir d'ici, me disais-je.

Ils arrivèrent quelques jours plus tard à la tombée de la nuit. Quelle joie de les revoir et de se retrouver dans les bras d'Esther! Elle avait l'air un peu épuisée par ce voyage en barque. Après avoir rencontré maître de Werf, il fut décidé que les hommes devraient dormir ensemble et Esther irait dans la chambre des deux filles de Werf. Il n'y avait pas d'autres places dans cette maison, malheureusement… Et comme il était déjà tard, nous dûmes attendre le jour suivant pour passer plus de temps ensemble.

Le lendemain, Roberto se leva de bonne heure, mit son épée au côté et rejoignit Bertil sur le port. Il demanda à celui-ci et ses amis de venir couper la retraite à ce personnage qu'ils avaient vu le jour précédent. Chacun prit sa place autour des entrepôts Obertanghi.

Roberto s'engagea dans la bâtisse, de Mérifons était seul à son bureau, il se planta devant lui le toisant de toute sa hauteur.

— Mérifons, nous vous avons retrouvé ! Vous pensiez peut-être échapper à la justice normande, mais maintenant nous vous tenons.

De Mérifons resta comme ébahi devant cette apparition, Roberto continua :

— Vous voyez ces gens dehors, ils sont avec moi, et si vous ne faites pas ce que je vous dis, je n'hésiterai pas à vous transpercer de cette bonne épée qui a déjà bien servi contre les Barbaresques.

— Que… que… que me voulez-vous ?

— Vous allez écrire vos confessions, sous ma dictée, et vous aurez peut-être la vie sauve.

— Que… quelles confessions ?

— Prenez votre plume et ce parchemin et écrivez donc !

Mérifons hésita, mais voyant la main de Roberto sortir l'épée de son fourreau, il se prépara à la rédaction. Roberto commença en latin, rythmant la dictée de petits coups d'épée sur la table.

— *Moi, Jordi de Mérifons, né le… à…* je vous laisse mettre les détails, *déclare devant Notre-Seigneur Jésus-Christ…* dépêchez-vous Mérifons… et si mon latin ne vous plaît pas, vous pouvez faire les corrections qui s'imposent… *vouloir confesser les crimes suivants… avoir fait assassiner en l'année 1387, à Narbonne, la femme de Jérémie Lovinay… puis en l'année 1392… dans la vicomté d'Auge, avoir fait assassiner les parents de Gabriel Aubriot… et avoir caché les corps de ceux-ci dans la forêt de Surville… et soustrait à ses parents Marie-Josèphe Groual, témoin de ces faits… qui fut ensuite confiée de force à l'abbesse de l'abbaye de Saint-Amand à Rouen…*

Roberto fit le tour du bureau, et regarda au-dessus de l'épaule de Mérifons ce que celui-ci avait écrit.

— Je n'ai fait qu'obéir à mon devoir, à la sainte Église… dit de Mérifons la voix tremblante.

— Oui, je n'en doute pas, mais ça n'a aucune importance, répliqua Roberto.

— C'étaient des hérétiques… répondit de Mérifons, je devais… Roberto lui coupa la parole :

— On a toujours le choix, Mérifons, toujours… Ces trois personnes n'ont eu aucune chance de se justifier, n'est-ce pas ? Vous avez fait justice vous-même, c'est très mal Mérifons, vous irez droit en enfer, j'en suis sûr… Continuez! Écrivez à la ligne. *Je n'ai aucune preuve que ces trois personnes avaient commis une offense quelconque…* je sais que vous avez des preuves, mais je ne veux pas en entendre parler, continuez! *n'ayant pu les interroger…* Vous signez et écrivez, *fait devant témoins à Rotterdam, duché de Hollande, juillet 1401.* Voilà, très bien! Maintenant, vous faites une deuxième copie, et ne trainez pas !

Roberto appela son ami Bertil une fois la deuxième confession finie ; ils contresignèrent les deux parchemins, indiquant leur nom et leur lieu d'origine.

— Qu'allez-vous faire de moi? demanda de Mérifons, la voix toujours aussi tremblante.

— Je ne sais pas encore, je pourrais vous faire prisonnier et renvoyer en Normandie dans le bateau de mes amis, c'est une possibilité… ou bien vous remettre aux autorités locales, elles vous feront certainement pendre haut et court, ou brûler vif, allez savoir… ou… demander à Jérémie, Gabriel et Esther qui sont ici en ce moment, ce qu'ils pensent de votre destin immédiat…

— Oui, oui, je pourrais implorer leurs pardons, dit un Mérifons soudain très contrit.

— Eh bien, soyons magnanime! on vous enferme dans le bateau de Bertil et j'irai voir ce que les victimes de vos crimes pensent faire de vous, levez-vous et n'essayez pas de vous enfuir!

Ils sortirent au moment où d'autres clercs arrivaient. Ceux-ci regardèrent ce cortège passer devant eux avec étonnement, puis continuèrent vers leur lieu de travail. De Mérifons fut enfermé dans le bateau normand et Roberto se dirigea vers la maison de Werf.

J'étais avec Esther, nous nous contions nos propres aventures – il y avait de quoi raconter – lorsque Roberto arriva, un grand sourire sur les lèvres.

— Alors les amoureux, contents de se tenir les mains à nouveau? Effectivement, nous nous tenions les mains dans un espoir fou que ceci continuerait à jamais. Roberto ne nous laissa pas le temps de faire un commentaire :

— Mérifons est à fond de cale dans le bateau de mon ami Bertil! Et… il a écrit ses confessions! Il sortit un parchemin de son habit et nous le tendit.

— Lisez par vous-mêmes… ce que nous fîmes. Il enchaîna :

— Gabriel, mon enfant, je pensais bien que la fuite devant cet infâme personnage était le choix que tu préférerais, mais de mon côté j'ai été élevé en conquérant, et non pas par un curé! dit-il en riant. Je ne t'en veux pas, mais voilà, je suis allé droit vers Mérifons assumant qu'il s'était enfui et il a eu très peur… et l'affaire est réglée.

Nous restâmes un moment sans voix devant cet événement inattendu, Père continua avant que nous puissions faire un commentaire :

— Mérifons réclame de pouvoir vous demander pardon, à Jérémie aussi. Où est-il d'ailleurs?

— Il travaille avec maître de Werf, répondis-je.

— Devons-nous aller le chercher? demanda Esther.

— Tout d'abord, que pensez-vous de ce qu'il faille faire avec ce brigand ? Êtes-vous prêts à lui pardonner ? Je vous laisse en discuter, je vais voir Jérémie.

Nous restâmes sans voix pendant un moment, Esther allait ouvrir la bouche lorsque je commençai à parler :

— Je ne vois pas d'autres possibilités que de lui pardonner… ajouter une quelconque vengeance ou de la haine sur tout ceci ne servirait pas à grand-chose, qu'en penses-tu mon amour ?

— Je suis d'accord, mais ça ne retire rien à ses crimes… et je préfère que la justice divine décide à ma place… que va-t-on faire de lui ?

— Maintenant que nous avons ses confessions, nous pourrions le laisser libre ? On va voir ce que Jérémie en pense.

Celui-ci apparut sur ces mots, accompagné de Roberto.

— Alors ? dit Roberto, je jetai un coup d'œil à Esther, elle me fit signe de parler :

— Nous lui pardonnons, nous ne voyons pas d'autres solutions, mais qu'allons-nous faire de lui ? Jérémie prit la parole :

— Très bien, les enfants, je constate que votre cœur parle avant votre tête, et je pense comme vous. Nous pouvons le laisser décider de ce qu'il veut faire de sa vie, allons le lui demander. J'ai hâte de voir cet assassin, tout le monde l'a déjà vu, sauf moi !

Nous trouvâmes un Mérifons très contrit, ne sachant pas comment se comporter devant nous. Père prit la parole :

— Mérifons, ces braves gens vous pardonnent, vous ne serez pas pendu aujourd'hui ! Et Père se mit à rire comme il savait si bien le faire. Mais vos fautes n'en sont pas effacées, vous devrez payer pour tout ceci un jour ou l'autre, ici ou dans l'au-delà. À votre place, j'irais me retirer dans un ermitage pour le restant de ma vie… enfin… ces mêmes personnes ont décidé de vous laisser choisir vous-même ce que vous allez faire de votre misérable existence… alors ?

Mérifons était sans voix, peut-être n'en croyait-il pas ses oreilles.

— Je... je... vous remercie du fond du cœur. Père lui coupa la parole :

— Ne parlez pas de votre cœur obscurci par le crime, s'il vous plait...

— Euh... oui... non... je voulais dire merci quand même... peut-être vais-je suivre votre conseil et trouver un ermitage...

Père reprit la parole :

— En tout cas, si votre chemin recroise le nôtre, on ne vous donnera pas une deuxième chance, vous le savez... alors à votre place, j'irais me perdre quelque part dans le Nord ou vers l'est, chez les Slaves ; vous pourriez devenir orthodoxe ! dit-il en éclatant de rire à nouveau.

Jérémie fit signe à de Mérifons de passer devant lui et de s'engager sur la planche qui menait au ponton où le bateau était amarré. De Mérifons hésita, Jérémie passa le premier, il le suivit et je lui emboîtai le pas. La planche se mit à rebondir sous nos pas et soudain de Mérifons tomba à l'eau et coula à pic.

Je ne réfléchis pas un instant et sautai derrière lui, les cris d'Esther disparurent alors que ma tête passa sous l'eau. Où était-il ? Tout à coup, deux mains m'agrippèrent, m'entraînant vers le fond. Voulait-il me faire périr avec lui ? Je ne paniquai pas et me laissai descendre, sachant qu'il serait à bout de souffle bien avant moi. Effectivement, les mains me relâchèrent et je remontai vers la surface pour retrouver mes amis en proie à une grande inquiétude.

— Gabriel, Dieu du ciel, tu es vivant ! lança Esther.

— Où est Mérifons ? s'inquiéta Jérémie.

— Je ne sais pas, au fond, je pense.

Les marins étaient arrivés avec un grappin et rapidement, ils remontèrent de Mérifons sans vie à la surface alors que je rejoignais le ponton. Esther me prit dans ses bras et je la repoussai doucement afin qu'elle ne soit pas toute mouillée.

— Ne refais jamais ça devant moi ! s'exclama-t-elle, totalement exaspérée face à une telle folie.

— Bravo mon fils ! Je vois que tu ne manques pas de courage, ajouta Père, posant sa main sur mon épaule.

Un léger sourire apparut sur le visage d'Esther, mais elle n'alla pas jusqu'à me féliciter.

— Qu'allons-nous faire de ce corps ? demanda Jérémie.

— Nous devrions aller chercher un prêtre, proposa Père. Nous dirons qu'il s'agit d'un Français que nous avions invité à bord et qu'il est malheureusement tombé à l'eau, et que Gabriel a essayé de le sauver, sans y parvenir.

Bertil fut envoyé vers l'église la plus proche et ne tarda pas à revenir avec un prêtre qui ne comprenait ni le français ni le normand de Bertil. Père lui expliqua, en latin, ce qu'il s'était passé, que nous connaissions à peine ce pauvre homme, qu'il travaillait dans les entrepôts là-bas, et qu'il s'appelait Jordi.

Le prêtre fit quelques bénédictions, me félicita pour ma bravoure et dit qu'il s'arrangerait pour faire inhumer le corps dès que possible. Père proposa de payer pour les frais et tout s'arrêta là. Nous retournâmes en grand silence chez les de Werf, où je pus me changer et, comme c'était l'heure du repas de midi, nous nous retrouvâmes autour de la table, toujours en silence.

— Eh bien, nous pouvons être contents de lui avoir pardonné avant qu'il ne disparaisse, dit Jérémie, espérons que cela puisse le sauver des flammes de l'enfer auquel il croyait certainement.

— Où pourrait-il aller sinon ? demanda Esther.

— L'enfer éternel rempli de flammes n'existe que pour ceux qui y croient, dit Jérémie. C'est une condition créée par nos peurs et nos croyances, tout comme le paradis… On y reste un peu jusqu'à ce que l'idée s'épuise, ça peut prendre beaucoup de temps cependant… d'où cette idée d'éternité. Puis on se retrouve dans le monde des morts, fait de plusieurs niveaux, ou endroits.

Il fit une petite pause et continua :

— En fait, le mot éternité est mal compris, il fait référence à un niveau de conscience où il n'y a plus de notion de temps, ce n'est pas ce que nous entendons par là généralement...

— De quels genres d'endroits s'agit-il, combien y en a-t-il ? demandai-je.

— Eh bien, il y en a autant que de sphères sur l'arbre de vie, mais chacune des sphères inclut elle-même plusieurs mondes. Voyant que cela ne satisfaisait pas notre curiosité, il continua :

— Le premier monde comprend des enfers où les gens doivent prendre pleinement conscience des mauvaises actions qu'ils ont commises, et des répercussions que cela aura sur leurs vies futures, et cette seule idée engendre de bien grandes souffrances. Il englobe aussi des mondes qui ressemblent à la vie sur terre puis, au-dessus, des mondes paradisiaques. Tout cela n'est qu'illusions qui se dissolvent lorsque nos attachements envers ces mondes s'épuisent... il regarda alentour et constatant notre étonnement, il poursuivit :

— Ceux qui meurent avec déjà un peu de conscience de leur âme et qui se sont employés à faire le bien iront dans les sphères supérieures. Ils apprendront à reconnaître les causes de leurs actions, à voir comment leurs désirs, sentiments et pensées les tiennent prisonniers de la réincarnation, même leurs désirs de faire le bien ! Ils pourront rester dans ces mondes pour des centaines d'années, et élever leur conscience, à moins qu'une mission ou une nécessité quelconque ne les ramènent sur terre rapidement. Quant à ceux qui ne possèdent aucune dimension spirituelle dans leur existence, ils seront ramenés sur terre bien prestement.

Jérémie s'arrêta de parler et nous comprîmes qu'il n'en dirait peut-être pas plus. Il nous regarda tout à tour, un large sourire se dessina sur son visage et il ouvrit la bouche à nouveau :

— Voilà ce qu'en disent les sages, mes braves amis... mais ce qui se passera au moment de notre mort reste un grand mystère, et c'est tant mieux comme ça ! ça nous force à avoir confiance, heure après heure, jour après jour.

Ces explications permirent, entre autres, de mieux accepter cette disparition soudaine d'un personnage qui nous avait causé tant de souci ces derniers temps. Il apparaissait ainsi que nous devions également faire le deuil de la disparition de nos ennemis, même si celle-ci était un soulagement.

Par la suite, il fut décidé que Père retournerait en Normandie avec ses amis marins et ferait part à la vicomté de ce qui était arrivé à de Mérifons, leur remettant sa confession. Père voulait passer un peu de temps là-bas pour organiser son commerce naval, puis il retournerait en Sicile avec les marins normands. De notre côté, nous étions prêts à aider Jérémie dans son entreprise d'enseigner la gnose à ceux qui voudraient bien s'y intéresser. Jérémie désirait parcourir les grandes villes du Saint-Empire avant d'aller finalement à Alexandrie pour que nous puissions enfin y célébrer notre union. Père nous rejoindrait là-bas.

Ceci nous semblait bien lointain et un peu compliqué ; nous allions devoir patienter des mois avant d'envisager une vie de couple, de fonder une famille. D'un autre côté, le chemin aventureux qui nous attendait jusqu'à cette échéance nous procurait aussi une bien grande excitation.

Guerriers spirituels

Il y avait à Rotterdam des groupes de penseurs qui voulaient en savoir un peu plus sur Jérémie et sa philosophie. Maître de Werf avait organisé des soirées de rencontres et de discussions. Après un certain temps, Jérémie avait invité quelques personnes pour un enseignement gnostique, et pas seulement pour des discussions philosophiques qui ne menaient à pas à grand-chose.

Par la suite, l'important fut de trouver les *disciples* potentiels tout en évitant que cet enseignement soit dénoncé auprès de l'évêché ; pour se mettre à l'abri, Jérémie préféra le présenter sous la couverture de l'alchimie, introduisant les arcanes au fur et à mesure. Ensuite, il faudrait voir qui désirerait vraiment aller plus loin.

Ainsi nous commençâmes à travailler sur les 7 centres d'énergies dans notre corps, pour essayer d'y trouver, d'y ressentir leurs dimensions subtiles. On utilisait les arcanes des 7 planètes, en les visualisant, ou en visualisant les couleurs qui leur correspondaient. On employait aussi les sons, en énonçant des noms divins en hébreu, comme *Yod-Heh-Shin-Vau-Heh – Yeheshuvah* – le nom du Christ répété dans le centre du cœur.

Dans ce nom, la lettre *shin*, le feu, une des trois lettres mères de l'alphabet hébreu, est introduite dans le *tetragrammaton* : *Yod-Heh-Vau-Heh* – Yehovah, le nom de Dieu. Un principe ardent féminin est associé à Dieu le Père pour donner naissance à l'enfant Christ. *Shin*, c'est aussi la lettre en hébreu qui correspond à l'arcane 20, le *grand éveil*, la résurrection hors de la tombe du plan matériel, ce que le Christ est venu nous montrer par son incarnation.

Jérémie insistait aussi pour que nous ouvrions notre cœur : nous devions devenir des êtres compatissants et savoir exprimer cette compassion envers tous les êtres vivants, y compris les animaux. Et nous devions découvrir comment ne pas se faire envahir par la souffrance du monde, en se centrant dans le cœur. Cette souffrance nous dépasse, disait-il, elle peut nous tirer vers le bas, nous devons rester centrés sur l'Amour divin dans notre cœur et ne jamais nous laisser aller au désespoir.

Les participants étaient un peu déstabilisés par ces pratiques, ce qui avait été aussi le cas pour moi au début. Certains nous quittèrent rapidement et nous nous retrouvâmes avec un petit groupe de cinq ou six jeunes gens, tous engagés dans les devoirs, maçons, tailleurs de pierre ou charpentiers. Ils étaient tous fascinés par cette approche très originale de l'alchimie que Jérémie présentait maintenant comme la recherche de la *pierre philosophale*, ce qui n'était pas sans déplaire à ces jeunes maçons.

Après quelques semaines, certains d'entre eux commencèrent à avoir des expériences mystiques, surtout lorsque nous travaillions avec les centres du cœur ou de la tête, et pour lesquels Jérémie voulait que nous fournissions de plus grands efforts de concentration et de contemplation. Il nous expliquait la nature de nos expériences et, grâce à l'Arbre de Vie, il situait celles-ci dans l'ordre cosmique des choses, nous apprenant à reconnaître leur nature profonde.

Certains avaient même des visions du Christ ou d'anges. Jérémie nous disait que toutes les visions qui consistent en images ou formes appartiennent au monde des formes. Même si ces visions sont exaltantes, elles ne sont pas très élevées sur l'Arbre de Vie et il ne faut surtout pas s'y attacher, ou vouloir les répéter.

Entendre des voix est de la même nature, il nous demandait de tester nos visions et nos voix en projetant de l'amour ou de la lumière vers la source de ces visions. Et surtout, il nous mettait en garde contre des voix flatteuses insinuant que nous sommes uniques ou que nous avons été choisis pour une mission divine, disant que ces voix-là pouvaient nous posséder.

Il y avait un jeune garçon très sensible qui un soir dit avoir entendu la voix du Christ ; Jérémie ne fut pas très tendre avec lui quand le garçon admit qu'il n'était finalement pas trop sûr si c'était le Christ.

— C'est un des plus grands pièges sur le chemin spirituel. Il y a des entités astrales prêtes à prendre le contrôle de tes sentiments et de tes pensées, en se faisant passer pour le Christ ou d'autres saints hommes… lui dit-il. Si on les écoute, on est vite perdu, voire possédé. On doit tourner le dos à ces voix-là !

— Que doit-on faire alors si de telles voix sont perçues ? demanda un autre.

— Prenez refuge dans votre cœur et ne laissez rien y entrer sinon l'Amour Divin.

Nous nous centrâmes alors dans le cœur comme il venait de nous le dire ; puis je me rappelai soudain un événement du passé que j'avais totalement oublié. C'était un peu avant la disparition de mes parents, j'avais huit, neuf ans ; j'avais vu une femme à l'orée de la forêt près de la forge, et il me semblait bien qu'elle m'eût appelé, puis elle avait disparu à l'intérieur d'un gros chêne. J'avais raconté cela à maman qui m'avait expliqué que les arbres, les rochers, les animaux, les rivières et même le feu étaient habités par des esprits.

— *Lower spirits*, des esprits inférieurs, avait-elle dit en me regardant droit dans les yeux, ajoutant : *not interesting at all, not to be followed, my boy* ! – pas intéressants du tout, à ne pas suivre, mon garçon !

Et pour mieux circonvenir l'esprit que j'avais vu, nous allâmes sur place et récitâmes quelques Ave Maria.

Après la disparition de mes parents, j'avais cru pendant un moment que des esprits maléfiques les avaient enlevés, puis j'avais effacé tout cela de mes pensées.

Des esprits inintéressants à ne pas suivre, c'est aussi ce que Jérémie nous expliqua. Ces esprits appartiennent au monde des morts, au monde astral, alors que le monde de l'âme se trouve bien au-delà et celui de la gnose est encore plus élevé. Ces esprits inférieurs ne peuvent en aucun cas nous aider à rejoindre nos âmes.

Par la suite, certains participants eurent peur de se faire posséder et le dirent à Jérémie.

— La peur est souvent là pour nous empêcher de faire des bêtises, répondit-il, c'est très bien ! Mais sachez que votre âme est sans crainte. La peur vient de votre pensée, elle vous maintient dans votre condition humaine, si vous ne la dépassez pas, vous ne progresserez pas sur le chemin spirituel… Vous devez être braves, comme des chevaliers prêts à mourir pour sauver la veuve et l'orphelin ! Il fit une pause, puis ajouta en souriant :

— Le chevalier, c'est votre âme! La veuve et l'orphelin, c'est votre personne... vos sentiments, vos pensées.

Le lendemain, Jérémie me demanda de trouver un maître d'armes, ce qui m'étonna sur le moment; il nous expliqua que nos amis avaient besoin de prendre confiance en eux et que des leçons d'escrime leur feraient le plus grand bien, faute de les transformer en chevaliers errants. Il fallait trouver un vrai maître d'armes, qui soit conscient de ce qu'on allait lui demander et qui accepte une telle mission.

Je me souvenais de *Maestro Camillo* de Florence, j'avais eu bien du plaisir à apprendre à manier l'épée sous ses ordres, j'espérais que cette expérience me permettrait de trouver quelqu'un à la hauteur des attentes de Jérémie. Esther m'accompagna dans cette recherche, elle disait savoir sonder l'âme des hommes, je n'en doutais pas...

Le problème était le langage : la plupart des gens que nous rencontrions parlaient la langue locale hollandaise ou germanique – certainement mieux pour enseigner à leurs compatriotes, mais difficile pour nous de leur expliquer ce que nous voulions. De plus, beaucoup de ces guerriers n'étaient pas très patients, pour ne pas dire qu'ils étaient de grossiers personnages.

Après quelques jours de recherche, on nous dirigea vers quelqu'un d'assez singulier, originaire d'Anvers, Bertrand Thibault, qui parlait aussi français. Il fabriquait des épées avec quelques autres compagnons. Soudain, l'image de mon père réapparut devant moi, et l'épée que le vicomte m'avait remise; je me sentais en confiance avec ces hommes-là. Et Bertrand était attiré par la beauté d'Esther, ce qui ne déplaisait pas à celle-ci. Mais il était déjà bien âgé, peut-être soixante ans, pouvait-il encore enseigner le maniement de l'épée à de jeunes gens?

Il nous raconta un peu sa vie mouvementée au service de princes et autres nobles, et les guerres auxquelles il avait participé. Il était clair que s'il ne mentait pas, il devait avoir été doué à l'épée pour être encore vivant. Je ne pus m'empêcher de dire que mon père aussi avait fabriqué des épées... et que j'en avais une avec moi... et que moi-même j'avais appris à la manier à Florence. Il voulut voir l'épée et comme la maison de Werf était proche, j'allai la chercher, laissant Esther avec ces messieurs qui m'assurèrent qu'ils en prendraient bonne garde, ce qui sembla amuser la demoiselle.

Je fis aussi vite que possible et lorsque je revins, je trouvai Esther harnachée d'un plastron et d'un casque léger, maniant l'épée en face de maître Thibault. Cette scène était étonnante et fascinante, car Esther était très agile et mobile, poussant de nombreux cris, alors que Bertrand semblait tout à fait stable et repoussait ses attaques sans aucun effort. Ils s'arrêtèrent en me voyant planté là, ne sachant quoi faire ou quoi dire.

— Ah! Ah! Votre demoiselle est une vaillante guerrière, déclara Bertrand, mais elle ne maîtrise pas sa fougue, voyez donc la couleur de ses joues!

Esther avait enlevé son casque, elle était rouge comme un fruit mûr, mais semblait très contente d'elle-même.

— Je vous aurais eu à l'usure! dit-elle à Bertrand, puis, se tournant vers moi, elle ajouta :

— C'est comme ça que j'arrivais à battre Gassan.

— C'est possible, ma Demoiselle, c'est possible, car ce qui compte dans un combat, c'est souvent la détermination, répondit Bertrand, mais… un peu de manières de faire, ça peut aussi aider. Ah! jeune homme, faites donc voir cette épée.

Bertrand inspecta l'épée, il pratiqua quelques mouvements avec.

— Magnifique, mon garçon, tu peux être fier de ton père, c'est un grand artisan… à ton tour maintenant, montre-moi un peu ce que tu as appris en Italie.

Le combat était inégal, je m'étais trompé en pensant qu'à son âge il ne serait pas si vaillant. Bertrand avait une grande maîtrise de son art, aucun mouvement ne pouvait le déstabiliser. Il aurait pu me transpercer à plusieurs reprises, et rapidement il fit signe de s'arrêter.

— On voit que tu as pris des leçons et que tu pourrais résister un bon moment, mais si tu as la manière, il te manque l'art! Je pourrais t'aider à progresser si tu le désires.

Nous lui expliquâmes alors notre démarche ; il parut surpris au départ, puis commença à poser des questions sur Jérémie, sur son enseignement. Il était visiblement intéressé et on se mit d'accord pour une rencontre le soir même.

Bertrand devint ainsi un élève assidu de Jérémie, il voulait toujours en savoir plus et semblait déçu de ne pas progresser assez rapidement. Il disait qu'à son âge il n'avait pas tant de ce temps devant lui pour arriver à quelque chose. Il avait accepté de donner des leçons d'escrime de temps en temps à notre petite troupe, ce qui créa une nouvelle amitié entre tout le monde. Et effectivement, les jeunes gens prirent de l'assurance et tous en profitèrent, moi aussi, car je pus nettement améliorer mon art du maniement de l'épée.

Jérémie était content ; il nous félicitait rarement, mais savait trouver les mots pour nous encourager à persévérer quoiqu'il arrive, et surtout lorsque rien n'arrivait. Il nous disait que ce *rien* était bon signe, que nous étions testés, et que si nous regardions en arrière nous pourrions réaliser à quel point notre conscience avait changé.

— Faites le tour de vos croyances, voyez comme elles se sont transformées ! nous disait-il.

Chacun pouvait juger par soi-même combien ceci était vrai, que nos croyances étaient gentiment remplacées par une expérience directe du Divin, de la Présence divine en nous.

Il disait aussi que grâce à Bertrand, nous étions devenus des *guerriers spirituels* qui ne se battent pas pour la guerre, mais pour la paix, surtout la *paix intérieure*.

— Vos meilleures armes sont vos vertus, ainsi que l'Amour et la compassion envers vos ennemis et envers vous-mêmes, affirmait-il.

Puis il nous demanda si nous connaissions l'histoire de Perceval et de la quête du Saint Graal. J'avais lu le roman de Chrétien de Troyes à Florence, chez *Messer* Mellinni, entre mes leçons d'escrime, la peinture et autres activités. Lorsque je voyais Esther, je lui racontais l'épopée de ce Perceval. Elle me disait que c'était moi son champion et un jour elle me donna un joli mouchoir brodé afin que je porte ses couleurs.

Jérémie nous rappela que les véritables chevaliers ne recherchent pas la gloire, mais le chemin spirituel à travers les bonnes actions. Ce fut cette recherche de la gloire qui amena Perceval à ne pas poser la bonne question lorsqu'il se retrouva devant le Saint Graal. Il nous expliqua qu'en fait Perceval ne recherchait pas la gnose ; « *qui suis-je ?* », était la seule bonne question à se poser. Faire face à cette question avec sincérité, amène à recevoir des réponses tôt ou tard.

Le Saint Graal qui, dans le roman, donne la vie au père du roi jour après jour, comme cela est finalement révélé à Perceval par l'ermite, c'est notre *Âme Vivante*, et c'est bien là la seule immortalité à rechercher, et non pas celle de notre corps physique.

Il nous dit encore que l'ermite du roman est représenté par l'arcane 9, la source de la connaissance qui se tient sur la *Montagne de la Réalisation*. De la lanterne de l'ermite, la Lumière révèle la vraie nature des choses, à nous de la trouver en nous-mêmes, de nous placer sous cette Lumière.

La coupe, le Graal, est un symbole de la Présence Divine en nous, avait-il ajouté. Lorsque nous devenons conscients de cette présence, notre coupe peut recevoir la Grâce. D'autre part, le chevalier est le champion de sa dame, il faut comprendre ici *Notre-Dame*, Dieu immanent dans la création. Le chevalier, par ses bonnes actions et en toute humilité, aidera à amener la Grâce de Notre-Dame dans le monde.

Ces explications nous fascinaient tous, nous nous voyions déjà comme autant de chevaliers servants partant à la conquête du monde. Je repensais évidemment à ce chevalier breton rencontré dans les sombres forêts de l'est de la Bourgogne. Sa foi devait être bien grande pour entreprendre ce voyage et affronter tous ces dangers.

Nous restâmes à Rotterdam jusqu'à l'automne ; il fut bien difficile de se séparer de nos amis. Jérémie confia à Bertrand la responsabilité de continuer le travail et lui donna la série complète des arcanes avec des instructions, promettant qu'il reviendrait dans quelques années.

Bertrand insista pour nous accompagner pendant quelques jours, il devait se rendre à Nimègue. Arrivés là, nous fûmes happés par une foule qui se dirigeait vers une place où se tenait un prédicateur. Il s'agissait d'un moine debout sur une estrade qui commença à haranguer l'assemblée. Bertrand nous traduisit son discours dans lequel il s'en prenait à l'Église et aux mœurs dissolues de certains prêtres.

Jérémie voulut en savoir plus sur ce personnage et nous réussîmes à le rencontrer un peu plus tard. Il nous dit que son nom n'avait aucune importance, mais que son message provenait de Gerardus Magnus, qui avait fondé *l'ordre des Frères et Sœurs de la vie commune*. Il nous présenta à un autre jeune moine qui s'appelait Thomas de Kemp et qui parlait latin. Ce dernier venait de passer quelques années dans une des maisons de la *Devotio Moderna*, ce nouvel ordre monastique. Il nous décrivit la vie de ces frères et sœurs :

— Ils imitent la vie des premiers apôtres, avec humilité, n'ayant que Dieu dans leur cœur et leurs pensées. Ils partagent leurs biens qu'ils mettent en commun et ne se préoccupent pas du lendemain. Certains sont copistes, comme moi, ajouta-t-il, mais la plupart ont une occupation dans le monde qu'ils ne renient pas, au contraire des moines. Ils passent beaucoup de temps à la méditation pieuse ou à prêcher s'ils en ont l'inspiration – ce que visiblement notre premier interlocuteur pratiquait avec beaucoup d'ardeur…

Il nous dit qu'il existait maintenant plusieurs maisons de l'ordre aux Pays-Bas. Cependant, lui venait de quitter l'une de ces maisons pour finalement entrer dans un couvent des augustins à Zwolle. Il voulait se consacrer plus profondément à la vie mystique et l'étude de la vie du Christ. Il nous parut très inspiré, il disait préférer écrire des manuscrits plutôt que de se lancer dans des prêches enflammés comme le prédicateur du jour.

Cologne

Après avoir fait nos adieux à Bertrand, nous partîmes pour Cologne pour y passer l'hiver. Jérémie connaissait des amis compagnons là-bas et il y avait aussi du travail pour lui dans la construction de l'hôtel de ville. Esther et moi restions un peu honteux d'être à sa charge, je cherchai donc du travail comme scribe, beaucoup de gens ne sachant pas écrire. Mais ma connaissance de l'allemand n'était pas encore parfaite, loin de là. Heureusement, le latin était utilisé pour toutes sortes de transactions et actes officiels, et mon latin, lui, était presque parfait…

Je trouvai un emploi à l'intendance de l'évêché, à recopier des actes de ventes et d'achats. Que cette Église était riche ! Et là aussi, tout le monde, et surtout l'Église, en voulait aux juifs : on parlait de les chasser définitivement de la ville. On leur en voulait souvent, car ils pratiquaient l'usure, on les accusait de s'enrichir sur le dos des autres, alors que l'Église en faisait de même depuis des siècles à bien plus grande échelle. Il n'était donc pas question d'enseigner ouvertement les principes de la Kabbale, Jérémie décida de continuer son enseignement sur le thème de l'alchimie.

Esther trouva une occupation en donnant des cours de musique aux trois filles de la maison, ce qui lui permit d'apprendre l'allemand rapidement. Après quelque temps, je découvris que je pouvais offrir des leçons privées de latin et de grec aux étudiants de la nouvelle université ; ça ne rapportait pas beaucoup d'argent, mais permit de créer de nouvelles amitiés parmi ces jeunes gens. Certains étaient intéressés par l'enseignement de Jérémie et un petit groupe hétéroclite d'étudiants, de maçons et de charpentiers se forma.

Nous résidions chez Hans Schwartz, un maître maçon. La famille Schwartz et ses cinq enfants étaient tous de bons catholiques, mais Hans avait des connaissances en Kabbale et était prêt à en apprendre plus sur ce sujet.

Nos réunions gnostiques se tenaient donc chez eux, dans un atelier attenant à la maison, le soir, lorsque les ouvriers n'étaient plus là. Jérémie reprit l'enseignement qu'il avait donné à Rotterdam. Pour Esther et moi, c'était bien de pouvoir refaire tout ce cheminement à travers les 7 centres, les 7 planètes, les 7 métaux.

Pour Jérémie, le défi était de concilier les attentes différentes des participants. Les étudiants auraient voulu discuter la valeur de ces enseignements en les comparant à ce qu'ils apprenaient à l'université, alors que les compagnons bâtisseurs ne voyaient que peu d'intérêt à ce genre de discussions. Jérémie organisa donc son enseignement en deux parties, une pour la pratique et l'autre pour les discussions, en espérant que la pratique arriverait à bout des discussions.

C'est ce qui se passa après quelques semaines, lorsque les compagnons bâtisseurs commencèrent à avoir des révélations et les étudiants pas. Jérémie put ainsi mettre en avant la nécessité d'arriver à *la paix de l'esprit* avant que toute révélation puisse changer notre conscience. Pour arriver à cette paix, la pratique était bien meilleure qu'une discussion sur la valeur de la pratique, sans même l'avoir essayée…

Hans s'avéra être un très bon médiateur dans ce processus de conciliation entre les compagnons et les étudiants qui avaient tendance à regarder les travailleurs manuels un peu de haut. Et surtout, Hans parlait la langue locale et c'est lui qui traduisait le latin de Jérémie, ce qui en passant me servait de leçon d'allemand.

Il y eut une pause de quelques semaines autour de Noël et en début d'année notre groupe avait perdu quelques élèves et en avait gagné quelques autres. Il faisait bien froid et il y avait pas mal de neige, les travaux de l'hôtel de ville étaient presque arrêtés. Jérémie avait donc un peu plus de temps et il avait prévu de nous enseigner les 12 étapes du voyage alchimique vers la pierre philosophale, ou *opus magnum*, le Grand Œuvre.

Mais tout d'abord, nous devions travailler avec les 4 éléments, et aussi le cinquième… Faire comprendre aux élèves que la *terre* dont il était question ici n'était pas seulement celle qu'ils avaient sous les pieds, que *l'air* n'était pas que celui qu'ils respiraient, de même pour le *feu* et *l'eau*, demanda beaucoup d'explications de la part de Jérémie et engendra beaucoup de questions de la part de tout le monde.

Jérémie nous expliqua que nous devions trouver le pouvoir des éléments en nous, les ressentir comme quatre aspects de l'énergie divine en action dans l'univers, créant cet univers, le maintenant et le dissolvant. Ce que nous devions découvrir, c'est l'essence même de la terre, du feu, de l'eau, de l'air. Cette essence est invisible et c'est cette partie invisible qui va agir sur notre conscience en équilibrant les éléments en nous. Sans équilibre intérieur, il n'y a rien à construire de solide, affirmait-il. De ceci, les compagnons bâtisseurs en étaient bien persuadés.

En retour, la conscience agira sur nos corps subtils, et même notre corps physique, et la transmutation tant attendue par les alchimistes prendra place en nous-mêmes. Notre plomb, tout ce qui résiste au changement, sera transformé en or, en lumière, en illumination intérieure.

Nous commençâmes par l'élément feu, visualisant un triangle rouge avec la pointe vers le haut, bordé d'un triangle plus grand de couleur verte afin de créer un équilibre de couleur. Après quelques séances, nous étions tous un peu en feu, certains prirent peur ; ils se voyaient entourés de flammes. Jérémie avait beau leur expliquer qu'il n'y avait aucun danger, certains décidèrent d'arrêter.

Il ne restait plus qu'à espérer qu'ils n'iraient pas raconter qu'ils avaient aperçu les flammes de l'enfer, et ceci grâce à Jérémie ! Le travail sur le feu fut complété par la contemplation de l'arcane 20. J'avais beaucoup aimé travailler avec cet arcane en Hollande et j'avais entrevu cette quatrième dimension qu'il nous montre si clairement : les corps surgissant des tombes au son de la trompette de l'archange Gabriel.

Cette image calma un peu les esprits échauffés, la résurrection des corps étant un dogme important du catholicisme. Cependant, l'explication de Jérémie n'avait pas grand-chose à voir avec ce dogme, surtout les références aux dieux égyptiens. Il dut se battre avec les étudiants sur la valeur des dogmes et certains partirent, mécontents que leur point de vue théologique ne soit pas entendu.

Jérémie était légèrement désespéré, il semblait que tous ces jeunes gens n'étaient pas prêts pour entreprendre un travail spirituel. Il avait l'impression de perdre un peu son temps, mais sa compassion l'empêchait d'abandonner, même si à la fin il n'y en avait qu'un seul que tout ceci puisse aider à se libérer. Et il y en eut un ! Un jeune maçon qui ne se faisait pas remarquer, mais qui posait de temps en temps de bonnes questions. Il s'appelait Christian, il était un peu plus âgé que moi, il était né en 1378.

Un après-midi, Christian arriva chez les Schwartz. Il était tout essoufflé et avait l'air paniqué. Il s'adressa à Hans en allemand, tout en jetant des regards vers nous.

— Une délégation de l'université va venir ce soir pendant la leçon pour vous assigner à comparaître devant eux pour divulgation d'idées païennes… il reprit son souffle.

— Un étudiant les a entendus en discuter alors qu'il rangeait des livres dans la bibliothèque de l'université… il souffla à nouveau, et il est venu me le dire, nouveau souffle…

— Ce sont les étudiants qui sont partis l'autre jour qui ont parlé, et ils ont été questionnés par les professeurs… je peux vous aider à fuir… ajouta-t-il dans un dernier souffle.

Nous avions presque tout compris, la femme de Hans aussi et elle se mit à insulter son mari pour avoir hébergé de telles personnes soupçonnées maintenant d'hérésie ou de je ne sais quoi. Hans resta sans paroles. Jérémie s'adressa à Esther et moi-même en italien :

— Je ne crois pas que faire face à ces professeurs soit une bonne idée, à moins que tu n'aies l'intention de les passer par le fil de l'épée, Gabriel… surtout, il ne faut pas que Hans soit mêlé à ceci, alors je suggère que nous acceptions la proposition de Christian.

Jérémie se tourna vers Hans.

— Hans, nous partons de suite, nous ne voulons pas que ta famille souffre de notre présence, j'espère juste que ces gens te laisseront tranquille… il se tourna vers Christian.

— Christian, tu dis pouvoir nous cacher ; si ce n'est pas dangereux pour toi, nous acceptons volontiers, où penses-tu nous emmener ?

— Il vaut mieux que personne ici ne le sache, désolé Hans… pouvons-nous t'emprunter la charrette et un cheval ? Je les ramènerai dans quelques jours.

Hans s'était un peu remis de cette nouvelle et de la vindicte de sa femme.

— Oui bien sûr mes amis, je regrette que vous deviez partir ainsi en plein hiver… quel malheur! Christian, prend bien soin d'eux… si tu ne ramènes pas le cheval et la charrette, ce n'est pas grave.

Nous allâmes rassembler nos affaires qui n'étaient pas nombreuses. Nous nous couvrîmes aussi bien que possible et fîmes nos adieux. Les filles Schwarz étaient en pleurs, la femme de Hans nous donna un peu de nourriture, mais ne dit pas un mot, Hans nous étreignit longuement.

Christian avait préparé le cheval et la charrette et nous y montâmes. Il neigeotait, la ville était déserte et nous nous retrouvâmes rapidement hors des murs sur un chemin longeant plus ou moins la vallée du Rhin. Esther et moi étions serrés l'un contre l'autre, cette intimité nous convenait bien, nous nous donnions la main et échangions un sourire de temps en temps.

La nuit arrivait, on y voyait plus clair, mais le cheval semblait savoir où il allait sous la conduite de Christian. Nous traversâmes quelques villages et lorsque l'obscurité fut totale, nous aperçûmes une lueur vers laquelle Christian dirigea le cheval. Nous entrâmes dans une cour de ferme, Christian nous dit que nous étions arrivés.

Il nous guida vers l'entrée d'une immense bâtisse couverte d'un large toit qui descendait presque à terre et nous nous retrouvâmes dans une grande pièce au plafond bas, avec une large table en son centre, entourée de nombreux convives encore en train de manger. Visiblement, ils ne nous avaient pas entendus arriver, certainement à cause de la neige. Tous les regards se tournèrent vers nous. Christian prit la parole :

— Bonsoir tout le monde, c'est moi! J'amène des invités qui ont besoin que l'on prenne soin d'eux, ce sont des étrangers, mais aussi de très chers amis.

Une femme se leva, les autres convives l'imitèrent, elle se dirigea vers Christian et le prit dans ses bras, puis vint vers nous pour nous souhaiter la bienvenue.

— C'est ma maman, dit Christian, puis il fit les présentations.

Son père le serra dans ses bras à son tour et déclara qu'ici nous étions en sécurité et que nous pouvions rester aussi longtemps que nécessaire. Nous fûmes invités à nous asseoir, on nous fit une place, le dos à la grande cheminée, ce qui nous réconforta rapidement, car nous étions gelés d'être restés plusieurs heures sans bouger dans le froid.

Quelqu'un alla s'occuper du cheval, c'était le grand frère de Christian. Il avait trois frères et trois sœurs. Tous travaillaient à la ferme, sauf Christian qui avait été accepté comme maçon chez maître Schwartz. Comme c'était le cas ces derniers mois, Esther alla se coucher avec les filles Spycher. Jérémie et moi-même partagions une chambre avec Christian.

Il nous raconta sa vie ici à la ferme quand il était petit, et comment il avait voulu aller à la ville pour faire autre chose que paysan. Il avait dû batailler avec son père pour obtenir sa liberté, mais maintenant toute la famille était fière d'avoir un fils dans les devoirs.

La vie de paysan était difficile, une grande part de leurs récoltes et de leur bénéfice allait à l'évêché – au prince-électeur. En plus, le temps devenait de plus en plus froid chaque année, on aurait cru, et les récoltes étaient souvent mauvaises. Suivirent des discussions sur le fait que les serviteurs du Christ étaient maintenant devenus des princes, quelle dérision !

Christian nous dit que de nombreuses personnes n'acceptaient plus cette situation, ni celle du commerce des indulgences et des biens de l'Église. Il disait qu'il y aurait certainement une révolution un jour contre le clergé. Il ajouta que dans le Saint-Empire il y avait eu des groupes de flagellants qui s'attaquaient à l'hégémonie de l'Église de Rome, et aussi aux juifs. Il pensait que ces groupes existaient toujours.

Ce mouvement rassemblait tous les indigents se réclamant de la pauvreté du Christ qui, pendant la peste noire, avaient parcouru tout le Saint-Empire. Son grand-père lui avait raconté ces cérémonies de flagellations collectives, accablant le clergé de malédictions, principalement à cause du péché de simonie – la vente des biens de l'Église ou des reliques. Ces fanatiques espéraient la résurrection de l'empereur Frédéric qui viendrait exterminer le clergé et forcerait les riches à épouser les pauvres !

Il affirmait qu'il y avait encore de tels groupes en Rhénanie ou en Thuringe à l'est de Cologne. Jérémie nous dit qu'il y en avait aussi en Italie où le mouvement était apparu il y a quelques siècles. Des groupes de fanatiques s'étaient alors rendus jusqu'à Rome, le pape les avait fait arrêter et les meneurs avaient été brulés vifs. Nous nous endormîmes sur ces funestes images.

Gnose fermière

Nous restâmes dans la ferme des parents de Christian jusqu'au printemps. Ce qui nous donna le temps de devenir de véritables fermiers et d'améliorer notre allemand. J'avais travaillé régulièrement dans la ferme de Jules et Henriette entre mes leçons de grec et latin, et aussi avec les chevaux avant notre départ pour Rome. Pour Esther c'était autre chose, elle avait un peu peur des vaches, il lui fallut du temps pour oser les traire.

Mais quand elle découvrit que les vaches aimaient ses chants mélodieux, elle devint une experte et la maman de Christian disait que les vaches donnaient encore plus de lait. Jérémie déclara qu'elle était une Orphée féminine! capable de charmer les animaux… Je pensais qu'elle était encore mieux à même de charmer les humains.

Christian était retourné à Cologne après une semaine, et revenait régulièrement nous tenir au courant des événements. Le collège des professeurs avait fini par abandonner leur recherche pour trouver la vérité sur ces mystérieux visiteurs qui avaient, semblait-il, abusé de la confiance de maître Schwartz. Nous étions donc tranquilles de ce côté-là, et comme la famille de Christian tenait à ce que nous restions avec eux jusqu'aux premiers beaux jours, nous restâmes.

Lors des visites de Christian, Jérémie continua à nous enseigner l'alchimie des éléments. Après le *feu*, nous contemplâmes l'élément *eau*, un croissant argenté dans un cercle blanc, puis celui de *l'air*, un cercle bleu dans un cercle plus large orange, et enfin l'élément *terre*, un carré jaune dans un carré plus grand, violet.

En même temps, nous pratiquions la contemplation des arcanes en relation avec ces éléments. L'arcane 12 avec l'eau, l'arcane 0 avec l'air, l'arcane 21 avec la terre. Tout semblait se mettre en place… je commençais à pouvoir ressentir ces forces cosmiques en moi et autour de moi, je les voyais à l'œuvre dans mes sentiments, dans mes pensées, dans ma force de vie, et parfois dans celles des autres, comme le feu qui animait ma chère Esther.

Quant à moi, c'était l'air qui semblait me perturber de temps en temps, ce besoin d'évasion, de liberté, si bien montré par l'arcane 0 qui marqua le début de toute cette aventure. Voilà deux ans que j'étais parti de chez M. le Curé, j'avais de la peine à y croire, et encore plus à croire à ma capacité de ressentir mon âme à la fois libre et à la fois prisonnière de cette incarnation.

Jérémie nous avait aussi introduit aux trois modes d'expression ou qualités de la création en nous, le *microcosme*, ou hors de nous, le *macrocosme*. Les deux étant finalement la même chose !

Ces trois modes sont représentés par trois symboles alchimiques, le sel, le soufre et le mercure. Cette trinité rappelle d'autres trinités, disait-il. Le *sel*, c'est la qualité de formation, les formes de la création. Si c'est le sel qui est pris comme symbole, c'est parce que cette création peut être dissoute pour laisser place à une nouvelle création. Le *soufre*, c'est la force vitale qui anime cette création, *Shekinah*. Elle peut prendre en nous la forme de désirs incontrôlables, et alors nos créations sont imparfaites ou monstrueuses. Le *mercure*, c'est l'Esprit, l'essence divine qui donne une âme à toutes choses, la présence de Dieu dans chaque atome de la création. En mélangeant les trois qualités et les quatre éléments, on arrive, entre autres, aux douze types astrologiques.

En astrologie, ces trois qualités ou modes, s'appellent fixe, cardinale et mutable. Nous passâmes un peu de temps à étudier nos thèmes astraux que Jérémie recréa pour nous. Il avait de petits livrets qui lui permettaient de trouver la position des planètes et autres divisions du ciel. Il nous montra dans quelle mesure les éléments étaient combinés avec les qualités dans nos thèmes. Ce fut un joyeux moment.

Ainsi nous découvrîmes qu'Esther était animée par le feu et par l'air avec deux grands triangles dans ces éléments. Alors que chez moi, c'était l'air et la terre qui dominaient.

Nous allions aussi régulièrement méditer à l'extérieur : en nous éloignant de la ferme, nous avions trouvé un bel endroit très tranquille qui convenait parfaitement. Jérémie nous expliqua un jour que tout cet enseignement gnostique avait pour but de fasciner notre activité mentale afin de l'amener vers le silence intérieur. Que ce n'était qu'un instrument et qu'il ne fallait pas s'y attacher. Alors nous méditions sur le silence, et dans ce lieu enneigé, le silence était encore plus profond. Il fallait juste bien s'habiller pour ne pas geler sur place sans bouger.

De même, il disait que la contemplation des arcanes amenait aussi au silence en transformant nos sentiments, en les sublimant : c'était un véritable travail de purification de nos pensées et de nos sentiments. Mais il ajoutait que nous devions en même temps être emplis de dévotion, afin que notre cœur s'ouvre et que nous restions humbles.

La dévotion pourrait suffire à elle seule à nous amener à notre conscience d'âme et à l'*Union Divine*, disait-il, mais sans la gnose, la dévotion peut aussi devenir fanatisme et déboucher ainsi sur l'effet contraire à celui recherché.

Comme support à notre dévotion, nous pouvions répéter des noms divins dans le cœur ; il nous en donna toute une liste, en latin, en hébreu et en grec. Il nous invitait aussi à nous tourner régulièrement vers la Mère divine, en pure adoration. Quelle bénédiction d'être ainsi guidé vers notre vraie nature, en douceur et en compagnie de gens qui nous étaient chers !

Jérémie disait que bientôt nous pourrions aussi ressentir l'esprit divin en action dans toute personne se trouvant sur notre chemin, que nous apprendrions ainsi à ne pas juger ou condamner trop rapidement. Il nous donnait en exemple l'histoire de Saül, persécuteur de chrétiens, devenu le pilier même de cette Église naissante. Cette réalisation devait devenir notre prochain but sur le chemin spirituel, certainement l'étape la plus difficile.

Un peu avant notre départ, nous abordâmes le cinquième élément, *Æther, la quintess*ence. Il représente les quatre éléments combinés, mais aussi ce qui les contient, l'espace, le vide. C'est pourquoi il est partout et nulle part à la fois, comme Jérémie me l'avait déjà expliqué. Il nous fit réfléchir sur la phrase suivante :

L'alchimiste travaille à travers sa propre quintessence et il est lui-même l'ultime expérimentation.

Cet élément, l'éther, est associé à l'écoute et au son – le Verbe qui créa l'univers, comme il est écrit dans la Bible. Son symbole est comme un œuf, ou plutôt la fameuse *vesica piscis*, de couleur indigo.

Jérémie nous fit visualiser les 5 symboles combinés. À l'intérieur de la *vesica* indigo, se trouve le cercle bleu de l'air, en lui se trouve le triangle de feu qui, lui, contient le croissant blanc-argenté de l'eau, dans lequel se tient le cube jaune de la terre. Il nous donna une autre phrase à méditer :

La substance du fœtus est la terre, l'eau le préserve, l'air le nourrit, le feu le garde et la quintessence en est la matrice.

La création sortant de l'Absolu se manifeste en tant qu'*œuf cosmique*, puis à travers les différents éléments elle engendre la manifestation du monde physique, le *fœtus*. Jérémie nous demanda de voir ceci comme un symbole, que cet œuf représente la Conscience Divine, que les éléments sont les forces qui amènent cette conscience vers la manifestation physique. Tout comme nous ; nous sommes d'abord *conscience* et, à travers les différents plans des mondes subtils, nous sommes amenés à nous manifester ici-bas, à nous incarner dans un corps physique.

Ce qu'il faut vraiment savoir, insista Jérémie, c'est qu'il est possible d'inverser le processus, de retourner vers la *Pure Conscience* que nous sommes. Pour inverser le processus, nous devons dissoudre les différents corps qui nous constituent. Alors la terre est réabsorbée par l'eau, puis l'eau par le feu, et le feu par l'air, et l'air dans l'espace, la Conscience.

Lorsque notre corps meurt, nous sommes réabsorbés dans le monde astral. Si nous n'avons pas fait d'effort vers la conscience d'âme, alors nous n'irons pas plus loin que ce monde et nous reviendrons sur terre à cause de toutes les attaches que nous y avons créées. Ce qui peut se reproduire des centaines de fois, jusqu'à ce que quelque chose se passe et que nous nous tournions enfin vers ce que nous sommes vraiment, l'âme, la *Pure Conscience*.

Alors, dans le monde des morts, nous pourrons dissoudre ce corps astral pour nous retrouver dans le corps de feu, puis dans celui d'air et finalement dans la conscience d'âme. Nous nous tenions dehors lors de cette explication, et il dessina un arbre de vie dans la neige avec un bâton, parfaitement et sans hésitation.

Sur l'Arbre de Vie, cela revient à passer de la sphère 10 du Royaume, la terre, à celle de la Fondation, la 9, le monde astral, puis à celles de la Victoire et de la Splendeur, 8 et 7, le monde de l'intellect et de l'imagination, pour se retrouver dans la Beauté, *Tiphareth*, la sphère 6, celle de l'âme.

Christian était comblé par ces nombreux jours passés en notre compagnie et au sein de sa famille, et maintenant profondément désolé que nous partions ; il serait bien venu avec nous, mais Jérémie lui demanda de rester ici et de continuer l'enseignement dans la mesure du possible.

Mais il nous dit qu'il voulait aussi voyager, aller vers le Sud ; il avait eu une vision, nous expliqua-t-il. Il devait aller à Fès, c'était devenu comme une obsession, mais ne savait pas encore où cette ville se trouvait exactement. Je me souvenais que nos soufis de Sicile avaient exprimé le même désir, disant qu'il devrait s'y passer quelque chose d'important dans un proche futur. Ils n'en avaient pas dit plus, mais leur séjour chez nous n'était donc qu'une étape dans leur périple. Père m'avait montré sur une carte où se trouvait Fès, c'était bien loin vers l'ouest et en terre musulmane. Jérémie avait dessiné une ébauche de carte dans la neige à ce sujet, montrant où se situait Fès, ainsi que la Sicile et Alexandrie. Cela nous laissa bien songeurs, Alexandrie semblait être au bout du monde, tout comme Fès.

Jérémie confia à Christian une série des 22 arcanes, avec des instructions pour les colorier et les contempler. Il lui dit qu'il trouverait là toute l'inspiration nécessaire pour avancer sur le chemin intérieur, la *Voie Royale*. Et après ces semaines de pratiques ésotériques, il possédait maintenant de bonnes bases pour continuer et peut-être découvrir le chemin de Fès ? Pour Esther et moi, nous avions l'impression que ces semaines nous avaient aussi permis de progresser à pas de géant.

Nous nous sentions tellement bien dans cette famille accueillante et chaleureuse que tout le monde pleura lorsque nous partîmes. Nous avions pu acheter trois chevaux avec ce qui nous restait d'argent. Le temps était devenu plus clément, les arbres commençaient à fleurir.

Nous nous arrêtâmes à Rüdesheim sur le Rhin après quelques jours de voyage. Nous devions rendre visite à l'une des sœurs de Christian qui se trouvait dans un couvent de bénédictines et lui apporter des nouvelles de sa famille, et quelques provisions… Ce couvent se situait à Eibingen, fondé par la célèbre Hildegarde von Bingen trois siècles auparavant.

Nous assistâmes à une messe à notre arrivée ; les chants des religieuses étaient magnifiques. Esther put obtenir quelques-uns des chants et se faire expliquer les annotations de musique par la sœur de Christian. J'admirais Esther lorsqu'il s'agissait de musique, c'était comme un langage naturel pour elle.

Sœur Gertrude fut très contente de faire notre connaissance et de nous présenter à sa communauté. Elle voulut tout savoir sur sa famille qu'elle n'avait plus revue depuis une année. Ce n'était pas très facile de lui expliquer les nouveaux intérêts de son jeune frère pour la gnose. Cependant, nous pûmes échanger quelques considérations sur la conscience mystique, très développée dans ce monastère.

Certains enseignements de la bienheureuse Hildegarde semblaient être proches de ce que Jérémie professait, surtout l'utilisation d'images à la place des paroles pour faire passer un message spirituel. Nous eûmes plusieurs entretiens avec sœur Gertrude, elle nous montra quelques-unes des enluminures élaborées par Hildegarde. Jérémie fut très touché par ces images et dit que l'abbesse avait été une vraie prophétesse.

Je revis cette vision de la prêtresse, sur mon radeau au milieu de la mer, et l'importance de la conscience féminine dans la spiritualité. Je réalisai aussi qu'Esther jouait un grand rôle dans ma propre approche du Divin, que si elle n'avait pas été là, les choses auraient été bien différentes. Je ne l'aimais que plus.

Nous reprîmes notre chemin vers le sud, il faisait toujours beau et nous aurions eu bien du plaisir s'il n'y avait pas eu la présence d'armées en marche vers l'Italie. Le roi Robert de Germanie voulait aller jusqu'à Rome pour régler le problème du schisme *manu militari*. Mais il semblait qu'il était resté bloqué dans le nord de l'Italie sans pouvoir atteindre Rome.

Les troupes se dirigeaient vers le col du Brenner, nous décidâmes d'éviter cette route et de repasser par le Saint-Gothard afin de ne pas côtoyer les soldats. Et Esther tenait absolument à me montrer ce pays devenu libre, cette confédération.

Notre but était toujours d'aller à Alexandrie ; nous nous étions mis d'accord sur un rendez-vous là-bas avec Père pour l'été de cette année 1402. Ce qui devait lui laisser le temps de s'organiser pour nous rejoindre.

Il nous semblait que le mieux serait de trouver un bateau à Venise pour aller à Alexandrie, les Génois étant en mauvais termes avec le sultan qui régnait sur l'Égypte. Nous l'apprîmes de la part d'un chef militaire que nous avions croisé vers Francfort, peu après avoir quitté le monastère de Gertrude.

Nous parlions italien généralement, c'était plus facile et naturel que le latin. Ce capitaine avait surpris notre conversation lorsque sa petite troupe entra dans l'auberge où nous étions. Il crut un moment avoir affaire à des Italiens et comme il venait de combattre ceux-ci au sud des Alpes, il fut tout de suite sur ses gardes. Nous dûmes lui raconter toute notre vie, en allemand, pour le convaincre que nous n'étions pas des espions.

Pour finir, il nous invita à sa table afin de continuer notre long récit ; évidemment, il nous fallut passer par-dessus bien des détails qu'il ne devait pas savoir. Jérémie se présenta comme compagnon dans les devoirs, maître architecte. Il avait avec lui quelques dessins faits pour le dôme de Florence et d'autres pour des bâtiments à Cologne. Le capitaine en fut impressionné, il aurait bien voulu que Jérémie parte avec lui pour l'aider à construire sa résidence à Bonn. Jérémie lui donna quelques conseils et lui dit d'aller voir maître Schwartz à Cologne, ainsi pensait-il que notre brave Hans aurait des nouvelles de notre part.

Nous décidâmes donc de passer par Bâle, nous irions chez Felix où nous pourrions nous reposer un peu. Il nous fallut une dizaine de jours pour y arriver et nous avions effectivement besoin de repos. Felix était content de revoir Jérémie et Esther, et de faire ma connaissance. Il apprécia que nous puissions parler l'allemand, mais nous avions de la peine à comprendre son dialecte.

Nous restâmes plusieurs semaines chez Felix. Les discussions sur le sujet de l'alchimie reprirent de plus belle, mais nous passions aussi beaucoup de temps à suivre les explications de Felix sur les métaux, les alliages, et les pierres précieuses.

Je lui montrai le coffret de pierres de ma maman, lui expliquant qu'elle les utilisait pour soigner les gens. Il fut fasciné par ce qu'il voyait, il nous dit que les douze pierres du compartiment de gauche correspondaient à celles du pectoral – appelé *hoshen*, du grand prêtre d'Israël ; chaque pierre représentait une tribu. Il nous donna les noms des douze pierres : rubis, topaze, émeraude, grenat, saphir, diamant, opale, turquoise, cristal, aigue-marine, onyx et jaspe. Ces douze pierres correspondent aussi aux signes astrologiques et peuvent donc être utilisées pour la guérison, nous expliqua-t-il.

Je voyais que sa fascination pour ce coffret n'allait pas disparaître de sitôt, je décidai donc de lui offrir.

— Gabriel, c'est un magnifique cadeau, je l'accepte avec joie, mais vous devrez accepter quelque chose en retour, dit-il avec un large sourire.

J'acquiesçai, tout en me demandant ce que cela pourrait bien être.

Felix avait continué à voir quelques-uns de ses amis auxquels Jérémie avait procuré un enseignement. Ils désiraient tous en savoir plus. Jérémie décida donc de lui laisser une série des arcanes et nous passâmes plusieurs jours à les visualiser ensemble, partageant nos expériences.

Felix était un érudit, mais son enthousiasme l'entraînait dans toutes les directions. Jérémie lui proposa d'utiliser la contemplation des arcanes comme moyen d'arriver, entre autres, à une meilleure concentration ! Surtout l'arcane 1 du magicien.

Cette scène du magicien vue à Paris me revenait souvent, et ne faisait maintenant plus qu'un avec l'arcane 1 dans mon esprit. Je réalisai à quel point elle m'avait transformé, me montrant que nous sommes notre propre magicien, que tout est possible, qu'il faut juste y mettre suffisamment de concentration, et surtout que l'entreprise envisagée corresponde au plan divin…

Pour moi, ce n'était pas encore clair vers quoi ce plan était en train de nous amener. Esther et moi pouvions voir que nous nous rapprochions très lentement d'Alexandrie et donc du mariage, mais ceci semblait très loin, trop loin.

Après la disparition de Mérifons, on aurait pu songer à faire ce mariage plus rapidement, mais pas en l'absence de Père. Alors nous devions attendre patiemment, ce qui devenait de plus en plus difficile. Nous étions beaucoup plus intimes dans nos relations, mais sans jamais rompre nos vœux de chasteté que ce vieux curé en Sicile nous avait extorqués au moment des fiançailles.

Lorsque Jérémie décida de quitter Bâle pour l'Italie, nous étions donc contents. Cependant, il était un peu tôt pour traverser les Alpes, il nous faudrait attendre quelque part aux pieds des montagnes que ce périple devienne possible.

Felix nous dit qu'il y avait un autre col, celui du Simplon, moins haut que les deux que nous avions empruntés auparavant. Nous devions donc prendre la direction de Lausanne et du col de Joux – cette partie-là du voyage je la connaissais déjà, puis remonter la vallée du Rhône jusqu'à Brigue, et attendre là-bas qu'un convoi parte. Nous décidâmes d'essayer cet autre chemin, tant pis pour la confédération.

Felix insista pour nous donner une bonne somme d'argent pour ce voyage, il voulait remercier Jérémie de tout ce qu'il avait appris grâce à lui. Jérémie hésita devant ce cadeau, ce n'était pas dans ses habitudes de recevoir des présents pour son enseignement. Mais il accepta, car nous allions devoir trouver un bateau pour aller en Égypte, ce qui coûterait assez cher. Felix avait préparé une série de jolis bijoux pour Esther, en échange de la boîte de ma mère. Felix précisa que c'était un cadeau pour moi, à lui offrir au moment du mariage…

Nous fîmes plusieurs arrêts le long de la route. À Lausanne, que je connaissais déjà, on pouvait bien voir, cette fois-ci, les montagnes de l'autre côté du lac. La voie vers Saint-Maurice était maintenant réparée. Nous passâmes par le château de Chillon, nos affaires furent contrôlées, heureusement les arcanes restants étaient toujours bien cachés dans nos sacoches.

Nous nous arrêtâmes à Sion, la ville était en mauvais état à la suite des guerres avec les Savoyards et de la peste encore présente, semblait-il ; il fut difficile d'y trouver un gîte. Nous passâmes la nuit dans l'église de Valère sur la colline. Nous dûmes ensuite attendre quelques semaines à Brigue que le col soit praticable.

La traversée fut épique et éreintante, le sentier enneigé par endroit bordait parfois d'affreux précipices, nous vîmes y disparaître deux mulets, heureusement sans leurs conducteurs. Puis nous arrivâmes dans le duché de Milan.

L'attaque des pirates

Dans la première auberge au débouché des montagnes où nous restâmes quelques jours pour nous reposer, le tenancier nous expliqua que le duc Visconti était un dangereux personnage, qu'il ne fallait surtout pas tomber entre ses griffes. Il nous indiqua la meilleure route pour nous rendre à Venise et éviter les soldats et autres passages difficiles. Nous nous joignîmes à une compagnie de marchands arrivés du col et qui partit quelques jours plus tard.

Venise était en pleine transformation, la ville commençait à s'installer sur la terre ferme et profitait d'une période de paix relative sous la conduite du doge Michele Steno. Nous y restâmes de longues semaines, car trouver un bateau en partance pour l'Égypte ne fut pas très simple. Les embarcations allant dans cette direction faisaient surtout le commerce du coton, mais à cause des pirates elles devaient partir en plus grand nombre et être assistées par des navires et des galères armés. Généralement, tout ce monde-là ne prenait pas de passagers et encore moins de passagère.

Lorsqu'il apparut qu'un convoi, une *muda*, était prêt pour le départ vers Alexandrie à la fin juillet, ce fut tout l'argent de Felix qui nous permit finalement de trouver une place à bord d'une nave toute neuve qu'un marchand avait décidé, au dernier moment, d'envoyer là-bas. Le bateau était donc vide et bien construit et nous étions constamment en avance sur les autres, surtout sur ceux qui devaient nous aider en cas de coup dur avec les pirates. La *muda* était constituée de *galeazze di mercancia*, des galéasses, des bateaux avec des voiles et des rameurs, ces derniers pouvant se transformer en soldats et défendre le convoi contre les pirates.

Je n'étais pas très à l'aise sur notre nave traversant une si grande étendue d'eau, j'essayais de me convaincre que, ce bateau-là étant presque neuf, il pourrait résister à une tempête. Au départ, nous ne naviguions jamais très loin des côtes, puis nous fîmes escale à Chania en Crète – une dépendance de Venise, pendant quelques jours avant la grande traversée.

Celle-ci se passa bien au départ, puis le vent forcit et tout le monde fut un peu malade. De nouveau, notre bateau était plus rapide que les autres, dont les rameurs devaient être ménagés, pensais-je, lors d'un si long voyage. Avec le mauvais temps, nous perdions de temps en temps le contact visuel avec la *muda*. Notre capitaine avait l'air confiant, il savait où il allait disait-il, et s'il arrivait le premier, il pourrait avoir un meilleur choix de certaines marchandises, comme les épices et les parfums qu'il voulait ramener à Venise, en plus de remplir le bateau de coton.

Un soir, la *muda* était à peine visible à l'horizon sous le soleil couchant. Puis le vent tourna durant la nuit, venant maintenant de face ce qui ralentit notre progression. Au petit matin, on aperçut un voilier derrière nous, la *muda* nous aurait donc rattrapés pendant la nuit? Mais lorsque le soleil apparut, il était clair que ce bateau n'était pas des nôtres, c'était un brigantin comme celui que Père utilisait pour aller à la course aux pirates. Le capitaine semblait tout à coup très inquiet.

Il décida de virer de bord afin de mieux prendre le vent et augmenter notre vitesse. Dans un premier temps, il nous sembla que l'autre bateau ne nous suivait pas, mais soudain il tourna de façon à couper notre trajectoire. Il était évident qu'il allait plus vite que nous.

Notre capitaine vira sur l'autre bord, ce qui eut pour effet de nous ralentir. L'autre embarcation en fit de même, tournant encore plus fort et s'éloignant un peu de nous, mais lorsqu'il fut assez loin, il vira à nouveau, reprenant un vent favorable qui l'amena près de nous beaucoup plus vite que nous ne pensions. Visiblement, ces marins-là savaient ce qu'ils faisaient et leur intention était bien de nous rattraper.

Ils se trouvaient maintenant un peu sur notre arrière gauche et nous pouvions voir que l'équipage se préparait à l'abordage, avec une trentaine d'hommes à bord, armés de sabres et de haches. Il s'agissait de pirates musulmans, et je souhaitais très fort que Père apparaisse soudain à bord d'un de ses bateaux pour venir à notre secours.

J'avais sorti mon épée de son fourreau, prêt à affronter ces ennemis, mais Jérémie me fit comprendre que nous n'avions aucune chance et qu'il valait mieux ne pas montrer d'hostilité envers eux; je cachai donc mon épée sous des cordages. Nos marins étaient une dizaine, et presque pas armés, ils pouvaient tout juste essayer d'empêcher l'autre bateau de passer à l'abordage.

Les sarrasins envoyèrent des grappins que nos marins voulurent enlever, mais des archers à bord de l'autre navire tuèrent net un de nos marins, un autre se retrouvant avec une flèche au travers de l'épaule, gémissant sur le pont. Nous nous repliâmes vers le château arrière, à l'abri de leurs flèches. Et soudain, nous vîmes apparaître les pirates sur notre propre pont.

Les voiles des deux bateaux furent affalées et le chef des pirates s'approcha de notre petit groupe, demandant dans un italien pas très clair qui était le capitaine. Celui-ci s'avança bravement, c'était un grand gaillard et il dominait de plus d'une tête le chef des pirates qui ne semblait pas impressionné, son épée recourbée à la main.

Il la pointa vers la gorge du capitaine lui demandant où se trouvait l'argent pour l'achat des marchandises. Le capitaine fit mine de ne pas comprendre, mais une pression plus grande sur sa gorge eut raison de sa bravoure. Il partit avec quelques hommes vers sa cabine. D'autres pirates avaient rassemblé nos affaires en tas devant nous et commençaient à les fouiller.

Le chef des pirates ne nous avait pas quittés des yeux et la présence d'une jeune femme ne lui avait pas échappé. Il demanda qui elle était. Jérémie prit la parole en arabe, ce qui ne manqua pas de l'étonner.

— C'est ma fille, nous nous rendons à Alexandrie pour célébrer son mariage avec ce jeune homme, nous avons de la famille là-bas.

L'autre nous inspecta, comme pour voir si tout ceci paraissait vraisem-blable.

— Alors, donc, cette jeune fille est vierge, et chrétienne ! Voilà une meilleure prise que ce peu d'argent, dit-il montrant quelques bourses ramenées par notre capitaine, y compris celle que Felix nous avait donnée.

— Vous devrez me tuer si vous voulez profiter de ma fiancée ! m'exclamai-je dans mon arabe approximatif.

—Ah, ah, voici un brave garçon qui fera un bon soldat mamelouk.

Jérémie nous avait expliqué que les mamelouks, maintenant maîtres de l'Égypte, furent au départ surtout recrutés dans des familles non musulmanes, évitant ainsi que des musulmans combattent les uns contre les autres. Beaucoup d'entre eux venaient des montagnes de l'Est, c'étaient des circassiens, à l'origine, des chrétiens devenus musulmans, Turcs ou Géorgiens, ou encore des enfants enlevés ici et là. Jérémie essaya de s'interposer.

— Ce garçon est le fils d'un riche marchand de Sicile, prêt à payer une forte rançon pour nous libérer.

— Oui, oui, bien sûr, j'y compte bien ! Mais je peux aussi tirer une forte somme de la vente de ces deux jouvenceaux, la demoiselle pour le harem du sultan, et le jeune homme pour la garde de la citadelle, ainsi il ne sera pas trop loin de sa fiancée… puis il éclata de rire, son cimeterre pointé dans ma direction.

Un des pirates avait trouvé les bijoux de Felix et s'avança vers son chef pour les lui montrer.

— Je pense que ceci est à vous ? Pour le mariage ? Prenant les bijoux dans son autre main et les agitant sous notre nez.

— Eh bien, voici qui plaira certainement à mes épouses, merci de me les avoir apportés jusqu'ici ! Et il éclata de rire à nouveau.

Il y eut une agitation soudaine parmi les pirates, un homme vint dire quelque chose à l'oreille du chef, celui-ci regarda la mer vers le nord. On pouvait voir plusieurs bateaux à l'horizon : notre *muda* ! Je pensai que nous pourrions peut-être nous échapper en sautant à la mer, mais je me disais aussi que j'étais peut-être le seul à savoir nager, Esther ne savait pas, j'en étais sûr.

En un clin d'œil, Esther et moi-même fûmes ligotés et emmenés de force vers le bateau barbaresque. Esther criait et se débattait, j'essayais d'en faire de même ce qui ne menait à rien. Jérémie regardait ceci avec effroi, les autres marins avec soulagement à l'idée de voir disparaître les pirates. Les voiles furent levées et nous prîmes rapidement de la vitesse en nous plaçant sous le vent.

Chez le Sultan

Je me retrouvai à fond de cale, dans le noir, ne sachant pas où se trouvait Esther. On m'amena plusieurs fois un peu de nourriture et de l'eau, puis le bateau s'arrêta et on me sortit de ma geôle. La lumière du soleil levant m'aveugla, mais je pus voir à quai un char léger dans lequel Esther fut poussée et qui s'en alla dans un nuage de poussière.

Je me retrouvai avec quelques autres jeunes hommes qui avaient l'air, eux, plutôt satisfaits de la situation. L'un d'eux m'expliqua en grec qu'il venait de Géorgie, et qu'il était bien content de devenir soldat mamelouk. Bientôt, il toucherait sa solde et pourrait envoyer de l'argent à sa famille, affirmait-il. J'avais de la peine à le croire.

Nous partîmes à cheval avec des soldats mamelouks en direction du Caire. Ils m'avaient lié les mains et attaché à ma selle. Heureusement que j'avais une certaine expérience de cavalier me permettant de ne pas perdre l'équilibre. Il nous fallut deux jours pour arriver au Caire. Nous traversâmes tout le delta du Nil, c'était comme un grand jardin à perte de vue, il y avait beaucoup d'oiseaux, et des dromadaires que je découvrais pour la première fois.

Je ne pouvais malheureusement pas profiter de ce voyage, mon cœur était comme dans un étau. Comment tout ceci allait-il finir ? Esther dans le harem du sultan ! cette idée m'était insupportable. Je me consolais en me disant qu'apparemment j'allais me retrouver au même endroit qu'elle et que je pourrais peut-être la délivrer.

L'arrivée au Caire se fit à travers un dédale de rues, les gens semblaient avoir peur des cavaliers mamelouks et rentraient prestement dans leurs maisons. Après avoir traversé le Nil, nous rattrapâmes le chariot où se trouvait Esther juste à l'entrée d'un grand fort. Mais quand nous entrâmes dans la grande cour intérieure, le chariot était déjà vide. Au moins, je savais qu'elle était là aussi.

Je fus jeté dans une petite cellule jusqu'au lendemain matin. Au réveil, on m'amena vers un groupe de jeunes hommes qui se tenaient devant ce qui semblait être un clerc assis derrière une table basse. Cet homme enturbanné avait un certain âge, il parlait un langage que nous ne comprenions pas ; en fait, je réalisai qu'il essayait de parler grec, vu que plusieurs hommes venaient de Chypre et quelques autres de Géorgie, de familles d'origine grecque.

Je m'avançai un peu et lui parlai en arabe, proposant de traduire ce qu'il disait. Il me toisa des pieds à la tête et me demanda qui j'étais. Je n'étais pas sûr de ce que je devais dire, certainement pas toute la vérité, il fallait inventer quelque chose.

— Je viens de Sicile, mon père est un riche marchand, il pourra payer pour me libérer. Je pensai qu'en dire le moins possible serait la meilleure façon d'affronter ces étrangers.

— De Sicile, tiens donc, alors tu parles aussi l'italien ?

— Oui, et encore beaucoup d'autres langues.

— Parler les langues ne te servira à rien ici, ce qu'il nous faut ce sont des guerriers… Il se leva et s'approcha de moi. Mes ancêtres étaient en Sicile… ils ont été chassés par les Normands, es-tu normand ?

Répondre par la négative semblait dépasser ma capacité à dire des mensonges.

— Oui…

— Alors, tu sais te battre ! affirma-t-il.

Il se tourna vers les gardes qui n'étaient pas loin, fit signe à l'un d'eux de venir vers lui ; il lui dit quelque chose à l'oreille, et nous restâmes là à attendre. Le garde revint avec un jeune soldat.

— Mahmoud, voici un Normand, dit le clerc. Le soldat me regarda d'un air sombre et vint vers moi. Il me poussa de la main vers le centre de la cour, appela un garde qui me donna une de ces épées courbes et sortit la sienne. Il fallait donc que je me batte avec lui. Cette épée m'était inconnue, mais il allait falloir découvrir son maniement rapidement !

Le soldat m'attaqua le premier, je réalisai que le but était de taillader plutôt que d'embrocher. Je me disais aussi que si je tuais ce soldat, ma vie ne vaudrait plus grand-chose et que si celui-ci me coupait un bras, ce ne serait pas mieux. Heureusement, je parvins à arrêter ses premiers coups, mais combien de temps ceci allait-il durer?

Soudain, un groupe de cavaliers fit irruption dans la cour, visiblement des personnages importants revêtus de magnifiques habits. Mon adversaire s'immobilisa, l'homme derrière la table se leva, les gardes se mirent en rang serré. Le cavalier central descendit de son cheval blanc, les autres l'imitèrent. Il semblait très jeune. Il se dirigea vers nous et s'adressa au clerc:

— Que se passe-t-il ici? demanda-t-il.

— Votre Majesté, ces deux-ci s'entraînent à combattre...

— Ce sont de nouveaux soldats? Qui est celui-là? s'enquit le jeune prince en me désignant.

— C'est un Normand de Sicile, Votre Majesté, il prétend savoir toutes les langues, je voulais voir s'il savait aussi manier les armes.

Le Prince s'avança vers moi, entre-temps un garde avait retiré l'épée de ma main.

— Quelles langues parles-tu donc?

Le Prince devait avoir treize ou quatorze ans, mais son autorité était déjà bien grande.

— Les langues anciennes comme le grec et le latin, mais aussi le français, l'anglais, l'allemand... essayé-je d'expliquer en arabe.

— Alors, viens avec moi! Et si tu m'as menti, tu auras la langue coupée.

Je refermai la bouche, m'assurant que ma langue était toujours bien là, et le suivis. Nous montâmes des escaliers, traversâmes quelques pièces en compagnie des hommes qui entouraient le prince, puis celui-ci les congédia, seuls deux gardes armés restèrent avec nous. Arrivé dans une autre salle, il me dit d'attendre.

Je pensai que certainement le harem ne se trouvait pas très loin, peut-être ce long couloir que j'avais aperçu sur la droite, mais que faire dans cette place forte pleine de gardes ? Et nul doute que le quartier des femmes devait être bien gardé et fermé. Le Prince revint en compagnie de deux hommes plus âgés.

— Voici mes conseillers, ce sont eux qui traduisent les documents pour moi, ils gardent ici quelques lettres venant de plusieurs endroits, traduis-les en arabe, ordonna-t-il.

Je pris le paquet de lettres, la première était en latin, je commençai la traduction. Elle venait du roi de Chypre qui parlait d'envoyer quelqu'un pour établir un traité. Mon problème n'était pas de traduire le latin, mais bien de trouver les bons mots en arabe. Heureusement que j'avais passé de longs moments avec Ridwan en Sicile à discuter dans cette langue, j'avais appris bien des choses avec lui. Puis je traduisis quelques autres documents aussi en latin, ainsi que deux lettres en grec provenant aussi de Chypre. J'espérais que mes hésitations ne m'amèneraient pas à perdre ma langue…

Le prince se tourna vers ses conseillers, ceux-ci semblaient bien intimidés par le jeune homme, ils s'exprimèrent avec caution sur mes talents. Puis il se tourna vers moi, montrant un pupitre de la main :

— Écris quelque chose, dans toutes les langues que tu connais… vas-y !

Je m'exécutai et écrivis une phrase du genre : « Mon Prince est la lumière de tous les mondes » en huit langues. Je la donnai au jeune prince. Il la tendit à ses secrétaires leur demandant de dire quelles étaient ces langues. Les pauvres eurent bien du mal avec les langages européens et durent admettre leur ignorance.

— Tu vois comme ils sont ignorants, maintenant tu seras mon secrétaire personnel, ces deux-là seront à ton service… saluez votre nouveau maître, vous deux ! Comment t'appelles-tu ?

— Gabriel… il sembla ne pas comprendre, je traduisis : Jibril…

Les deux hommes me saluèrent puis s'en allèrent dans une pièce contigüe après que le Prince leur eut fait signe de disparaître.

— Tu habiteras ici ; derrière cette porte, tu trouveras tes appartements, je te ferai envoyer des serviteurs… as-tu des questions ?

J'avais une foule de questions, mais ne savais pas par où commencer.

— Je viens d'arriver, mon Prince... et je suis bien ignorant.

Il me dévisagea de son regard juvénile, il semblait s'adoucir un peu maintenant que nous étions presque seuls, les deux gardes se tenant plus loin de chaque côté de la porte d'entrée.

— Tu vas rester ici jusqu'à ce que j'en décide autrement... je suis le sultan *An Nasir Faraj ben Barquq...* c'est moi qui gouverne ce pays depuis la mort de mon père il y a trois ans. Ces deux conseillers étaient ceux de mon père, mais ils ont bien de la peine à me donner de bons conseils... ils sont trop vieux! Alors, quand j'en aurai envie, je viendrai demander ton avis.

Il était sorti de la pièce rapidement, je restai là un instant complètement décontenancé, puis me dirigeai vers la porte qu'il m'avait indiquée. Les appartements me revenant étaient spacieux, mais avec peu de meubles. Il y avait des coussins et des couvertures roulées dans un coin.

Deux serviteurs apparurent sans que je sache par où ils étaient entrés, ils apportaient de la nourriture et des vêtements. Puis, l'un deux m'entraîna vers une salle d'eau et commença à me déshabiller. J'eus un mouvement de recul qui l'étonna un peu, mais il me fit un gentil sourire et je le laissai faire, il m'aspergea d'eau ce qui me prodigua le plus grand bien.

L'autre avait préparé une table avec différents mets, et ceci aussi me fit du bien, mais au milieu de ce repas succulent plein de saveurs nouvelles, je repensai soudain à ma situation et à Esther, et mon estomac se noua. Que m'arrivait-il? J'étais prisonnier dans une prison de grande classe, mais prisonnier tout de même, et ma bien-aimée était là quelque part et je ne voyais pas comment faire pour lui venir en aide, je croyais être dans un cauchemar.

J'allai m'allonger et m'endormis après un long moment passé à ruminer sur mon triste sort. Je rêvai, je me trouvais sur une sorte de grande roue comme celle que mon père fabriquait, je tournais et tournais. Il y avait quatre espèces d'animaux au-dessus de moi, ils étaient fixes et semblaient ne me prêter aucune attention, j'avais de la peine à les distinguer. Il y avait aussi un serpent et un chien rouge, et un autre être de couleur bleue se tenant au bord de la roue.

En me réveillant, il me fallut bien du temps pour retrouver mes esprits et réaliser à nouveau la situation qui était maintenant la mienne. Puis le rêve me revint. Je compris qu'il s'agissait de l'arcane 10, *la roue de la vie*, Jupiter… oui, la roue avait tourné, mais un peu promptement à mon goût. Cependant, je souhaitai qu'elle continuât à tourner rapidement afin que les choses changent à nouveau.

arcane 10

Je me souvenais que Jérémie avait dit qu'il fallait se placer au centre de la roue, là se trouve notre vraie destinée. Ce centre, où était-il maintenant ? En attendant, je pouvais me consoler en pensant que cette rotation – que je savais inévitable, m'amènerait bien vers autre chose. Tout l'enseignement de Jérémie sur cet arcane me revenait, allez savoir pourquoi ?

Je l'entendais m'expliquer que sur cette roue, la force initiale de la nature est représentée par le serpent qui nous fait évoluer vers Hermanubis, le dieu chacal des Égyptiens, notre intellect supérieur, qui sert à comprendre quel est notre destin sur cette terre. Là était bien la question maintenant, car mon destin semblait m'échapper complètement. La rotation nous amène finalement au sphinx bleu, mi-femme, mi-lion, en haut de la roue. Était-ce un signe de me retrouver en Égypte et de rêver de dieu égyptien et de sphinx ? Le sphinx pose les questions, mais il connaît aussi les réponses, j'aurais souhaité être arrivé à ce stade.

Dans mon rêve, il m'avait demandé : « qui es-tu ? »

Les réponses semblaient se bousculer dans ma tête, mais aucune n'était la bonne, je le savais. Je me disais être ceci ou cela, mais il s'agissait de ce que j'étais devenu, alors que la réponse concernait ce que je suis, vraiment. Je suis une âme vivante, immortelle, ce devait être la réponse, mais cette réalité-là semblait m'échapper.

Je me souvenais qu'il y avait aussi des symboles alchimiques sur cette roue : les trois qualités, le sel, le soufre, le mercure, et le symbole du Verseau – la dissolution comme outil à la réalisation du *Grand Œuvre*. Je me revoyais soudain dans le Saint-Empire germanique avec Esther et Jérémie, et Christian, comme cela semblait loin…

Et puis il y avait aussi les lettres O, R, A, T sur cette roue. Le A, Aleph – l'Esprit de l'arcane zéro, au niveau de l'œil d'Hermanubis montrait que l'homme était arrivé au stade de l'évolution spirituelle, capable d'entrevoir la conscience supérieure ; le T, Tau, sous le sphinx, représente la conscience cosmique à atteindre, correspondant à l'arcane 21, le danseur cosmique. Comment pouvait-on arriver à cette conscience-là ?

Jérémie nous avait aussi montré que l'on pouvait construire des phrases en latin bancal avec ces lettres, comme :

ROTA TORA ORAT TARO ATOR
La roue de la loi enseigne la Voie royale d'Ator

Ator, une autre déesse égyptienne…

Je méditais, un peu rêveur, sur tout ceci lorsqu'un serviteur apparut avec de la nourriture ; j'essayai de lui parler :

— Quel est ton nom ?

Le serviteur me regarda avec un peu de stupeur, étonné peut-être que je parle arabe. Il chercha à dire quelque chose que je ne compris pas et sortit de la pièce. Qu'allais-je faire de mes journées ? Je décidai de sortir et voir jusqu'où on me permettait d'aller. Je fus arrêté par un garde dès que je voulus franchir la porte par où j'étais entré. Je me dirigeai alors vers la salle d'où les conseillers étaient sortis ; là, je pus m'introduire sans problème et me retrouvai nez à nez avec un des deux hommes venus voir ce qui se passait.

— *Assalamu alaykum* ! me dit-il. Je lui rendis sa politesse, puis essayai d'engager la conversation. Il me dit s'appeler Abou Zaid, et son compagnon Jamel Edin. Comme je le savais déjà, ils faisaient partie des conseillers personnels du sultan précédent, Barquq. Puis il me précisa qu'ils avaient joué le rôle de régents et de précepteurs auprès du jeune sultan qui maintenant s'était émancipé. Ils me dirent que depuis quelques mois le sultan se rapprochait des chefs militaires de son armée, qu'il passait de plus en plus de temps avec eux à cheval, ce qui l'avait bien endurci.

J'appris que le nord du pays avait été en partie détruit par les troupes de Tamerlan. Le sultan Barquq avait commis l'erreur de faire exécuter l'envoyé de ce Timur Lang. Celui-ci avait alors envahi la Syrie et les autres provinces du Nord, tuant tout le monde sur son passage et emmenant les meilleurs artisans vers sa capitale, Samarkand.

Faraj, alors très jeune, avait été impliqué dans la guerre contre Tamerlan, qu'il avait perdue. Avant cela, il y avait eu des intrigues pour le pouvoir. Le lieutenant général et le puissant émir Yachbak s'étaient affrontés, ce dernier l'emportant. Le général se réfugia à Damas et le gouverneur de cette ville décida de marcher sur Le Caire. Mais l'armée de Faraj réussit à battre le gouverneur, avais-je plus ou moins compris.

Le jeune sultan parlait souvent de vouloir se rendre à nouveau dans les provinces du Nord afin de rétablir l'ordre et son pouvoir sur les vizirs, voire de s'approprier leurs terres. Les deux conseillers ne savaient pas si c'était une bonne idée de le laisser faire, car son père avait été renversé par les vizirs il y avait de cela une douzaine d'années.

Leur devoir à eux deux avait été de protéger le sultan dans son jeune âge, car il y avait aussi eu des velléités de la part du calife Al Mutawakkil de reprendre le pouvoir au Caire. Le jeune Faraj pourrait-il continuer à s'imposer au calife et aux vizirs ?

Je réalisai que les deux compères étaient surtout inquiets de leur propre sort, mais qu'en était-il du mien ? J'essayai de leur poser la question, mais ceci ne semblait pas les préoccuper. Quelques jours plus tard, ils se ravisèrent, après que Faraj m'eut payé une visite sans les consulter.

Le sultan voulait en savoir plus sur la vie dans les royaumes occidentaux : il était totalement ignorant de la situation en France ou en Italie dont il ne connaissait que les noms. Il ne savait pas grand-chose non plus sur le schisme des deux papes ou sur celui entre catholicisme et orthodoxie. Tout ceci l'intéressa beaucoup, il me dit que dans l'islam il y avait aussi eu un schisme, certains se réclamant de la descendance du Prophète, d'autres se présentant plutôt comme gardiens du message de Celui-ci, avais-je compris.

Il me demanda si les chrétiens avaient le même problème : y avait-il une descendance de Jésus ? Cette question me prit au dépourvu. Il me semblait me souvenir d'une histoire concernant le frère de Jésus, mais je lui dis que le schisme provenait d'autres raisons, plus théologiques, et aussi du fait que l'évêque de Rome s'était déclaré pape et que les évêques des Églises d'orient n'avaient pas accepté cette décision.

Il me promit de revenir me voir régulièrement pour que je lui en dise plus ; le problème étant, cependant, que moi-même je n'en savais pas beaucoup plus.

Ainsi se passèrent les premières semaines : des entrevues irrégulières avec Faraj, d'autres plus régulières avec les deux ex-régents, et rien d'autre. Je réalisai que le serviteur à mon service avait eu la langue coupée, d'où son impossibilité de répondre à mes questions.

Les deux compères m'avaient montré la bibliothèque qui se trouvait dans une autre pièce, voisine de celle où ils archivaient différents documents. Il y avait une autre sortie au fond de la pièce, et je profitai de leur absence un jour pour tenter une expédition dans ce qui s'avéra être une suite d'escaliers montant et débouchant sur un chemin de ronde. J'étais dehors à l'air libre, mais perché bien haut sur une tour, sans espoir de fuite, à moins de savoir voler. Je compris pourquoi cette sortie n'était pas gardée.

Au moins, avais-je une belle vue sur les quartiers environnants. Il y avait une église au loin, dont on entendait les cloches parfois, et aussi plusieurs minarets. Les appels à la prière rythmaient mon quotidien, généralement j'en profitais pour me mettre en prière aussi, méditant sur les noms divins que Jérémie m'avait donnés. Cependant, je semblais m'enfoncer dans un désespoir grandissant.

Lorsque j'avais rencontré Jérémie, nous avions beaucoup discuté du destin et de ses caprices à notre égard. Il avait essayé de m'amener rapidement à la réalisation que notre destin est compris dans le plan Divin, comment pourrait-il en être autrement si l'on croit en Dieu ? Encore fallait-il y croire… d'où la nécessité de m'amener à une réalisation de la présence de Dieu en moi – ce qu'il m'avait appris à accomplir en m'ouvrant à la grâce divine par la méditation.

arcane 17

S'abandonner à l'Amour et à la Lumière était certainement bien mieux que de se poser des questions sans réponses. Bien souvent j'avais ressenti cette présence divine, Jérémie m'avait dit qu'à tout moment je pouvais recréer cette présence, surtout si je me sentais seul et abandonné, ce qui était bien ma situation à l'heure actuelle, mais mes pensées et mes émotions étaient trop fortes. J'essayai alors de visualiser l'arcane 17, Isis dévoilée :

Lorsque les circonstances sont difficiles, que mes pensées et mes émotions semblent avoir pris le dessus pour de bon, l'arcane de l'Étoile ouvre le chemin de la méditation. Sirius, l'étoile d'Isis. La déesse est dévoilée, tous les mystères me sont révélés. L'eau de l'étang représente ma conscience féminine. La manipulation subtile de cette conscience est le but de la méditation. Isis se repose sur la terre, mais aussi sur cette eau, sur cette conscience active qu'elle maîtrise. Alors toutes les énergies des 7 planètes sont à ma disposition pour une transformation en profondeur.

L'ibis, l'oiseau sacré d'Hermès, et Isis me ramenèrent à l'Égypte et je me dis que je devais être au bon endroit finalement.

Après quelque temps, je décidai d'inspecter la bibliothèque ; il y avait surtout l'équivalent, pour les musulmans, des manuscrits de lois religieuses que possédait notre bon curé, ce qui ne m'intéressait guère. Quel était donc ce besoin de faire des lois religieuses, ne pouvait-on pas se fier tout simplement à son cœur ?

Je tombai sur un livre traitant de *l'incohérence des philosophes*, d'Al Ghazali ; je me plongeai dans cette lecture un peu difficile pour me rendre compte que ses arguments n'étaient pas très différents de ceux de Saint-Augustin. Décidément, les religieux d'ici ou de là-bas n'aimaient pas les philosophes, surtout Platon et Aristote.

J'en parlai à mes deux compagnons, qui m'aidèrent à mieux comprendre le discours d'Al Ghazali. Ils me dirent que tout le monde n'était pas d'accord avec ce rejet des philosophes, qu'il faudrait que j'en discute avec des religieux, des muftis ou des oulémas d'ici. Les savants de l'université Al Azhar du Caire étaient les mieux à même de décider de ce qui était juste ou faux pour tous les musulmans, affirmaient-ils.

Je leur répondis que j'aimerais bien discuter avec n'importe qui, oulémas ou pas, si au moins je pouvais sortir de la citadelle. Ce sujet-là n'étant pas discutable, Abou Zaid se rappela qu'un autre document réfutait les idées d'Al Ghazali. Après un moment, en recherchant dans plusieurs manuscrits, il trouva la mention d'un livre d'Ibn Rochd, *l'incohérence de l'incohérence…* Puis lisant plus loin, il nous dit que ce livre était regardé comme hérétique et qu'on ne le trouverait donc pas ici.

Je me souvenais de cet Ibn Rochd, Averroès, Jérémie m'en avait parlé en détail, et s'il était hérétique pour les musulmans, il avait été traduit en latin et discuté par un peu tout le monde en Occident. Certains étant plutôt contre, comme Thomas d'Aquin, d'autres plutôt pour, comme Boèce et ses compagnons de l'université de Paris. Jérémie m'avait présenté cette affaire comme un parfait exemple de la stérilité de l'esprit, de l'intellect, sur le sujet de l'âme.

Tout le monde religieux aime parler de l'âme, de sa nature, de sa relation avec l'homme et avec Dieu, avait-il dit, mais tous ces gens parlent de quelque chose qu'ils ne connaissent généralement pas. Car une fois que l'on connaît son âme, on reste sans voix à son propos ; il n'y a pas de mot ou d'idée qui peuvent exprimer ce que l'âme est vraiment, il n'y a que l'expérience directe qui est valable.

Je me rappelais qu'il avait hésité un moment après cette affirmation, il avait voulu nuancer celle-ci en me disant qu'il faudrait être à la fois poète et mystique pour trouver les mots pouvant restituer la saveur de l'âme.

Parler de ces sujets spirituels ou philosophiques avec mes deux nouveaux compagnons me permettait de faire face à ma situation que je voyais sans issue. Ils semblaient tous deux apprécier mes idées sur la gnose. Lorsque je leur dis que j'avais connu des soufis en Sicile, ils voulurent en savoir plus, ce qui permit de combler le temps à notre disposition. Eux étaient libres de leurs mouvements : généralement, ils arrivaient dans la matinée pour repartir dans l'après-midi, à moins que le sultan ne les convoque pour une affaire ou une autre.

Après un certain temps, Jamel Edin me dit qu'il était d'origine persane par son grand-père, et que là-bas il y avait eu de grands maîtres soufis, dont beaucoup avaient été persécutés. Y avait-il aussi des dominicains inquisiteurs chez les musulmans ? Les explications qu'il me donna me convainquirent que oui. Comme ce grand sage et soufi persan, Sohrawardi, qui fut mis à mort par *Salah ad'Din Yusuf*, le fameux Saladin qui avait vaincu les Francs, me précisa-t-il.

Un jour, il amena un ouvrage d'un soufi persan, Attâr : le *Cantique des oiseaux*, écrit en persan. Je réalisai alors que l'alphabet arabe servait à transcrire d'autres langages. Ce manuscrit était composé d'une suite d'histoires courtes, m'expliqua-t-il, dans lesquelles des oiseaux s'engagent dans une quête mystique à la recherche de l'oiseau roi : le *Simorgh*. Il me proposa de me le traduire un peu chaque jour, ce que j'acceptai volontiers. Je décidai de le transcrire en latin en même temps.

Je nouai ainsi une réelle amitié avec Jamel. Il prenait beaucoup de soin à me traduire le livre du persan en arabe, voulant être bien sûr que je comprenne toutes les subtilités de cet écrit un peu poétique et riche en symboles.

Le texte raconte donc comment les oiseaux se rassemblent sous la conduite de la huppe, prêts pour un voyage mystique, mais le moment venu chacun donne à son tour une excuse pour ne plus suivre le chemin spirituel. La huppe et ses enseignements me rappelaient Jérémie, alors que je me demandais quel oiseau je pourrais bien être et quelle excuse me viendrait un jour à l'esprit pour abandonner le chemin, si ceci devait se produire. Bien que cette amitié nouvelle avec Jamel m'apportât un peu de réconfort, je restais bien triste au fond de moi-même.

La lecture et la traduction prirent des mois, surtout que chaque histoire entraînait de longues discussions et le récit est fait de presque 5000 vers ! Que de sagesse dans ces nombreux récits. Je réalisais au fil des vers que la Gnose doit exister dans toutes les traditions, sous une forme ou sous une autre, qu'elle est bien universelle.

Entre temps, le jeune sultan venait pour discuter de sujets divers, mais il n'aborda jamais celui des femmes ou du harem. Je voyais qu'il recherchait mon amitié, peut-être avait-il besoin de l'amour d'un grand frère plus que d'une ou de plusieurs épouses ? Cependant, je ne pouvais pas m'abandonner à une certaine intimité avec lui, car j'avais peur de ses réactions parfois excessives, il y avait quelque chose de brutal en lui.

Lui dire que ma fiancée se trouvait vraisemblablement dans son harem de la tour me paraissait être une très mauvaise idée, mais peut-être faudrait-il en arriver là un jour ?

Le harem

Esther avait mis autant de mauvaise volonté que possible pour ne pas se laisser embarquer sur le bateau de pirates, et elle avait répété l'exercice lorsqu'on l'avait forcé à monter dans cette charrette. Finalement, elle avait dû se rendre à l'évidence qu'elle était bel et bien prisonnière et quand plus tard, la porte du château se referma sur elle, elle fut prise d'angoisse.

Elle avait les mains liées dans le dos ; passée la grande porte, deux gardes la poussèrent vers le haut d'un escalier et jusqu'à une grande grille gardée par un vieil homme qui l'ouvrit grâce à une grande clef qu'il portait attachée autour du cou. Là, un autre homme – ou était-ce une grosse femme, ce n'était pas clair – l'emmena dans une petite pièce où se trouvaient deux jeunes filles à la peau foncée.

Elles lui délièrent les mains et l'amenèrent vers un bassin rempli d'eau où elles se mirent à la déshabiller. Elle se sentait tellement poussiéreuse et fatiguée qu'elle se laissât faire, entra dans l'eau chaude et reçut des soins qui lui firent le plus grand bien. Elle resta dans ce bain très longtemps, n'ayant pas le courage de bouger ; de l'eau chaude était rajoutée de temps en temps, mélangée à des parfums. Finalement, des huiles odorantes furent étalées sur tout son corps et des tas d'habits déposés devant elle.

Elle se décida à essayer plusieurs vêtements et opta pour une braie bouffante et une longue chemise de tissu fin, car il faisait très chaud. Puis elle alla s'allonger sur un divan recouvert de coussins et s'endormit. Son sommeil fut agité, des images de l'enlèvement revenaient, et de cette grille qui se refermait sur elle à répétition. Elle se réveilla en sueur dans l'obscurité, mais constata que des lampes à huile étaient allumées non loin de là. Elle se leva et trouva les deux jeunes filles noires endormies dans un vestibule.

Elle arriva dans une cour intérieure d'où l'on pouvait voir un carré de ciel constellé d'étoiles, elle s'assit sur un rebord de pierre. Elle en voulut un moment à son père de ne pas avoir vu le triste sort qui l'attendait en consultant ces mêmes étoiles, ce qu'il entreprenait régulièrement.

Puis la panique la reprit, elle se dit que son pauvre père devait être aussi à l'agonie à l'idée de l'avoir perdue ainsi au milieu de la mer. Où pouvait-il être maintenant? Pourrait-il venir à son secours?

Et Gabriel? Il lui semblait l'avoir vu sortir du bateau au moment où elle fut poussée dans la charrette. Serait-il possible qu'il soit ici pour devenir soldat ou esclave? D'un côté, elle le souhaitait, d'un autre elle espérait qu'il ait pu se sauver. Elle resta là jusqu'au lever du jour, marqué par des cloches au lointain, suivi de près par une série d'appels des muezzins.

Elle connaissait le monde musulman à travers ce que son père lui en avait raconté et la lecture de manuscrits d'origine arabe. Elle avait aussi parlé arabe avec sa maman jusqu'à la mort de celle-ci. Son père avait essayé de continuer à lui parler dans cette langue, mais elle avait refusé; cependant, elle le parlait de temps en temps avec Ridwan, c'était comme un secret entre eux. Ce n'est que récemment avec l'arrivée de Gabriel qu'elle avait recommencé à parler cette langue avec un peu plus d'enthousiasme. Et lorsqu'une voix féminine l'interrogea dans la pénombre, elle comprit ce qu'elle lui demandait :

— *Salam*, tu viens d'arriver n'est-ce pas? Quel est ton nom, ma douce ?

Esther se retourna, une femme d'âge mûr se tenait derrière elle, elle était encore très belle, malgré quelques rides, et portait de somptueux habits.

— Je m'appelle Esther… je viens de Sicile… j'ai été enlevé sur un bateau… et elle éclata en sanglots.

La femme s'assit et la serra contre elle, lui passant doucement la main dans les cheveux.

— Moi je suis Aïsha, je règne sur ce groupe de femmes qui sont toutes aussi désespérées que toi. Ne pleure pas…

Elles restèrent enlacées pendant un long moment, cette femme lui rappelait sa maman, ce qui lui redonna un peu de courage.

Aïsha reprit la parole alors que le soleil se levait :

— J'étais la favorite du précédent sultan… mais il a eu deux fils de son épouse turque… Je suis la seule ancienne femme du harem, les autres jeunes femmes ici sont nouvelles comme toi, certaines sont là depuis quelques années déjà… Nous n'avons jamais vu le jeune sultan, Faraj… Me comprends-tu ?

Esther fit signe que oui ; après un long silence, Aïsha reprit :

— Comment se fait-il que tu parles arabe ?

Esther commença à lui conter son histoire, elle avait besoin de se confier, de tout dire, les mots lui manquaient parfois, mais Aïsha l'aidait. Puis celle-ci l'arrêta :

— Attends ma douce Esther, ton récit va ravir nos compagnes qui s'ennuient tellement entre ces murs. Allons les voir et prendre un peu de nourriture, maintenant que le jour se lève.

Ainsi Esther devint le nouveau centre d'intérêt de ce gynécée, elle s'étonnait que son histoire pût susciter autant de curiosité de la part de ces jeunes femmes cloîtrées. Elle prenait du plaisir à tout raconter en grand détail, pleurant à chaque fois qu'elle mentionnait le nom de Gabriel. Elle ne se gêna pas de parler aussi de gnose, d'arcanes et d'alchimie. Son auditoire était fasciné.

Il y avait une douzaine de femmes ici et Aïsha était bien occupée à ce que les relations entre chacune d'elles restent harmonieuses, ce qui n'était pas facile, la jalousie rampant occasionnellement dans les esprits des unes et des autres. Et le fait d'être la nouvelle et ainsi le centre de l'attention réveilla de bas instincts chez certaines.

Alors, Aïsha demanda à toutes les femmes de raconter aussi leur histoire à tour de rôle, c'était mieux que de se morfondre sur des coussins ou dans l'eau chaude et les parfums. Ainsi, Esther apprit à connaître ses compagnes d'infortune, la plupart d'entre elles venaient de famille non musulmane et certaines ne paraissaient pas si désespérées que cela ; d'autres avaient été enlevées comme elle.

Ces histoires sans fin prirent de longues semaines pendant lesquelles Esther se sentait devenir de plus en plus lasse. Elle devait réagir et l'idée de se sauver ressurgissait régulièrement dans son esprit.

Elle se lia d'amitié avec Teresa, une jeune fille de Catalogne, enlevée sur un bateau, comme elle, lors d'un voyage vers Chypre. Teresa parlait très peu l'arabe, mais elle se débrouillait en latin, ayant reçu une bonne éducation chez les Sœurs dans sa ville natale. Son père s'était rendu à Chypre pour accompagner une ambassade du roi d'Aragon et une fois là-bas, il avait voulu faire venir sa famille. C'est pendant ce voyage qu'elle fut enlevée par des Barbaresques, il y avait plus d'un an de cela. Sa mère était morte en voulant la protéger.

Le temps passait bien lentement entre ces murs et l'amitié avec Teresa ne suffisait pas à Esther qui ne pensait qu'à s'échapper de sa prison parfumée. Elle en parla à Teresa, mais celle-ci n'était pas d'un caractère téméraire comme elle. Elle craignait qu'une tentative d'évasion ne tourne mal et qu'elle ne finisse lapidée ou quelque chose comme ça ; les autres aimaient raconter ce genre d'horreurs pour se faire peur.

Esther pensa que si elle devait s'échapper, elle devrait le faire seule et qu'il valait mieux ne rien dire à personne à ce sujet. Mais voilà, comment faire ? L'eunuque en charge du harem avait les yeux partout, cependant il aimait bien cette résine, le kif, qui circulait de temps en temps et qui vous plongeait dans un état de rêve éveillé. À certains moments, le rêve éveillé devenait très profond pour lui et il se mettait à ronfler, soupirant comme un bœuf ; il lui serait alors possible d'inspecter tous les recoins de cet endroit, particulièrement l'entrée.

Cette résine devait bien venir de quelque part. Elle attendit le prochain arrivage de rêves sous forme solide pour retourner vers la grille et voir ce qu'il en était de cette sortie potentielle vers la liberté. La chambre de l'eunuque était proche de l'entrée, on l'entendait soupirer, ronfler, de loin déjà. De l'autre côté de la grille se trouvait le garde, avec la clef. Il avait sa chambre juste sur la gauche, avec vue sur la grille. Sur la droite, il y avait un long couloir avec, au bout, un escalier qui descendait vers l'entrée principale.

Elle s'approcha à pas feutrés de la grille, le garde ne semblait pas être là. Elle entendait des bruits dans la chambre, des voix, il devait y avoir quelqu'un d'autre. Elle attendit un long moment et soudain, un jeune homme sortit de la chambre, elle eut juste le temps de se cacher. Le jeune homme s'en alla et bientôt le garde sortit lentement, s'étirant et reprenant son souffle, comme s'il avait fait un grand effort. Elle regagna sa chambre avant qu'il ne puisse la voir.

Elle se dit que le jeune homme était peut-être celui qui apportait la résine et qu'il passait un peu de temps avec le garde avant de repartir. Il devait savoir quand le jeune homme venait. Elle se renseigna discrètement auprès de ses compagnes et découvrit que c'était le vendredi, après la *salât*, la prière, c'est-à-dire en début d'après-midi.

Le long du couloir, à l'intérieur du harem, il y avait un balcon surélevé en pierre, avec des meurtrières donnant sur ce passage, certainement afin de pouvoir se défendre contre des attaquants depuis l'intérieur du harem. Elle alla plusieurs fois vers ce balcon afin de trouver comment y monter sans se faire remarquer.

Pendant le repas de midi, tout le monde était généralement bien occupé, soit ensemble ou par petits groupes, selon les jours. Un vendredi, elle prétexta vouloir manger seule dans sa chambre pour aller faire un petit tour. Il y avait effectivement un moyen de monter sur le balcon sans s'approcher trop de la chambre de l'eunuque ou du gardien de la grille. Une fois en haut, elle pouvait se dissimuler là en s'allongeant et attendre.

Elle avait une vue un peu restreinte sur le couloir à travers une des meurtrières. En face d'elle, sur le mur, il y avait de longues tentures qui cachaient les pierres. Quel ne fut pas son étonnement lorsqu'une des tentures se mit à bouger et que le jeune homme apparut, soulevant une tenture et refermant une petite porte derrière lui !

Il y avait donc une autre sortie dans ce couloir, ne passant pas par l'entrée principale qui devait être bien gardée. Voilà qui lui redonna du courage. Elle entendit le jeune homme aller vers la grille et appeler l'eunuque. En se relevant un peu, elle vit celui-ci prendre quelque chose dans ses mains, la résine pensa-t-elle. Puis le jeune homme engagea la conversation avec le garde et comme le bruit des voix s'atténua, elle en conclut qu'ils étaient entrés tous les deux dans la chambre du garde.

Elle retourna discrètement vers la sienne avant que quelqu'un ne vienne voir ce qu'elle faisait, elle y trouva Teresa, affalée sur les coussins.

— Où étais-tu, ma chérie ? demanda celle-ci.

— j'étais… dans le patio… à regarder le ciel… toujours bleu !

— Tu n'as même pas mangé, dit Teresa montrant la nourriture posée sur un grand plateau en cuivre.

Elle s'assit par terre et se mit à manger.

— Je crois que tu prépares quelque chose, dit Teresa.

— Tu ne veux pas un peu de ce bon riz aux épices, ma Teresa?

— Non, j'ai déjà mangé, et je deviens énorme à ne rien faire. Mais tu ne m'as pas répondu, que prépares-tu? Tu veux t'enfuir d'ici, je le sais, j'ai bien vu que tu as la tête à autre chose depuis quelques jours.

— Oui, peut-être, mais je me demande comment on pourrait bien s'enfuir d'ici…

— Eh bien moi, ma demoiselle, j'ai vu que quelqu'un encore mince comme toi pourrait passer sous la grille…

— Comment ça? dit Esther soudain très intéressée.

— Oui, sur la gauche, la marche est cassée et usée… on doit pouvoir y passer la tête et après, peut-être le reste… mais moi, je devrais jeuner au moins un mois avant d'essayer.

— Ça alors, Teresa, je croyais que tu ne voulais pas t'enfuir!

— Je le voudrais bien, mais je n'y arriverai pas… si tu y arrives, je t'en prie! Fais prévenir mon père qu'il vienne me chercher. Puis elle éclata en sanglots.

Il fallait attendre le vendredi suivant et espérer qu'entretemps rien de spécial, comme la visite du sultan, ne vienne perturber ses plans. Plus le jour se rapprochait et moins elle se sentait capable d'essayer quelque chose. Teresa s'en aperçut et commença à la harceler pour qu'elle trouve le courage nécessaire.

Elles étaient allées voir une nuit cette fameuse grille et effectivement, il devait être possible de se faufiler dessous; mais après ça, qu'arriverait-il? Elle pensait qu'il ne fallait pas essayer de s'enfuir pendant la nuit, car les portes de la citadelle devaient être fermées, il faudrait le faire lorsque l'eunuque n'était pas là et que le garde était occupé avec son jeune visiteur.

Le vendredi suivant correspondait à la fêtée de l'*Aïd al-Kebir*, apprit-elle, ceci allait-il changer ses plans ? En tout cas, elle serait prête.

Jérémie retrouve les feuilles d'or

Jérémie avait vu le bateau barbaresque disparaître à l'horizon en proie à un profond malaise intérieur. Il savait depuis longtemps que le destin de ces deux enfants serait compliqué, il s'attendait à quelques problèmes, mais celui-là l'avait surpris par sa rapidité et son ampleur. Et il ne pouvait rien tenter, du moins pour le moment.

Une *galeazza* vénitienne fut la première à arriver à leur hauteur. Il eut beau expliquer ce qui était arrivé et supplier le capitaine de prendre les sarrasins en course, celui-ci ne prêta que peu d'attention à son malheur, affirmant que la sécurité du convoi était plus importante.

Le bateau sur lequel il se trouvait devrait certainement retourner à Venise, ou à Chania, son capitaine étant maintenant désargenté. Faute de pouvoir aider Jérémie, le capitaine de la galéasse l'invita à bord, lui disant que le mieux serait de rejoindre Alexandrie au plus vite.

Ils y accostèrent quelques jours plus tard. Un de ses beaux-frères, Danyal, prévenu de leur arrivée depuis quelques semaines déjà, se trouvait au port, vérifiant les venues des uns et des autres. Cependant, il n'avait vu aucun bateau débarquer des prisonniers.

La funeste nouvelle de l'enlèvement d'Esther et de Gabriel créa un grand tumulte auprès de la famille, il dut même se défendre de n'avoir rien pu faire. Jérémie décida d'aller explorer d'autres ports le long du delta. Il partit avec Danyal et après quelques jours, ils trouvèrent un petit port qui abritait aussi une garnison de soldats mamelouks.

S'adressant à un palefrenier copte, ils apprirent que beaucoup d'esclaves ou de futurs soldats arrivaient par ce port. Il se souvenait d'un arrivage il y avait une semaine et effectivement, une jeune fille avait été poussée dans une charrette, puis, accompagnée d'une troupe de soldats, était partie pour Le Caire.

Ils retournèrent à Alexandrie, et il fut décidé qu'une partie de la famille irait au Caire, chez leurs cousins, et que là ils verraient comment obtenir des nouvelles de ce qui se passait dans les tours, les *bordjs*, de la citadelle mamelouke.

Le voyage au Caire eut lieu une semaine plus tard, car il fallait emporter des provisions et organiser une petite caravane pour aller s'installer chez les cousins.

Ceux-ci furent heureux de les accueillir, mais la nouvelle de la disparition d'Esther et de son fiancé attrista tout le monde. Il y eut des réunions avec des officiels de la communauté copte, même jusque chez le représentant au Caire du pape Mathieu d'Alexandrie.

Personne n'osait approcher le cercle du sultan, on le disait méchant et prêt à s'en prendre aux Coptes. Il avait mis récemment de jeunes gens coptes dans ses prisons. Il faudrait réussir à introduire quelqu'un dans la citadelle, sous un prétexte ou un autre et ouvrir les oreilles. Mais personne ne voulait aller se jeter dans la gueule du chacal.

Jérémie pensa que peut-être on pourrait faire un cadeau au sultan, pour son anniversaire par exemple, ou pour une fête religieuse. Il se tenait prêt à y aller lui-même. Ceux qui connaissaient son rôle de dispensateur de la gnose s'y opposèrent tout de suite. Jérémie devait rester caché ici, car le calife et les muftis d'Al Azhar n'avaient aucune sympathie pour les *philosophes* de tout genre.

Le plan de Jérémie fut adopté, mais personne ne voulait se mettre en avant pour être le porteur du cadeau. Et surtout, quel cadeau pouvait-on faire à cet empereur mamelouk ? Jérémie eut l'idée que l'on pourrait donner l'épée de Gabriel qu'il avait récupérée sur le bateau. On pourrait y faire incruster quelques pierres précieuses. Peut-être Gabriel apercevrait-il l'épée, il la reconnaîtrait, ce qui lui montrerait qu'on ne l'oubliait pas.

Faute de meilleure idée, l'épée partit donc chez un joaillier. De belles turquoises furent choisies et un expert réussit à en incruster quelques-unes sur le manche et la garde ; le fourreau fut aussi transformé et enjolivé de pierres et de fils d'or et d'argent. Le résultat était magnifique, mais tout ceci prit quelques semaines. Entre temps, deux anciens de la famille avaient accepté le rôle d'ambassadeurs. Il fallait contacter le sultanat et voir comment les choses allaient se passer.

C'était bientôt *l'Aïd al-Kebir*. Cette fête, associée au sacrifice qu'Abraham, *Ibrahim*, s'apprêtait à faire de son fils *Ismaël*, était aussi célébrée par les chrétiens. Une missive fut envoyée chez le sultan, implorant celui-ci de bien vouloir accepter un présent de la part de la communauté copte en l'honneur de cette fête et de leur ancêtre commun, *Ibrahim*. Il n'y avait plus qu'à attendre la réponse.

Pendant ce temps, il y eut bien des visiteurs dans la petite pièce qui avait été allouée à Jérémie pour son séjour au Caire. Ses anciens compagnons d'il y avait bientôt vingt ans vinrent tous le serrer dans leurs bras. La plupart vivaient à Alexandrie, quelques-uns au Caire. Tous ces visiteurs s'entassèrent chez les cousins qui se sentaient un peu débordés, mais comme ils apportaient tous des cadeaux et de la nourriture, cela contentait tout le monde.

Ces rencontres auraient pu constituer autant de festivités, mais la disparition d'Esther et Gabriel assombrissait l'atmosphère. Jérémie essayait de faire preuve d'optimisme, ne pas trop montrer sa tristesse, et il était heureux d'être ainsi soutenu par tous ses anciens amis. Ceux-ci étaient évidemment avides de l'entendre raconter ses aventures, principalement celles ayant trait à l'enseignement de la gnose le long de la vallée du Rhin.

Jérémie dut se répéter de nombreuses fois sur ce sujet, car les visiteurs n'arrivèrent pas tous ensemble. Une fois tout le monde plus ou moins présent, le groupe des *feuilles d'or* commença à se réunir régulièrement pour des séances de prière et de méditation. Jérémie put leur distribuer les séries d'arcanes restantes que les pirates n'avaient pas eu le temps d'emporter. Ils étaient tous ravis de voir ses magnifiques représentations dans un style italien bien différent des dessins originaux faits en Égypte.

Jérémie avait fait rajouter quelques symboles sur certains arcanes, attribuant aussi à chaque arcane un titre ésotérique, ainsi que les 22 types d'intelligence qui leur correspondaient. Bien des discussions suivirent, Jérémie dut expliquer qu'il avait reçu ces instructions en méditation. Au fur et à mesure de ses commentaires, ses compagnons se rendirent compte que Jérémie était un véritable maître spirituel, que la connaissance lui venait naturellement à travers son âme et de plus haut encore, directement depuis la sphère de la Gnose.

Ceci engendra une renommée que Jérémie aurait bien voulu éviter, car de nouveaux visiteurs arrivèrent, lui demandant conseil sur bien des sujets qui n'avaient souvent rien à voir avec la spiritualité. Il se vit ainsi confirmer que l'attention des gens était rarement tournée vers le bien-être de leur âme, tout le reste semblant passer avant. Cependant, il comprenait bien que le bien-être matériel et affectif jouait un rôle important dans la vie de chacun, on ne pouvait pas l'ignorer.

D'autre part, il n'était pas non plus nécessaire d'aller vivre en ermite au milieu du désert du Sinaï pour devenir un saint ni de devenir moine sur les bords de la mer rouge. C'était souvent la question que les gens lui posaient, avait-il été moine à Saint-Antoine ? Il ne pouvait pas dire trop ouvertement qu'il n'était pas copte, ce qui aurait créé des tourments pour sa famille ici au Caire. Alors il devait expliquer encore et encore que seule l'expérience directe du Divin comptait, que tout le reste, la religion, la théologie, les théories ésotériques devaient servir à cela : nous amener à réaliser notre conscience d'âme et, de là, le Divin.

Il eut ainsi la visite de prêtres coptes qui n'étaient pas très satisfaits de ce que leurs fidèles leur rapportaient de ses propos. Ici comme ailleurs, il ne fallait pas attaquer les religions en place, même de façon douce et intelligente. Il essaya de leur faire remarquer que certains rituels coptes ne faisaient que continuer ceux des mystères égyptiens d'Osiris, ce qui n'arrangea pas les choses. Ces religieux le regardaient comme sectaire, voire hérétique. Ils ne se rendaient pas compte que les sectaires, c'étaient eux, les religieux, chacun d'eux étant absolument incapables d'accepter quoi que ce soit des autres religions.

La religion pour ces gens-là était regardée trop souvent comme une identification à un groupe, avec ses coutumes, ses fêtes, ses lois, personne n'osant remettre en question ce que tous avaient accepté jusqu'ici. Dans la religion de l'âme, où sont les lois ? Où sont les coutumes ? Seule la fête est quotidienne, celle d'avoir ouvert la porte qui mène directement à l'union divine. Mais comment expliquer ceci ? Comment élargir les consciences ?

Lui le savait très bien, mais les gens devaient faire le premier pas dans la bonne direction, et il ne pouvait pas le faire pour eux.

Les amis de Jérémie réalisèrent que la situation prenait une tournure qui n'était pas souhaitable, alors il fut emmené ailleurs et sa cachette tenue secrète. On prétendit qu'il était allé se retirer dans un ermitage. En fait, il fut conduit de l'autre côté du Nil, à Gizeh, vers les pyramides, tout près du sphinx – le fameux *Abou al Hôl* des Arabes, le père de la terreur.

Un des membres des *feuilles d'or* y avait une petite maison ; les compagnons venaient souvent ici pour faire leurs cérémonies d'initiation. Il y avait une cave et un souterrain, le livre des *feuilles d'or* et d'autres documents étaient ainsi gardés sous le sphinx – comme l'affirmait le gardien des lieux, afin d'en recevoir toute la connaissance : la gnose qui ouvre les portes de l'âme.

C'était un endroit très tranquille, Jérémie n'avait plus qu'à attendre des nouvelles de la remise de l'épée, si cela devait se produire. Quelques compagnons restèrent avec lui, ils réalisaient maintenant que celui-ci était un être précieux, et le seul fait de se tenir à ses côtés était une bénédiction.

La roue tourne

Nous en étions arrivés, dans le manuscrit d'Attâr, au vingt-deuxième oiseau. Ce dernier informe la huppe que le chemin spirituel lui apparaît bien sombre et bien difficile, et surtout très long. La huppe lui répond qu'il y a sept vallées devant eux à traverser avant d'arriver au *Simorgh* et que, comme personne n'est encore jamais revenu de ce voyage, il est donc impossible de dire si celui-ci est long ou pas. Ces sept vallées me rappelaient les sept colonnes du tableau des arcanes.

Puis la huppe énumère ces vallées :
— la vallée de la Quête et du Désir
— la vallée de l'Amour
— la vallée de la Compréhension et de la Connaissance
— la vallée de l'indépendance, du Détachement ou de la Plénitude
— la vallée de la Pure Unité
— la vallée de l'Étonnement et Perplexité
— la vallée de la Pauvreté et du Rien.

Je ne pus m'empêcher de penser que cette suite ressemblait à mon parcours. Mon désir de la quête m'avait ouvert à un amour profond et sincère envers Esther, ce qui m'amena à la compréhension, à la Gnose, grâce à l'enseignement de Jérémie. Maintenant il semblait bien que j'en fusse au stade de l'indépendance, seul dans ma tour, mais pas encore à celui du détachement... aurais-je donc déjà fait la moitié du chemin ?

La lecture de cette quatrième étape m'apprit que l'attitude à avoir dorénavant consistait à ne pas stagner, à aller de l'avant, toujours et toujours. Mais le texte parlait aussi de détachement, une injonction qui m'inquiétait sans que je sache vraiment pourquoi :

Lève-toi ! et franchis cette aride vallée
Envole-toi ! Renonce à ta vie, à ton cœur
Car tant que tu seras attaché à ces deux
Tu seras un païen, ou pire, un ignorant !
Sacrifie donc ta vie et fais don de ton cœur !
De peur qu'ils ne t'éloignent de la Plénitude

Dans ma situation actuelle, tout ceci paraissait à la fois vrai et compliqué à réaliser, cependant l'idée que je pouvais peut-être influencer le sultan afin que les choses changent s'installa en mon esprit. En tout cas, il serait important de se tenir bien à l'écoute et d'accepter tout ce qui pourrait altérer le cours des événements.

Les événements allaient changer effectivement, mais pas forcément dans le sens espéré.

Le jeune sultan arriva un matin bien excité, il avait plein de choses à discuter avec moi, disait-il. Il était maintenant persuadé qu'il devait aller en Syrie et remettre de l'ordre dans les cités dévastées par Timur Lang. Les vizirs des différentes villes étaient quasiment dépourvus d'armées, suite au passage dévastateur du Mongol, et il pouvait exiger d'eux qu'ils acceptent sa suzeraineté sans avoir à les combattre ; ce qui était arrivé à son père et qui avait mal tourné pour lui.

Il ne me demandait pas mon avis là-dessus évidemment, je ne pouvais donc que l'encourager, espérant que mon destin s'en trouve changé. Et effectivement, il m'annonça que j'irais avec lui, car il avait été contacté plusieurs fois par les Vénitiens, ceux-ci tenant à le prévenir des intentions des Génois de l'attaquer : Alexandrie était menacée, mais aussi Tripoli et Beyrouth.

Il devait garder le contact avec les Vénitiens pendant son déplacement qui allait durer quelques mois et il avait besoin de moi comme truchement, comme *ambassadeur*, déclara-t-il. C'était une grande nouvelle, me faisait-il suffisamment confiance maintenant pour me sortir de la citadelle ?

Les grandes chaleurs étaient passées, nous partirions à l'automne et passerions l'hiver et le printemps entre Damas et Tripoli. C'était une véritable expédition qui se préparait, avec une petite armée, mais aussi tout ce qui était nécessaire pour camper en chemin, comme du bétail, car nous ne savions pas ce que nous pouvions attendre de ces contrées dévastées, disait Faraj.

D'autre part, si les vizirs se montraient résistants ici ou là, il faudrait peut-être les assiéger et donc se tenir prêt à survivre pendant des mois, et dans de bonnes conditions si possible. D'où l'importance d'avoir une bonne intendance et suffisamment de personnes pour s'occuper de tout cela. Il avait aussi décidé que certains de ses chefs militaires et administrateurs de haut rang partiraient s'installer à Damas ou Tripoli avec leur famille afin d'élargir son influence dans ces villes.

Visiblement, il avait déjà tout en tête, certainement guidé par ses généraux, toujours prêts à partir en guerre. Et il y avait de la vengeance dans l'air à cause de ce que son père avait souffert quelques années auparavant dans des circonstances un peu similaires. Je devais donc me préparer pour cette expédition et organiser ma maisonnée, disait-il. Je ne voyais pas de quoi il parlait.

— Quelle maisonnée, mon Prince ?

— Je te vois régulièrement et je trouve que tu es bien triste, ça m'ennuie ! dit-il.

— Partir à l'aventure me réjouit déjà, Seigneur.

— Oui, j'espère bien, mais j'ai décidé que tu devais te marier et prendre ton épouse avec toi… tu auras des serviteurs et des esclaves… Si tu dois être mon ambassadeur auprès des Vénitiens, tu dois être digne de la fonction et tu t'installeras à Alep ou à Damas… ou à Tripoli, on verra.

Je restai interloqué, sachant que lui résister était une démarche potentiellement mortelle. Il m'avait déjà dit avoir fait exécuter plusieurs militaires et conseillers qui s'opposaient à lui.

— Tu n'es pas content ? Tu le seras quand tu auras vu les jeunes filles du harem de la tour, et il se mit à rire.

Mon Dieu ! était-ce possible ? Il voulait m'offrir une femme de son harem… et dans ce harem, il y avait Esther. Ou bien était-ce un piège ? Le seul moyen de le savoir était d'accepter…

— Je suis juste très surpris, Majesté, mais si tel est votre désir, alors je prendrai une épouse, réussis-je à dire sans trop montrer mon émoi.

Je me sentais au bord d'un précipice, et si Esther ne se trouvait pas là, et si… et si…

— Nous le ferons après *l'Aïd al-Kebir*, c'est dans une dizaine de jours, d'ici là, réjouis-toi !

Puis il disparut en toute hâte, ne désirant pas entendre quoi que ce soit d'autre sortir de ma bouche.

Je restai au bord du précipice, osant à peine me déplacer vers ma chambre. Puis je me centrai en mon cœur et répétai quelques noms divins. Une certaine harmonie et le calme revinrent en moi, j'acceptai petit à petit que mon destin se déroule à nouveau dans une direction nouvelle et imprévue, comme durant ces deux dernières années...

Mais soudain, une foule de questions jaillirent en mon esprit, comme devoir devenir musulman pour ce mariage ; ou bien pourrais-je demander de le célébrer dans la religion copte ? Je réalisai que ce n'était qu'un détail, finalement, surtout si je pouvais épouser Esther.

Et si ce n'était pas Esther ? J'osais à peine laisser entrer cette idée dans ma tête. Dire non au sultan serait comme un arrêt de mort et mourir était effectivement une option, mais pas encore la mienne. Car je savais qu'une fois hors de cette citadelle, je pourrais envisager de m'échapper.

Je décidai d'oublier toutes ces idées et de me préparer à ce qui adviendrait, me persuadant que, de toute façon, ceci devait faire partie de ma destinée.

Nouvelles intrigues

Loin de là, mais au même moment à Rome, Onofrio de Montepulciano considérait que son ascension au sein de l'Office n'allait pas aussi rapidement qu'il l'aurait souhaité. À bientôt cinquante ans, il se trouvait déjà vieux et fatigué et, malgré ses efforts, il avait l'impression de ne plus avancer. Voilà des années qu'il servait de lien entre l'Office de l'Inquisition, que certains aimaient appeler le *Saint-Office*, et les appartements du Saint-Père, ne l'amenant à rien d'autre sinon à une grande fatigue.

Il avait dû sa promotion au fait qu'il était de la famille de la fameuse Agnès, pas encore vraiment sainte, mais cela ne saurait tarder, pensait-il. Cette présente stagnation commençait à lui peser. Son rêve aurait été de devenir cardinal, mais voilà, il aurait fallu que quelque événement lui permette de se faire remarquer un peu plus et le mette en avant, lui donnant ainsi les appuis nécessaires.

Le Saint-Père devait être le garant que l'Inquisition n'enfreignait pas les lois de l'Église : on devait donc lui rapporter et expliquer les cas les plus importants, puis tout ceci était archivé. Onofrio était en charge de cette mission, donc au courant de bien des hérésies et du zèle que certains dominicains de son ordre mettaient à les combattre. Il se souvenait de ce *de Mérifons*, attaché au départ au tribunal de l'Inquisition de Toulouse, et qui était devenu un itinérant en charge de traquer certains hérétiques en mouvement.

De Mérifons, de retour de Sicile, avait soi-disant découvert des gnostiques là-bas. Le rapport de de Mérifons sur cette histoire lui était passé entre les mains puis avait été archivé. Ensuite, il y avait eu d'autres documents bien curieux en relation avec ce moine. Un compte-rendu d'un jugement fait à Lisieux, en Normandie, dans lequel le moine était accusé d'avoir fait tuer de braves gens. Mais il y avait aussi cette confession recueillie à Rotterdam, qui était arrivée avec une lettre de l'archevêché de Rouen, faisant état de la disparition de de Mérifons lors de son arrestation dans cette ville.

Onofrio avait passé pas de mal de temps à lire et relire tous ces documents maintenant rassemblés devant lui et il en avait conclu que le hasard, faute de grâce divine, avait fait se rencontrer tous ces hérétiques en Sicile. Il était clair que Gabriel Aubriot et Esther Lovinay étaient les enfants de personnes recherchées par l'Inquisition. Si les parents de Gabriel étaient bien morts, certainement à cause du zèle de de Mérifons, le père d'Esther était encore vivant et avait échappé au moine.

La confession de de Mérifons avait été établie devant témoin, l'un d'eux, Robert d'Hauteville, était sans aucun doute le père adoptif de ce Gabriel, Roberto Autavilla. Il en avait conclu que les Autavilla père et fils étaient partis à la recherche de de Mérifons, l'avaient retrouvé à Rotterdam où ils lui avaient certainement extorqué ses confessions. Qu'était donc devenu de Mérifons ? Les Autavilla s'étaient-ils vengés, et avaient-ils fait disparaître le moine ? Il faudrait certainement les interroger là-dessus pour en savoir plus, et surtout retrouver Jérémie le *gnostique*.

Il avait alors envoyé une missive aux dominicains de Palerme, et venait de recevoir leur réponse. Autavilla père était rentré d'un long voyage en Normandie et il s'apprêtait à repartir pour Alexandrie où son fils Gabriel allait épouser Esther, la fille de son précepteur.

Tout ce petit monde de mécréants allait donc se retrouver à Alexandrie, la source de bien des hérésies. Encore heureux que la bibliothèque de ces *philosophes* fût partie en fumée depuis longtemps grâce au zèle des premiers chrétiens. Mais ces mêmes chrétiens fanatiques étaient maintenant devenus une secte à part, des *monophysites* ! Pourquoi n'étaient-ils pas restés fidèles à leur apôtre Paul, fondateur de l'église d'Alexandrie ? Et malgré les persécutions des croisés, ces *Coptes* avaient survécu et avaient même un pape… quelle infamie !

Est-ce que ce Jérémie était d'origine copte ? C'était bien possible. Et allaient-ils tous revenir en Sicile un jour ? C'était aussi possible, surtout s'ils avaient fait disparaître de Mérifons, et certainement possédaient-ils une copie de ses confessions qui les blanchissaient. Il devait donc mettre en place une surveillance de la demeure des Autavilla et essayer de capturer tout ce monde-là, s'ils y revenaient un jour.

Il décida de se lancer dans cette entreprise sans en avertir ses supérieurs, du moins pour le moment. Il voulait obtenir tout le bénéfice d'une telle capture et organiser un procès retentissant. Avec tous ces documents en sa possession, ces *cathares* finiraient sur le bûcher, c'était sûr. Il renvoya donc une lettre aux dominicains de Palerme avec des ordres bien clairs, se faisant passer à l'occasion pour plus important qu'il n'était, mais ces dominicains-là n'iraient certainement pas vérifier qui il était.

Une fois les hérétiques revenus au nid, il se déplacerait là-bas et les capturerait lui-même ; il ne se ferait pas avoir comme de Mérifons, il en était convaincu.

L'évasion

Le fait que ce soit l'Aïd ne devait pas changer le déroulement de cette journée dans le harem. Comme d'habitude toutes les femmes, et l'eunuque, étaient lasses et attendaient un peu de kif pour améliorer leur moral. Après avoir mangé avec Teresa, Esther se prépara pour l'évasion.

C'était surtout une préparation morale : elle se souvenait bien de ce que son père lui avait appris sur le sujet de la préparation, surtout lorsqu'il s'agissait d'action d'importance.

L'arcane 7 était la clef de la préparation à toute action devant se terminer avec succès, lui avait-il expliqué à plusieurs reprises. Elle ferma les yeux : elle avait l'impression que son père se tenait là devant elle, lui rappelant les points importants concernant cet arcane.

On y voit un prince conduisant son chariot sans l'aide de rênes, démontrant que l'on peut être en parfait contrôle de son corps, de ses émotions, de ses pensées et de sa force de vie – représentés par les deux sphinx, par la seule présence divine en nous. Cette image amène aussi la protection nécessaire à toute entreprise périlleuse. Le conducteur des sphinx porte une armure, il est protégé par son chariot et la ville derrière lui est fortifiée, protégée par une rivière. Ces symboles implorent donc la protection divine.

Elle visualisa l'image avec ses couleurs dont elle se souvenait bien pour l'avoir peinte plusieurs fois. Cet arcane est en relation avec la volonté, surtout celle de réussir sur le chemin spirituel, sur le chemin de la Vie. Mais cette volonté-ci, c'est la Volonté divine, et non pas les désirs personnels qui trop souvent nous égarent. La Volonté divine est montrée par la rivière qui traverse l'image, tout comme elle nous traverse à chaque acte de volition. À nous de savoir en prendre la pleine mesure. Elle resta en contemplation un long moment, les enseignements de son père résonnant dans sa tête de temps en temps.

Teresa finit par lui demander si ce n'était pas le moment de bouger. Esther la prit dans ses bras en une longue étreinte, elle avait mémorisé toutes les informations pour retrouver le père de Teresa ou sa famille en Catalogne. Teresa devait aussi s'assurer que l'eunuque resterait suffisamment longtemps avec Aïsha comme d'habitude le vendredi, bien occupé à rêver. Elles attendirent jusqu'à ce que l'eunuque passe devant elles pour délivrer la résine, puis se dirige vers la maîtresse des lieux. Alors Esther prit une grande respiration et se déplaça vers la grille.

arcane 7

Elle entendit le garçon et le garde parler à l'intérieur de la chambre, elle se prépara à passer sous la grille. Généralement, le garçon restait là un bon moment, mais que faisaient-ils ensemble ces deux-là ? Elle ne le savait pas, ce qui l'inquiétait. La grande question dans l'immédiat était de savoir si la petite porte serait fermée ou pas, et que faire si elle l'était ?

Elle se décida à passer sous la grille, s'allongea, commença à passer la tête, il fallait la mettre sur le côté et faire attention à ne pas se blesser sur les aspérités du fer forgé. La tête passa tout juste, maintenant elle réalisait qu'un des attributs de sa féminité, sa poitrine, qu'elle trouvait fort bien faite, représentait un obstacle à sa progression. Elle dut se tortiller, s'aplatir, réfréner des injures et soudain put progresser un peu.

Un autre attribut, ses fesses étaient l'obstacle suivant, et là elle crut bien ne jamais y arriver. Elle essaya même d'aller en arrière, réalisant que c'était encore plus difficile. Elle était bloquée à cause de ses fesses, quelle honte ! On allait la retrouver prise au piège, comment se sortir de là ? Ouvrir la grille ne serait même pas possible avec elle coincée dessous... Elle reprit son courage, ferma les yeux, revit l'arcane 7 passer comme un éclair dans son regard intérieur, poussa un grand coup sur la grille en s'aidant de ses bras, et miracle, les fesses étaient de l'autre côté !

Elle se leva avec précaution et s'approcha de la chambre du garde. Depuis un moment, elle entendait comme des gémissements venant de cette direction. Un vestibule, un peu dans la pénombre, séparait la porte d'entrée de la chambre. Posés à même le sol, il y avait un tas d'habits qu'elle enjamba. Devant elle, sur une pile de grands coussins, les deux hommes étaient montés l'un sur l'autre, nus, que pouvaient-ils bien faire ? S'approchant un peu plus, elle réalisa à quoi ils avaient l'air si occupés et comprit l'origine de tous ces gémissements.

Aïsha, lors de leurs nombreuses journées d'oisiveté, s'était chargée de leur faire comprendre le but d'avoir des jeunes filles dans un harem. Elle avait parlé très crûment de ce que l'on attendait d'elles, joignant les gestes à la parole, rentrant dans des détails qu'elle aurait préféré ne pas entendre. Elle avait aussi parlé de sodomie, et c'est bien de ceci qu'elle était maintenant le témoin, pas de doute !

Elle referma la bouche, restée grande ouverte devant cette nouveauté, prit le tas d'habits avec elle, les inspecta, trouva ceux appartenant au jeune homme, enleva les siens qui étaient tout déchirés après le passage sous la grille, enfila ceux du jeune homme qui étaient heureusement à sa taille, ajustant tant bien que mal le turban, tout en cachant ses cheveux dessous, et se rua en silence vers la petite porte. Fermée !

Son sang se glaça dans ses veines. Le gilet vert vif qu'elle portait avait des poches, une inspection rapide lui permit de trouver la clef, ouf ! Elle ouvrit la porte avec précaution et se retrouva perchée en haut d'un grand escalier collé le long d'un mur, vraiment pas large du tout, et sans rambarde. Elle eut presque le vertige, se reprit et commença à descendre, ses deux mains et son dos frôlant le mur. L'escalier débouchait sur le côté de la grande cour, elle pouvait se diriger vers la poterne sans se faire trop remarquer. Elle y arriva au moment où deux vieux bonshommes portant quelque chose étaient en grande discussion avec les gardes, elle n'hésita pas, passa les gardes sans se retourner et se retrouva sans autres sur la rampe d'accès de la forteresse. Était-ce possible ?

Elle se serait bien mise à courir de toutes ses jambes, mais elle continua d'un pas tranquille et décidé, arriva finalement vers des habitations : un grand choix de ruelles s'offrait à elle, laquelle prendre ? Soudain, elle entendit des cloches sonner pas très loin. À l'oreille, celles-ci devaient se situer sur sa gauche, elle se dirigea dans cette direction, gardant toujours son regard fixé sur le sol afin de ne pas croiser celui de quelqu'un. Les cloches s'arrêtèrent, mais ne devaient plus être très loin. Levant le nez, elle aperçut un clocher tout au bout de la rue et se dépêcha d'arriver à l'église.

Son entrée dans le lieu de culte ne passa pas inaperçue ; il y avait un petit groupe s'apprêtant à prier qui lui tournait le dos, et un prêtre qui s'arrêta net dans ce qu'il faisait pour fixer son regard sur elle. Aussitôt, tous les fidèles se retournèrent. Elle se dit qu'elle devait certainement enlever son turban qui devait déparer dans ce lieu, les hommes doivent a priori se tenir ici la tête découverte pensa-t-elle, mais les femmes, elles, doivent se la couvrir…

Sans hésiter, elle jeta son turban à terre, ses cheveux tombèrent sur ses épaules et elle s'approcha des fidèles.

— Aidez-moi, s'il vous plait…

Le prêtre comme les fidèles restaient là, personne ne bougeait.

— Je me suis échappée du harem de la tour… aidez-moi… supplia-t-elle.

Une femme vint vers elle, lui posa un petit tissu sur la tête, la prit par le bras et l'entraîna vers une porte au fond de l'église. Elles arrivèrent dans une cour, montèrent un escalier et entrèrent dans une petite pièce. Elles s'assirent autour d'une table basse.

— Qui es-tu ma jolie ? demanda enfin la femme. Pourquoi es-tu habillée comme un homme musulman ?

— Je m'appelle Esther, je me suis échappée du harem…

— Pourquoi racontes-tu de telles choses, as-tu perdu la raison ?

Esther se rendit compte qu'effectivement son histoire pouvait paraître incroyable. Alors elle commença le récit de son périple par son enlèvement en pleine mer. La femme la dévisageait, son regard empli de gentillesse. Elle n'était plus très jeune, elle aurait pu être sa grand-maman. Elle voyait bien que la femme avait de la peine à suivre, certainement croyait-elle qu'elle inventait toute cette histoire, qu'elle avait effectivement perdu la tête.

— Tu vas te reposer, Esther, dit la femme, n'aie aucune crainte, tu es à l'abri ici... je vais m'absenter un moment, attends-moi, ne bouge pas d'ici.

La femme partit, Esther s'allongea sur les coussins et se mit à pleurer doucement. Puis elle ferma les yeux et revit tout son parcours à l'envers. Elle s'arrêta sur le regard de Teresa, elle lui souriait, elle disait quelque chose, elle parlait à Gabriel... elle rêvait.

Lorsqu'elle s'éveilla, la femme et un prêtre se trouvaient dans la pièce, et une petite fille la fixait de ses grands yeux noirs. Cette dernière déclara aux deux autres qu'elle s'était réveillée. Les regards se tournèrent vers elle. La femme s'approcha et se mit à genoux à côté d'elle.

— Voici le père Cyril, tu vas lui raconter ton histoire, tu veux bien ? Il y a à boire et à manger sur la table... Prends ton temps.

Le prêtre vint s'asseoir de l'autre côté de la table basse et l'invita à se restaurer. Il faisait nuit maintenant, elle avait faim, alors elle commença à manger et à boire.

— Comment s'appelle ton père ? demanda le prêtre d'une voix douce.

— Jérémie... Jérémie Lovinay... elle réalisa que ce nom ne voudrait certainement rien dire ici. Elle ajouta :

— Ma maman est morte... mais elle était copte, elle venait d'Alexandrie... Elle s'appelait Sofia... Sofia Youhana.

— Nous allons te cacher en attendant de trouver ton père, je crois savoir qu'il se trouve quelque part au Caire, dit le prêtre avec son gentil sourire.

Son père était là ! Mais où pouvait bien être Gabriel ?

Ambassade copte

Un peu avant l'Aïd, le sultan me rendit visite un matin ; il avait l'air de bonne humeur.

— Jibril, j'ai une mission pour toi. Il m'appelait par mon prénom arabe.

— Oui mon Prince. Laquelle ?

— Tu vas pouvoir exercer ta nouvelle fonction *d'ambassadeur...*

— Déjà !

— Une délégation copte désire m'offrir un cadeau pour l'Aïd, je n'ai pas envie de les voir... il hésita un moment, puis finalement décida de me dire pourquoi :

— Ils veulent certainement qu'en retour, je libère des prisonniers coptes, mais j'ai fait crucifier l'un d'entre eux ce matin même... Te rends-tu compte que ce vaurien m'a insulté lorsque je passais à cheval dans leur quartier ? Ses compagnons sont toujours en prison...

Je restai interloqué à l'idée d'un pauvre homme crucifié pour insulte. Faraj continua :

— En plus, si leur cadeau ne me plaît pas, je devrai certainement les faire fouetter... alors j'ai décidé qu'ils te remettront le cadeau, à toi, ici même. Je ferai installer une salle de réception. Puis, me regardant en tournant autour de moi, il ajouta :

— Tu devras porter des habits dignes de ta nouvelle situation... si tu le désires, tu peux faire libérer les prisonniers... et si le cadeau ne te satisfait pas, tu peux les faire fouetter... à toi de décider... de mener cette ambassade envers les Coptes comme il te plaira.

— Quand viendront-ils ? demandai-je.

— L'après-midi de l'Aïd... et le lendemain, on te mariera... il éclata de rire et tourna les talons vers la porte toujours aussi bien gardée.

Peu après, un chambellan vint visiter les lieux avec d'autres hommes, suivi d'un tailleur chargé de me transformer en ambassadeur. Puis Abou Zaid et Jamel Edin arrivèrent, nous prîmes notre repas ensemble, je leur racontai ce qu'il s'était passé. Ils me félicitèrent pour ma nouvelle fonction et me donnèrent quelques conseils.

Ils étaient surpris qu'une délégation copte soit prête à affronter le sultan, il devait y avoir une autre raison que celle des prisonniers. Ils me demandèrent de pouvoir assister à l'entrevue si cela ne me dérangeait pas et voir ce qui pouvait être fait pour ces braves gens, au cas où.

J'avais besoin de leur soutien, car les événements de ces derniers temps m'avaient déstabilisé. J'étais prêt à accepter bien des choses pour sortir d'ici, mais ce destin mis en place par le sultan ne me convenait vraiment pas. Cependant, je devais aller de l'avant pour m'échapper d'une manière ou d'une autre.

L'après-midi de l'Aïd arriva, on me fit savoir que deux hommes étaient retenus à la poterne et que l'on attendait mon ordre pour les faire venir. Je donnai donc cet ordre. Quelques instants plus tard, la porte de ma prison s'ouvrit, il y avait deux gardes à l'intérieur et deux à l'extérieur encadrant deux vieillards qui avançaient côte à côte à pas comptés, tenant dans leurs quatre mains un objet allongé et enveloppé dans un beau tissu.

Ils étaient vêtus simplement, alors que je devais paraître bien préten- tieux et imbu de ma personne dans ces habits que j'avais reçus le matin même. Ce qui me gênait le plus était ce grand turban. Je me disais que si Esther pouvait me voir ainsi, elle éclaterait certainement de rire. Mais le moment se voulait sérieux.

Les deux hommes s'arrêtèrent à quelques pas de moi, j'étais assis sur une grande banquette, sous un dais de tissu écarlate. Sans lever la tête, l'un des deux commença à parler d'une voix très douce. Abu Zaid qui se tenait à ma droite, debout, lui demanda poliment de parler plus fort. L'homme reprit :

— Votre Seigneurie, veuillez accepter ce modeste cadeau de la part de notre communauté.

Je me demandais si on leur avait dit qui j'étais. Je pris la parole :

— Je vous remercie, c'est très agréable à vous d'avoir voulu fêter l'Aïd en nous faisant ce cadeau.

J'avais répété avec Jamel la façon de m'exprimer, mais j'avais bien de la peine. Mes deux amis m'avaient dit de ne pas demander à voir le cadeau, évitant ainsi de devoir me prononcer sur sa valeur.

— Seigneur, nous souhaiterions vous montrer ce cadeau, dit soudain l'autre homme. Et il s'empressa d'ouvrir le tissu découvrant ainsi un magnifique fourreau qui devait contenir une belle épée. L'homme s'avança et me remit le tout, que j'admirai, puis, je ne pus m'empêcher de sortir l'épée.

Quelle ne fut pas ma surprise ! Bien que le fourreau et le manche de l'épée aient pu prêter à confusion, mes doutes s'évanouirent lorsque j'inspectai le haut de la lame avec les armoiries de Normandie, gravées là par mon père avec ses initiales. Je restai sans voix.

Jamel s'approcha, ayant remarqué mon étonnement. Il me demanda à l'oreille si le cadeau me déplaisait, ce qui me laissa suffisamment de temps pour me ressaisir.

— Magnifique cadeau, c'est bien une épée normande ?

Les deux hommes se regardèrent, ne sachant trop quoi dire. J'enchaînai :

— Certainement avez-vous quelques vœux ? Ce cadeau appelle un geste de notre part en retour.

Un des hommes s'avança un peu et me parla tout en me fixant droit dans les yeux.

— Nous avons sollicité cette rencontre afin que vous sachiez que l'un des nôtres, père d'une magnifique jeune fille, est au désespoir de l'avoir vu disparaître lors d'une attaque de pirates… il aurait voulu obtenir votre appui dans la recherche de la disparue qui doit se trouver ici quelque part au Caire.

Mon Dieu, c'est bien ce que je pensais, Jérémie avait fait envoyer ces deux-là dans l'espoir d'obtenir quelques nouvelles d'Esther, que pouvais-je leur répondre ? Rien, sinon une réponse de diplomate…

— Laissez-nous vos noms et celui de la jeune fille, et nous allons nous renseigner.

Les deux émissaires ne parurent pas satisfaits de cette réponse, mais ils comprirent qu'ils devaient s'en aller. Ils me remirent une lettre, avec certainement les noms que je venais de leur demander. Ils commencèrent à reculer vers la porte, tout en me faisant face ; j'interrompis leur marche en arrière :

— Comme preuve de notre bonne foi, nous allons libérer les jeunes coptes qui sont emprisonnés ici ; faites savoir à vos familles que l'ambassadeur Gabriel veut garder de bonnes relations avec votre communauté… et à mon retour de voyage vers la Syrie, je viendrai moi-même vous visiter.

Mes deux acolytes semblèrent un peu interloqués par cette déclaration, mais ils ne bronchèrent pas. Les deux Coptes s'en allèrent.

— Eh bien, Gabriel, voici une affaire bien étrange, dit Jamel au bout d'un moment. Quel est le nom de la jeune fille ? demanda-t-il.

J'ouvris la lettre : y figurait le nom écrit en arabe et en latin d'Esther Lovinay, fille de Jérémie et de Sofia Youhana ; puis il y avait une adresse, celle d'une église copte où l'on pouvait faire parvenir des nouvelles à la famille Youhana.

— Qui peut bien être cette jeune fille ? D'après moi, ils doivent croire qu'elle se trouve ici, dans le harem ? ajouta Abou Zaid.

— Lors de ta visite en ce lieu bien gardé, tu pourras te renseigner, dit Jamel. Mais je ne pense pas que l'on puisse la sortir de là, à moins que vous ne l'épousiez, Monsieur l'Ambassadeur… dit-il d'un air embarrassé.

Ils étaient au courant de ce mariage prévu pour les jours suivants, mais je ne pouvais pas leur faire part de ce que je savais, ceci ne mènerait nulle part et pourrait les mettre, au contraire, dans un grand embarras. Quant à moi, j'avais une douleur dans la poitrine qui m'empêchait presque de respirer normalement.

— Mes amis, je dois me retirer, cette entrevue m'a épuisé.

Je les saluai et me retranchai dans ma chambre, où je ne pus retenir mes larmes, ce qui me soulagea, ainsi que la réalisation que mon message serait certainement transmis plus loin. Jérémie allait savoir que j'étais prisonnier ici. Puis je fus pris de panique à l'idée que les deux Coptes ne pouvaient pas se douter que j'étais un prisonnier, ils diraient simplement avoir été reçus par un chambellan du sultan, s'appelant Gabriel.

Puis je me rassurai, Jérémie aura vite compris que j'étais gardé ici contre mon gré, comme conseiller ou traducteur. J'espérais que les deux vieux Coptes auraient bien enregistré ce que j'avais dit, que je partais en voyage en Syrie bientôt... et surtout que l'épée était normande, ce qui devrait lever tous les doutes.

Maintenant, je devais me préparer pour ma visite au harem. Le sultan allait m'accompagner, c'était presque sûr. Si Esther se trouvait là et qu'elle me saute au cou, qu'allait-il se passer? Ma confiance en la bienveillance du jeune Faraj était très limitée, je n'avais aucune idée de la façon dont il réagirait s'il découvrait que ma fiancée était dans son harem.

Je n'arrivais pas à trouver le sommeil, je commençais à avoir des doutes à propos du plan divin. J'avais accepté les explications de Jérémie sur la réincarnation, entre autres car beaucoup de philosophes grecs semblaient y croire fermement. J'en avais longuement discuté avec Ridwan qui m'avait montré des textes de ces philosophes. Devions-nous donc souffrir pour toutes nos erreurs passées? Et si ce n'était pas le cas? Alors Dieu était un bien méchant créateur qui s'amusait du malheur de ses créatures...

J'aurais ainsi pu douter de mon destin, mais je remerciai la providence divine, comme disait notre bon curé, de m'avoir mis sur le chemin de cette connaissance sans laquelle j'aurais déjà perdu la raison. Les quelques expériences mystiques qui m'avaient été données me permettaient de repousser les limites du doute, qui n'étaient que celles de mon ignorance. Dans une de ces expériences, j'avais aperçu la gloire qui sera nôtre sur le chemin du retour, le chemin de l'âme, c'était juste indescriptible! La seule question que j'avais en tête ces derniers temps était de savoir si ce chemin était bien le mien.

Selon la quatrième vallée du livre d'Attâr, il me fallait maintenant passer par le détachement, et je redoutais cette réalisation : me détacher de tout ce que j'avais vécu depuis que j'avais quitté mon pays natal? J'étais parti il y avait bientôt trois ans; ces trois années avaient été comme une nouvelle existence. J'étais devenu quelqu'un d'autre et cette nouvelle personne me plaisait, bien plus que l'étudiant studieux chez Monsieur le Curé, garçon de ferme à l'occasion. Mais je voyais bien que je devais oublier cette nouvelle personne, m'en détacher. Ce n'était qu'un nouvel habit, un peu plus brillant que le précédent, mais sans réelle valeur.

J'avais réalisé ceci quand je m'étais perdu dans l'âme d'Esther, à travers ses beaux yeux bleus de turquoise. Revenant à moi, j'avais été frappé alors par la différence entre son âme et sa personne. Jusque là, j'avais été amoureux de cette personne, mais soudain ce fut son âme qui me fascina. Comme elle me l'avait dit, son âme était libre, je ne pourrais jamais la posséder; si je voulais en posséder une, ce ne pouvait être que la mienne… Mais il ne s'agissait pas de possession, donc, mais de détachement, comme le faisait savoir Attâr.

Je me rappelais aussi mes lectures avec Jérémie, principalement celle de maître Eckhart qui place le détachement au-dessus de toute autre vertu, même l'Amour. Je m'étais alors demandé si Eckhart n'avait jamais été amoureux…

Jérémie avait voulu avoir mon opinion sur ce texte du maître, je lui avais dit que malgré sa forme philosophique, le texte montrait bien qu'Eckhart avait vécu ce qu'il exposait. Jérémie était satisfait que je puisse ressentir ceci, car, disait-il, le Maître s'adresse aussi à notre raison et cela lui valut une condamnation du pape de l'époque, insensible à l'autre message s'adressant à notre âme.

Maintenant, je me disais que si le plan divin était bien fait, alors j'allais être confronté à une leçon de pur détachement dans un proche avenir et j'en avais un peu peur.

L'épouse

Le sultan me fit savoir quelques jours plus tard qu'il viendrait le lendemain matin me chercher pour aller choisir une épouse. Il arriva de bonne heure, j'étais à peine éveillé, car j'avais très mal dormi suite à ces événements inattendus. Il voulut voir le présent des Coptes et ne le trouva pas vraiment à son goût.

— Tu peux la garder! Cette épée franque ne va que sur un Franc et tu en auras peut-être besoin lors de notre voyage… alors, allons voir les femmes!

Il fit un mouvement vers la porte, puis se ravisa et se tourna vers moi.

— Tu vas rencontrer Aïsha, c'est elle qui règne sur le harem… je me réjouis de la revoir… elle était la favorite de mon père. Quand ma mère attendait mon petit frère… elle ne voulait plus voir personne, même pas moi… alors Aïsha est devenue ma seconde mère… à la mort de mon père, ma mère l'a renvoyée dans le harem. Il me sembla observer comme un voile passer sur son regard.

Il fit une longue pause, je ne savais quoi dire, j'avais soudain de la compassion pour lui : je commençais à comprendre d'où venait sa méchanceté. Comme me l'avait expliqué Jérémie, certaines personnes malheureuses s'entourent d'un mur de sentiments négatifs, de haine, de jalousie, de désespoir, qui les prive de la lumière de leur âme, ils sont alors capables des pires méchancetés. Mais ce mur n'est pas indestructible, avait-il ajouté. Il me semblait que pour Faraj le mur serait bien difficile à détruire.

Faraj se dirigea vers la porte, je le suivis, appréciant ce moment de semi-liberté retrouvée. Nous descendîmes des escaliers, débouchâmes sur un long couloir pour arriver à une grande grille qu'un garde ouvrit devant nous. Il n'osait pas nous regarder, pas plus que l'eunuque qui se tenait de l'autre côté. Avaient-ils si peur que ça du sultan?

Une belle femme d'un certain âge apparut devant nous, ce devait être Aïsha, elle tourna les talons en nous voyant arriver et nous la suivîmes.

J'étais étonné qu'elle n'eût même pas salué le sultan, peut-être lui en voulait-elle d'être ainsi prisonnière. Nous débouchâmes dans un patio où se tenaient les jeunes filles. Je ne savais plus si mon cœur battait encore. Aïsha s'arrêta, elle me regarda, puis ouvrit la bouche :

— Elles sont toutes là, fais ton choix… je serai avec Faraj un peu plus loin, prends ton temps…

Puis elle s'éloigna avec le sultan sur ses talons, qui, lui aussi, n'avait encore rien dit, on aurait cru un mauvais garçon suivant sa maman pour se faire gronder. Je restai planté là, ne sachant quoi faire… L'eunuque arriva derrière moi et me poussa vers le groupe de femmes. Elles étaient toutes quelque peu voilées et c'était difficile de voir si Esther se tenait parmi elles. Mais je savais qu'elle ne l'était pas, car elle m'aurait déjà reconnu et se serait manifestée.

D'un côté, j'étais soulagé à l'idée qu'elle n'était pas dans cette prison, puis je réalisai qu'elle pouvait se trouver au service de quelqu'un d'autre dans la citadelle, cette possibilité m'apparaissait soudain comme encore moins supportable.

Je me tenais maintenant devant ce groupe de jeunes filles, je devais en choisir une… Faraj m'avait dit que si aucune ne me plaisait, il leur ferait couper le nez pour avoir eu la prétention d'être belle. C'était peut-être une plaisanterie, mais il aurait aussi très bien pu le faire, ce qui me donnait des frissons dans le dos. Puis une jeune fille s'avança vers moi, elle était un peu ronde, mais avec un joli visage qu'elle venait de découvrir, elle s'adressa à moi en latin.

— Seriez-vous Gabriel ?

Comment pouvait-elle poser une telle question ?

— Oui, dis-je avec un peu d'hésitation.

Il y eut un peu d'agitation dans le groupe de filles et certaines échangèrent des commentaires en arabe.

— Alors, sachez qu'Esther s'est échappée il y a quelques jours, pendant l'Aïd…

— Quoi ? Que me racontes-tu là ? Et comment sais-tu qui je suis ?

— Gabriel, je sais tout ce qui vous est arrivé… Esther me l'a conté… Et Aïsha a appris il y a quelques jours qui vous étiez, et que vous viendriez choisir une épouse parmi nous !

Mon sang semblait s'être figé dans mes veines, je n'avais à aucun moment imaginé cette possibilité, mais où se trouvait Esther maintenant ? Si elle avait été prise, elle était soit morte, soit en prison. Je l'aurais certainement appris de Faraj ou de me deux compagnons. Elle avait donc bel et bien réussi à s'échapper, cela paraissait impossible ! Mes réflexions furent interrompues par la jeune fille :

— Seigneur Gabriel, je vous en prie, prenez-moi pour épouse, faites-moi sortir d'ici, par pitié… je ferai tout ce que vous voulez… je… je vous aiderai à retrouver Esther…

Je tournai mon regard vers les autres filles qui semblaient maintenant bien agitées, certainement à l'idée que mon interlocutrice accaparait toute mon attention.

— Ne les regardez pas, elles sont toutes plus belles que moi, mais aucune ne vous aimera comme moi, s'il vous plait Gabriel… par pitié…

L'eunuque fit signe aux jeunes femmes de se calmer un peu.

— Comment t'appelles-tu ?

— Teresa.

— Ces filles ne parlent pas latin, je pense ?

— Non… mon Seigneur… elles parlent toutes l'arabe, elles viennent d'Égypte ou de Syrie… et de Turquie aussi.

Je me tournai vers elles, elles avaient toutes enlevé leur voile et me souriaient maintenant que je leur prêtais attention. Je ne les trouvai pas si belles que ça, mon critère de beauté étant à jamais fixé sur Esther, et aucune ne lui ressemblait. Je m'adressai au groupe en arabe :

— Belles princesses, vous êtes toutes très belles, m'entendis-je dire avec mon nouveau ton d'ambassadeur, mais j'ai choisi Teresa pour compagne, elle vient du même pays que moi, elle est chrétienne.

Je pensai que cet argument suffirait à les calmer, le cas échéant, mais elles protestèrent toutes en même temps. Ceci me rappela une scène vécue à Aoste il y avait quelques années. Elles disaient toutes être plus ou moins chrétiennes. Mes talents d'ambassadeur n'avaient pas fait long feu…

— Ils ne mettent pas de musulmanes dans les harems, me dit Teresa, c'est interdit par la *Charia*, je crois.

L'eunuque qui avait compris mon choix fit signe aux filles de partir et de nous laisser seuls. Il y eut des cris et des sanglots, et même des rires, puis tout redevint calme. Teresa m'entraîna vers le bout du patio d'où l'on apercevait un carré de ciel bleu et nous nous assîmes sur un rebord en pierre. Je regardai Teresa, ses yeux étaient remplis de larmes, en même temps elle arborait un grand sourire. Ses mains tremblaient. Elle voulait dire quelque chose, mais n'y arrivait pas.

— D'où viens-tu Teresa ?

— Gabriel… elle fit une longue pause, comment puis-je vous remercier ? C'est le plus beau jour de ma vie…

— Ne me remercie pas, tu dois assurément ce moment de joie à l'amitié que tu as pour Esther. Comment a-t-elle fait pour s'échapper ?

Teresa commença à me raconter toute l'histoire, mais nous fûmes interrompus par Faraj. Je craignais qu'il n'apprécie pas mon choix. Nous nous étions levés à son approche. Il semblait de bonne humeur, inspecta Teresa, puis s'exclama :

— Voilà ta future épouse, donc ! eh bien, nous allons vous marier, mais auparavant, vous allez devenir musulmans ! J'ai fait venir un mufti, suivez-moi !

Visiblement, mon choix n'avait pas l'air de déplaire au sultan, ou peut-être que ça lui était égal. Aïsha ne lui avait certainement pas dit qu'une des *pensionnaires* s'était volatilisée, sinon les choses auraient pu tourner au massacre, celui de l'eunuque et du garde. Ces deux-là et Aïsha avaient manifestement fait un pacte. Mais comme je le craignais, nous allions devoir changer de confession, ce qui ne me posait pas de problème ; j'espérais qu'il en serait de même pour Teresa.

Soudain, il m'apparut clairement que je n'étais que le jouet de Faraj, il en faisait avec moi comme bon lui plaisait et ceci semblait l'amuser ! Qu'arriverait-il lorsqu'il serait lassé de son jouet ?

Nous remontâmes dans mes appartements. Un mufti apparut, et le sultan lui demanda de procéder. Nous allions découvrir que devenir musulman est simple et facile : nous devions juste prononcer la *shahada*, l'attestation de foi : « *La ilaha illa Allah, Mohammed rasoulou Allah* ». « Il n'y a pas de véritable Divinité à part Allah et Mohammed est Son prophète ».

J'expliquai ceci à Teresa pour être sûr qu'elle comprenne bien ce qui se passait, lui disant que nous n'avions pas le choix, sinon celui de mourir. Elle me fit signe qu'elle était d'accord. Nous répétâmes la *shahada*.

Puis le mufti développa son propos :

— Nul n'a le droit d'être adoré à part Dieu et Dieu n'a ni associés ni fils. Mohammed était un véritable prophète, envoyé par Dieu à l'humanité tout entière.

Il attendit que je traduise ceci à Teresa, puis il ajouta :

— Vous devez croire aux prophètes que Dieu a envoyés, aux Livres qu'Il a révélés et à Ses anges. Vous devez croire que le Coran est la parole littérale de Dieu, révélée par Lui. Vous devez croire que le jour du Jugement, de la Résurrection, est bien réel et qu'il viendra sans l'ombre d'un doute. Vous devez accepter l'Islam comme religion et n'adorer personne ni quoi que ce soit en dehors de Dieu.

Je traduisis le tout à Teresa. Puis nous attendîmes, pensant que ce n'était que l'introduction d'une longue cérémonie, mais non, le mufti sur un signe de Faraj nous salua et partit. Faraj demanda à mes deux compagnons qui avaient servis de témoins, de m'expliquer plus avant les cinq piliers de l'islam, puis il fit un autre signe aux gardes, la porte se rouvrit, deux jeunes filles apparurent.

— Ta future épouse va aller passer quelques jours dans la famille d'un de mes proches conseillers pour se préparer au mariage, dit Faraj. On fera une grande fête… et il se mit à rire, puis quitta ma prison.

Mes deux amis m'expliquèrent rapidement les fameux cinq piliers, mais ils me firent aussi comprendre que cette conversion forcée ne leur plaisait guère et avant que je n'eusse le temps de leur poser d'autres questions ils s'excusèrent et partirent à leur tour.

Je me retrouvai seul… et converti à l'Islam ! La tête me tournait, le mouvement de la roue de la Fortune pensais-je… Ma connaissance de cette religion était limitée. J'avais eu quelques discussions avec Ridwan sur le sujet de l'Islam, il voulait surtout se convaincre lui-même qu'il avait fait le bon choix en devenant chrétien plutôt que de rester musulman, je crois bien.

Avec l'arrivée du petit groupe de soufis chez nous en Sicile quelques années auparavant, il avait dû préciser ce choix, semblait-il, mais cette fois, pour affirmer son état de gnostique. Il avait alors compilé tout un vocabulaire sur la gnose, d'abord celle des mystères grecs antiques, puis celle des hésychasmes – ces mystiques de l'Église chrétienne d'orient, avec qui il se sentait très proche, puis il avait entrepris la même chose pour la sagesse soufie.

Il m'avait montré cet index de mots en grec et en arabe parlant du même sujet : la connaissance de Dieu. Il en avait conclu qu'un Grec ancien, un moine orthodoxe ou un soufi tenaient un langage similaire, mais que pour ces trois traditions, les mots représentaient une barrière entre eux, alors que leur expérience du Divin était bien la même.

C'est avec lui que j'avais lu quelques *sourates* du Coran ; en fait, il m'avait surtout montré comment les psalmodier, disant que la force de ce Livre parmi les Livres résidait dans la langue, dans le son, plus que dans le sens du texte. Effectivement, après de nombreux essais, je m'étais laissé prendre par le son, c'était envoûtant : l'Esprit de Dieu semblait bien caché dans les vibrations de cette langue de feu, dans ces mots dont j'oubliais le sens. Je me souvenais maintenant de la première phrase de la sourate qu'il m'avait fait psalmodier encore et encore, et qui disait : « *Allah n'impose à aucune âme une charge supérieure à sa capacité.* »

Voilà qui semblait correspondre à mes vœux du moment, tout comme le reste de la sourate demandant à Dieu d'être compatissant avec nous, de ne pas nous châtier trop durement et de pardonner nos fautes ; la sourate finissait en demandant la victoire sur les infidèles !

Je me souvenais de ce que Ridwan avait dit des infidèles, ceux qui ne respectent pas les commandements de Dieu :

— Le premier commandement est : *tu ne tueras point*, cela fait déjà beaucoup d'infidèles, ne penses-tu pas ? avait-il dit avec un grand sourire. Les meurtriers, mais aussi les soldats, leurs chefs, les rois, les sultans et autres juges qui condamnent à mort...

Ridwan disait que le Coran est constitué de nombreuses recommandations sur la façon de se comporter afin de plaire à Dieu. Visiblement, le Prophète avait eu fort à faire avec ces Arabes du désert sans foi ni loi, Il avait dû édicter bien des préceptes pour les amener vers Dieu, vers une forme de vie civilisée. Avait-Il réussi ? Là était la question, disait Ridwan.

Je me disais qu'il en avait été de même avec toutes ces tribus de barbares qui avaient envahi l'Europe et mis à bas l'Empire romain. Elles s'étaient finalement converties au christianisme, mais avaient-elles vraiment abandonné leur conscience de barbare ? Pourraient-elles un jour s'aimer les unes les autres ?

On avait aussi discuté du fait que les musulmans insistent sur ce Dieu unique, « sans associé et sans fils », et qu'ils regardent les chrétiens qui adorent le Père, le Fils et le Saint-Esprit comme des païens. Cela sans parler de tous les saints du paradis !

Ridwan avec son esprit gnostique affirmait que Dieu le Père est l'Absolu, l'indescriptible, que le Saint-Esprit est Dieu immanent dans la création – Dieu au féminin pluriel, *Élohim*, comme l'appelait Jérémie, et que le Fils représente le genre humain portant la croix de toutes ses fautes passées, mais heureusement sur la voie de la résurrection, sur la voie du retour auprès du Père.

Cette explication de Ridwan ne plairait certainement pas aux docteurs de la loi de l'Islam, c'était sûr. Et encore moins l'utilisation d'images, comme les arcanes, pour transmettre un enseignement spirituel...

Mais la roue avait tourné, c'était le principal, et je sentais venir des visions de liberté bientôt retrouvée.

Réunion

Esther éclata en sanglots en se retrouvant dans les bras de son père. Elle avait dû attendre deux jours avant cette rencontre. Il s'écoula de longues minutes avant qu'elle ne recouvre un peu de sérénité. Jérémie avait aussi les larmes aux yeux, il tenait Esther serrée sur sa poitrine.

Ils allèrent s'asseoir autour de la petite table et la vieille femme apporta quelques nourritures.

— Ma chérie, j'ai bien cru ne jamais te revoir… j'avais fait envoyer des émissaires auprès du sultan pour avoir des nouvelles, sans être vraiment sûr que tu sois là-bas… mais c'est incroyable, tu sais, ces émissaires ont rencontré Gabriel.

— Gabriel ! Mais comment l'ont-ils reconnu ?

— J'avais fait envoyer son épée, celle de son père, comme présent, il l'a reconnu évidemment…

— Que fait-il dans cette citadelle ? Pourquoi a-t-il vu l'épée ?

— Il serait ambassadeur…

— Ambassadeur ! Mais ça n'a aucun sens…

— Effectivement, mais je pense que ses talents de traducteur lui ont valu cette promotion…

Ils restèrent silencieux un moment, réfléchissant à cette supposition incroyable.

— Il semblerait qu'il doive se rendre en Syrie…

— Oui, on avait aussi entendu parler de cette expédition, au harem.

— Mais toi, comment as-tu réussi à t'échapper ? Raconte !

— Attends ! Si Gabriel part en Syrie, il faudrait y aller aussi… essayer de le sortir de là.

— J'ai bien réfléchi à cela, mais pour toi, il est exclu de te mettre à suivre les armées du sultan et ce n'est certainement pas une bonne idée pour moi non plus ; mais nous placerons des hommes dans cette expédition… il y aura bien du monde en route, ce sera facile d'y adjoindre quelques serviteurs de notre communauté… Ils pourront peut-être nous renseigner sur ce qui se passe.

— Alors, il faudra encore attendre et attendre… je n'en peux plus, papa… pourquoi tous ces obstacles sur notre chemin ? Gabriel et moi devions vivre en paix, avoir une famille, ce n'est pas beaucoup exiger, n'est-ce pas ?

— Tout le monde désire la paix et le bonheur, mon ange… mais bien souvent nous engendrons des conflits, pour un tas de raisons, bonnes ou mauvaises. Et puis, quand les gens demandent la paix, ce n'est généralement pas la paix intérieure qu'ils recherchent… ils désirent simplement échapper aux soucis de la vie, sans trop se préoccuper des autres.

— Oui, peut-être bien… tu veux dire que Gabriel et moi, nous n'avons pas toujours engendré la paix autour de nous ?

— Dans cette vie-ci, vous avez fait preuve de bien du courage et de persévérance jusqu'à présent, vous n'avez rien à vous reprocher, au contraire. Mais qu'en fut-il dans vos vies précédentes ? Comme beaucoup de monde, vous avez été impliqués dans des conflits d'intérêts, des conflits de personnalités, dans des passions ravageuses, tu peux en être sûre, et tous ces conflits ne sont pas encore totalement résolus.

— Je ne m'en souviens pas… et toi ?

— Je ne peux parler que pour moi-même…

— De quoi donc ?

— Avant de renaître avec cette connaissance en moi dès mon enfance, j'ai eu des incarnations très pénibles, très négatives, il y a longtemps, très longtemps… J'ai dû payer ma dette de nombreuses fois… beaucoup de souffrances… Même dans cette vie, ma tendre épouse, Sofia, ta maman, m'a été enlevée… Ces passages sur terre sont de véritables purgatoires, une façon de nous purifier, d'apprendre à nous détacher de ce monde matériel…

— Alors, tu dis que je dois encore me purifier ou me détacher, mais de quoi?

— Ne t'en fais pas, tu es maintenant si proche de ton âme, elle saura te guider, et je serai là pour t'aider… et Gabriel aussi, j'espère.

— Je ne peux pas me détacher de Gabriel, ça me paraît impossible!

Jérémie le savait bien, mais d'un autre côté rien ne disait qu'ils reverraient un jour Gabriel.

— Si tu es attachée à sa personne, à son joli minois, tu dois savoir qu'un jour il disparaîtra de toute façon… Il semble que la disparition de ceux qu'on aime soit la plus grande épreuve de cette vie sur terre puisqu'elle se produit encore et encore, Vie après vie. Il faut croire que savoir se détacher est une des leçons à apprendre sur le chemin du retour à notre âme. Ne crois-tu pas?

— Je peux… je pourrais *concevoir* l'idée, mais je ne peux pas, je ne veux pas la vivre… je ne veux pas le perdre…

— Je te comprends, c'est bien normal, surtout à ton âge, qui veut penser à perdre un être cher? Pourtant tu as déjà perdu ta maman, et Gabriel ses deux parents. Tu peux croire que c'était juste le fruit du hasard, de la fatalité, mais tu sais que le hasard, c'est l'explication que donnent les sots…

Il fit une pause et mangea quelques dattes, Esther en fit de même.

— Je crois… je pense que vous vous retrouvez sur terre une nouvelle fois tous les deux pour apprendre à vous détacher l'un de l'autre, en tout cas sur le plan des sentiments, de la passion, afin d'être des âmes libres vivant ici-bas.

— Comment peux-tu dire quelque chose d'aussi horrible?

— Attends ! Laisse-moi finir, vous devez apprendre à transcender votre passion… l'Amour véritable entre vous ne peut pas s'arrêter aux apparences, aux attirances, ou à la présence de l'autre. Il existe un autre niveau d'amour, tu comprends ? Quelque chose qui ne dépend pas des circonstances… un Amour inconditionnel.

— C'est horrible… je n'y arriverai pas…

— Oui, c'est pour tout le monde la même chose, ne t'en fais pas… c'est pour ça que notre destin nous amène dans des situations sans issue, comme celle que toi et Gabriel connaissez à l'heure actuelle, et là, on n'a plus beaucoup de choix.

— C'est ce que je dis, c'est horrible ! Même s'il y a quelque chose de… juste dans tout ceci.

— Tu dois avoir confiance, t'approcher de ton âme, et là, tout ira mieux.

Jérémie aurait pu s'en tenir à réconforter sa fille en lui disant seulement que tout irait bien, sans plus, mais il savait qu'elle ne serait pas satisfaite de si peu. Alors aller jusqu'au bout des choses était nécessaire, même si c'était douloureux à dire.

Le principal pour le moment était qu'Esther soit en sécurité, mais il n'en était certainement pas de même pour Gabriel. Se retrouver dans l'entourage du sultan était une position dangereuse, et s'en aller en expédition en Syrie l'était tout autant. Il ne restait plus qu'à espérer qu'il puisse s'échapper lui aussi.

Les jours suivants, il fut décidé qu'ils retourneraient à Alexandrie. Là-bas, il y avait toujours la possibilité de partir en bateau, d'autre part Roberto devait arriver d'un jour à l'autre. Esther et Jérémie se demandaient comment ils allaient lui annoncer la mauvaise nouvelle. Le connaissant, ils craignaient que celui-ci ne se lance dans une attaque de la citadelle du Caire à lui tout seul.

Quelques jours plus tard, ils se réinstallèrent dans leur famille à Alexandrie. Danyal allait régulièrement au port voir si Roberto était arrivé, il avait aussi trouvé un batelier prêt à organiser leur fuite s'il le fallait. Roberto apparut une semaine plus tard, sur un bateau égyptien. Il était allé avec un de ses navires jusqu'à Chania, mais là, les Vénitiens l'avaient empêché d'aller plus loin, à cause, semble-t-il, d'une expédition génoise contre Alexandrie qui se préparait. Il avait fini par trouver une sorte de felouque égyptienne pour l'amener ici et ne sachant pas ce qui allait se passer, il avait demandé à son équipage de rentrer sans lui en Sicile et d'attendre de ses nouvelles.

Roberto était donc encore de mauvaise humeur lorsqu'il rencontra Jérémie, cependant les deux amis furent très heureux de se retrouver. La mauvaise humeur de Roberto disparut bien vite, mais fut remplacée par la détresse d'apprendre que son fils était prisonnier du sultan.

Roberto fut abattu par cette nouvelle. Ils allèrent saluer Esther et celle-ci dut faire preuve de courage pour ne pas trop montrer son propre désespoir et en rajouter à leur impuissance devant ces circonstances. Il était déjà tard, ils étaient tous fatigués et allèrent dormir, d'un sommeil bien agité.

Le lendemain, ils tinrent une conversation tôt le matin. Il leur semblait que la situation de Gabriel n'était peut-être pas si grave si cette histoire d'ambassadeur et de voyage en Syrie se trouvait confirmée. Au moins ne serait-il bientôt plus complètement prisonnier.

Les troupes du Sultan passeraient de l'autre côté du delta pour aller vers le Nord et déjà là, il serait possible que les serviteurs coptes puissent leur communiquer quelques informations. Il n'y avait plus qu'à attendre.

Syrie

Quelques jours après ma *conversion*, Faraj apparut de bonne heure un peu excité.

— Nous partons ! Il paraît que les Génois préparent quelque chose, nous devons arriver à Damas le plus vite possible… Voyant mon étonnement, il enchaîna :

— Nous partons avec une petite troupe, le reste de l'armée suivra avec l'intendance, et viendra nous prêter mainforte si les choses vont mal.

— Et mon mariage ?

— On en reparlera plus tard, ta future épouse accompagnera les familles que je veux installer à Damas, ils arriveront une fois la situation sous contrôle. Mais toi, tu viens maintenant, dit-il, pointant son doigt dans ma direction, car je dois garder le contact avec les Vénitiens, et savoir ce que les Génois préparent. Ils ont attaqué des ports de Palestine et de Syrie, les chiens !

Ceci semblait le mettre hors de lui. Il y a peu, nous avions reçu des nouvelles directement d'un émissaire vénitien ; il nous avait prévenus que le nouveau gouverneur français de Gènes, Boucicaut, avait l'intention de s'en prendre à l'empire mamelouk. Le Vénitien devait revenir nous tenir au courant lorsque nous serions en Syrie.

— N'oublie pas ton épée, tu pourras en avoir besoin, dit-il sur un ton enjoué. Puis il disparut.

Un peu plus tard, mes deux serviteurs emportèrent le peu d'affaires que j'avais accumulées, la plus précieuse étant ma traduction du livre d'Attâr. Je les suivis, passant la porte sans encombre, pour me retrouver dans la cour principale de la citadelle en proie à un grand chaos de personnes, de bagages et de chevaux empêtrés les uns dans les autres. Puis quelques capitaines de la garde commencèrent à faire avancer le cortège vers la sortie.

On me trouva un cheval et je rejoignis la troupe de cavaliers qui entourait le sultan. Celui-ci, voyant que les choses allaient trop lentement, lança son cheval au galop, aussitôt talonné par sa garde rapprochée ; le reste des cavaliers ne pouvait que suivre ce mouvement.

Nous traversâmes la partie orientale du Caire dans un grand fracas de sabots et un immense nuage de poussière. Assez vite, il n'y eut plus d'habitations et nous nous retrouvâmes en bordure du désert de dunes sur notre droite et du delta sur notre gauche. Au bout de cette longue course, nous nous regroupâmes et l'allure se mit au pas, faisant enfin retomber la poussière.

Il y eut de cours arrêts servant à nous rafraîchir et abreuver les chevaux, et à faire nos prières. J'étais assez confus, j'avais entendu parler de la *salat* – un des cinq piliers de l'Islam, m'avaient expliqué mes compagnons au Caire, mais je n'avais aucune idée en quoi ces prières consistaient. Je me contentais de suivre le mouvement de la personne devant moi. J'espérais que mes prières à Notre-Dame n'aillent pas trop perturber mes voisins !

Après la dernière prière au soleil couchant, nous nous arrêtâmes pour la nuit auprès d'un point d'eau en bordure du delta. La course effrénée du sultan avait eu pour conséquence que l'intendance n'arriva que beaucoup plus tard, quasiment lorsque tout le monde s'était déjà assoupi. J'espérais que Faraj n'allait pas rentrer dans une colère dont il était célèbre et faire rouler quelques têtes à terre. Mais sa tente et de la nourriture arrivèrent en premier; quant au reste de la troupe, certains décidèrent de continuer à dormir par terre sans manger, ce qui fut mon lot.

J'étais allongé sous la voûte étoilée, je me sentais enfin libre, quoique sachant très bien que ce n'était pas vraiment le cas. Il était clair que certains mamelouks de la garde de Faraj *veillaient* sur moi. Mais j'étais libre à l'intérieur, c'était comme une certitude. Je réalisais que malgré tous ces changements qui m'étaient tombés dessus, quelque chose en moi commençait à émerger qui n'était pas affecté par tout cela. C'était ma conscience d'être une âme vivante, et cette conscience-là était à la fois très présente, ici et maintenant, et en même temps je pouvais grâce à elle me projeter dans les étoiles. Je fermai les yeux et m'endormis.

Mes deux serviteurs et leurs ânes m'avaient enfin retrouvé lorsque l'aube pointa à l'horizon et que les uns et les autres allaient se préparer pour la prière du matin. Ils m'apportèrent un peu de nourriture, puis sortirent précipitamment un tapis de prière quand celle-ci commença. Je dus me déplacer pour trouver un compagnon que je pourrais imiter.

Je repris mes prières, cette fois je m'adressais au *logos* solaire, comme Jérémie m'avait appris à le faire. L'astre du jour est une manifestation dans ce monde de la Lumière divine, disait-il. C'est pourquoi toutes les grandes religions du passé l'ont adoré, comme les Égyptiens ou les Grecs. Il m'avait expliqué que toutes les étoiles du ciel étaient autant de soleils, des êtres aux dimensions cosmiques qui peuplent l'espace sans fin de notre univers. Ce matin-là, me prosternant devant Ra-Hélios, je ressentais bien cette présence lumineuse qui baignait tout notre monde, pas seulement de ses rayons, mais de l'intérieur jusqu'à notre âme.

Au soir du deuxième jour, nous arrivâmes au bord de la mer que nous quittâmes deux jours plus tard pour nous diriger vers Jérusalem. J'avais raté mon pèlerinage à Rome, et je me retrouvais à Jérusalem sans en avoir eu l'intention ! Ce qui devrait bien me valoir deux ou trois cents jours d'indulgence… deux ou trois cents jours de moins au purgatoire ! Et ceci me fit bien rire ; je me demandai combien de temps il faudrait encore aux catholiques pour réaliser qu'on ne pouvait pas négocier avec la justice divine.

Il fut décidé que nous resterions une journée à Jérusalem, afin que l'intendance puisse se réapprovisionner. Et aussi pour visiter le fameux dôme du rocher : *Qubbat As-Sakhrahu*. L'endroit grouillait de monde et il semblait que musulmans, chrétiens et juifs arrivaient à vivre ensemble, bien que chacun habitât son propre quartier. Le sultan avait investi une sorte de château en ruines vers la porte de Damas ; nous campions aux alentours, prêts au départ.

Je dus aller à la prière de midi à la mosquée *Al-Aqsa* et rendre visite au dôme du rocher ; ces lieux étaient exceptionnels, j'étais émerveillé et heureux de pouvoir les visiter. On me raconta que depuis ce lieu saint, l'archange *Jibril*, Gabriel, encore lui, avait accompagné le Prophète et sa monture *Buraq* jusqu'au septième ciel, encore sept !

Dans l'après-midi, je réussis même à parcourir la ville en compagnie de mes serviteurs censés me surveiller. Soudain, je repensai au chevalier breton, ne serait-ce pas extraordinaire de le rencontrer ici, s'il avait pu atteindre son but sans encombre ? Il m'aiderait peut-être à m'échapper !

Je voulais aussi voir les endroits importants pour les chrétiens. Je tombai sur un frère, il me dit en latin appartenir aux franciscains qui avaient pour mission de garder les lieux saints. Il ne comprit pas tout de suite qui je pouvais bien être avec ces deux serviteurs mamelouks à mes côtés et la façon dont j'étais vêtu. Puis, ayant dit qu'il venait de la région de Florence, je continuai la conversation en italien, ce qui le perturba encore plus. Je lui demandai s'il aurait la gentillesse de me guider, ce qu'il accepta.

Il m'emmena au Saint-Sépulcre, visiter *l'Anastasie*, l'endroit de la résurrection du Christ. Le lieu était majestueux, auréolé de sacré, il y régnait une grande ferveur. L'odeur d'encens me faisait presque mal à la tête, ou était-ce celle des cierges ? Je me retirai dans un coin, m'appuyant sur une colonne et fermai les yeux. Aussitôt, l'arcane 20 m'apparut, et je me retrouvai dans l'image, j'étais l'enfant au centre, sortant du sarcophage, une résurrection ! Il semblait que les deux personnages à droite et à gauche faisaient partie de moi-même.

Soudain, il y eut un grand bruit de trompette. Je sursautai et ouvris les yeux pour réaliser que ce son ne provenait pas de l'extérieur – tout le monde semblait tranquille, en adoration. Je dus admettre que je venais d'entendre la trompette de Gabriel dans mon oreille intérieure. Jérémie avait souvent parlé de ces sons que l'on pouvait entendre en nous et qui marquaient le passage dans les mondes subtils.

Où pouvait bien être Jérémie maintenant ? J'espérais de tout mon cœur que lui et Esther soient réunis, peut-être aussi avec Père. J'allai retrouver le moine, encore ébranlé par l'effet de ce son de trompette…

Il m'emmena encore au mont des Oliviers, à l'est de la ville. Cet endroit ressemblait à un cimetière ; nous nous promenâmes tout en discutant. Le moine voulut en savoir plus sur moi ; je me disais qu'il pourrait peut-être m'aider à m'enfuir, et commençai à lui raconter un peu mon histoire. Mais il apparut très vite qu'il ne désirait pas mêler sa communauté à mes projets d'évasion, ce que je comprenais. Il me fit remarquer aussi que, en plus des serviteurs qui trainaient derrière nous, nous étions suivis.

Le moine me dit que le mieux pour s'enfuir serait d'aller à Saint-Jean d'Acre, car là-bas il y avait de nombreux bateaux et marchands venant d'Italie et d'ailleurs. Mais Saint-Jean d'Acre n'était pas prévu au programme du sultan.

Nous arrivâmes quelques jours plus tard à Damas, où nous fûmes reçus par le gouverneur, le Cheikh-el-Mahmoudi. Tout se passa très bien, le Cheikh répétant son allégeance au sultan, lui promettant de s'assurer qu'il en irait de même avec les autres émirs de Syrie.

La ville ne s'était pas encore remise du passage des Mongols. Des dizaines de milliers d'habitants avaient été massacrés. Tamerlan avait fait couper la tête à tout le monde, chaque guerrier mongol devait rapporter plusieurs têtes et ils en construisirent des pyramides. Beaucoup de bâtiments furent incendiés. Notre camp avait donc été établi en dehors de la ville.

Après quelques semaines, Faraj ne semblait plus très sûr de vouloir continuer son périple vers le Nord, de peur aussi de raviver les conflits avec les émirs de ces contrées. Il décida alors que nous resterions à Damas pour un temps indéterminé. Il désirait voir par lui-même si le Cheikh lui était bien dévoué. Et on attendait toujours des nouvelles des Vénitiens.

Le Cheikh avait été acheté comme esclave par le père du sultan, Barquq, et avait gravi tous les échelons du pouvoir. En 1400, Faraj l'avait nommé gouverneur de Tripoli, sur la côte syrienne. Faraj m'avait pris, moi aussi, comme esclave et désirait me donner un poste important. La comparaison s'arrêtait là, et je ne me voyais pas gouverneur de quoi que ce soit. Surtout que le Cheikh était auréolé de gloire pour avoir combattu Tamerlan, alors que les autres émirs s'étaient réfugiés dans la citadelle d'Alep. Il avait été fait prisonnier par Tamerlan et avait même réussi à s'échapper. Si on pouvait échapper à Tamerlan, je pourrais certainement échapper à Faraj…

Tamerlan était resté à Damas jusqu'en mars 1401, il y avait maintenant presque deux ans. Après son départ, le Cheikh devint gouverneur de la ville. Faraj se méfiait de lui, il pensait qu'il complotait pour le renverser avec l'appui de l'émir Yachbak. C'est pourquoi il voulait installer à Damas quelques-uns de ses proches conseillers et lieutenants, en plus de fidèles militaires mamelouks, pour surveiller les comploteurs.

C'est finalement ce qu'il décida : laisser quelques personnes ici et retourner dans sa citadelle avant qu'il ne se passe quelque autre révolte au Caire en son absence.

J'avais le sentiment qu'il ne supportait pas bien la très forte personnalité du Cheikh. Ce dernier n'était en aucune sorte impressionné par le sultan, au contraire on aurait dit qu'il le traitait comme un jeune fils inexpérimenté, ce qui devait mettre Faraj en rage, mais il ne le montrait pas. Maintenant, il voulait donc partir d'ici et assumer tout son pouvoir au Caire où il régnait en maître.

Il décida que, moi aussi, je resterais à Damas... ce qui fut un énorme soulagement. Mon rôle serait d'entrer en liaison avec les Vénitiens s'ils venaient par ici, et ainsi prévenir les attaques des Génois sur la côte syrienne avec l'aide du Cheikh. Attaques qui avaient déjà commencé, ce qui expliquait peut-être que nous n'avions pas encore de nouvelles des Vénitiens.

Avant son départ, fin 1402, Faraj rassembla ces nouveaux émissaires de Damas, parmi lesquels je figurais, et nous dit clairement ce qu'il attendait de nous : surveiller le gouverneur, rentrer en contact avec les gouverneurs des villes de la côte, voir s'ils étaient prêts à se défendre et organiser la communication entre eux et le cheikh, ainsi qu'avec lui-même. Peut-être devrions-nous nous installer sur la côte, à Tripoli, disait-il, afin de pouvoir répondre rapidement à toute attaque de ces *croisés*.

Entre temps, les quelques familles des émissaires en question étaient arrivées, y compris celle de Teresa. Et pour que celle-ci puisse avoir un quelconque statut et vivre avec moi, je devais l'épouser... Faraj avait oublié l'idée d'organiser une fête, il voulait partir et semblait pressé de le faire, nous laissant aux bons soins du Cheikh. Or celui-ci ne regardait pas ces nouveaux émissaires d'un très bon œil... Dès que Faraj eut disparu, il devint très difficile de l'approcher. D'autre part, les émissaires mamelouks me traitaient comme quantité négligeable.

Heureusement, l'envoyé vénitien, Enrico Campeggi, que j'avais vu une fois au Caire, arriva à Damas et demanda à me voir. Il connaissait peu l'arabe et avait peur du gouverneur, il ne voulait parler à personne d'autre que moi puisque le sultan était reparti. Enrico recevait ses ordres de l'homme fort de Venise, Carlo Zeno, dont j'avais vu les lettres au Caire avant notre départ.

Enrico m'avait expliqué que Zeno, l'amiral vénitien, avait battu les Génois en 1380, ouvrant ainsi une période de guerre entre les deux cités. Cette rivalité avait été exacerbée l'année précédente, lorsque les Génois avaient confisqué des galères vénitiennes dans leur port de Famagouste, sur l'île de Chypre. Ce problème n'était pas encore résolu, des discussions avaient lieu, les Génois pensant certainement l'emporter militairement avec à leur tête le fameux Commandeur français, Jean le Meingre, dit Boucicaut.

Les Génois avaient tout d'abord essayé de s'allier à Tamerlan pour faire tomber le sultan, mais Tamerlan était reparti un an auparavant pour la Mésopotamie. Depuis ce moment-là, des navires génois avaient attaqué quelques ports de la côte, mais les gouverneurs des différents ports s'étaient ressaisis, faisant prisonniers les marchands génois. Il était évident que les Génois et les Mamelouks étaient maintenant en guerre ouverte, et que Boucicaut voudrait avoir le dernier mot.

Mon statut d'émissaire spécial se vit ainsi un peu renforcé, car les nouvelles du Vénitien se révélaient inquiétantes. Boucicaut avait l'intention d'attaquer Alexandrie lorsqu'il en aurait fini avec le roi de Chypre, Janus. Celui-ci venait, pour une seconde fois en ce mois de janvier 1403, d'encercler le port de Famagouste, le comptoir génois à Chypre.

Le sort d'Alexandrie ne m'était pas indifférent, Esther, son père et le mien certainement, pouvant encore s'y trouver. Depuis ici je ne pouvais pas entreprendre grand-chose, sinon prévenir le sultan si des nouvelles plus précises sur les intentions et les déplacements de la flotte génoise me parvenaient.

Mais la présence d'Enrico déclencha d'autres événements. Le chef mamelouk, Farik, dont je dépendais et qui devait s'assurer de ma loyauté, décida qu'on allait célébrer mon mariage, et que le Vénitien serait de la partie.

Une maison avait été trouvée pour accueillir la famille mamelouke en charge de Teresa, nous allions emménager avec eux. Nous devions nous rencontrer à nouveau en présence d'un imam pour organiser la cérémonie, trouver des témoins et surtout décider de la somme du douaire. Somme d'argent que je devais remettre à la mariée, et que je n'avais pas...

Auparavant, j'avais rencontré le tuteur de Teresa, Abdel. Sa famille avait accepté Teresa en son sein sur ordre venant d'en haut ; maintenant, ils la considéraient comme leur propre fille et voulaient défendre ses intérêts. Ce qui finalement eut pour conséquence que je reçus une bonne somme d'argent, provenant de je ne sais où, somme qui devait disparaître pendant le mariage pour devenir la propriété de Teresa.

La rencontre chez l'imam me fit retomber sur terre, Teresa existait bien en chair et en os, et j'allais devoir l'épouser. Je ne l'avais pas revue depuis des mois ; la future mariée semblait enchantée par cette situation, elle avait maigri et embelli, elle parlait l'arabe beaucoup mieux et me salua avec un grand sourire que j'eus bien de la peine à lui retourner.

Puis, il nous fallut affirmer devant l'imam que nous voulions bien devenir épouse et époux ; il nous rappela alors les droits et les devoirs de l'un et de l'autre, qui ne sont pas les mêmes pour l'un et pour l'autre... Je me disais que si Esther avait été à la place de Teresa, il y aurait eu un début de discussion sur ces différences de traitement, malheureusement elle n'était pas là, cette seule pensée me rendit bien triste. La cérémonie aurait lieu chez Abdel, chez nous donc, et la date fut fixée pour dans un mois, avant le ramadan qui devait commencer fin mars. D'ici là, je n'aurais pas d'occasion de revoir la belle.

Je ressortis totalement confus de cette entrevue, il me semblait ressentir la présence d'Esther au-dessus de moi et elle m'accablait de réprimandes. Elle avait certainement raison, mais que pouvais-je faire ? Refuser ce mariage mis en place par le sultan lui-même aurait été regardé comme un affront majeur, nous aurions vite retrouvé notre statut d'esclaves et de prisonniers. Et puis, une notion nouvelle de chevalerie qui avait pris naissance en mon esprit voulait que je sorte Teresa de ce piège, que nous nous sauvions d'ici tous les deux. Elle me l'avait demandé et j'avais accepté, je devais donc tenir parole.

Je me rappelai les recommandations d'Attâr concernant la quatrième vallée : *aller de l'avant* ! J'avais passé beaucoup temps à relire et réécrire le manuscrit afin d'en améliorer le style. Ce serait un excellent cadeau pour Père quand je le reverrais. Mais quand pourrais-je le faire ? J'espérais que les Génois entreprennent quelque manœuvre qui nous amène vers la côte et que de là nous puissions organiser notre escapade.

Roberto cherche son fils

L'attente d'Esther, Jérémie et Roberto fut un véritable calvaire ; il fallut des mois avant de voir revenir les serviteurs qui devaient leur donner des nouvelles de l'expédition en Syrie. Le départ précipité du sultan avait empêché toute communication à l'aller, il fallut donc attendre janvier 1403 avant d'avoir des nouvelles.

Ils racontèrent les événements avec moult détails, voulant se montrer plus importants qu'ils ne l'étaient dans cette histoire. L'un d'eux avait même accompagné Gabriel sur le mont des Oliviers, soi-disant, en compagnie d'un moine. Puis ils avaient fait connaissance avec les serviteurs de Gabriel, malheureusement l'un d'eux avait la langue coupée, ce qui empêchait d'obtenir toutes les informations qu'ils espéraient… parce que l'autre ne parlait pas beaucoup. Au moment où ils durent rentrer au Caire avec le sultan, Gabriel devait aller habiter une maison à Damas. La dernière chose qu'ils avaient entendue était une histoire de mariage devant avoir lieu dans cette maison, mais ils ne savaient pas de qui il s'agissait.

Esther ne put s'empêcher d'avoir le cœur serré à cette évocation de mariage. Allait-on forcer Gabriel à se marier ? Quelle horreur ! Et avec qui ? Elle préféra chasser cette idée de sa tête tout de suite, mais ne put se retenir d'envoyer quelques réprimandes dans la direction de Gabriel.

Bref, ils n'en apprirent rien de plus et la situation semblait tout aussi bloquée qu'auparavant. Roberto, qui s'était remis de son voyage, était maintenant prêt à partir à l'attaque de Damas. Il disait ne pas pouvoir rester là à attendre pendant des mois et préférer mourir aux mains des sarrasins plutôt que de ne rien entreprendre.

Pendant cette longue attente, il avait essayé de s'occuper en rassemblant des marchandises à expédier en Sicile. Il y avait là de quoi exciter son sens du commerce. Des épices, des parfums, des pierres précieuses, de l'or, et même des manuscrits en arabe, tout ceci à un très bon prix. Mais il fallait trouver une embarcation de confiance pour amener toutes ces marchandises de valeur à bon port. Il en voulait vraiment à ces Vénitiens de lui avoir confisqué son bateau.

Il avait passé beaucoup de temps dans le port à discuter avec des marins, aidé en ceci par le beau-frère de Jérémie. Finalement il avait trouvé un capitaine mi-italien, mi-arabe, en qui il pensait pouvoir avoir confiance ; un marchandage avait eu lieu, le bateau devait partir dans quelques semaines pour Chania en Crète.

Il écrivit une lettre à Leandro et Selena pour les tenir au courant de ce qui se passait et la donna au capitaine, ne sachant pas vraiment quand ils la recevraient, car le bateau devait faire de nombreuses escales avant la Crète. Il leur demandait aussi de renvoyer son bateau à Chania dès qu'ils auraient reçu la missive. Il se sentait donc libre maintenant d'aller voir ce qui se passait vers l'Est.

Il en causa avec Jérémie et Esther. Si cette dernière ne pouvait pas partir sans risque de se faire prendre d'une façon ou d'une autre, Roberto proposa qu'il aille, lui, en bateau jusqu'à Saint-Jean d'Acre ; au moins, il serait plus proche de son fils.

En discutant avec les marins dans le port d'Alexandrie, il avait appris que Saint-Jean d'Acre était une ville très cosmopolite, qu'on pouvait y rester sans se faire remarquer. D'autre part, de nombreux bateaux naviguaient entre Alexandrie et Saint-Jean d'Acre, il serait donc facile de revenir. Jérémie dit qu'il connaissait des kabbalistes juifs là-bas et que Roberto devrait être accompagné d'un de ses amis qui pourrait le mettre en contact avec ceux-ci et trouver un gîte.

L'ami arriva chez eux le lendemain, il s'appelait Zacharia Adani, il avait contribué à l'élaboration des 22 arcanes ; lui et Jérémie s'étaient revus plusieurs fois pendant cette longue attente. Zacharia avait vécu longtemps à Saint-Jean d'Acre, et il voulait bien y retourner et passer un peu de temps dans sa famille. Jérémie hésita à se joindre à eux, mais il sentait bien qu'Esther avait besoin de lui ici, à Alexandrie. Il devait la soutenir dans cette situation difficile ; Esther tenait bon, elle en donnait l'impression, mais pour combien de temps encore ?

Roberto et Zacharia embarquèrent fin janvier et arrivèrent quelques jours plus tard à Saint-Jean d'Acre par une mer passablement déchaînée. Zacharia avait été malade tout au long du voyage, il fut content de retrouver la terre ferme et entraîna Roberto vers le quartier juif où ils furent accueillis chaleureusement par sa famille. Ils apprirent que les

Génois s'étaient engagés dans une série d'attaques contre les ports syriens et palestiniens, et que les autorités des villes s'étaient finalement vengées en faisant prisonniers tout ce qui ressemblait à un génois.

La situation était donc tendue, allait-il y avoir d'autres attaques, plus importantes? Les mamelouks allaient-ils installer des troupes dans les ports? Et il y avait toujours cette rivalité entre Génois et Vénitiens, ces derniers s'étant mis du côté du sultan, semblait-il. Les Vénitiens possédaient aussi des comptoirs le long de la côte et espéraient peut-être que le sultan les protègerait des Génois.

La personne importante dans la région, c'est-à-dire à Damas, était le *Cheikh-el-Mahmoudi*, et il n'était pas certain que celui-ci s'intéressât vraiment au sort des villes de la côte. Quelques ports tenaient des garnisons de soldats, mais en cas d'invasion génoise, il faudrait du renfort venant de Damas.

On déconseilla donc à Roberto d'aller à Damas à la recherche de son fils. Si ce dernier jouait un quelconque rôle dans le gouvernement du cheikh, il était bien possible qu'il passe par ici à un moment ou un autre. Ou bien s'il décidait de s'échapper, c'est probablement à Saint-Jean d'Acre qu'il viendrait se réfugier et trouver un bateau pour Chypre.

Toutes ses explications n'arrivaient pas à convaincre Roberto, mais si les Génois étaient pourchassés par ici, il valait peut-être mieux attendre que cela cesse, ou bien retrouver l'émissaire vénitien pour en savoir plus. Les jours suivants, il passa donc beaucoup de temps sur le port ct finit par y découvrir des marins vénitiens. Il réalisa que l'italien de Sicile et celui de Venise étaient deux langues bien différentes, mais un consensus linguistique fut trouvé autour de quelque chose qui devait ressembler à l'italien de Toscane…

Les Vénitiens lui confirmèrent qu'ils étaient venus ici en compagnie d'un émissaire qui avait pour mission d'aller à Damas pour y rencontrer le sultan qui devait s'y trouver en ce moment. Roberto voulut savoir quand l'émissaire était arrivé et il en conclut que celui-ci avait dû se rendre à Damas après le départ du sultan. Roberto leur demanda quand l'émissaire devait revenir. Rien n'était vraiment fixé, mais les marins devaient repartir dans quelques semaines après avoir fait le plein de marchandises.

Roberto leur dit qu'il repasserait régulièrement dans l'espoir de rencontrer l'émissaire. Il rentra chez Zacharia et lui raconta son histoire ; il y avait donc une bonne chance de pouvoir obtenir des nouvelles de Damas et peut-être de Gabriel dans un proche avenir, ce qui le retint d'aller à Damas pour le moment.

Mariage

La date du mariage, à la mi-mars 1403 – c'est-à-dire pendant le mois de *Ch'bane* de l'an 805 dans ce monde-ci, arriva beaucoup plus vite que je ne le désirais. Toute la maisonnée était en ébullition, notre future habitation avait été rénovée, j'avais même dû dormir dehors la nuit précédente.

J'avais été bien occupé avec les mamelouks à recruter des soldats dans les villages environnants. Il fallait encore trouver des armes pour toutes ces nouvelles recrues. Les artisans avaient disparu, beaucoup avaient été enlevés par Tamerlan, il fallut en faire venir d'autres villes. Les fortifications de la cité devaient aussi être réparées. Je participais à tout ceci de bon cœur, n'ayant pas grand-chose d'autre à faire, tout en restant triste et bien seul, et toujours surveillé de près.

Cependant, le chef du détachement mamelouk avait décidé qu'il devenait nécessaire d'aller visiter les villes côtières et de voir si, là aussi, les troupes des émirs et autres gouverneurs devaient être remises en ordre de bataille. Il fallait liguer toutes ces forces et empêcher ces nouveaux croisés de débarquer ! Les choses semblaient donc évoluer dans le bon sens, encore fallait-il que je me marie et que nous puissions aller ensemble avec Teresa dans ces villes côtières et tenter de nous échapper par la mer.

Le mariage d'abord… je me retrouvai pris dans cette mascarade sans que j'y sois vraiment préparé. Le jour dit, des hommes apportèrent des habits neufs le matin de bonne heure après la prière ; mes deux serviteurs me vêtirent d'une robe chatoyante, d'un joli gilet cousu de fils d'or, un beau turban assorti, et de babouches très colorées, je me trouvais très ridicule ! Puis je dus attendre une éternité avant de pouvoir traverser la cour intérieure, déjà pleine de monde. Je me retrouvai aux côtés de Teresa sans vraiment m'en rendre compte, assis sous une espèce de dais multicolore. Elle était enfouie sous des épaisseurs de voiles, je n'étais même pas sûr que ce fût elle…

Je repensai soudainement aux sept voiles, comme Jérémie aimait les appeler, les sept centres de pouvoir en nous, correspondant aux sept planètes, aux sept métaux. Ces voiles devaient devenir transparents afin de fonctionner ensemble en harmonie. Je me revoyais dans le Saint-Empire avec tous ces gens que nous avions rencontrés. Je pensai à l'enseignement que nous avions reçu. J'aurais presque pu douter que tout ceci avait bien eu lieu, sauf que maintenant j'étais devenu très sensible à tout ce qui se passait au plus profond de moi-même, et là ce centre de Jupiter au creux du ventre semblait bien trop actif. J'essayai désespérément de me recentrer dans le cœur, ce qui me calma un peu.

Soudain, Teresa s'adressa à moi, alors que des musiciens commençaient à jouer une mélodie lancinante.

— Bonjour, Gabriel, comment te sens-tu ?

Sa voix douce sortait de ce paquet de voiles assis à côté de moi, c'était assez étrange.

— Je me sens bizarre… je fais tout ça pour toi, tu sais ?

— Il ne faut pas t'en faire, bientôt nous serons ensemble, nous pourrons mieux organiser notre… départ…

Ainsi elle pensait toujours à s'en aller d'ici, c'était rassurant.

— Je ne sais pas comment les choses vont évoluer, ça ne sera pas si facile de s'échapper… répondis-je.

Elle ne put pas faire de commentaires à propos de mes doutes, car l'imam arriva ; la musique s'arrêta. Le mariage fut une répétition de l'entretien que nous avions eu avec l'imam, à savoir que nous voulions bien être mariés l'un à l'autre, suivi de la liste exhaustive de nos droits et devoirs.

Une fois fini, il dit que nous pouvions nous embrasser ; des femmes se précipitèrent sur Teresa et remontèrent les couches de voiles une à une jusqu'à ce que le gentil minois fardé de Teresa apparaisse, enchâssé dans tous ces tissus, un grand sourire sur ses lèvres rougies.

Je voulais l'embrasser sur la joue, mais elle sut déjouer ce stratagème et colla ses lèvres sur les miennes, alors que les assistants exprimaient leur contentement par des cris de joie.

Un de nos témoins était le frère d'Abdel, l'autre aurait dû être Enrico le Vénitien, mais il n'avait pas pu attendre si longtemps, de peur que les marins avec lesquels il était venu ne repartent sans lui. Alors, notre chef avait accepté de le remplacer : Rafik, un autre archange, Raphaël, mais il n'avait rien d'un ange, celui-là. En tant que bras droit du sultan, il m'avait à l'œil, je le savais bien ; j'étais persuadé qu'il n'avait aucune confiance en moi, si je faisais un seul faux pas, il me trancherait certainement la tête sur-le-champ. Mais là, à mon mariage, il semblait bien s'amuser, il était à l'aise au milieu de son groupe de mamelouks et il vint même me féliciter avec une certaine sincérité.

La fête dura tard dans la nuit, on mangea plus que l'on ne pouvait avaler… Puis, à un certain moment, alors que j'allais m'assoupir sur place, on nous poussa vers notre chambre nuptiale, la porte se referma derrière nous et le silence fut total.

— Ouf ! fit Teresa, enfin seuls…

J'étais d'accord avec elle et me laissai tomber sur la couche préparée avec grand soin pour notre seul plaisir. Je fermai les yeux.

— Que fais-tu, mon tendre époux ? Tu ne vas pas te mettre à dormir quand même !

Je rouvris les yeux : pendant ce peu de temps, Teresa s'était déshabillée, il ne lui restait plus qu'une courte chemise transparente sur la peau.

— Que… que fais-tu ? balbutiai-je.

— Ça se voit, non ? Je vais me coucher nue à tes côtés en espérant que tu en fasses de même…

Elle semblait bien sûre d'elle, mais pouvais-je ainsi succomber à la tentation ? Je restai sans voix, tout en continuant à la regarder dans sa nudité. Elle vint s'allonger à côté de moi, posant sa généreuse poitrine sur la mienne, c'est-à-dire presque sous mon nez, approchant son visage du mien.

— As-tu bien entendu ce que l'imam a dit, mon Gabriel ? Je restai toujours sans voix, elle continua :

— Il a dit que tu devais accomplir ton devoir conjugal... et aussi partager tes nuits entre tes épouses, mais comme tu n'en as qu'une, alors je suis là... et j'attends...

Ce qu'elle demandait me semblait impossible, ce serait trahir la confiance d'Esther pour de bon, et je m'en voudrais certainement toute ma vie.

— Écoute! dit-elle, me prenant le visage entre ses petites mains, je suis sûre que tu penses à Esther en ce moment, que tu vas la tromper, et que tu vas en ressentir une grande honte, n'est-ce pas?

— Euh... oui, effectivement, et je n'ai pas envie de la tromper.

— Peut-être... mais il y a là, dehors, des gens qui attendent que quelque chose se passe, ils écoutent religieusement, j'en suis sûre... et... ils voudront voir sur ce beau drap blanc le signe que ma virginité était bien réelle, et aussi le signe que tu as su m'honorer comme il le fallait.

— Où est l'honneur dans tout ça? Respecter la confiance qu'Esther a en moi est tout aussi honorable... dis-je sur un ton un peu sec, tout en me relevant.

— Ne sois pas fâché, mon époux chéri, je suis convaincue qu'Esther comprendra, qu'elle acceptera que je t'aie donné autant de plaisir que possible, et t'aie rendu un peu heureux dans cette triste situation où nous sommes... et... si elle veut m'arracher les yeux, eh bien soit! On verra bien!

Tout en disant ceci, elle avait commencé à ouvrir le gilet que je portais, elle s'était un peu redressée et je ne pouvais pas nier que la vue de cette belle jeune fille nue à mes côtés engendrait une grande envie d'*aller de l'avant*.

Je succombai donc à la tentation, laissant Teresa prendre les devants, tout en cherchant à me persuader qu'elle avait certainement raison : que nous nous comportions comme les gens d'ici s'y attendaient. Le pire fut que j'y pris bien du plaisir, contrairement à ce que mes sentiments essayaient de me dire. Puis je m'abandonnai rapidement au sommeil.

Le drap taché fut effectivement exposé à la vue de tout le monde, sur notre balcon qui donnait sur la cour intérieure. J'étais donc bel et bien marié, et ma nouvelle épouse s'occupait presque aussi bien de moi que maman Jeanne avait su le faire, me préparant de succulents repas et me prodiguant amour et tendresse.

Mes deux serviteurs se trouvaient maintenant sous ses ordres, et ils la craignaient… Je commençai à découvrir le caractère ambigu de cette Catalane, et je la soupçonnais de ne pas vouloir me lâcher aussi facilement que ça.

Au fond de moi, je lui en voulais de m'avoir ainsi détourné de ma passion première, ma chère Esther ; mettre la faute sur Teresa apaisait un peu ma honte. Évidemment, ce n'était qu'une illusion dont j'aimais me bercer, car, en me projetant dans l'avenir, en m'imaginant face à Esther, je ne voyais que la fuite honteuse comme solution.

Pour le moment, la fuite tout court était le sujet de mes préoccupations. Rafik avait organisé plusieurs tournées d'inspection de la côte, la situation des ports n'était pas très bonne. Il y avait de quoi faire pour améliorer leur protection et il était persuadé maintenant que nous devrions aller nous installer à Tripoli où il n'y avait qu'une petite garnison mamelouke. Il fallait que je le convainque de pouvoir emmener Teresa.

Le seul moyen était d'instiller dans son esprit que les femmes des quelques familles présentes ici ne seraient pas en sécurité après notre départ. Et que si nous devions rester plus longtemps que prévu, ou que nous devions combattre l'ennemi, on pouvait se demander ce qu'il adviendrait de nos familles, seules ici. Et que Faraj lui-même n'avait pas confiance dans le Cheikh.

Au début, il me soupçonna de ne pouvoir quitter ma jeune et nouvelle épouse, puis il dut se dire qu'il en serait de même pour lui, sauf que dans son cas, il en avait trois…

Fin avril, il se mit à faire très chaud, trop chaud, avec des vents de sable et de poussière. Ce fut facile de lui faire comprendre que la vie au bord de la mer serait bien plus agréable et la nourriture plus abondante ; car ici à Damas, à cause du passage des Mongols, beaucoup de choses manquaient encore.

À Tripoli, il y avait un fort et une petite armée, alors que les autres ports étaient dépourvus de bonnes défenses, semblait-il. Nous devions compter sur la valeur de cette armée tripolitaine et la mettre sur pied de guerre, renforcer les fortifications et une fois cela terminés, il faudrait en faire autant pour les ports plus au sud.

Des discussions eurent lieu avec le cheikh : nous voulions qu'une partie de son armée nous accompagne, car devoir faire venir des renforts prendrait trop de temps. Tripoli se trouvait à deux ou trois jours de cheval d'ici avec des montagnes à traverser, mais avec des fantassins le voyage pourrait bien durer deux fois plus longtemps. Le cheikh accepta de nous adjoindre une petite troupe et se dit prêt à intervenir dans les ports proches de Damas, comme Beyrouth ou Tyr, avec le gros de son armée.

Tout était en place et après le ramadan, début mai, nous étions prêts à partir avec armes et bagages, et quelques familles, vers Tripoli. Nous pourrions nous installer dans le château Saint-Gilles, construit par les croisés, où résidait déjà la petite garnison mamelouke. Une ville avait pris naissance autour du château, peut-être pourrions-nous y trouver quelques maisons par la suite. Le port, un peu éloigné du château, était devenu un important comptoir entre l'orient et l'occident.

De Tripoli, on pouvait aller vers Homs et Alep en passant par le Krak des Chevaliers où une autre garnison mamelouke était établie et pourrait venir nous prêter mainforte si jamais. Du Krak, on pouvait se rendre rapidement dans le port de Tartous, au nord de Tripoli, où il y avait aussi un château pouvant résister à une attaque. Plus au nord se situait le port de Lattaquié où il faudrait se rendre prochainement afin de voir comment le protéger ; les Vénitiens y possédaient un comptoir. Ensuite, il faudrait voir dans quel état se trouvait Alep, dévasté par Tamerlan ; on ne pouvait certainement pas se fier aux quelques forces renaissantes de la ville pour venir secourir Lattaquié.

Je réalisais que toute cette région avait été, pas si longtemps auparavant, un royaume chrétien. Ce royaume fondé par les croisés avait existé jusqu'à la fin du siècle passé, jusqu'à la chute de Saint-Jean d'Acres. Père m'avait dit que des chevaliers normands de sa famille avaient combattu par ici au début des croisades. En tout cas, certains de ces forts ressemblaient beaucoup à ce que j'avais vu lors de mes périples en France et dans le Saint-Empire.

Rafik, en tant qu'émissaire spécial du sultan, se voyait déjà régnant sur toute cette région côtière au nom de celui-ci et il voulait mettre au pas les émirs et les gouverneurs en leur promettant de défendre leurs biens. Quitter Damas et son puissant cheikh était donc un soulagement pour tout le monde, finalement.

Notre caravane prit plusieurs jours pour arriver à Tripoli. Nous avions dû charger tous nos bagages sur des dromadaires, et les femmes et les enfants étaient assis sur le dos de ces drôles d'animaux. Je chevauchais un joli cheval bai, très fougueux, mais qui m'obéissait bien. Ce fut un plaisir d'aller ainsi librement dans le désert, puis à travers les montagnes, alors que Teresa se plaignait du balancement et de la lenteur de sa monture, coincée dans une sorte de cage voilée.

Nous arrivâmes mi-mai, l'emménagement dans le château à la fois en ruine et en reconstruction ne fut pas aisé; nous nous mîmes donc à la recherche d'une maison. Nous en trouvâmes une après quelques jours, c'est-à-dire après en avoir chassé les habitants... un groupe d'alawites venu récemment d'Alep, mais dont personne ne voulait par ici. Les familles mameloukes se trouvaient maintenant toutes sous le même toit, un peu à l'étroit, mais heureuses de pouvoir à nouveau se chamailler.

Il y avait un comptoir vénitien à Tripoli, mais des messages furent aussi envoyés à Beyrouth, à Tyr et Saint-Jean d'Acre, afin de leur faire savoir que nous étions maintenant installés à Tripoli et que nous attendions des nouvelles.

Il y avait des bateaux de toutes origines dans le port de Tripoli, dont un qui me faisait penser à celui qui nous avait abordés et enlevés; fallait-il essayer une confrontation? Je ne savais pas si mon statut d'émissaire était suffisamment important pour aller faire la loi sur le port, j'en doutais. D'autre part, j'étais rarement seul et prendre contact avec un navire chypriote pour un éventuel départ précipité semblait aussi très difficile à organiser sans éveiller des soupçons.

Je me disais que partir de Tripoli pour Batroum ou Beyrouth à cheval et s'échapper depuis là-bas en bateau représentait une meilleure solution. Tout d'abord, il fallait obtenir des nouvelles des Vénitiens; je résolus donc de ne rien entreprendre pour le moment et ne pas attirer l'attention sur moi.

Surprenantes nouvelles

Un beau matin, lors de sa visite journalière au port, Roberto remarqua qu'un nouveau personnage se tenait aux côtés des marins vénitiens. Il s'approcha et on les présenta l'un à l'autre. Il s'agissait d'un envoyé spécial de la Sérénissime, Enrico Campeggi, qui revenait de Damas. Roberto allait donc avoir enfin des nouvelles, se réjouit-il.

Mais le Vénitien était avare en paroles, ne voulant pas donner des informations à un étranger, un sicilien, un peu normand et un peu aragonais. Alors Roberto décida de lui exposer sa situation plus avant, il n'avait rien à perdre.

Enrico écouta son histoire avec intérêt, ils s'étaient assis sur un parapet en pierre le long du quai et Enrico finit par lui dire qu'il connaissait Gabriel, son fils adoptif. Il venait de passer quelque temps avec lui et l'avait déjà vu une première fois au Caire. Roberto apprit d'Enrico que son fils avait été retenu au Caire par le sultan pour lui servir de truchement et de conseiller. C'était pourquoi il l'avait rencontré lorsque la république de Venise avait voulu établir un nouveau traité commercial avec les mamelouks.

Le désir des Génois de reconquérir la Terre-Sainte, sous l'impulsion de leur commandeur français, avait poussé Venise à se démarquer, afin de pouvoir garder ses comptoirs en terre musulmane. Il avait été conclu que Venise fournirait des renseignements sur les intentions des Génois en échange de la possibilité de mener leurs affaires commerciales dans le sultanat comme ils l'entendaient. Puis il avait rencontré Gabriel une seconde fois, à Damas, où le sultan s'était rendu pendant quelques mois.

Il avait dû prévenir ce dernier que les Génois n'avaient pas changé leurs plans ; qu'ils étaient juste occupés à régler leurs affaires avec le roi de Chypre avant de concrétiser leurs intentions belliqueuses à l'égard de l'empire mamelouk. Le roi Janus de Chypre était venu au secours des Vénitiens qui s'étaient vus prendre quelques galères par les Génois en début d'année. Un règlement de cette affaire était en cours, et il fallait qu'Enrico aille voir Zeno, l'amiral vénitien, pour savoir ce qu'il en retournait.

— Vous me dites que votre fils a été enlevé en compagnie d'une jeune fille ? demanda Enrico.

— Oui, effectivement, la fille de mon ami Jérémie, ils étaient fiancés, ils devaient se marier bientôt...

— Où est cette jeune fille ?

— Je ne vous l'ai pas dit ? En fait, elle fut enfermée dans le harem de la citadelle au Caire, mais elle a réussi à s'en échapper... aussi incroyable que cela puisse paraître...

— Oui effectivement... mais où est-elle maintenant ?

— Maintenant ? À Alexandrie, avec son père...

— Eh... il est toujours question de mariage entre eux ? Je veux dire s'ils se retrouvent un jour.

— J'espère bien ! Et j'espère voir ce jour bientôt.

— Je vais devoir vous décevoir, mais je crois aussi que vous devez savoir ce qui arrive à votre fils.

— Que voulez-vous dire ?

— Il doit se marier à Damas, dans quelques jours, je pense...

— Que me chantez-vous là ?

— Je devais être témoin de ce mariage, mais j'ai dû décliner cet honneur pour revenir ici...

Enrico vit que Roberto était sous le choc, il lui prit le bras :

— Ce mariage avait été arrangé au Caire par le sultan, Gabriel n'avait pas le choix... refuser l'aurait conduit à la mort, ou à la prison pour longtemps...

— Il va se marier avec qui ? Une musulmane ?

— Oui et non…

— Quoi ? Oui et non…

— Si j'ai bien compris, la jeune fille se trouvait dans le harem, ce n'est pas une musulmane : elle vient d'Aragon, je crois, ou de Catalogne, mais ils ont dû se convertir… si j'ai bien compris…

Enrico ne voulait pas trop préciser les choses pour ne pas affliger le pauvre Roberto.

— Se convertir ! Grands dieux !

— Ne voyez pas tout ça comme une calamité, mon cher Roberto, je pense que votre fils fait tout pour sauver sa tête, pour échapper à ce piège diabolique dans lequel il est tombé.

Roberto était maintenant sans voix, comme hébété, il mit sa main sur l'épaule d'Enrico y cherchant un support. Les deux hommes restèrent là, en silence. Enrico reprit après un long moment :

— Je crois avoir compris que la troupe de mamelouks dans laquelle Gabriel se trouve devait se diriger vers Tripoli. S'il se sauve, ce sera depuis là-bas ou depuis un port voisin, comme Tartous, ou Beyrouth…

— Je voudrais pouvoir l'aider, mais je ne sais que faire, dit un Roberto maintenant un peu abattu.

— Ne tentez rien, faites-lui confiance ! En attendant, vous pouvez rester ici, il se peut que je repasse par là dans quelques semaines avec des nouvelles qui permettront de prendre une décision…

Roberto semblait acquiescer, ce qui rassura Enrico qui lui demanda :

— Avant mon départ, qui est fixé à demain matin, nous pourrions nous retrouver pour un repas ensemble.

Roberto accepta l'invitation, il n'avait pas envie de manger quoi que ce soit, mais la compagnie d'Enrico lui faisait du bien, il espérait en apprendre encore un peu plus sur ce mariage. Il rentra se remettre de ces nouvelles chez Zacharia, puis ressortit vers midi pour retrouver Enrico.

Il n'en apprit pas plus, sauf le nom de la jeune fille que Gabriel devait épouser : Teresa.

Enrico partit le lendemain matin. Roberto était là pour lui souhaiter bon voyage, puis il rentra chez lui. Il avait décidé d'attendre ici quelques semaines, mais se disait que si Gabriel s'échappait, il ne viendrait pas à Saint-Jean d'Acre, pas plus qu'à Alexandrie, mais rentrerait en Sicile. Il pensait donc qu'il devrait retourner en Sicile rapidement, avec ou sans Esther et Jérémie.

Cependant, son plus grand souci était de savoir s'il devrait parler de ce mariage à Esther, comment le prendrait-elle ? Ou peut-être devrait-il ne rien dire, car qui sait ? Le mariage pouvait ne pas avoir eu lieu. Il devait d'abord retrouver son fils ; il finit par s'en remettre à la volonté divine, et attendre.

Bataille

En ce mois de mai 1403, Boucicaut avait repris la mer, suivi de loin par les Vénitiens qui, soi-disant, voulaient l'aider dans sa guerre contre les musulmans. En fait, ils désiraient surtout se renseigner sur ce que le bouillant français allait entreprendre et contrecarrer ses plans.

Tout d'abord, le maréchal Boucicaut fit escorter l'empereur Manuel qui rentrait à Constantinople, puis, afin de se donner du courage, il attaqua le château d'Escandelour sur terre turque.

Pendant ce temps, le processus de paix avec le roi de Chypre avançait, grâce aux efforts du Grand-Maître de l'ordre des Hospitaliers de Rhodes. Ainsi le maréchal espérait bientôt être libéré de ce souci et fondre sur Alexandrie avec ses nombreux bateaux et galères, certains avec des chevaliers à bord.

À Tripoli, ma vie s'organisa de façon routinière : j'avais en charge la reconstruction des fortifications du port, car il y avait là toutes sortes d'ouvriers et de maîtres d'œuvre venant de différentes contrées et il fallait quelqu'un comme moi parlant les langues pour que tout le monde se comprenne…

Je n'étais jamais seul, Rafik avait mis plusieurs mamelouks à mon service afin de faire régner l'ordre dans cette entreprise, et surtout accélérer les choses. Jusqu'à présent, le gouverneur local n'avait rien entrepris pour améliorer la sécurité du port, il se croyait à l'abri dans son château situé sur une colline, loin de la mer.

Rafik s'en alla quelques semaines jusqu'à Lattaquié, puis Alep, et revint assez satisfait de la situation. Entre temps, les gardes à mon service rapproché me surveillaient jour et nuit. Les garnisons au nord du pays étaient toujours sur le qui-vive, car la frontière avec les Turcs n'était pas loin. Pour le moment, ceux-ci se remettaient de leur défaite contre Tamerlan un peu moins d'une année auparavant, et de la mort de leur sultan pendant cette confrontation.

Les terres de l'est de l'Anatolie étaient passées ensuite entre les mains des *moutons blancs*, des hordes de Turcomans qui ne semblaient pas prêtes à se mesurer à l'empire mamelouk. Leurs ennemis, les Turcomans *moutons noirs* avaient été décimés par Tamerlan ; ils s'étaient réfugiés auprès du sultan au Caire et voulaient se reconstituer une armée pour reprendre leurs droits sur les régions entre l'Anatolie et la Perse.

Rafik pouvait donc se concentrer sur la protection de la côte. L'important était de sécuriser le port et la citadelle de Tripoli qui pourrait servir de base arrière en cas de débarquement des croisés. L'autre place forte était Damas, avec les troupes du cheikh qui pourraient intervenir plus au sud. À Tripoli, la garnison mamelouke n'était pas très importante et la population locale n'était pas vraiment prête à se transformer en armée, tout le monde pensait surtout à se réfugier dans le château en cas de coup dur. Pourrions-nous résister à un débarquement en masse des Génois ? Il faudrait certainement demander du renfort auprès du cheikh.

Une façon de s'échapper d'ici serait d'être fait prisonnier des Génois pensais-je, mais, dans une bataille, on ne savait jamais ce qui pouvait se passer. Il vaudrait plutôt profiter d'une attaque pour fuir l'endroit.

Je voulais m'assurer que Teresa serait prête pour un départ précipité. Nous devions nous y préparer, mon souci étant de savoir si elle pourrait soutenir une longue chevauchée. Elle me dit qu'elle avait déjà fait un peu de cheval, chez son grand-père, quand elle était *jeune*... Son état de femme mariée devait l'avoir fait vieillir, semblait-il, alors qu'elle n'avait que dix-neuf ans... Elle m'assura qu'elle ferait de son mieux... serait-ce suffisant ?

Rafik revint début juillet de sa tournée vers le nord, il faisait maintenant très chaud, ce qui diminua fortement l'ardeur déjà émoussée de nos ouvriers. Nos efforts se concentrèrent aussi sur nos balistes, qui servaient à envoyer des pierres et autres projectiles sur les ennemis. Il fallut réparer et améliorer la plupart d'entre elles et les placer aux meilleurs endroits, surtout après avoir fait des essais pour voir à quelle distance les projectiles arrivaient. Il fallait pouvoir tenir les galères à distance et les empêcher de faire débarquer leurs troupes de soldats ou de cavaliers.

J'étais en train de devenir un stratège militaire, me disais-je en riant de moi-même, me battant peut-être du mauvais côté... Ici, les gens voyaient ces potentiels envahisseurs comme de nouveaux croisés, leur haine des barbares chrétiens du temps des croisades ne semblait pas encore oubliée, ne l'oublieraient-ils jamais d'ailleurs? J'espérais de tout mon cœur que ces régions de Terre-Sainte pour les juifs, les chrétiens et les musulmans puissent un jour connaître la paix, et que leur Dieu unique entende mes prières…

Être du bon ou du mauvais côté… soudain je repensai à Jérémie, de nombreuses fois il était revenu sur ce sujet. L'Arbre de Vie a une branche de gauche et une branche de droite, mais surtout un tronc central, la voie du milieu, disait-il. À gauche il y a la Sévérité, à droite la Grâce, au milieu la Beauté, celle de l'Âme qui mène droit à la Gnose et à la Lumière infinie de la Couronne Suprême. Et puis, les trois branches ne forment qu'un seul Arbre. Il insistait sur cette conscience d'Unité, surtout lorsque je critiquais mes semblables. Il m'avait alors dit une fois :

— Le sage se tient sur la voie du milieu, mais des fois il se retrouve poussé à gauche ou à droite, qui serait assez fou ou ignorant pour le juger ?

Tout en faisant le stratège, je m'étais assuré de visiter tous les endroits où des chevaux étaient retenus et de savoir qui gardait ces lieux. Les cavaliers mamelouks et la petite troupe que le cheikh nous avait attribuée avaient leur état-major dans le château, le cheval avec lequel j'étais venu se trouvait là. Il serait difficile de s'échapper avec deux chevaux depuis cet endroit, d'autant plus pendant une bataille lorsque les cavaliers mamelouks se tiendraient prêts à intervenir.

Juste à l'extérieur du château se trouvait une autre écurie pour les coursiers chargés d'aller porter des nouvelles ici et là. Ce lieu-ci n'était pas très favorable, avec toujours quelqu'un prêt à partir, ainsi que quelques gardes.

À la limite des maisons, vers l'intérieur des terres, le long de la rivière, les chevaux du gouverneur et divers troupeaux de bétail, étaient rassemblés en une sorte de ferme, avec des enclos et quelques granges. Je décidai d'y aller régulièrement sous prétexte de trouver de la nourriture, des œufs ou de la volaille. Nos deux serviteurs eurent de la peine à accepter que ce soit moi qui me charge de cette besogne, mais ils avaient reçu des ordres de la maîtresse de maison et n'osaient pas trop s'y opposer.

Si je pouvais m'éclipser pendant une éventuelle bataille, qu'en serait-il de Teresa ? Il y avait beaucoup de monde dans notre grande maison, nous étions les uns sur les autres, aussi demandai-je à Rafik si nous ne pourrions pas trouver une autre habitation proche de là. J'eus l'impression que soudain, il se doutait de quelque chose. J'essayai de mettre en avant quelques arguments, comme quoi étant la plus jeune épouse de la maisonnée, on donnait à Teresa beaucoup trop de choses à faire et qu'elle était trop fatiguée le soir. Il se mit à rire… et me dit de chercher une habitation dans laquelle lui aussi pourrait emménager et être plus au calme.

J'en trouvai une rapidement, justement dans la direction de la ferme du gouverneur. Le plus ennuyeux était que Rafik et ses trois femmes ainsi que ses serviteurs allaient venir avec nous, tant pis ! C'était déjà un peu mieux comme ça. Teresa me dit que ces trois-là étaient toujours en train de se chamailler et qu'il devrait être possible de sortir de la maison sans se faire remarquer.

Nous nous rendîmes plusieurs fois ensemble à la ferme, en profitant pour aller voir les chevaux afin qu'ils nous connaissent. Un palefrenier venait régulièrement, mais à heure fixe, en dehors des moments de prières qu'il aimait passer à la mosquée. Sinon, les fermiers étaient toujours occupés à gauche, à droite, on ne les apercevait pas souvent auprès des chevaux. Dans une remise, il y avait tout ce qu'il fallait pour harnacher les bêtes et même quelques uniformes de garde ; ce serait une bonne idée si Teresa se déguisait en homme pour notre fuite.

Tout semblait en place et nous étions soudainement excités. Teresa aurait voulu s'enfuir tout de suite après notre déménagement. Je pensai qu'il valait mieux attendre encore un peu et compter sur l'arrivée des Génois pour créer une diversion. Mais le temps passait et rien n'arrivait.

Début août, les choses changèrent rapidement. Un messager vénitien se présenta et nous prévint que la flotte génoise était en route pour la côte syrienne. Elle serait certainement là dans quelques jours, ils seraient nombreux ; voyant l'état de nos troupes, il suggéra que l'on appelle des renforts. Ce qui fut fait sur-le-champ ; nous espérions que le cheikh pourrait être là rapidement et qu'il ne nous laisserait pas tomber.

Quelques jours plus tard, en fin de journée, toute une flotte apparut au large de la côte, se dirigeant résolument vers le promontoire de

Tripoli. Un coursier arriva pour nous dire que le cheikh serait là le lendemain, il nous faudrait donc tenir toute la nuit, voire plus.

Lorsque les premiers bateaux approchèrent, nous commençâmes à leur envoyer des projectiles afin de leur montrer notre détermination. Quelques galères se dirigèrent vers le sud, alors toute la cavalerie mamelouke sortit de la zone du port pour les poursuivre et se poster le long du rivage. Le reste de la population autour du port commença à se déplacer vers le château, et le gouverneur était certainement cloîtré dans sa tour.

La nuit venue, des feux furent allumés un peu partout afin de mieux voir ce qui se passait. Nous continuâmes à lancer des projectiles toute la nuit. Le vent avait changé de direction et il empêchait les navires de s'approcher du rivage, mais le matin suivant, il s'inversa et la flotte génoise semblait encore plus imposante que la veille.

Une tentative de débarquement se déroula au sud du port, là où nos projectiles ne pouvaient pas arriver. Les cavaliers mamelouks se tenaient prêts et un début de bataille s'engagea. Il semblait bien que les Génois allaient finir par avoir le dessus lorsqu'un bataillon de cavaleries arriva à la rescousse : l'avant-garde de l'armée du cheikh !

Les Génois furent repoussés à l'eau, mais ils restaient là à nous narguer. Ils possédaient aussi des balistes et commencèrent à nous envoyer des projectiles, puis ils se déplacèrent vers le nord et plus loin vers le sud. Ils voulaient essayer de débarquer loin du port et faire diversion, mais ceci fut contré par l'arrivée du gros de la troupe du cheikh. Des bataillons partirent se mettre en place le long de la côte ; depuis la citadelle, on pouvait voir, le soir venu, tous ces feux allumés au bord du rivage, des deux côtés du promontoire du port.

Après deux nuits sans sommeil, tout le monde était épuisé. Au matin, la situation semblait figée. Je rencontrai Rafik sur les remparts du port et lui demandai si je pouvais aller me reposer un moment. J'avais été impliqué sans répit avec les balistes pendant ces deux jours.

— Et t'occuper de ta petite femme, c'est ça ? Pendant que nous risquons de nous faire tuer… et il éclata de rire.

— Oui ! Vas-y, dit-il, mais reviens vite, et avec de quoi manger, je meurs de faim !

Il allait s'en aller, mais me rappela :

— Demande à mes épouses de préparer quelque chose de bon et fais-le apporter ici tout de suite, ça sera mieux.

Je rentrai donc chez nous à dos d'âne et informai les trois femmes du capitaine de ce qu'elles devaient faire, ce qui créa un tumulte pas possible. J'ordonnai à nos deux serviteurs d'aller aider les autres et de nous laisser dormir en paix. Puis j'allai voir Teresa.

— Prépare-toi, on part! lui dis-je en chuchotant.

— Maintenant?

— Oui, tout de suite, dépêche-toi! nous passerons par le balcon, tu vas devoir sauter en bas sans rien te casser...

Teresa prit en silence un petit baluchon avec ses bijoux, son douaire transformé depuis en or, pierres précieuses et perles, et un peu de nourriture et nous commençâmes à escalader le balcon. En allant vers la gauche, il était possible de sauter dans un tas de branches servant à faire le feu. Je sautai le premier sans encombre, Teresa atterrit de travers et roula en bas du tas, sans se blesser, heureusement. Il n'y avait pas un chat dans cette petite ruelle. Nous nous engageâmes sur le chemin allant vers la ferme : personne en vue.

Les chevaux nous reconnurent et l'un d'eux se mit à hennir; nous nous cachâmes, épiant le petit bâtiment de ferme afin de voir si quelqu'un s'y manifestait. Toujours personne en vue, ils devaient tous être à l'abri dans le château. Je harnachai les chevaux pendant que Teresa se changeait en garde du gouverneur. L'habit était voyant, mais ainsi on ne devinerait pas tout de suite qu'elle était une femme.

Nous partîmes à pied, tirant les chevaux par la bride, sur la route de Damas qui suivait la rivière passant derrière le château, puis nous montâmes les chevaux, d'abord au pas. Je voulais voir si Teresa tenait sur sa monture; pour le moment ça avait l'air d'aller.

Un groupe de personnes se trouvait devant nous, se dirigeant preste-ment vers l'abri des remparts du château; je décidai de les dépasser au trot, ainsi la poussière les empêcherait de voir qui nous étions. Teresa trainait un peu, son cheval devait sentir à qui il avait à faire. Nous reprîmes le petit trot, j'expliquai à ma cavalière comment mieux se tenir et comment traiter son cheval.

— Imagine-toi que c'est Ahmed, il doit t'obéir.

Ahmed était notre serviteur à la langue coupée, que Teresa terrorisait de temps en temps. Ceci sembla porter ses fruits, heureusement, car je comptais bien aller au galop pour les prochaines heures.

Nous quittâmes la route principale pour en prendre une autre se dirigeant vers le sud. Mais voyant que celle-ci nous ramenait vers le bord de mer, nous empruntâmes un chemin moins large bifurquant vers l'intérieur des terres. Je ne voulais pas aller vers la mer trop rapidement, car les cavaliers mamelouks patrouillaient le long du rivage.

Après un moment, nous nous redirigeâmes vers la côte et prîmes le chemin longeant celle-ci sur une espèce de terrasse bordée de l'autre côté par des collines. Nous chevauchions légèrement, l'air nous rafraîchissait, je me sentais libre à nouveau. Avec mon épée au côté, je me mis à rire en pensant que l'on aurait pu croire que j'étais un chevalier accompagné de son page.

Nous commençâmes à avancer plus lentement, car Teresa se plaignait d'avoir mal partout. Finalement nous nous arrêtâmes en haut d'un promontoire et là, nous aperçûmes au loin la flotte génoise en route vers le sud. Ils avaient abandonné la bataille !

Ceci voulait dire que des cavaliers mamelouks pouvaient être en route pour les poursuivre. Donc, pas très loin derrière nous. Nous repartîmes rapidement en direction du prochain port, Batrum. Si les Génois s'arrêtaient là, alors les cavaliers mamelouks en feraient de même ; ceci les retarderait et nous pourrions fuir vers Beyrouth plus tranquillement et y arriver le lendemain en chevauchant toute la nuit s'il le fallait.

Poursuite

Rafik fut bien content de recevoir la nourriture apportée par ses serviteurs accourus à dos d'âne depuis le village. Les bateaux génois semblaient soudains sur le départ ; après un long moment, il devint évident qu'ils étaient en train de mettre le cap au sud, profitant du vent de terre qui forcissait.

Maintenant, c'était sûr, les Génois avaient abandonné l'idée de débarquement à Tripoli. Que fallait-il faire ? Il décida d'aller rejoindre le cheikh chez le gouverneur.

Arrivé là-bas, il les trouva tous deux de fort bonne humeur à la vue des bateaux qui prenaient le large. Le cheikh dit qu'il était trop tôt pour déplacer son armée, qu'il fallait se méfier, que ce pourrait être une ruse. Cependant, ils se mirent d'accord pour qu'un détachement de cavaliers soit envoyé vers le sud et l'informe de ce qui se passerait. L'armée se tiendrait prête à partir.

Rafik retourna donc chez lui se préparer pour le départ avec un petit groupe de cavaliers, il voulait aussi que Gabriel l'accompagne. Il trouva ses épouses en train de se chamailler comme d'habitude, leur annonça son départ, alla changer d'habits et cogna à la porte de Gabriel lui demandant de se préparer pour une chevauchée.

N'ayant pas de réponse, il força la porte qui était bien fermée de l'intérieur et trouva la chambre vide. Il ressortit comme une furie, apostropha ses épouses, secoua les serviteurs de Gabriel, mais personne ne savait où pouvaient bien être les deux tourtereaux.

Il comprit rapidement qu'ils s'étaient sauvés, ce qu'il ne pouvait accepter. Le sultan lui avait confié Gabriel, lui demandant de bien le surveiller ; s'il devait retourner devant le sultan pour lui dire qu'il s'était échappé, il risquait bien de perdre sa tête.

Entre temps, une troupe plus importante de cavaliers s'était formée devant la maison, prête pour le départ. Il leur annonça que Gabriel avait pris la fuite avec sa femme et qu'il fallait les rattraper à tout prix, espérant qu'ils étaient partis aussi vers le sud, car leur mission pour le moment était de suivre la flotte génoise et d'informer le cheikh.

Il était déjà tard, ils arriveraient à Batrum seulement en fin d'après-midi.

Boucicaut, de son côté, enrageait à l'idée d'avoir dû abandonner son entreprise de débarquement à Tripoli. Mais s'il faisait rapidement route vers le sud, il pourrait mettre à sac quelques ports sur sa route, puis rejoindre les galères laissées au large d'Alexandrie. Auparavant, les vents contraires l'avaient empêché de prendre d'assaut cette ville emblématique, ce pour quoi il était venu jusqu'à Tripoli.

Il était sûr que l'armée des mamelouks arriverait trop tard pour s'opposer à un débarquement dans le prochain port, Batrum. Le vent était favorable et les galéasses allaient bon train, ils devraient y arriver vers midi.

Ils accostèrent à l'heure prévue et ne trouvèrent que peu de résistance : ils commencèrent à tout piller. Cela se déroula sans encombre et ils s'apprêtaient à repartir avec leur butin, lorsque des cavaliers mamelouks apparurent au bout du port : une bataille s'engagea, ces cavaliers étaient très efficaces, ils tailladaient à tout va. Il dut donner l'ordre à un bateau avec des chevaliers à bord de revenir à quai pour arrêter ces furies.

Devant le surnombre, les mamelouks se retirèrent par où ils étaient venus. Tout le monde rembarqua, les chevaliers en dernier, assurant les arrières de la manœuvre. Il faisait presque nuit maintenant, il fallait essayer de regrouper la flotte avant de continuer vers le sud, et tenter sa chance à Beyrouth.

Boucicaut savait que les Vénitiens y avaient un comptoir important et il pensait en profiter pour leur montrer qui était le plus fort. Il était presque sûr que ces damnés Vénitiens jouaient un double rôle, confisquer leurs biens à Beyrouth leur donnerait une bonne leçon.

Le vent avait un peu forci, dans la bonne direction, ils y seraient tôt demain matin, pensait-il.

Rafik s'en voulait de ne pas avoir pris plus de cavaliers avec lui, ils auraient pu tailler en pièces encore plus de ces chiens d'infidèles. Ces chevaliers francs à pieds étaient inefficaces, il en avait bien tué ou blessé une dizaine à lui tout seul. Mais ils étaient en trop grand nombre et il avait décidé de se replier.

Il avait envoyé un messager à Tripoli pour que l'armée du cheikh se mette en route, elle pourrait peut-être arriver à Beyrouth à temps, car il se doutait que les Génois iraient faire une razzia là-bas.

Dès que la flotte génoise eut repris le large, ils traversèrent Batrum et continuèrent leur chemin dans la direction de Beyrouth, abandonnant les morts et les blessés derrière eux. Ils n'avaient pas rattrapé les fugitifs, cependant, et Rafik se demandait maintenant s'ils s'étaient bien enfuis vers le sud. Avec la nuit, ce serait difficile de les surprendre ou de les apercevoir. Il lui fallait poursuivre la route le plus rapidement possible, et espérer peut-être arriver avant les Génois à Beyrouth.

Mais la nuit était peu propice à une avance rapide, une brume côtière cachait la pleine lune et la route était accidentée au sud de Batrum.

Arrivés dans la plaine d'Aamchit, ils se trompèrent de chemin, durent réveiller des paysans, des chrétiens maronites qui s'enfuirent en courant en voyant ces soldats mamelouks à leur porte au milieu de la nuit. Ils finirent par en attraper un et le forcèrent à venir avec eux sur un âne pour retrouver le bon chemin. Ils perdirent ainsi beaucoup de temps.

Lorsque le soleil se leva, ils étaient encore loin de leur but. Ils partirent au galop jusqu'à ce que les chevaux montrent des signes de fatigue, ils ralentirent l'allure et firent une courte halte auprès d'une fontaine dans un petit village. Un habitant leur dit que Beyrouth n'était pas si loin, le soleil était déjà haut.

Ils repartirent et arrivèrent à une rivière qu'ils passèrent par un gué et droit devant eux, on pouvait voir la ville sur son promontoire. Le port devait se situer au bout de celui-ci. Le chemin suivait la mer, des petites falaises blanches apparurent sur leur gauche. Devant eux, pas très loin, deux cavaliers avançaient au petit trot, s'engageant sur une rampe menant à la ville.

Rafik était sûr qu'il s'agissait des deux fugitifs.

Cruelle liberté

Nous avions passé Batrum alors que les premières galères génoises étaient en train de se rapprocher du port. Nous avions continué notre chemin sans faire halte, ne sachant pas si les Génois allaient s'y arrêter ni à quelle distance se trouvaient les mamelouks. Nous dûmes ensuite faire de nombreuses pauses, car Teresa ne supportait plus d'être assise sur sa monture ; elle commençait à devenir désagréable…

Nous nous arrêtions en dehors des villages, il y avait heureusement quelques petits ruisseaux ici et là pour abreuver les chevaux et les laisser manger un peu d'herbe fraîche. Nous avions fini nos maigres provisions, consistant en un peu de pain et des dattes.

La nuit venue, nous nous arrêtâmes dans une grande plaine proche d'une rivière où un paysan nous dit que nous étions presque arrivés. Nous trouvâmes un petit abri avec un peu de foin pour les chevaux et nous nous endormîmes.

Je fus réveillé par un petit bonhomme monté sur son âne et qui nous apostrophait :

— Réveillez-vous les jeunes ! Il ne faut pas rester par ici…

Je le regardai avec étonnement et d'un regard embrumé, il continua :

— Les croisés ont débarqué à Beyrouth ! Vous feriez mieux de vous en allez par où vous êtes venus.

Puis il partit au petit trot sur sa monture.

Je sautai sur mes pieds, réalisant que le soleil était déjà levé depuis un moment, j'allai secouer Teresa.

— Debout Teresa, il faut partir, debout !

Elle s'assit péniblement et me regarda avec des yeux à peine ouverts.

— Il faut partir ! Les Génois ont débarqué à Beyrouth, nous devons aller les rejoindre avant qu'ils ne lèvent l'ancre.

Elle essaya de se mettre debout en bougonnant, mais n'y arriva pas… je l'agrippai par le bras et elle finit par se redresser, mais ses jambes restaient arquées…

— Aie ! Aie ! Aie ! J'ai mal partout, gémit-elle.

Je la tirai vers les chevaux, vérifiai le harnachement et commençai à la pousser sur sa selle, elle continua à geindre tout ce qu'elle savait.

Nous partîmes au petit trot, traversâmes la rivière par un gué et un peu plus tard, nous arrivâmes aux premières maisons de Beyrouth perchées sur une petite falaise. Le chemin passait entre la falaise et la mer, on ne voyait pas le port, mais on apercevait quelques bateaux sur la mer au bout du promontoire, les Génois ?

Je décidai de prendre une rampe montant la falaise et menant à une ruelle, pensant couper à travers les habitations pour rejoindre le port au plus vite. En haut de la rampe, je jetai un coup d'œil vers l'arrière et vis arriver un groupe de cavaliers au galop. Je n'eus pas besoin de regarder à deux fois pour m'apercevoir qu'il s'agissait de cavaliers mamelouks, avec Rafik à leur tête ! Nous avions peut-être juste le temps de trouver le port avant qu'ils nous rejoignent.

— Teresa, regarde ! Ils sont là, les mamelouks !

Elle aperçut la même chose que moi et pressa son cheval, filant derrière moi à travers les ruelles. Par où passer ? C'était la question ; il n'y avait personne dans ces rues, soit les gens s'étaient sauvés, soit ils étaient tous cloîtrés chez eux. Le bruit des sabots résonnait entre les maisons, j'avais l'impression d'entendre aussi ceux de nos poursuivants.

Nous tournâmes plusieurs fois à gauche et à droite pour déboucher soudainement sur une place pleine de monde, donnant directement sur les quais et les entrepôts. Nous nous retrouvâmes au milieu des marins et soldats génois en train de transporter leur butin sur les navires à quai.

Nous passâmes un premier groupe de soldats qui n'eurent pas le temps de nous arrêter, pour finir au milieu d'un autre groupe qui, lui, essaya de nous barrer le passage avec leurs piques. Je réussis à les éviter, mais le cheval de Teresa derrière moi se cabra et elle chuta lourdement à terre.

Je sautai de mon cheval et me précipitai vers elle, deux soldats tentèrent de m'en empêcher en me prenant par les bras, je leur criai en italien :

— C'est ma femme ! Laissez-moi ! Elle ne bouge plus…

Ils me relâchèrent, je me penchai sur elle alors qu'un grand tumulte commençait à se faire entendre à l'autre bout de la place : nos poursuivants étaient engagés dans une bataille féroce avec les soldats génois.

— Teresa ! Teresa ! Comment ça va ?

Je la pris contre moi et m'aperçus que du sang sortait de son oreille, elle me contemplait d'un regard un peu trouble, un léger sourire sur son visage. Elle voulait dire quelque chose, ouvrit la bouche :

— Gabriel… je… je vais mourir…

— Non, Teresa, tu dois vivre ! Nous allons partir… nous…

Je ne savais quoi dire, elle rouvrit la bouche :

— Gabriel… embrasse Esther pour moi…

Sa tête roula doucement sur le côté, je la retins avec la main, et regardai ses yeux maintenant sans vie ; il semblait qu'ils m'entraînaient dans un puits sans fond…

Une troupe de marins nous entourait, alors que les soldats étaient allés prêter mainforte aux autres qui se faisaient tailler en pièce par les cimeterres mamelouks. Une ombre cacha le soleil, je levai les yeux, un personnage imposant qui semblait être un capitaine s'était approché de nous.

— D'où venez-vous ? Qui sont ces diables qui vous poursuivent ?

— Nous… nous nous sommes échappés de Tripoli…

Je me tournai vers l'arrière de la place et constatai que tous les mamelouks étaient maintenant à terre, morts ou mourants.

— Ce sont des cavaliers mamelouks…

Quelqu'un arriva avec de l'eau, mais voyant que ma compagne semblait sans vie, il s'arrêta net. Le capitaine enchaîna :

— C'est votre dame ? Elle est… morte ?

— Elle ne respire plus… dis-je, désespéré.

— Emmenons-la sur ma galère, c'est celle-ci, dit-il montrant le bateau le plus proche. Je réussis à prendre Teresa dans mes bras et suivis le capitaine, il m'aida pour passer à bord et m'amena dans une chambrée sur le pont arrière, il étala quelques couvertures et j'y déposai la morte.

— Attendons un peu, elle pourrait revenir à elle, dit-il.

Je le trouvai très compatissant, je l'en remerciai et restai là à genoux à côté du corps sans vie de Teresa. Au bout d'un moment, il demanda :

— Voulez-vous que je fasse chercher un prêtre ?

Cette question était inattendue, il y avait si longtemps que je n'avais plus vu de prêtre.

— Euh… oui… s'il y a en a un par ici…

Il sortit, me laissant seul avec Teresa. Je me retrouvai dans ce puits sombre dans lequel le regard vide de Teresa m'avait entraîné. Je me centrai dans le cœur et fermai les yeux. Je lui envoyai tout l'amour que je n'avais pas toujours su lui montrer.

En quelques instants, je fus submergé par des vagues d'amour en retour. Elle était bien vivante, dans l'au-delà, et me le faisait savoir.

Le prêtre arriva, il commença à réciter les prières pour les morts, je me joignis à lui connaissant ces prières par cœur. Je me revoyais par un jour pluvieux de mon enfance accompagnant seul, avec M. le curé, le cercueil d'un pauvre homme jusqu'à sa dernière demeure. Pas de famille, pas d'amis, ce qui m'avait perturbé sur le moment. J'étais là de nouveau, seul avec un prêtre, devant la dépouille de Teresa.

Puis le prêtre demanda ce que nous voulions faire du corps, il me dit qu'il avait déjà préparé des cercueils pour les morts de Tripoli et de Batrum, et que maintenant il y en aurait d'autres ici et que nous pouvions mettre la morte avec eux, mais c'était sur un autre bateau.

Je restai avec Teresa assez longtemps avant que quelques marins n'arrivent avec un simple cercueil en planches et l'emmènent. Je les suivis et on me dit de demeurer sur ce bateau des morts et des blessés pour le retour à Famagouste, à Chypre. Ce navire rentrerait directement pour y enterrer les morts en sol chrétien et faire soigner les blessés ; il emporterait aussi une partie du butin. Le reste de la flotte continuerait son chemin vers le sud, peut-être jusqu'à Alexandrie.

Nous partîmes en direction du soleil couchant, la direction des morts pour les Égyptiens, comme me l'avait expliqué Jérémie. Je repensai à mon périple de ces dernières années, comment tout cela était-il possible ? J'avais l'impression d'avoir vécu plusieurs vies.

Qu'allais-je devenir ? Je me disais que je pourrais peut-être retrouver la trace du père de Teresa à Chypre, sinon je devrais aller jusqu'en Catalogne pour annoncer la mauvaise nouvelle à sa famille. Teresa m'avait expliqué où les trouver.

Au fur et à mesure que la côte syrienne s'éloignait, je me rendais compte que j'étais enfin libre. Malgré tous ces événements tragiques, je sentis une grande joie m'envahir devant cette réalisation. J'étais allé de l'avant, je m'étais détaché de bien des choses, mais aussi de Teresa et d'Esther. La première était morte dans mes bras, la seconde était morte dans ma tête, car je ne pouvais m'imaginer me retrouver devant elle et lui avouer ma faiblesse ; j'essayais donc, en vain, de ne plus penser à elle, me disant que je ne la méritais plus...

La quatrième vallée était-elle passée ? Et que me réservait la cinquième ? Celle de la *pure unité*. J'avais réussi à emporter avec moi le manuscrit en latin du livre d'Attâr. Il se trouvait dans le baluchon que Teresa avait préparé pour notre fuite, avec ses bijoux, et que j'avais maintenant avec moi. Ce manuscrit représentait la seule chose qui me rappela mon séjour au Caire. Je me souvenais très bien du texte de cette cinquième vallée pour l'avoir lu et relu.

Dans cette vallée *tout est mis en pièces puis unifié*, déclarait la huppe. Tout était en pièces, c'était une certitude pour moi à cet instant et je ne pouvais qu'espérer que tout soit unifié à un moment ou un autre, mais quand et comment?

Ensuite, la huppe répète ce que Jérémie m'avait dit à de nombreuses reprises, mais que j'avais bien de la peine à réaliser, à savoir que ce qui apparaît multiple n'est pas différent de ce qui apparaît unique. Et que l'Être suprême est lui-même au-delà du multiple et de l'unique, tout comme l'Éternité, et que par conséquent il nous faut cesser d'en discourir.

Et, lorsque tout est réduit à rien, que reste-t-il à contempler?

J'errais dans ce vide métaphysique lorsque mon attention fut attirée par des gémissements. Les mêmes gémissements que j'avais entendus dans mon rêve avant mon départ de Normandie et qui m'avaient plongé si brusquement dans la vallée des larmes.

Je réalisai qu'il s'agissait des plaintes des blessés embarqués sur ce bateau : je me dirigeai vers eux dans la pénombre, le soleil s'étant couché. Quelques lampes à huile se déplaçaient dans l'espace du pont inférieur, et les gémissements devinrent plus intenses. Je m'approchai d'une de ces lumières, un moine se tenait à côté d'un blessé, nettoyant ses plaies. Il devait s'agir d'un moine hospitalier, l'autre personne était le prêtre que j'avais vu précédemment. Il disait des prières auprès d'un blessé qui ne bougeait pas.

Je m'adressai à l'hospitalier lui demandant si je pouvais aider à quelque chose. Il m'ordonna d'aller chercher de l'eau dans un baquet et revenir avec une autre lampe. J'exécutai son ordre le plus rapidement possible, ce qui ne fut pas si simple dans l'obscurité et avec le roulement du bateau. Je revins avec la lampe à huile et le baquet. Il me demanda d'aller visiter les blessés et de leur donner à boire à l'aide d'une louche qu'il me tendit.

Je passai de l'un à l'autre, ils étaient tous jeunes et maintenant dans un piteux état ; deux d'entre eux avaient eu un bras coupé par les cimeterres mamelouks, ils perdaient du sang et si rien n'était fait, ils mourraient prochainement. Il faudrait attendre le lendemain matin pour arriver à Famagouste, certains seraient morts d'ici là, c'était sûr.

J'essayai de remonter le moral de ceux qui semblaient le plus mal en point, certains parlaient l'italien, d'autres le grec. Ils voulaient tous que je prévienne leur famille, ou leur bien-aimée s'ils venaient à mourir. Ils avaient peur de finir anonymes dans un cimetière de Chypre.

Je passai ainsi la nuit avec les blessés, leur donnant à boire, aidant l'hospitalier dans ses soins. Il avait l'air de bien savoir ce qu'il faisait, comme ma maman autrefois. Je la revoyais mettre des herbes sur des blessures, ou des emplâtres de terre glaise. Elle pouvait apaiser les douleurs, juste avec des prières et ses talismans. Elle ne me laissait pas assister à ces séances, mais je m'arrangeais pour l'observer.

Lorsque l'aube apparut, j'étais épuisé, le moine me dit d'aller me reposer, ce que je fis. Je ne pus m'empêcher de penser à la mort, ce bateau transportait la mort. La mort… elle avait été très proche de moi à plusieurs reprises dans ma courte existence, mais il me semblait pouvoir l'affronter sans trop de peur ; avais-je acquis suffisamment de conscience d'immortalité ? J'en doutais encore.

Je me remémorais les paroles de Jérémie sur la mort, celles qu'il avait prononcées lorsqu'un jeune maçon de Cologne lui avait demandé s'il ne serait pas plus désirable de se laisser mourir et vivre dans notre corps astral dans l'au-delà plutôt que dans la misère ici-bas. Il avait répondu qu'il n'y a pas de plus triste chose pour l'âme que de se donner la mort pour soi-disant échapper à notre sort, quel qu'il soit.

C'est incarnée dans un corps que l'âme peut le mieux améliorer sa condition future, c'est ici et maintenant que nous pouvons amener la Lumière et l'Amour à nos prochains qui en ont besoin et ainsi élever notre conscience, la conscience du genre humain, avait-il déclaré.

J'essayai de me laisser porter par cette Lumière et cet Amour dont j'avais bien besoin, et m'endormis.

En songe, je fus pris dans le tableau des arcanes, je passais d'une colonne à l'autre, et j'avais soudain peur d'arriver à la sixième colonne – les arcanes 6, 13 et 20. Avais-je donc peur de l'arcane 13 ? La mort justement ! *Le grand transformateur* comme l'appelait Jérémie. Je finis par contempler dans mon œil intérieur cette suite de trois arcanes, réalisant que les amoureux sont suivis de la mort, elle-même suivie de la résurrection hors de la tombe, l'arcane 20 du jugement que j'aimais bien. Cela m'apparut comme une prémonition, et tourna bien vite au cauchemar.

Je me réveillai en sueur, les marins s'agitaient et se préparaient à entrer dans le port de Famagouste. Le soleil était déjà assez haut dans le ciel.

La ville était entourée d'une muraille, au-dessus de laquelle on pouvait apercevoir quelques églises. Je retournai vers le pont des blessés pour voir si je pouvais aider à les débarquer. Quelques-uns étaient morts pendant la nuit, d'autres arrivaient encore à marcher, mais nous dûmes transporter la majorité sur des brancards. Ceci prit pas mal de temps ; depuis le quai, les blessés étaient ensuite mis sur des charrettes et emmenés vers un bâtiment tenu par les hospitaliers.

Une fois ce transfert terminé, il était déjà presque midi. Je rejoignis le prêtre qui de son côté s'occupait des morts. Il accéda à ma demande de commencer par Teresa, je lui dis avoir de quoi payer pour une cérémonie et pour une tombe. Il me répondit de l'attendre là sur le port, qu'il allait se renseigner afin de savoir où l'on pouvait organiser cette cérémonie. Il revint rapidement me dire que la messe d'enterrement se tiendrait le lendemain matin à Sainte-Marie du Carmel et que ça ne me coûterait rien, mais que je pouvais faire un don aux Carmes.

On organisa donc un transfert du cercueil de Teresa vers l'église des Carmes. Le cercueil fut déposé au frais dans une pièce du monastère adjacent et je rencontrai un père carmélite qui voulut en savoir un peu plus sur la morte, et sur moi-même.

Comment lui dire que nous nous étions mariés chez les musulmans ? Je décidai de lui raconter quelques mensonges, car j'avais peu confiance en sa largeur d'esprit. Je lui dis donc que le mariage avait eu lieu au Caire, chez les Coptes, puis que je m'étais retrouvé obligé de servir le sultan en tant que traducteur, ce qui nous avait amené jusqu'à Tripoli, puis Beyrouth, où nous avions réussi à nous enfuir avec les bateaux génois.

Il essaya de vérifier si cette histoire de traducteur tenait debout en me parlant comme par inadvertance en latin, puis une autre fois en grec, alors que nous avions commencé la conversation en italien. Bref, il sembla satisfait de mes mensonges et montra de la compassion à mon égard.

arcanes 6 – 13 – 20

Il me demanda ce que je comptais faire par la suite, j'inventai quelques autres mensonges, lui disant que je devais aller en Sicile prévenir les parents de la défunte et les miens de ce qui était arrivé. Il me proposa de m'héberger au couvent pour quelques nuits si ceci me convenait, ce que j'acceptai. Puis il voulut m'entendre en confession afin de me préparer pour la messe du lendemain, vu que j'avais passé une longue période sans pouvoir le faire.

Il me demanda si je désirais aller chercher mes affaires avant de me montrer une petite pièce où je pourrais dormir ; lorsque je lui dis que je n'avais que ce petit baluchon et mon épée, il sembla satisfait de ma pauvreté relative. Il ne savait pas que j'avais une petite fortune en bijoux dans ce baluchon, sans parler du manuscrit d'Attâr.

J'allai donc me confesser de suite, ce fut rapide, n'ayant aucune faute grave à déclarer, sauf ma trahison envers Esther qui ne regardait que moi, tout comme les mensonges que je venais de lui réciter. Heureusement que j'avais gagné des jours d'indulgence en allant à Jérusalem ! Cette pensée me fit sourire et apporta un peu de légèreté dans ces moments pénibles. Puis je quittai le moine en lui disant que je désirais visiter la ville et ses nombreuses églises et essayer de trouver un bateau pour la Sicile.

En fait, je voulais d'abord vendre les bijoux et les transformer en monnaies. Je commençais aussi à avoir très faim, réalisant que je n'avais pas mangé quelque chose de consistant depuis fort longtemps. Trouver un acheteur ne fut pas si simple, surtout parce que ces commerçants n'avaient pas l'air très honnêtes…

Je présentai un beau collier de perles à plusieurs d'entre eux, les prix offerts variaient énormément, mais surtout je dus me faire expliquer de quelle monnaie il s'agissait, certains se référant à celle de Gènes, d'autres à celle du royaume de Chypre. J'étais bien content de comprendre plusieurs langues, ce qui me permettait d'entendre les commentaires des différents interlocuteurs présents durant ces marchandages.

Finalement, je me décidai pour un acheteur arménien qui parlait grec et qui visiblement montrait de l'intérêt pour mes bijoux, ou plutôt ceux de la défunte Teresa. Je ressortis avec beaucoup plus d'argent que je ne pensais et l'acheteur donnait, lui, l'impression d'avoir fait une bonne affaire.

J'allai directement dans une auberge et m'offris un large repas. Il y avait là quelques marins, je me renseignai sur les bateaux en partance. Visiblement, tout le trafic était à l'arrêt en attendant le retour possible du maréchal Boucicaut. On me conseilla d'aller dans un port chypriote. De toute façon je voulais aller à Nicosie, la capitale du royaume, voir si je retrouvais la trace du père de Teresa.

La messe pour la défunte Teresa eut lieu de bonne heure le lendemain matin. Je fus étonné d'y rencontrer quelques marins du bateau sur lequel j'avais fait la traversée et aussi quelques blessés que j'avais aidés pendant le voyage. Et puis il y avait les moines ; j'avais l'impression que la Mère Divine ne voulait pas que cette pauvre Teresa s'en aille dans l'indifférence.

On l'enterra dans un cimetière proche de là, au pied des remparts. Un homme m'aborda après l'ensevelissement, il était chargé de sculpter une pierre tombale pour la défunte et voulait connaître mes désirs. Je l'accompagnai à son atelier après avoir remercié le prêtre en lui offrant quelques pièces d'or pour leur communauté et leurs bonnes œuvres.

Je passai la nuit chez les Carmes et le lendemain matin, je me mis à la recherche d'un cheval pour me rendre à Nicosie.

Nouvelle attente

Roberto attendait avec impatience que quelque chose arrive. Il venait tous les jours passer de longs moments sur les quais de Saint-Jean d'Acres. Il entendit dire qu'une bataille avait eu lieu à Saïda un port important au sud de Beyrouth. Quelques jours plus tard, vers la mi-août, un bateau génois en difficulté vint faire quelques réparations.

Ainsi apprit-il que, la semaine précédente, Beyrouth et quelques autres ports avaient été pillés par les Génois et que finalement ces derniers étaient partis attaquer Alexandrie. En continuant la discussion avec différents marins, il s'en trouva un qui avait une bien curieuse histoire à lui conter.

Ce marin se trouvait à Beyrouth, en train d'embarquer leur butin, lorsque deux cavaliers déboulèrent au milieu de la foule de marins et de soldats. On aurait cru un chevalier et son page, poursuivis par une troupe de sarrasins à cheval. En fait, le page était une femme qui tomba à terre et se brisa le crâne. Quant aux sarrasins, ils furent tous tués.

— L'homme, le mari de la femme, était prisonnier du sultan, paraît-il.

— Et qu'est devenu cet homme ? demanda Roberto tout excité à cette nouvelle.

— Il serait parti pour Chypre y enterrer son épouse, d'après ce qu'on m'a dit.

— Ah… tu n'étais pas témoin de cette affaire donc ?

— Pas vraiment, mais un ami à moi était juste là et je suis sûr qu'il ne raconte pas des histoires.

— Quand ça s'est-il passé ?

— Nous étions à Beyrouth le 10 août… et on devait encore aller débarquer à Saïda le 12, mais une grande armée de sarrasins nous en empêcha… C'était l'armée du Cheikh qui s'était déplacée de Tripoli jusque là, je crois bien… et puis on est parti rejoindre les galères qui nous attendaient au large d'Alexandrie. Mais nous, on a cassé notre vergue, alors on a fait demi-tour pour venir la réparer ici.

— En sais-tu plus sur le jeune homme ?

— Non, pas vraiment…

Roberto s'en retourna chez Zacharia, il était sûr que c'était de son fils qu'il était question dans ce récit, et son épouse était morte, semblait-il. Il raconta son histoire à ses hôtes et déclara qu'il devrait bientôt partir pour Alexandrie, ce qui pouvait être risqué cependant si les Génois étaient en train de débarquer là-bas. Il faudrait mieux attendre et espérer avoir des nouvelles.

Il retourna au port les jours suivants, essayant d'en apprendre le plus possible sur ce qui se passait en mer. Il y avait un bateau égyptien qui partait pour Alexandrie, ils acceptèrent de faire transmettre un message pour la famille de Jérémie, mais refusèrent de le prendre à bord. Les marins dirent que si le port était attaqué, ils feraient demi-tour et seraient peut-être de retour dans une dizaine de jours.

Le bateau ne fit pas demi-tour, il arriva à Alexandrie une semaine plus tard et Jérémie reçut le message de Roberto :

Chers Jérémie et Esther,
Je crois pouvoir dire que notre Gabriel a réussi à s'échapper des griffes de ce sultan de malheur, il serait parti pour Chypre le 10 août. Je pense rentrer à Alexandrie dès que possible, en espérant que la marine génoise ne soit pas en train de vous envahir. Si c'était le cas, je serai peut-être obligé de retourner en Sicile sans vous, ou bien j'irai à Chypre.
Si vous êtes en sécurité à Alexandrie, restez-y et attendez de mes nouvelles.
Que le Seigneur vous apporte toute son aide.
								Roberto

Jérémie lut la lettre deux fois pour être bien sûr du contenu de cette incroyable nouvelle, puis il alla annoncer la chose à Esther qui depuis des semaines se morfondait dans sa petite chambre.

— Esther, ma chérie, Gabriel serait vivant et il se serait échappé vers Chypre.

Esther resta comme clouée sur place à cette nouvelle, sa tête ne pouvant croire ce que ses oreilles entendaient, puis elle sauta sur ses pieds et arracha la lettre des mains de son père. Elle la lut et relut.

— Est-ce possible ? dit-elle, les larmes aux yeux, Dieu soit loué ! Il est vivant… mais que va-t-il faire à Chypre ? Nous devons y aller nous aussi et le retrouver…

— Je crois qu'il vaut mieux faire comme Roberto le propose, attendre qu'il revienne ici et partir ensemble, soit pour la Sicile ou pour Chypre.

— Mais pourquoi la Sicile ?

— Gabriel ne va pas revenir ici à Alexandrie, et s'il veut nous retrouver, il ira en Sicile, ne penses-tu pas ?

— Oui, peut-être… mais quand ira-t-il là-bas ? Il restera peut-être à Chypre…

— On verra, nous pourrions passer par Chypre sur la route de la Sicile, ce qui représente un grand détour, je crois… il vaudrait mieux attendre que Roberto revienne ici.

— Mais c'est quoi cette histoire d'invasion génoise ?

— Je ne sais pas ma chérie ; mais si j'ai bien compris, les Génois sont repartis chez eux, d'après le capitaine du bateau qui a apporté la lettre.

— Attendre, encore attendre, ça fait des années que j'attends pour épouser mon bien-aimé… que se passe-t-il là-haut ? Elle leva les bras et les yeux au ciel.

— Ce qui se passe au ciel n'a pas grand-chose à voir avec ce qui t'arrive, j'en ai bien peur…

— Que veux-tu dire encore ? Que tout cela est ma faute ? Que c'est écrit dans les étoiles, peut-être ?

— C'est certainement écrit dans les étoiles, mais ça ne change rien à la présente situation… tu as le droit de te révolter et si ça te soulage, alors vas-y, révolte-toi…

Esther resta un peu boudeuse, son regard sévère posé sur son père, puis elle alla vers lui et le prit dans ses bras.

— Je suis si contente qu'il soit vivant, et libre… libre ! Puis au bout d'un moment, elle ajouta :

— J'attendrai…

Chypre

Boucicaut ne fut de retour à Chypre que le 21 août 1403, après avoir rappelé les galères envoyées plus tôt devant Alexandrie, les circonstances n'étant vraiment pas favorables pour un débarquement. Il ne reprit le voyage vers Gênes que le 7 octobre. C'est sur le chemin du retour, au large du Péloponnèse, vers Modon, que quinze galères et une vingtaine de navires commandés par l'amiral vénitien Carlo Zeno attaquèrent la flotte génoise. Après quatre heures de combat, les Génois furent vaincus, trois galères restèrent entre les mains des Vénitiens et seulement huit autres regagnèrent Gênes.

Cette bataille marqua certainement le déclin de Gênes et l'ascendance grandissante de Venise en Méditerranée.

J'appris cette nouvelle vers la fin-octobre, je me trouvais alors dans la vallée du Pedieios, qui prend sa source près du monastère de Machairas. Cette vallée part des montagnes du Troodos et passe ensuite par Nicosie. C'était dans cette ville que, début septembre, j'avais retrouvé la trace du père de Teresa, Mateu Aubanell. Ce fut finalement un peu par *hasard* que je rencontrai quelqu'un qui le connaissait.

C'était un autre Catalan, Nicolau Dexeus, qui faisait du commerce entre Chypre et les possessions de la couronne d'Aragon en Méditerranée. Il avait travaillé avec Mateu dans le cadre du consulat de la mer qui s'occupait de l'administration maritime et de la création de lois commerciales dans le royaume d'Aragon. Je le rencontrai à Nicosie alors qu'il venait justement y discuter les affaires du consulat de la mer.

Il me raconta que Mateu avait un peu perdu la raison suite à la disparition de sa femme et de sa fille. Il avait alors quitté la délégation aragonaise qui était venue présenter les lois du consulat de la mer au royaume de Chypre. Lorsque la délégation était repartie, il avait voulu rester à Chypre, pensant que sa femme et sa fille viendraient le rejoindre ici un jour, comme il l'avait prévu.

Il avait demandé à sa famille en Catalogne de lui envoyer un peu d'argent afin qu'il puisse se procurer le droit de la terre et se mettre à cultiver la vigne. Son père était vigneron et il connaissait bien ce métier. Le domaine de son père était revenu à son frère aîné, alors que lui avait fait des études et était devenu conseiller pour le consulat de la mer.

Nicolau Dexeus m'indiqua l'endroit où il pensait que Mateu s'était installé. Je partis à sa recherche et le trouvai après quelques jours. C'était le début de la vendange ; Mateu accepta très volontiers que je lui donne un coup de main, il m'offrit le gîte et le couvert en échange.

Après quelques jours, une fois le gros du travail achevé et que j'eus gagné sa confiance, je lui appris la triste nouvelle. Il en fut très affecté, évidemment, mais me remercia de l'avoir délivré de tous ces doutes sur le sort de sa famille.

arcane 9

Nous allâmes alors à Famagouste visiter la tombe de Teresa : la pierre tombale était simple, mais joliment décorée avec des motifs floraux. Mateu semblait apaisé après cette visite, mais on aurait dit qu'il avait soudainement vieilli. J'avais donc décidé de rester avec lui un certain temps et de l'aider dans son petit domaine.

J'appris ainsi comment produire du vin, et j'appris aussi le catalan, pas très différent de la langue d'oc. Mateu connaissait aussi plusieurs langues, ce qui lui avait permis de trouver ce poste avec le consulat de la mer, mais maintenant il ne voulait plus parler que catalan, et un peu le grec quand c'était nécessaire.

Il vivait simplement, dans une jolie contrée, là où la rivière débouche dans la plaine. La grande majorité des vignes chypriotes se trouvent dans le sud-ouest de l'île ; lui avait décidé d'amener la culture dans cette région proche de Nicosie qui lui offrait une possibilité de bien vendre son vin.

Les terres qu'il cultivait appartenaient au monastère, une bonne partie de ses récoltes allaient à celui-ci. Les moines lui avaient aussi donné le droit de s'occuper de cultures à l'abandon plus haut dans la vallée. Il y avait des arbres fruitiers ainsi que des oliviers. Je l'aidai donc à remettre tout ceci en bon ordre.

Nous avions une petite armée d'ouvriers, des chrétiens syriaques qui s'étaient échappés de Damas quelques années auparavant, lorsque les Mongols avaient dévasté la région. Ils avaient utilisé toute leur fortune pour prendre un bateau et finir ici comme de pauvres gens. Mateu leur avait donné de quoi se reconstruire une vie décente.

Ils furent bien contents de trouver soudain quelqu'un qui parle arabe, car en quelques années la plupart d'entre eux n'avaient pas encore appris le grec ou autre chose. Je décidai donc de leur donner des leçons, et quelques-uns devinrent de bons amis.

Nous allions tous régulièrement au monastère de Machairas. Il y avait là une congrégation de moines très orthodoxes, leur règle était des plus strictes. Mateu y faisait dire des messes pour ses défuntes femme et fille.

Je me demandais si je ne devrais pas joindre une telle congrégation pour expier mes péchés. Ç'aurait pu être une option de facilité pour échapper à mes tourments concernant mon avenir. L'image de l'Ermite de l'arcane 9 me revint à l'esprit. Comment pouvait-on devenir un tel personnage ? Il a atteint le sommet de la montagne de la Réalisation, mais il ne regarde pas au-dessus de lui, vers Dieu Tout-Puissant, mais bien derrière lui et décide de rester là à éclairer le chemin de ceux qui le suivent. L'Ermite est en union avec Dieu ; il paraît seul, mais ne l'est pas. L'étoile à six branches, c'est le sceau de Salomon, le Roi des Rois, c'est l'œil de Dieu.

Je trouvais plus simple, pour le moment, de glorifier Dieu en prenant soin des gens qui m'entouraient et de leur apporter tout le réconfort et l'aide dont j'étais capable.

Cependant, j'étais taraudé par l'idée qu'Esther était certainement très attristée par ma disparition et, qu'en plus de l'avoir trompé avec Teresa, je lui infligeais encore plus de peine en restant là, sans vouloir la retrouver ; j'espérais qu'elle ne se laisse pas aller au désespoir.

Et… il y avait cette petite histoire à propos de la cinquième vallée du livre d'Attâr, celle de la jeune fille qui se noie : son amoureux se jette à l'eau pour la sauver ; lorsqu'elle se voit encore vivante dans ses bras, elle lui demande : « *pourquoi as-tu risqué ta vie pour moi ?* » et l'amoureux lui répond : « *parce qu'il n'y a personne d'autre que toi, et que lorsque nous sommes ensemble, alors vraiment je suis toi et tu es moi, nous deux sommes un, nos deux corps sont un, c'est tout* ».

La morale est que lorsque la dualité disparaît, l'unité est trouvée. Les autres textes de la cinquième vallée parlent surtout d'unité avec le Divin, à travers la contemplation, le silence intérieur. Pourquoi fallait-il qu'Attâr ait ajouté ici cette histoire d'amoureux et d'union charnelle ? Certainement pour nous dire que cette Union Divine s'étend à toute la création, qu'elle n'exclut rien ni personne, qu'on peut la trouver dans toutes nos actions quotidiennes pour autant que notre cœur soit empli d'amour.

Or, je pensais qu'Esther était sans doute toujours amoureuse de moi, et cela était réciproque. Malgré tous mes scrupules, je devais rechercher son pardon, c'était la seule solution. Mais pour le moment, mes occupations ici m'apportaient un certain réconfort après toutes ces épreuves, et Mateu avait besoin de ma présence, c'était mon excuse pour ne rien tenter.

Et puis, grâce à une rencontre avec un moine du monastère, je m'étais remis à une méditation régulière dans le cœur, comblant ainsi le vide d'un amour que je ne pouvais partager avec ma bien-aimée.

Il y avait souvent quelques vieux moines assis sur un banc à l'ombre d'un grand figuier dans la cour du monastère. Ils me faisaient penser à l'ermite de l'arcane 9. Ils me regardaient passer, me saluant de la tête et esquissant de petits sourires cachés dans leurs longues barbes blanches. Un jour, l'un d'eux me fit signe de m'approcher et de m'asseoir à son côté. Il me prit la main en me fixant droit dans les yeux. Que de douceur dans ce regard! Après un moment il me dit :

— Tu t'appelles Gabriel n'est-ce pas ?

Je n'aurai pas cru qu'il connaisse mon nom, mais je lui fis signe que oui.

— Tu es le héros de Dieu, le sais-tu ?

C'était là une des significations de mon prénom en hébreu.

— Un archistratège de la milice divine, continua-t-il

Remarquant mon trouble il m'expliqua que c'était ainsi qu'on appelait les archanges dans la religion orthodoxe ; j'aurais voulu lui faire comprendre que j'étais fait d'os et de chair, et peu angélique, mais il m'interrompit.

— Oui, oui, bien sûr mon garçon, cependant je vois bien que les anges sont là, proches de toi.

Il dit ceci en élevant le bras, décrivant un grand arc de cercle, comme pour désigner une armée d'anges passant dans les cieux.

— Il me semble aussi que ton cœur a été meurtri, continua-t-il en me serrant la main un peu plus fortement, et j'ai un remède pour toi qui nous vient de nos Saint-Pères, ceux qui s'étaient retirés dans le désert d'Égypte : la philocalie, l'Amour de la Beauté.

Je restai à son écoute, ne sachant quoi dire, il fit une pause, ferma les yeux, et parla d'une voix qu'on eut dite sortie du ciel.

— Si tu es en désarroi, si tu te sens abandonné, alors répète cette prière dans ton cœur sans relâche, jours et nuits : *Iesous Christos Theou Uios Soter*

Il se mit à réciter la prière et je commençai à la répéter après lui. J'oubliai bien vite sa signification : Jésus-Christ Fils de Dieu Sauveur, et me laissai prendre par le ravissement engendré par les mots en grec. Je ne saurais dire combien de temps cela dura ; j'avais fermé les yeux et lorsque je les rouvris j'étais seul sur le banc.

Mon cœur semblait s'être élargi jusqu'aux confins de l'univers.

L'amour de la Beauté, cela me rappelait évidemment les enseignements de Jérémie sur la sphère de *Tiphareth*, le centre de l'Arbre de Vie. Et le nom du Christ, Yeheshuah, est bien associé à cette Séphirah. En renouant avec cet Amour universel, inconditionnel, je retrouvai une sensation de présence, celle de l'âme d'Esther, comme je l'avais ressentie en me plongeant dans son regard d'azur, là-bas en Sicile. Elle n'était pas là, près de moi, et peut-être je ne la reverrai plus, mais son âme était bien présente.

À partir de là, les choses allaient changer.

Lors d'un voyage à Nicosie où j'allais chercher quelques provisions, je fus pris par un orage soudain. Je me réfugiai vers une tour ronde qui semblait habitée, poussant mon âne vers la bergerie en contre-bas. Il y avait des éclairs et de grosses gouttes d'eau commencèrent à tomber.

Cette grande tour était construite sur un promontoire rocheux. Je m'allongeai dans la paille en attendant que l'orage passe. Soudain, la tour fut frappée par la foudre et prit feu en un instant, dégageant un grand nuage de fumée qui commença à sortir par le haut de l'édifice.

J'entendis des cris, des gens sortirent paniqués, toussant tout ce qu'ils savaient ; j'allai vers eux sous une forte pluie, mais qui ne pouvait en aucun cas éteindre l'incendie. Un jeune homme me dit qu'il y avait d'autres personnes plus âgées dans la tour, j'essayai d'y entrer, mais la fumée était trop épaisse, je constatai aussi que l'escalier était en feu : les gens à l'intérieur étaient pris au piège.

Je ressortis, les deux jeunes gens regardaient en l'air : au sommet de la tour se tenait un couple plus âgé, leurs parents pensai-je. Ils criaient, mais on n'entendait pas ce qu'ils disaient, en bas les jeunes ne savaient quoi faire. On vit les flammes jaillir du sommet de la tour, les deux personnes sautèrent dans le vide pour s'écraser sur les rochers en contre-bas. J'allai consoler les deux jeunes garçons, quelques habitants du village tout proche avaient accouru, tout le monde se lamentait de ce désastre.

L'image de cet homme et cette femme sautant dans le vide, c'était l'arcane 16 – *la tour frappée par l'éclair*, comme l'appelait Jérémie. Je me retrouvais à nouveau pris dans un arcane, je n'osais imaginer qu'un dieu malin eut organisé ce drame juste pour me faire passer un message. Mais ce message était clair, mon ego devait succomber, mes deux entendements, féminin et masculin, précipités du haut de la tour me montraient que j'étais sur le faux chemin, que je mettais en avant mes seules préoccupations, comme un égoïste, sans penser à ceux qui m'aimaient et qui m'attendaient.

arcane 16

Mais comment accepter que deux personnes aient perdu la vie pour me remettre sur le droit chemin ? Mon âne se mit à braire, je me réveillai allongé dans la paille ; je sautai jusqu'à la porte de l'étable pour réaliser que tout cela n'avait été qu'un rêve : la tour était là, elle n'avait pas brûlé ! Quel soulagement !

Je rentrai chez Mateu quelques jours plus tard ; en me regardant de la tête aux pieds, il me demanda :

— Que t'arrive-t-il, Gabriel ? Tu as bien changé en quelques jours…

Cela se voyait tant que ça… je lui contai alors toute mon histoire, et comment j'avais envisagé de refaire ma vie ici, peut-être épouser une jeune fille syriaque – il y en avait plusieurs qui me tournaient autour, et oublier tous ceux qui avaient tant compté pour moi ces dernières années. Quel soulagement de pouvoir me confesser ! Et Mateu sut montrer beaucoup de compassion à mon égard.

Nous étions proches de Noël 1403. Il m'enjoignit, une fois les fêtes passées, de partir à la recherche de ma bien-aimée ; il me dit que des bateaux aragonais venaient à Chypre régulièrement et que la plupart faisaient escale en Sicile. Il proposa que nous nous rendions à Limassol, le grand port à l'ouest de l'île, où nous pourrions en savoir plus sur les départs vers le royaume d'Aragon.

Le voyage vers Limassol ne fut pas très long, nous restâmes dans une auberge en attendant de trouver un bateau. Ce qui ne tarda pas trop : un navire aragonais était prêt à partir en début de semaine prochaine avec sa cargaison de produits d'orient. Je craignais juste les pirates, l'idée de me faire enlever à nouveau me hantait.

Nous partîmes début février 1404 et devions faire escale à Chania, en Crète. Je regardai cette fois vers l'est en quittant Chypre, vers le soleil qui se levait, et j'eus soudain l'impression que mon existence était à nouveau lumineuse.

Départ d'Égypte

Roberto avait attendu longtemps avant de se décider de repartir pour Alexandrie. Il espérait un possible retour du bateau à qui il avait confié sa lettre pour savoir si la voie était libre. Ne voyant rien venir, il dut encore trouver une embarcation pour son voyage qu'il entreprit mi-septembre.

Lorsqu'il arriva à Alexandrie, la situation avait bien changé. Le sac de Beyrouth et d'autres places de la côte palestinienne n'avaient pas plu au sultan. Les Génois ayant emporté leur butin à Chypre, le sultan pensa que le roi de Chypre s'était allié au génois, rompant ainsi le traité signé avec les mamelouks presque trente ans plus tôt.

Tout ce qui ressemblait à un Génois ou un Chypriote était donc très mal vu dans l'empire mamelouk. Roberto était satisfait, finalement, que son bateau ne soit pas à Alexandrie et qu'il puisse ainsi passer presque inaperçu. Cependant, la pression des pirates chypriotes sur les côtes égyptiennes et syriennes durant les mois qui suivirent rendit leur départ d'Égypte très problématique.

Roberto raconta à Jérémie et Esther tout ce qu'il avait appris pendant son séjour à Saint-Jean d'Acres, mais il ne parla pas du possible mariage de Gabriel avec Teresa, d'autant plus qu'il se pouvait que la mariée soit morte. Il mentionna seulement que Gabriel s'était échappé en compagnie de quelqu'un qui aurait trouvé la mort à Beyrouth.

Les trois amis essayaient de se convaincre que c'était bien de Gabriel dont il était question dans ce récit d'évasion, cependant le doute les rongeait de l'intérieur. Esther tomba malade, certainement à cause de quelque chose qu'elle avait mangé ou bu, mais aussi un peu par désespoir. Elle dépérissait à vue d'œil et entreprendre un long voyage en bateau ne serait pas envisageable de sitôt.

Heureusement que l'art de la médecine était bien plus avancé dans le monde arabe qu'en Occident, sinon elle serait peut-être morte de sa fièvre. Elle ressortit de cette bataille complètement affaiblie et à Noël 1403, elle n'était pas encore remise ni prête à quitter l'Égypte.

arcanes13 et 14

Esther avait bien cru mourir, elle avait passé par des périodes de doute profond et de désespoir. Elle avait aussi eu des moments de grande lucidité lorsque sa fièvre retombait. Une fois, prise de douleurs insoutenables, elle avait dit à son Père vouloir mourir ; il s'était assis à ses côtés, lui avait donné à boire et présenté l'image de l'arcane 13. Elle n'avait jamais vraiment désiré regarder cette image de la mort en face, mais soudain elle comprit que cette échéance tant redoutée n'était qu'une modification de notre existence et que nous devions mourir pour nous transformer. L'ego doit mourir, lui avait souvent répété son père, c'est ce qui est représenté sur l'arcane avec ces têtes et ces mains coupées. Couper nos idées erronées, se départir de nos fausses actions, mourir un peu chaque jour comme disait Saint-Paul, et nous renaîtrons à la Lumière. La Force de Vie, la rivière, coule vers le soleil levant, et cette force est intarissable.

Elle avait compris que ce n'est pas la mort physique que nous devons redouter ou combattre, mais bien plus nos attitudes qui mènent à la mort de l'âme, à la mort du Divin en nous. Elle réalisa ainsi que cette maladie lui aurait été finalement salutaire, et cette réalisation amena une autre image qui semblait flotter autour d'elle, veiller sur elle pendant ces jours difficiles, celle de l'Ange de la Présence, l'arcane 14.

L'archange Saint-Michel lié à cet arcane lui permit de vaincre ses démons. Et cela passe par la tempérance : verser de l'eau sur le feu et du feu sur l'eau – l'aigle représentant le signe d'eau du scorpion, afin que tout s'équilibre et que la paix intérieure se manifeste. L'ange est aussi en équilibre, un pied sur terre, un pied sur l'eau, montrant qu'il maîtrise le flux de la conscience cosmique et celui de la matière. Ainsi elle était devenue consciente de la présence de l'ange à ses côtés, et que celui-ci représentait aussi son vrai Soi, qui la mènerait vers son destin.

Danyal qui passait beaucoup de temps dans le port avait entendu dire qu'une *muda* vénitienne devait arriver prochainement, il fallait se préparer à saisir cette occasion pour quitter l'Égypte. Ceci redonna des forces à Esther qui était convaincue maintenant que son avenir ne se trouvait plus dans ce pays. Cependant, l'idée de quitter sa famille égyptienne lui déchirait le cœur. Ces oncles et tantes, cousins, cousines, s'étaient montrés si accueillants et bienveillants pendant tous ces mois. Il y avait toujours eu quelqu'un à son chevet, nuit et jour, lorsqu'elle avait été malade.

Cette communauté copte avait réussi à passer à travers des siècles d'hostilité envers eux et ils étaient restés tolérants envers leurs voisins. Elle se demandait s'il en serait de même en occident si deux religions devaient ainsi cohabiter pendant longtemps, sans s'entretuer comme en Espagne. Ceci voulait aussi dire que les musulmans d'ici devaient être de braves gens.

Les cadeaux de départ commençaient à s'accumuler dans sa chambre, comment allaient-ils faire pour prendre tous ces paquets avec eux ? Elle laisserait à son père le soin d'organiser le tri et d'en assumer les conséquences…

Finalement, ce ne furent pas des bateaux vénitiens qui arrivèrent, mais ceux des hospitaliers. Venaient-ils vérifier qu'ils étaient toujours les bienvenus en terre mamelouke ? Une année auparavant, ils avaient réussi à signer un traité avec le sultan Faraj, grâce au talent du grand prieur de Toulouse, Raymond de Lescure.

Depuis, les hospitaliers étaient venus en aide aux Génois, contre le roi de Chypre, mais peut-être Faraj ne le savait-il pas ? Toujours est-il que ces bateaux étaient là. Roberto essaya de voir s'ils pourraient re-partir avec eux. Beaucoup de capitaines étaient des nobles se prétendant moines, pas vraiment faciles à approcher, ni comme nobles ni comme moines…

Il trouva finalement des marins italiens, dont un Sicilien qu'il avait connu lorsque Cabrera venait d'être nommé amiral et avec qui ils avaient entrepris quelques mémorables courses aux pirates, cela faisait bien longtemps. Cette rencontre permit d'arranger un passage pour retourner à Chypre d'abord, et de là à Rhodes. Depuis Rhodes, il serait possible de trouver un bateau pour la Crète.

Pardons

Notre bateau longea la côte sud de Chypre, puis se dirigea vers Rhodes. Il faisait beau, mais très frais, avec un fort vent du nord. Je profitai de ce voyage pour me recentrer en mon cœur et y retrouver une certaine sérénité qui semblait m'avoir échappé ces derniers temps.

Je repensais aux sept vallées d'Attâr et me demandais si on pouvait les mettre en parallèle avec les sept colonnes des arcanes, censées marquer les sept étapes de la vie spirituelle. Si c'était le cas, je devais être passé de la quatrième à la cinquième colonne... J'essayai de me souvenir des enseignements de Jérémie sur ce sujet ce qui m'occupa durant ces nombreux jours de voyage, diminuant mon mal de mer en encombrant mon esprit.

Passant les cinq premières colonnes en revue, je réussis à me convaincre qu'elles représentaient peut-être mon chemin jusqu'ici. Était-ce la clef de mon destin ? Dans ce cas-là, ce serait la clef du destin de bien d'autres personnes. Il fallait mieux voir ceci comme un guide sur un chemin qui nous semble inconnu.

La quatrième colonne – 4, 11, 18, se termine par l'arcane 18 de la lune, *la porte de l'au-delà*, comme l'appelait Jérémie. J'aimais beaucoup ce paysage de nuit où un croissant de lune brille au-dessus d'une montagne au lointain.

Un chemin mène au sommet de cette montagne. Il part d'un étang au premier plan, duquel sort une écrevisse, puis traverse une prairie. Un chien et un loup se tiennent de chaque côté du chemin qui passe ensuite entre deux tours et des terres cultivées.

Les deux tours marquent la limite entre le monde physique et les mondes subtils ; quant au chemin, il se déroule sous la lumière de la lune, donc de la conscience féminine, la Mère Divine. C'est le chemin de la transformation, disait Jérémie ; la conscience féminine est la force derrière ce cheminement, elle procure tout ce qui est nécessaire pour que nous nous transformions.

arcanes 4 – 11 – 18

Au départ du chemin, la vie primitive sort de l'eau, entourée du monde minéral et du monde végétal. Le loup et le chien marquent ensuite la domestication de nos forces animales, nécessaire à notre transformation spirituelle. Puis, les champs cultivés aux pieds des tours montrent la nécessité de se cultiver pour aller plus loin, de passer à travers la connaissance, d'acquérir la gnose.

Une fois ceci effectué, on peut transgresser la limite du monde physique, progresser sur une voie lumineuse jusqu'à la montagne de la Réalisation, là où se tient l'Ermite, la Lumière du monde.

Je réalisai en cours de route que cet enseignement semblait venir de lui-même. Souvent, j'avais essayé de me souvenir de ce que Jérémie avait dit, ma bonne mémoire constituait un avantage certain dans cet exercice. Maintenant, le simple fait de me rappeler l'image de l'arcane suffisait à me remplir l'esprit d'explications pertinentes, ou du moins satisfaisantes pour mon *intellect*…

L'arcane 4 en haut de la colonne représente notre capacité à réaliser qu'il y a un plan ; le titre ésotérique de l'arcane est *le grand architecte de l'univers*, ce qui revient à accepter que notre destin soit organisé d'une façon ou d'une autre, qu'il fasse partie du plan divin.

Quant à l'arcane 11 – *la fille du seigneur de justice*, il demande qu'un équilibre soit acquis pour se retrouver sur ce chemin de lumière, mais aussi qu'il existe une loi divine à respecter pour progresser sans encombre. À chaque fois que nous dérogeons à cette loi, nous nous égarons un peu…

Mon cheminement de ces dernières années n'avait-il pas été de découvrir que ma destinée faisait partie du plan divin ? Et mes rencontres le long du chemin, les événements qui leur étaient liés, m'avaient montré quelle loi divine était à l'œuvre : l'*équilibre des opposés*.

C'est bien cette loi qui permet d'avancer sur le chemin, sachant que la Mère Divine nous soutient et nous transforme. La présence de la grande prêtresse au-dessus de mon radeau après le naufrage en était une preuve indéniable, puis la jeune femme sur le bateau grec. Et Teresa qui avait veillé à mon bien-être durant ma captivité en était une autre, et avant ça, maman Jeanne. Et finalement, Esther m'avait fortement encouragé à approfondir ma connaissance de la gnose au côté de son père ; comment les choses se seraient-elles passées si elle n'avait pas été là ?

arcanes 5 – 12 – 19

Lors de mes méditations, j'étais déjà passé quelques fois au-delà des deux tours, réalisant pendant un court moment ma nature d'âme vivante, pas seulement un corps fait de chair renfermant une personne emplie de désirs et de pensées. Quant à gravir la montagne, il me semblait que je n'y arriverais pas sans un surplus de grâce divine, peut-être représentée par ces *yods*, ces petites flammes tombant du ciel dans l'arcane 18 – que l'on retrouve aussi sur l'arcane 19 du Soleil.

Quant à la cinquième colonne, elle correspond aux arcanes 5, 12 et 19. Tout un programme! aurait dit Jérémie. En tout cas, l'arcane 5 représentait bien Jérémie – le *Hiérophante des Mystères*. Il avait dit une fois à propos de cet arcane que nous devions devenir notre propre guide, mais que cela ne pouvait se produire sans avoir rencontré la gnose, d'une façon ou d'une autre.

Étais-je devenu mon propre guide? Maintenant que j'avais décidé d'entreprendre ce retour en Sicile, avec tout ce que cela impliquait, je ne pouvais qu'espérer que ce soit le cas… Mais ce guide devait passer par l'arcane du pendu, le 12, avant de renaître au soleil, le 19…

Jérémie appelait l'arcane 12, *le Sacrifice*. Le guide se retrouve donc suspendu à un gibet en forme de Tau, la croix du monde des formes, l'élément terre, Saturne. Mais Tau, l'arcane 21, c'est aussi la conscience cosmique, c'est cette conscience-là qui nous amène au *Soleil spirituel*, la Lumière divine. L'arcane du pendu montre qu'il faut *dé-pendre* totalement de cette conscience, ce qui implique beaucoup de sacrifices, d'abandons.

Cette démarche est certainement nécessaire pour arriver au dernier arcane, le 21, le danseur cosmique, homme et femme à la fois. À ce stade l'adepte est devenu Créateur, il danse sa propre Vie, il recrée l'Univers – représenté par la couronne aux proportions du chiffre d'or. Le danseur maîtrise la Lumière, il la détient dans ses mains et l'utilise pour sa création.

J'acceptai en être qu'au début de ce processus, bien que beaucoup d'éléments fussent déjà en place. La Lumière, je l'avais aperçue une fois, si forte que j'avais bien cru disparaître pour de bon, corps et âme, lorsqu'elle m'avait envahi de l'intérieur sous forme d'un soleil blanc éblouissant. L'expérience n'avait pas duré longtemps et après coup, j'avais eu honte de ma peur de ce que devait être le but de la vie spirituelle, la dissolution dans la Lumière Blanche de Kether, la séphirah en haut de l'Arbre de Vie ; mais voilà, je n'étais pas prêt… Quant à l'abandon et aux sacrifices, j'en avais eu plus que nécessaire, je trouvais, mais qui décidait si cela était suffisant ?

arcane 21

Ainsi se passa mon voyage, en contemplation intérieure des arcanes ! Nous fîmes une courte halte à Rhodes, ça faisait du bien de marcher sur la terre ferme. J'allai voir les bâtiments des hospitaliers, sachant que le père de Jérémie et lui-même y avaient travaillé autrefois et que le destin d'Esther était passé par là lorsque ses grands-parents avaient décidé d'aller à Alexandrie.

Puis nous reprîmes la mer vers la Crète, longeant toutes une série d'îles, espérant qu'elles n'abritaient pas quelques repaires de pirates. Nous arrivâmes à Chania en milieu de journée, fin février.

Après avoir accosté, je me dépêchai d'aller à terre afin de sentir de nouveau l'élément terre sous mes pieds. Je passai un groupe de marins et compris tout de suite qu'ils parlaient sicilien. Je m'arrêtai et reconnu deux d'entre eux, des hommes de Père et, levant les yeux, je vis son bateau, le Felicia.

Les retrouvailles furent chaleureuses, puis un des marins voulut savoir où se trouvait le reste de la famille.

— Père, Esther, Jérémie ne sont pas avec vous ? demandai-je interloqué.

— Non, *Messer* Gabriel, nous les attendons depuis des mois. Mais vous, comment êtes-vous arrivé ici ?

— Avec ce bateau d'Aragon qui vient d'accoster, dis-je montrant le navire au bout du quai.

— Où étiez-vous alors ? s'enquit l'autre marin que je connaissais.

Je n'étais pas prêt à leur raconter tout mon périple, loin de là.

— C'est une bien longue histoire… en fait Esther et moi avons été enlevés par des pirates… je crois qu'elle a réussi à se sauver ; quant à moi, j'ai profité de l'attaque des Génois sur Beyrouth pour m'enfuir avec eux en août l'année dernière et me rendre à Chypre.

Les marins me regardaient avec étonnement, les yeux écarquillés. Il y eut un long silence.

— Mais vous, pourquoi êtes-vous ici avec le bateau de Père ?

— Nous sommes arrivés ici en août 1402, en route vers Alexandrie, mais les Vénitiens nous ont empêchés de poursuivre notre chemin ; votre père est parti seul sur une embarcation égyptienne en septembre, il nous a dit de rentrer en Sicile et d'attendre des nouvelles.

L'autre marin poursuivit l'histoire :

— Leandro a reçu une lettre il y a quelques mois, venue avec un bateau d'Alexandrie et des marchandises que votre père avait achetées là-bas. Il nous demandait de revenir l'attendre à Chania. Nous sommes arrivés il y a trois mois déjà… on n'ose pas repartir.

— Vous avez bien fait, merci d'avoir eu la patience d'attendre, je pense qu'ils ne devraient pas tarder à arriver.

J'essayai de ne pas partager mon inquiétude devant cette absence…

Les marins regardaient tous par terre, je voyais que quelque chose n'allait pas.

— Vous avez eu des problèmes en restant ici ? Avec les Vénitiens ?

Silence. Puis, finalement, celui que je connaissais le mieux ouvrit la bouche :

— Nous n'avons plus d'argent… il y avait quelques marchandises à bord, on a dû tout vendre… nous craignons la colère de votre père.

— Ne vous en faites pas… il ne vous en voudra pas, j'en suis sûr, il sera trop content de me retrouver et de voir que vous l'avez attendu. J'ai un peu d'argent, ça nous permettra de patienter jusqu'à son retour et de manger à notre faim…

Il y eut des sourires timides sur les faces rembrunies de ces marins.

— D'ailleurs, je meurs de faim ! Venez, allons fêter ces retrouvailles.

Le repas fut copieux et dura jusqu'au soir. Je pensais avoir suffisamment d'argent pour tenir quelques mois et nourrir cet équipage sans capitaine, s'il le fallait. Je m'installai à bord du brigantin, justement dans la seule cabine digne de ce nom, celle du capitaine…

Les jours passèrent et je commençais à m'inquiéter. J'avais bien de la peine à dissiper la morosité de mes nouveaux compagnons. Je leur proposai donc d'aller faire un tour en mer, vérifier si le bateau était en ordre. Ils acceptèrent de sortir une journée, profitant d'une légère brise et du beau temps. Revenu au port, ils sentirent la lassitude les envahir à nouveau.

Le lendemain, j'étais fatigué d'avoir aidé à la manœuvre du jour précédent, et l'après-midi, je m'endormis sur ma couchette de capitaine. Je me mis à rêver : Jérémie me parlait, que disait-il ? Puis, je voyais Esther avec un bébé dans les bras. J'étais soudain bien agité à cette vue, je lui demandais qui était ce bébé, elle me disait « mais c'est toi, c'est toi ! », je ne comprenais pas, puis elle se mit à me secouer comme pour essayer de me faire comprendre.

Je me réveillai, ouvris les yeux pour découvrir Esther devant moi.

— Gabriel, mon chéri, je suis là ! Enfin ! À quoi rêvais-tu ? Nous venons d'arriver, viens, lève-toi ! Elle me tira par le bras.

Je lui sautai au cou lorsque je réalisai qu'elle était bien vivante et non plus dans mon rêve. Notre étreinte dura une éternité, je ne touchais plus terre... Puis des voix se firent entendre, Père et Jérémie entrèrent dans la cabine, les étreintes reprirent de plus belle, à gauche et à droite. Nous avions les larmes aux yeux, ne sachant que dire.

Nous avions tous changé pendant tout ce temps : j'avais la peau bien tannée de mon passage en Syrie et d'avoir ensuite travaillé sous le soleil chez Mateu, mais Esther, elle, était toute pâle, elle n'était plus la jeune fille que j'avais connue. Quant à Père, il semblait avoir vieilli ; seul Jérémie était pareil à lui-même. C'est lui qui prit la parole :

— Nous pouvons louer la Mère Divine de nous avoir réunis à nouveau. Il joignit ses mains et ferma les yeux un moment, puis continua :

— Depuis quand es-tu ici, Gabriel ? Tout en continuant à serrer Esther contre moi, je répondis :

— Deux semaines, l'équipage est là depuis des mois, ils commençaient à désespérer... et vous ?

Père prit la parole :

— Ah mon fils ! Je me suis fait du souci pour toi, tu sais, je suis allé à Saint-Jean d'Acre dans l'espoir de te rencontrer... et là j'ai finalement appris que quelqu'un avait échappé aux sarrasins à Beyrouth au mois d'août dernier, j'ai cru comprendre que c'était toi ?

— Oui, c'était bien moi, je suis allé à Chypre, puis... je dois commencer par le commencement, je crois... sinon je ne vais pas y arriver...

— Mon amour, prends ton temps, dit Esther, nous aussi notre histoire est longue et compliquée.

Je ne savais comment amener Teresa dans la conversation, je m'étais résolu à dire toute la vérité.

— Le sultan Faraj m'a pris comme conseiller et traducteur, j'étais prisonnier jusqu'à ce qu'il décide d'aller en Syrie... mais avant ça, il s'est passé un autre événement, Teresa...

— Teresa? Tu as rencontré Teresa? demanda Esther tout excitée à ce nom.

— Oui... et... j'ai appris que tu t'étais échappée, mon amour... comment as-tu réussi? Ça paraît incroyable.

Esther raconta son histoire, n'oubliant aucun détail, ce qui prit beaucoup de temps et à la fin, je ne pouvais que l'admirer encore plus. C'était maintenant le moment d'aller manger quelque chose et nous allâmes avec l'équipage dans notre taverne préférée; ce fut une grande fête.

Nous avions réalisé qu'Esther s'était sauvée au moment où je recevais les vieux Coptes et mon épée, incroyable! Puis vint la question tant redoutée :

— Mais comment as-tu rencontré Teresa, et où est-elle maintenant? demanda une Esther encore tout émoustillée après avoir conté son histoire et bu un peu de vin.

— Esther, mon amour, tu vas devoir me pardonner bien des choses, pourrions-nous sortir un moment, je dois te dire tout ça... de cœur à cœur.

— C'est si grave? dit-elle, encore sur un ton enjoué, puis elle réalisa que je n'avais pas l'air de plaisanter; elle se leva et je la suivis. Le soleil se couchait sur la mer, le paysage était magnifique et paisible, j'en avais besoin.

Je lui contai toute l'affaire, évitant de trop la regarder dans les yeux, elle m'écouta jusqu'à la fin sans m'interrompre.

— Elle est morte dans mes bras... ses dernières paroles furent : « embrasse Esther pour moi »...

— Alors, embrasse-moi! dit une Esther aux yeux larmoyants.

Je pensai l'embrasser un court moment, mais elle laissa ses lèvres collées sur les miennes et l'échange devint très intense... finalement interrompu par Père qui était sorti prendre l'air, se demandant ce que nous faisions, dit-il.

— Ne vous arrêtez pas pour moi, s'excusa-t-il. J'ai aussi eu votre âge, et il se mit à rire.

— Gabriel a été marié à Teresa, Roberto, n'est-ce pas encore plus incroyable que mon escapade du harem ? Et la pauvre est morte à Beyrouth… dans ses bras… sans elle, je n'aurais peut-être pas eu le courage de m'échapper, tu sais mon amour ?

— Je… j'avais… entendu parler de mariage, mais je n'en étais pas sûr, alors je ne t'ai rien dit, Esther, déclara Roberto.

— Mais ne soit pas désolé mon Gabriel, je veux dire à cause du mariage… je comprends que tu ne pouvais pas trop faire autrement, n'est-ce pas ?

Je ne savais toujours quoi dire.

— Dis quelque chose, mon amour…

— Je… je suis allé à Chypre et j'ai retrouvé son père, Mateu, un brave homme. Je… je l'ai emmené sur la tombe de Teresa, à Famagouste… et puis je suis resté avec lui, au milieu de l'île, à travailler la terre… Finalement, c'est lui qui m'a un peu forcé à partir pour la Sicile. J'avais honte et ne voulais pas avoir à te raconter tout ça… mais voilà, c'est fait ! me pardonnes-tu, mon ange ?

— Mais oui, bien sûr… et j'espère que tu n'as jamais douté que je le ferais de bonne grâce… hum ?

— Non… je n'ai jamais douté de toi… seulement de moi-même.

— Venez donc finir de manger, et toi, mon garçon, raconte-moi tes aventures avec les Mamelouks. Père nous prit par les épaules et nous entraîna vers la porte de l'auberge.

Toute la soirée fut une longue suite d'histoires contées par les uns et par les autres, puis nous allâmes à notre bateau, où tout le monde sombra rapidement dans un sommeil profond, Esther dans mes bras sur la couche du capitaine.

Nous fûmes réveillés aux aurores par le vrai capitaine qui donnait des ordres pour organiser notre départ. Le voyage vers la Sicile en longeant les côtes grecques puis calabraises devait durer plusieurs semaines, nous devions donc d'abord faire des provisions, ce qui prit toute la journée et nous ne partîmes que le lendemain. Il n'y avait pas beaucoup de place sur ce bateau fait pour la course aux pirates ; Père, Jérémie, Esther et moi-même dûmes partager la cabine du capitaine...

Après quelques jours, nous passâmes Modon, là où la flotte génoise avait connu sa dernière défaite face aux Vénitiens. Père disait que ceci allait changer bien des choses en Méditerranée.

Le voyage fut relativement calme jusqu'à ce que nous approchions des côtes de Calabre où nous essuyâmes une très forte tempête, les vents nous empêchant d'aller dans la bonne direction. Nous connûmes des avaries, mais heureusement la tempête cessa aussi vite qu'elle était venue. Nous pûmes finalement atteindre le port de Crotone, là où Pythagore créa son école de sagesse, nous précisa Jérémie.

Nous devions réparer le bateau, il y avait beaucoup à faire, un des mats étant prêt à céder ; ceci allait prendre quelques semaines de plus, alors Père fit envoyer une lettre à Leandro pour le prévenir de notre arrivée prochaine.

Complot

Onofrio de Montepulciano reçut des nouvelles de Palerme au moment où il avait presque oublié l'*affaire Mérifons*. Il s'était dit que tous ces Siciliens qu'il voulait confondre étaient allés à Alexandrie et avaient choisi d'y rester pour de bon.

Mais non! Voilà que les oiseaux avaient décidé de rentrer au nid, on lui rapportait qu'ils seraient là vers mi-mars, et c'était la mi-mars. Le moine de Palerme en charge de cette affaire, le frère Orlando, avait un indicateur qui avait rencontré le jardinier des Autavilla; celui-ci, une fois enivré, aurait pu raconter toute sa vie dans les plus grands détails. Il avait donc appris que les Autavilla, père et fils, ainsi que les Lovinay, père et fille, étaient retenus à Crotone afin d'y faire réparer leur bateau et seraient bientôt de retour, et qu'un mariage serait célébré par la suite !

Tiens donc! Les deux graines de cathares n'étaient pas encore mariées! Ceci tombait bien, car on allait les en empêcher, se dit Onofrio maintenant tout ragaillardi à l'idée d'entrer en action. Il alla voir son supérieur et lui annonça que de mauvaises nouvelles de Palerme lui demandaient de faire le déplacement là-bas afin de visiter un frère mourant, un membre éloigné de sa famille.

Il obtint ainsi la possibilité d'embarquer sur une galéasse qui se rendait en Espagne via la Sardaigne et qui ferait aussi une escale à Palerme. Le bateau devait bientôt partir avec une délégation de prélats et quelques moines allant s'installer en Espagne.

Il se retrouva à Palerme plus rapidement qu'il n'eut espéré, fin mars. Il fut accueilli comme il se devait pour quelqu'un qui voyait le Saint-Père quotidiennement, petit mensonge en passant, et exposa son plan au frère Orlando. Il dévoilerait le fond de l'affaire au supérieur du couvent lorsqu'il reviendrait avec les prisonniers; il ne voulait pas que les autorités locales soient mises au courant. Il avait besoin d'hommes de main de confiance pour faire une arrestation à Cefalú; cinq ou six hommes devraient suffire.

Puis il ramènerait les suspects à Palerme pour leur signifier leur accusation d'hérésie avant de les faire embarquer pour Rome pour leur procès.

Il n'avait rien dit de plus sur la charge qui pesait sur les accusés, seulement qu'ils étaient tous cathares et que le Saint-Siège voulait qu'ils soient ramenés à Rome.

Cela devrait donc se faire discrètement afin que les autorités royales aragonaises, en froid avec le pape, ne mettent leur veto à cette extradition. Ce pour quoi il lui fallait des hommes d'armes qui ne soient pas ceux des autorités locales. Il demanda à ce qu'un bateau soit préparé pour le retour à Rome aussi rapidement que possible. Puis il sortit une bourse bien remplie qui devait permettre de réaliser tous ces projets.

Il avait une exigence bien précise : ces hommes de main ne devaient pas être sujets à changer d'avis, à être corrompus. Il connaissait la réputation des bandits siciliens, et il en avait peur. Il dut attendre quelques jours pour que des hommes soient trouvés dans une prison proche de là, visitée par certains dominicains de temps en temps.

Toute une famille de brigands venait d'y être incarcérée, prise en train de voler des troupeaux. Ainsi frère Orlando, maintenant tout dévoué à Onofrio, arriva, en soudoyant les gardes, à extirper la moitié d'entre eux de leur geôle afin d'accompagner le visiteur romain dans sa mission. Il fit comprendre à l'assemblée familiale que s'il arrivait malheur au prélat, les autres paieraient pour cela, mais que si l'expédition réussissait, ils seraient tous libérés, ce qui était un bien grand mensonge.

Puis, on habilla les six hommes un peu plus proprement, on leur donna des armes et des montures, et ils furent présentés à Monsignore de Montepulciano.

Onofrio ne comprenant pas le langage de ces rustres, frère Orlando devait donc faire partie de l'expédition comme truchement. Ils décidèrent d'aller jusqu'à une auberge proche de la maison des Autavilla à l'entrée de la ville et de surprendre les hérétiques le matin à l'aube. Le voyage prit deux jours. Ils s'arrêtèrent à mi-chemin et arrivèrent au lieu dit le deuxième jour, tard le soir. L'aubergiste refusa de voir dormir ces brigands sous son toit et les envoya à l'étable, ce qui faillit créer une bagarre générale. Onofrio était bien content que ces pouilleux restent à l'écart ; la nuit précédente, ils avaient fait la fête jusqu'à tôt le matin, l'empêchant de dormir.

Il se leva lorsqu'il entendit le coq chanter et se dirigea un peu plus tard avec sa troupe vers la maison des Autavilla. Il avait été décidé, sur le conseil de frère Orlando, que deux hommes passeraient par en bas, afin de couper la retraite du côté des appartements des Lovinay père et fille, que les deux hommes étaient chargés d'amener dans la demeure du haut.

Onofrio arriva à la porte principale et frappa.

Théorème

Les réparations du bateau prirent bien du temps, nous étions impatients de repartir et de rentrer à la maison. Pour nous occuper, nous visitâmes la région à la recherche des traces du passage de Pythagore. Il semblait que personne ne se préoccupât plus du grand philosophe, il faut dire qu'il avait vécu ici il y avait presque deux mille ans.

Jérémie nous raconta ce qu'il avait appris sur celui qui aurait été le premier à se dire *philosophe* et pour qui il s'agissait bien de *Sophia*, la sagesse universelle. Il avait développé celle-ci en voyageant autour de la Méditerranée, recevant de nombreuses initiations dans les *Mystères*. Il semblait aussi avoir le don de se souvenir de ses incarnations.

Son passage dans la région créa des tensions, il eut à se battre avec les sybarites et fonda un gouvernement aristocratique à Crotone, essayant d'amener les habitants vers de meilleures mœurs, les encourageant même à ne pas manger de viande, par respect pour les animaux.

— Pourquoi un gouvernement aristocratique ? C'est étrange venant d'un sage, avait demandé Esther.

— Je pense qu'il voulait mettre des gens éduqués et possédant une certaine noblesse d'âme, plus que de naissance, à la tête de ce gouvernement, répondit Jérémie, qui enchaîna :

— C'est une tâche plutôt impossible que de gouverner un peuple, à moins d'être un être exceptionnel comme il y en eut quelques-uns dans l'antiquité… Savez-vous que les Athéniens avaient réussi à mettre en place un gouvernement par le peuple ? Au même moment que Pythagore vivait ici. Ils appelèrent cela une *démocratie*, mais elle ne dura qu'un siècle…

— Un gouvernement par le peuple ? Tous égaux ? demandai-je.

— Le problème, c'est que nous ne naissons pas vraiment égaux… et cette inégalité de naissance ne peut pas être réglée par un gouvernement, quel qu'il soit, répondit Jérémie d'un air un peu triste, il continua :

— Il y aura toujours des mécontents, des laissés pour compte, des pauvres et des riches, des tyrans et des opprimés. À travers nos nombreuses réincarnations, certains ont progressé sur le chemin de la Vie éternelle, mais d'autres pas... pas encore.

— Alors n'y a-t-il pas de solution au gouvernement des peuples ? demandai-je.

— Lorsque tous les habitants de la terre auront atteint la conscience d'âme ! Pas avant, j'en ai bien peur...

Pythagore était aussi connu pour avoir découvert des lois mathématiques et exposé la sphéricité de la terre. Jérémie essaya de nous expliquer quelques-unes de ces lois, comme cette histoire de somme des côtés d'un triangle à angle droit. Il dut faire preuve de patience pour que nous réussissions à comprendre.

triangle de Pythagore

Tout devint plus facile lorsque, finalement, il fabriqua des petits bouts de bois de même longueur, en disposa trois pour le petit côté du triangle, quatre de l'autre côté de l'angle droit, ce qui laissait exactement cinq bouts de bois pour fermer le grand côté, *l'hypoténuse*. Et miracle : 3x3=9, 4x4=16, 16+9=25, de même que 5x5=25 !

Jérémie nous dit qu'il y avait aussi d'autres mystères dans ce triangle. Pythagore était un grand Maître des nombres et de leur symbolisme, il voyait le nombre comme l'essence de toute chose. La numérotation des arcanes est basée sur ce principe, auquel s'ajoute celui du son et des lettres de l'alphabet hébreu. Les chiffres et les lettres ne font qu'un, la science de la gématrie le démontre. Pour étayer ses propos, Jérémie revint sur les heures que nous avions passées à étudier les noms divins et leurs corrélations à travers leurs valeurs numériques. Je préférais penser à autre chose…

Puis, il nous expliqua que les trois côtés du triangle de 3, 4 et 5 unités nous renvoient aux arcanes correspondants et au fait que la puissance additionnée des arcanes 3 et 4 (16+9=25) est égale à la puissance de l'arcane 5 (5x5=25).

L'arcane 3, l'impératrice – *la Mère du Monde*, représente notre conscience féminine en action, c'est la force créatrice du cosmos ; l'arcane 4, c'est l'empereur, *le Grand Architecte de l'Univers*. L'architecte sans la force ou la force sans un cadre ne peuvent faire grand-chose ; les deux, ensemble, par contre, vont réussir à bâtir tous les empires du monde et bien plus encore.

Le *Hiérophante des Mystères*, l'arcane 5, a donc le même pouvoir ; il l'obtient en combinant en lui-même la conscience féminine et masculine, il devient à la fois créateur et force créatrice. Être un prophète ou un *hiérophante* est le résultat de l'union parfaite des opposés en soi-même.

En passant, Jérémie nous raconta que Giuseppe, dans le jeu qu'il avait fabriqué à Florence, avait remplacé l'image du *hiérophante* par celle du pape, ceci nous fit bien rire, et encore plus lorsqu'il ajouta que la grande prêtresse de l'arcane 2 s'appelle la papesse !

Quant à la puissance de l'arcane 5, 25, c'est aussi 2+5, c'est-à-dire l'arcane 7, *le chariot de Dieu* : le personnage dans le chariot représentant le Soi cosmique et immortel, victorieux.

Ce triangle de Pythagore est aussi utilisé par les alchimistes ; on pourrait écrire un très long manuscrit sur ce seul triangle, affirmait Jérémie. La division en trois fait référence aux trois modes de la matière : mercure, soufre, sel – forme, Vie, Esprit ; la division en quatre aux quatre éléments, et celle en cinq aux cinq règnes : minéral, végétal, animal, humain et supra-humain.

arcanes 3 – 4 – 5

Il nous dit aussi que le format des arcanes dessinés par Guiseppe Sciuffagni correspond au triangle de Pythagore.

Et Jérémie continua ainsi pendant des heures… Incroyable ce qu'une seule figure géométrique peut recéler de mystères !

Nos discussions pendant ces longues semaines d'attente étaient souvent revenues sur le sujet de la gouvernance des peuples. Nous étions d'accord entre nous que l'idée de démocratie – Jérémie nous en avait expliqué plus sur ses modalités dans l'Athènes des temps anciens, devait primer sur toute autre possibilité.

— Il faudrait faire mieux que les Athéniens, s'exclama Esther, et que les femmes soient des citoyennes à part entière ! Personne n'osa faire un commentaire devant cette proposition qui ressemblait à un ordre.

Quant à moi, j'avais insisté pour que les étrangers soient aussi admis dans ce gouvernement, que personne ne soit exclu à cause de son origine. Ainsi, nous élaborions avec conviction les fondements d'une démocratie que nous espérions capable de durer plus d'un siècle. Dans cette nouvelle cité, il ne pourrait pas y avoir d'inégalités, disait Père, car si une élite se met en place aux dépens des plus faibles, il s'agit d'une tyrannie et non d'une démocratie.

Les rois, gouverneurs, princes, évêques et autres dirigeants de notre monde seraient alors de simples citoyens ; nous avions de la peine à concevoir que ceci devienne un jour réalité, surtout que nous mettions en avant dans notre utopie la liberté de religion, ou de non-religion !

La discussion sur le sujet de la religion fut âpre... je ne voyais pas comment une société humaine évoluée pourrait être areligieuse : il me semblait que le fantôme de notre bon curé se tenait au-dessus de moi et essayait de ranimer la flamme du catholicisme en mon esprit. Esther semblait être d'accord avec moi, mais je réalisai par la suite que c'était surtout pour demander qu'il y ait des femmes prêtres dans la religion de cette démocratie en devenir !

Père mettait en avant le fait que les religions furent bien souvent à l'origine des guerres qui avaient affecté l'humanité ces derniers siècles. Regardez les croisades ! disait-il, et ces guerres en Espagne, et ces chrétiens qui s'entretuent à cause du schisme.

C'est surtout Jérémie qui insistait sur la nécessité de faire fi des religions, ce qui nous étonnait grandement. N'avait-il pas répété que si la Gnose était une religion, elle serait une religion universelle ?

Il s'expliqua, disant qu'une religion qui s'organise en moyen de pression pour forcer les gens à croire à quelque chose ne pouvait être spirituelle. La spiritualité doit être présente dans une société évoluée et démocratique, comme moyen de se relier à Dieu – d'où le mot religion, mais le désir de se relier doit venir de l'individu, en toute liberté d'esprit. Et lorsque ce besoin de se relier à notre nature divine sera ressenti par la majorité, nous aurons un âge d'or sur terre, pas avant.

Les moyens de se relier au Divin sont divers, affirmait-il, certainement il en existe dans d'autres régions de la Terre que nous ne connaissons même pas : aux Indes, en Chine. Chacun devrait pouvoir choisir ce qui lui convient, en fonction de sa naissance, et accepter que chaque personne puisse avoir une approche différente de la spiritualité.

Je me voyais déjà embarqué dans un long voyage pour aller découvrir aux Indes et en Chine quel genre de gnose ils pouvaient bien avoir à nous proposer. Mais l'idée de devoir apprendre encore d'autres langues inconnues me ramena à la réalité du moment.

Notre plus grand souci concernant cette utopie était qu'il y aurait toujours des citoyens plus capables que d'autres, et surtout prêts à se mettre en avant ; l'appât du gain, l'ivresse du pouvoir, l'esprit de compétition étaient certainement les pires ennemis de la démocratie. Ce qui était confirmé par l'histoire des Grecs et des Romains, affirma Père, qui nous dit aussi que Platon et Aristote avaient longuement philosophé sur ce thème de la gouvernance et que nous ferions bien de relire tout cela une fois rentrés à la maison. Et peut-être y trouver une réponse à une autre question : quoi faire des méchants ?

Nous dûmes reconnaître que Jérémie avait raison en disant que seulement une société devenue consciente de sa nature divine pourrait être gouvernée en paix et en harmonie avec elle-même et ses voisins.

Les règles de cette vie en commun harmonieuse étaient connues depuis déjà longtemps, nous fit remarquer Jérémie : « Aimez-vous les uns les autres » et « Aimez votre prochain comme vous-même »

Si chacun voulait bien appliquer ces recommandations de Jésus, penser au bien-être des autres avant de se préoccuper de son profit personnel, alors l'humanité n'aurait plus besoin d'un gouvernement, quel qu'il soit, insista-t-il.

La bienveillance envers autrui était la base sur laquelle une véritable démocratie pouvait être construite, ceci résumait bien toutes nos discussions. Il fallait donc tout mettre en œuvre pour ouvrir le cœur et la conscience des gens ; Jérémie avait dit cela en me regardant, un voile de tristesse sembla alors passer sur son regard. Pensait-il que ma future petite vie heureuse en famille allait me détourner du chemin spirituel ? L'idée de repartir un jour ou l'autre pour participer activement à cette ouverture des cœurs et des consciences était toujours présente en mon esprit, mais tout autant que le désir de fonder une famille, je devais l'admettre…

Faudrait-il sacrifier l'un ou l'autre ? J'espérais que les circonstances des mois à venir, et le retour en Sicile apporteraient une solution à ce dilemme qui venait de naître en moi.

Drame

Cinq semaines plus tard, nous arrivâmes enfin à la maison. Quelle joie ! Une grande fête fut organisée par Leandro et Selena qui étaient bien heureux de nous revoir ; ils avaient dû prendre les commandes du domaine et du commerce de Père, et ceci n'avait pas toujours été facile.

Chacun conta une partie de ses aventures, puis la question du mariage revint bien vite à la surface, tout le monde voulant enfin régler cette *affaire* le plus rapidement possible. Alors, on commença à discuter des arrangements et de la date, de qui inviter et de comment s'habiller. Les jours suivants furent utilisés pour tout mettre en place.

Selena nous dit un jour qu'il y avait urgence à aller ramasser les dernières oranges dans les collines. Père avait l'habitude de distribuer ces fruits – encore rares et venus récemment de Chine, disait-on, aux plus démunis de notre petite cité. Il fut décidé qu'Esther, Jérémie, Leandro et Selena et tous les serviteurs partiraient le lendemain, le 9 avril, avant l'aube, récolter les derniers fruits. Père et moi irions à l'évêché passer une matinée fastidieuse à régler les préparatifs pour la messe de mariage à la cathédrale qui devait avoir lieu le dimanche 15. On se retrouverait à midi pour un bon repas.

Il faisait encore sombre le lendemain matin lorsqu'Esther me déposa quelques baisers sur le front en guise d'au revoir.

— Je ne voulais pas te réveiller, mais Père a insisté pour que je vienne t'embrasser et te dire combien je t'aime... et pour toujours !

J'étais effectivement endormi et eus un peu de peine à lui répondre tout de suite.

— Soyez patient avec l'évêque ! dit Esther en riant.

— Au revoir, mon amour, je t'aime aussi, pour toujours...

Puis elle disparut. Ne pouvant pas retrouver le sommeil, je me levai péniblement et allai dans la cuisine pour manger et boire quelque chose, j'y trouvai Père qui venait de s'y installer. Les serviteurs avaient laissé un peu de soupe encore chaude et du pain fraîchement cuit ; nous commençâmes à manger en silence, appréciant ce partage de nourriture et de chaleur humaine.

Le coq avait chanté il y avait peu et il faisait maintenant jour lorsque quelqu'un frappa brusquement à la porte. Nous nous regardâmes, et mon cœur se serra, j'avais soudain un mauvais pressentiment.

Père se leva et je le suivis le long du corridor menant à la porte principale ; il l'ouvrit après avoir pris son épée qui trainait par là. Devant nous se tenait un moine dominicain un peu ventru, quatre hommes armés, sombres, à l'air féroce, derrière lui.

Avant que Père ne soit revenu de cette confrontation matinale, le moine parla en italien :

— Roberto Autavilla ! Et son fils ? Je pense… je viens vous signifier qu'au nom de la Sainte-Inquisition, je vous arrête pour vous amener devant vos juges à Rome, où vous devrez répondre, en autre, de la disparition du frère de Mérifons.

Mon cœur se serra un peu plus, et je me demandai où était mon épée. Père prit la parole :

— De Mérifons est mort noyé à Rotterdam, nous l'avons fait enterrer là-bas.

— Peut-être… mais vous devrez apporter la preuve que ce n'est pas vous qui l'avez noyé, comme je le pense… il n'attendit pas une réponse et continua :

— Vous devez aussi répondre de votre association avec Jérémie Lovinay, cathare connu de l'Inquisition et qui a échappé, ici même, à frère de Mérifons… deux hommes sont partis l'arrêter, lui et sa fille… je sais tout sur vous ! et j'ai les preuves là, sur moi.

Il déclara cela tout en mettant la main sur son flanc, qu'il tapota d'un air satisfait.

— Je vous conseille de poser cette épée et de nous suivre, vous ne ferez pas le poids contre ces… miliciens., enchaîna-t-il.

— Et vous croyez que nous allons vous suivre pour passer devant votre justice qui n'en est pas une ! dit Père en levant son épée vers le moine qui recula de quelques pas. Il continua :

— Vous allez nous torturer jusqu'à ce que nous avouions ce que vous voulez entendre, c'est ça ? Même ces enfants qui n'ont rien à voir là-dedans... dit-il en me montrant de l'autre main.

— Dieu saura faire la différence, dit le moine, la mine réjouie.

— Il saura vous envoyer en enfer, soyez certain ! Comme ce Mérifons de malheur ! répondit Père maintenant en proie à une grande colère.

Le moine, voyant que Père n'allait pas céder, commença à se tourner vers ses hommes de main ; Père m'apostropha en normand :

— Où est ton épée ?

— Quelque part vers le haut de l'escalier.

— Alors je les retiens ici pendant que tu vas la chercher.

J'hésitai un court instant.

— Allez vas-y ! Avant que les autres ne reviennent, n'ayant pas trouvé Esther et Jérémie.

Je courus vers l'escalier qui descendait vers l'appartement de Jérémie et pris mon épée posée contre la rambarde. Pendant ce temps, un début de bataille avait lieu dans mon dos. Le couloir n'étant pas si large, il était difficile pour deux hommes de faire front à Père, j'allai lui prêter mainforte lorsque les deux autres apparurent dans l'escalier. Je me postai en haut avec la ferme intention de ne pas les laisser passer.

La bataille s'engagea, les bandits étaient rusés, il fallait faire très attention, je fus blessé une première fois au bras gauche, le sang coulait partout. Après un moment, je réussis à transpercer le premier homme pour me retrouver face au second qui avait l'air encore plus hargneux.

J'essayai de voir si Père résistait aux quatre autres, je l'entendais jurer en normand, mais ne voyant rien venir du côté du couloir, j'assumai qu'il tenait bon.

De mon côté, j'avais du mal à retenir l'homme dans l'escalier; finalement il parvint à me repousser et nous nous retrouvâmes face à face à la même hauteur. Il utilisait une épée dans une main et un poignard dans l'autre, mais je réussis à le blesser au bras gauche et il laissa tomber le poignard. Entre temps, il m'avait blessé à la cuisse droite, mais je supportais la douleur et je pouvais toujours me déplacer rapidement afin d'éviter ses attaques.

Nous avions tourné pendant le combat et je réalisai soudain qu'il n'y avait plus personne debout au bout du couloir, sauf le moine qui se tenait dans l'ouverture de la porte, immobile. Les quatre hommes gisaient à terre, Père aussi. J'aurais bien voulu courir à son secours, mais c'était impossible avec ce fou furieux en face de moi. Je pense qu'il avait réalisé qu'il était le seul agresseur encore vaillant.

Je finis par le faire se découvrir et l'embrochai en plein cœur, il en fit de même…

La Rose dans le Cœur

Mon cœur est comme un bouton de rose,
s'épanouissant sous la Lumière divine,
ses pétales rouge sang se déplient,
son parfum m'enivre,
je deviens la rose.

La rose diaphane se transforme en Lumière.
Je renais à la Lumière,
Lumière sur Lumière,
Félicité sans borne.
Le songe devient Réalité.

Des légions d'âmes au cœur pur
se dressent devant moi,
comme un océan d'étoiles,
me voici mes amis !
Mais, n'étais-je jamais parti ?

Quelle gloire !
Quelle plénitude !
Dans ce Tout infini,
rien ne peut être ajouté,
rien ne peut être retranché

JE SUIS.

Fin et commencement

Esther ne se sentait pas bien, elle et Jérémie décidèrent de rentrer avec la première charrette d'oranges, les autres suivraient sous peu. Arrivée en vue de la maison, elle se dirigea vers leur appartement alors que Jérémie prenait le chemin menant à l'entrée principale.

Jérémie aperçut un homme qui semblait venir de la demeure de Roberto, et il vit que la porte d'entrée était grande ouverte. L'homme avait de la peine à se déplacer, mais il courut en boitant et se tenant le ventre vers des buissons en contrebas pour éviter de le croiser.

Il se mit lui aussi à courir vers l'entrée, laissant l'âne avec sa cargaison finir seul la légère montée vers la maison. Il y avait quatre cadavres ensanglantés le long du couloir, dont celui de Roberto, à terre dans une mare de sang. Il se précipita vers lui et essaya de le ranimer. Il semblait malheureusement mort pour de bon, mais il arriva à l'appuyer contre le mur dans une position assise.

Il fut interrompu par des cris venant de l'escalier menant à leur appartement. C'était Esther, il l'entendait parler à quelqu'un et vit surgir un moine en haut de l'escalier. Voyant Jérémie, le moine s'arrêta ; il se tenait devant deux autres cadavres.

Jérémie arriva vers le moine pour constater qu'un des corps à terre était celui de Gabriel, il y avait aussi un autre homme gisant dans l'escalier ; il vit apparaître Esther l'air affolé. Arrivée en haut de l'escalier, elle poussa un cri effroyable à la vue de son bien-aimé étendu là sans vie, une épée plantée en plein cœur. Elle se précipita vers lui, essaya de le relever et, s'agenouillant à ses côtés, le prit dans ses bras, passant sa main sur ses cheveux, dégageant son front humide et froid.

Le moine semblait maintenant figé sur place ; Jérémie regardait tout ceci avec effroi, il avait senti un désastre arriver, il en était à présent le témoin, et son cœur faillit lâcher. Il dut s'appuyer contre le mur.

— Il est mort, papa, il est mort… regarde ! Il est tout froid déjà… et cette épée, faut-il la retirer ?

Les deux cadavres avaient chacun une épée plantée en plein cœur, Jérémie alla jusqu'à Gabriel et, prenant son courage à deux mains, retira l'épée.

L'arme ensanglantée en main, il la pointa vers le moine.

— Vous les avez fait assassiner… démon!

Le moine était blanc de peur, il suait à grosses gouttes; il recula vers l'escalier tout en regardant l'épée pointée sur lui. Il bégaya quelque chose :

— Ce… ce… n'est pas moi… ce sont ces brigands… ils…

Jérémie l'interrompit :

— Dites la vérité si vous ne voulez pas finir en enfer; il poussa la pointe de l'épée sur la poitrine du moine.

— Je suis… je suis Onofrio… sentant la pointe lui toucher la chair, il continua : je suis désolé… mais je suis en *mission* pour arrêter des meurtriers… et des hérétiques… vous! Jérémie Lovinay…

Il dit ceci avec mépris tout en se redressant, mais sentit aussitôt l'épée s'enfoncer un peu plus dans sa chair; il recula, ne prêtant pas attention au fait qu'il se tenait tout près du haut de l'escalier et tomba à la renverse avant que Jérémie n'eût le temps de le retenir. Il finit sa course tout en bas des marches, désarticulé.

Jérémie alla vers Esther qui tenait toujours le corps sans vie de Gabriel contre elle, incrédule. Il essaya de la consoler, mais maintenant elle pleurait à chaudes larmes et n'allait pas s'arrêter de sitôt. Il descendit les escaliers afin de s'assurer que le moine était mort; il l'était, le cou brisé dans la chute.

Il tira le corps pour l'allonger dans le couloir et vit que le moine portait quelque chose sous son habit. Il trouva un sac de jute avec des documents à l'intérieur. Il regarda tout ceci en détail, l'acte du tribunal, le rapport de Mérifons sur sa visite ici, une lettre d'une abbesse de Rouen, la confession de Mérifons. Il prit le tout et remonta l'escalier, il lui semblait entendre des voix.

Leandro et Selena venaient de pénétrer dans la maison, ils étaient maintenant arrêtés devant le corps sans vie de Roberto, Selena se mit à pousser des cris de détresse, Leandro essayait de la calmer, tout autant bouleversé par ce qu'il voyait.

Jérémie alla vers lui.

— Gabriel est mort lui aussi, il est là-bas dans les bras d'Esther… il ne put retenir ses larmes et dut attendre un moment avant de continuer :

— Un moine de l'Inquisition a amené ces bandits ici, pour nous arrêter… Roberto et Gabriel se sont battus jusqu'à la mort, deux contre six… un des bandits est là-bas, l'autre dans l'escalier, et un sixième s'est échappé lorsque j'arrivais…

— L'Inquisition ? dit Leandro qui ne pouvait pas croire ce qu'il voyait et entendait.

— Oui, et le moine… est mort… en bas de l'escalier… je… il faudrait faire disparaître son corps… j'ai ici tous les documents qui prouvent notre soi-disant culpabilité et qu'il avait sur lui, je vais les détruire… mais il faut faire disparaître ce moine avant que les serviteurs ne le trouvent.

Effectivement, quelques serviteurs de retour avec le reste de la récolte d'oranges, attirés par les cris de Selena, étaient maintenant entrés dans le couloir ; ils se tenaient tous autour du cadavre de Roberto, se lamentant.

Leandro reprit ses esprits.

— Où pouvons-nous le faire disparaître ?

— Je pense que nous pourrions le glisser dans le caveau, sous cette dalle dans la cour, devant notre petite chapelle.

Ils tirèrent non sans mal le corps jusque devant la dalle, Leandro alla chercher un outil dans le jardin tout proche pour soulever celle-ci, l'espace en dessous était vide et profond ; ils y basculèrent le corps sans autre cérémonie et remirent la dalle en place.

Ils remontèrent, Jérémie alla à la cuisine jeter les documents du moine dans le feu, puis il revint vers Leandro lui demandant d'aller chercher le capitaine de la garde et prévenir l'évêque, que Roberto connaissait bien, et qu'il devait voir ce matin même.

Ils avaient décidé de donner comme version des faits que des brigands s'étaient introduits dans la maison, pensant que ses occupants étaient partis cueillir les oranges, et que Roberto et Gabriel avaient dû défendre la place au péril de leur vie. Jérémie alla vers Esther pour lui dire de s'en tenir à cette version des choses. Elle pleurait toujours, la tête de Gabriel posée sur ses jambes, incapable de parler, mais lui fit signe qu'elle comprenait.

Depuis sa cachette, Frère Orlando avait vu la jeune fille s'introduire dans sa maison avec prudence, trouvant certainement étrange que la porte fût ouverte. Après un moment, il décida de se déplacer vers le chemin d'accès de l'entrée principale. Il y aperçut quelques charrettes remplies d'oranges et des gens qui semblaient s'agiter devant la porte de la bâtisse.

Il trouva tout cela bien curieux et décida de se diriger vers l'auberge où les attendaient leurs chevaux et les mulets qui devaient ramener les prisonniers à Palerme. Mais, surprise ! tous les animaux avaient disparu… Le tenancier lui déclara qu'un des brigands était parti tout à l'heure avec tout le troupeau dans la direction de Palerme et qu'il n'avait pas pu le retenir.

Frère Orlando décida finalement de prendre aussi cette direction. Il ne marcha pas très longtemps lorsqu'il crut apercevoir des chevaux dans des buissons sur la gauche de la route, en haut d'une montée surplombant une falaise.

Arrivé sur place, il entendit un bruit venant de l'autre côté du chemin, un des brigands sortit de derrière un rocher et l'apostropha :

— Moine de malheur ! Tu nous as fait assassiner de braves gens, j'ai reconnu ce Roberto, j'avais servi sous ses ordres quand j'étais jeune, c'était un héros… et il a bien failli me tuer…

— Que s'est-il passé ? demanda le moine en proie à un grand doute.

— Peu importe, tu vas aller délivrer mes frères, sinon il va t'en coûter Allez, en route !

— Mais… vous êtes fou, je ne peux pas faire ça, je…

— Quoi encore ? Tu nous as menti, c'est ça ?

— Non… mais… je ne peux pas vous laisser en liberté, j'ai promis…

— Tu as promis quoi au juste ? De nous ramener en prison, c'est ça ?

— Oui, euh… non… mais… attendez !

Le brigand avait un couteau en main, frère Orlando craignait maintenant pour sa vie, mais il n'eut pas le temps de réagir, l'autre lui trancha la gorge avant qu'il n'ait pu faire un seul mouvement.

Le brigand traina le corps avec peine jusqu'au bord de la falaise et le bascula dans le vide ; le corps rebondit sur les rochers et finit sa course dans la mer. Mais dans cet effort, la plaie au ventre du brigand se rouvrit, le sang coula à flots, sa tête se mit à tourner et il s'effondra, bientôt mort.

Une délégation de la garde et de l'évêché, évêque compris, constata avec horreur ce qui s'était passé dans la demeure des Autavilla. Et en lieu d'un mariage, ce sont les mesures pour des funérailles qui furent discutées entre Jérémie et l'évêque.

Lors de son départ vers Saint-Jean d'Acres, Roberto, en accord avec Jérémie, avait écrit un testament en faveur de Leandro et Selena au cas où ni lui ni Gabriel ne reviendraient de l'Empire mamelouk. La discussion avait été âpre, Roberto voulant remettre ses droits et possessions à Esther. Jérémie avait insisté sur le fait que Leandro et Selena et leur famille s'étant occupés du domaine depuis des générations, devaient voir ces droits leur revenir. Il leur faisait confiance de pouvoir rester dans leur appartement si lui et Esther le désiraient.

Jérémie avait retrouvé ce document que Roberto n'avait pas eu le temps de détruire, il était posé là, sur son bureau. Il le remit donc à l'évêque afin d'officialiser la chose.

Les funérailles furent grandioses et solennelles, une foule immense y assista. Esther était toujours en pleurs et s'accrochait au bras de son père, elle crut s'effondrer à plusieurs reprises. Selena était tout aussi désespérée, le fait d'être maintenant en charge du domaine n'avait rien changé ; elle regardait Roberto comme son père, ce dernier étant mort quand elle était très jeune.

L'enquête sur les événements ne mena à rien. Le sixième brigand fut retrouvé, mais pas frère Orlando. Le supérieur du couvent dominicain de Palerme, ne voyant revenir personne, ne savait que penser. Après quelques jours, il envoya une missive à Rome à la maison mère pour signaler la disparition du moine venu de Rome. Cependant, n'ayant pas été mis très avant dans la confidence, il ne savait pourquoi frère Orlando, et ce de Montepulciano avaient disparu.

Il entendit parler de l'attaque de la maison Autavilla, mais aucun moine ne semblait avoir été mêlé à ce drame, bien qu'un aubergiste disait avoir vu deux moines accompagnés par ces brigands.

Finalement, il fut admis que les deux moines avaient dû être pris en otage par les brigands, sauf que l'aubergiste ne fut pas d'accord avec cette version des faits. Mais la disparition des moines et la mort des brigands ne permirent pas d'aller plus loin dans l'élaboration d'une explication cohérente et l'affaire en resta là : la maison mère à Rome n'ayant aucune idée des vraies intentions d'Onofrio de Montepulciano.

À la demeure des Autavilla, un semblant de vie normale ne reprit qu'au cours de l'été suivant, mais Esther était en proie à une mélancolie profonde. Elle déclara un jour qu'elle ne pouvait plus rester dans cette maison, qu'elle devait partir d'ici si elle ne voulait pas devenir folle. Ceci d'autant plus que Selena attendait maintenant un enfant et était redevenue joyeuse et confiante en l'avenir.

Jérémie décida donc de quitter la Sicile et d'aller s'installer à Florence, il connaissait là-bas de nombreux compagnons et pouvait y trouver du travail. Depuis Florence, il pensait aussi retourner visiter les groupes gnostiques de la vallée du Rhin et peut-être en créer quelques autres.

La nouvelle fut difficile à accepter pour Leandro et Selena qui se sentirent abandonnés par leur Maître spirituel. La conduite du groupe gnostique fut placée sous la bienveillance de Ridwan. Celui-ci donna à Esther une copie de la traduction faite par Gabriel du *Cantique des oiseaux* d'Attâr et toute une série de manuscrits à Jérémie, à remettre à *Messer* Mellini qui en avait fait la commande.

Le départ pour Naples puis Florence se fit fin août 1404.

Appel

Combien de temps l'extase a-t-elle duré,
une seconde, une éternité ?
Qui pourrait le savoir ? Qui voudrait le savoir ?
Ici le temps n'existe plus.
Une voix m'appelle…

Je me mets sur le chemin de Lumière et d'Amour,
des nuées d'anges m'accompagnent.
Voici des pics sublimes,
transparents comme des cristaux.
Paradis lumineux.

Un flambeau traverse le ciel.
Mille vies semblent l'animer,
Jérémie !
Nos deux âmes ne font qu'une.
Nous allons vers un nouveau destin, m'annonce-t-il.

Tout se complète en sa présence,
tout devient clair : l'obscurité ne vaincra jamais !
Le Plan doit se dérouler sans entrave :
renaître à ses côtés,
et continuer le Grand Œuvre.

Descendre dans le monde des formes, à nouveau…
Retrouver Esther ? Serait-ce possible ?
Quitter la Réalité pour un nouveau cauchemar…
Aider et aider encore,
Si Dieu le veut !

Nouvelle vie

La lecture du manuscrit d'Attâr fit beaucoup de bien à Esther. Elle avait commencé à le lire après son arrivée à Florence ; le manuscrit se trouvait dans un coffre avec d'autres affaires qui avaient appartenu à Gabriel et dont elle ne voulait pas se séparer.

Elle avait pitié de tous ces pauvres oiseaux dans l'œuvre d'Attâr, venant chacun à leur tour exposer leur excuse afin de ne pas s'engager sur ce chemin si tortueux et douloureux. Depuis la disparition de Gabriel, il lui semblait qu'un vent de compassion soufflait dans son âme en continu.

Un chapitre du *Cantique des oiseaux* la marqua profondément : il expose la réponse du deuxième oiseau (vers 1744) – une fois que tous les oiseaux se prétendent soi-disant prêts pour le départ. L'oiseau avoue se sentir trop faible pour traverser les vallées à venir, il déclare qu'il y a même des montagnes en feu, des volcans sur la route ! Esther se remémora cette ascension du Stromboli, ils auraient bien pu y mourir… Mais à l'époque, rien ne semblait pouvoir les arrêter, même pas une éruption volcanique !

La huppe répond à l'oiseau qu'il vaut mieux perdre la vie sur le chemin de la quête, plutôt que de se languir misérablement. Ce qu'elle faisait maintenant, alors que Gabriel, lui, avait bel et bien perdu la vie sur ce chemin… Et plus loin la huppe dit encore qu'aussi longtemps que nous ne sommes pas prêts à mourir à nous-mêmes, que nous sommes attachés à quelqu'un ou quelque chose, nous ne serons jamais libres.

Durant leur voyage de retour en Sicile, Gabriel lui avait raconté combien il s'était senti détaché de tout lorsqu'il était arrivé à Chypre sur le bateau qui transportait la dépouille de Teresa. La mort de Teresa, cette liberté retrouvée et le fait qu'il ne pensait plus la revoir, elle, s'en croyant indigne, l'avait totalement transformé, disait-il. Mais en même temps, il ressentait encore plus d'amour envers tous les êtres humains, ce qui l'avait amené à prendre soin de Mateu et finalement à partir pour la Sicile pour la retrouver.

Esther voyait maintenant beaucoup plus clair en elle-même, elle devait aller de l'avant, comme Gabriel l'avait fait. Elle vivait à Florence depuis quelques mois et n'avait voulu voir personne ni ne se rendre nulle part. Ils habitaient une petite maison non loin de la cathédrale – toujours sans dôme ! Ainsi Jérémie revenait souvent la visiter pendant la journée. Il y avait une vieille servante qui s'occupait d'elle et de la demeure.

Elle venait de réaliser que cette vieille femme la traitait comme une grande malade, avec gentillesse et patience. Ceci ne pouvait pas durer, elle méritait certainement plus que l'attention un peu forcée de cette vieille femme et l'amour inquiet de son père. Elle se sentait égoïste et inutile, elle devait à nouveau aimer, aider ceux qui en avaient besoin.

Son bien-aimé lui avait montré le chemin en étant prêt à tout pour seconder Jérémie dans sa mission. Il ne s'était jamais plaint, il avait toujours été enthousiaste, avait toujours demandé ce qu'il pouvait faire pour aider. Mais il avait aussi dit que, sans elle, il ne serait pas parti ainsi à l'aventure. Elle avait souvent souhaité, de son côté, être restée en Sicile, devenir maman et épouse et non pas courir les chemins du Saint-Empire. Mais elle ne regrettait rien, sinon l'issue fatale de ce périple.

Un matin, elle annonça à son père qu'elle aimerait bien savoir si son portrait était fini. Jérémie en fut un peu étonné et répondit qu'il avait oublié d'aller voir chez les Sciuffagni si c'était le cas. Il avait revu Giuseppe : ils avaient discuté du succès du nouveau jeu de cartes, le *tarocco*, mais il n'avait pas rencontré Andrea. Ils partirent donc rendre visite au peintre.

Andrea était au courant de ce qui s'était passé en Sicile. Il présenta ses condoléances et alla chercher les portraits d'Esther et de Gabriel qu'il avait fini depuis longtemps. Ils étaient très bien exécutés et ressemblants, Esther resta là à contempler son bien-aimé, il semblait bien plus jeune, tout comme elle !

Soudain, elle crut se voir elle et Gabriel entraînés dans de nombreuses vies, un tourbillon de vies et de morts ; ceci ne dura qu'un instant, mais c'était très poignant, la tête lui tourna, elle dut s'asseoir.

Andrea alla chercher de l'eau et de quoi manger. Après un moment ils se mirent à table, puis Jérémie repartit pour la cathédrale. Les deux portraits trônaient sur une étagère, en les observant à nouveau, il sembla à Esther que tout ceci s'était passé dans une autre existence, et elle commença à se confier à Andrea qui l'écouta pendant toute l'après-midi.

Rentrée chez elle, la vieille femme lui annonça en la regardant des pieds à la tête :

— Tu es guérie ma chérie ! Tu n'as plus besoin de moi…

Elle revit Andrea de plus en plus régulièrement, se remit à la musique et bientôt, Andrea proposa à Jérémie qu'ils viennent s'installer dans leur grande maison, ce qui fut fait. Il y avait une telle effervescence à Florence, surtout dans toutes les formes d'art, qu'il y eut de nombreuses rencontres et de nombreuses fêtes dans les mois qui suivirent. Bien des jeunes gens furent attirés par la beauté d'Esther, par ce quelque chose de mystérieux qui semblait l'habiter.

Seul Andrea savait quel était ce mystère, et il sut attendre le temps qu'il fallait avant de la demander en mariage.

Le Vaisseau d'Or

La multitude des Âmes vivantes,
dont l'éclat se réverbère à l'infini,
forme un vaisseau de Lumière sonore ;
nous y tissons la Gnose illimitée,
nous y réalisons la Transmutation finale.

Le vaisseau est sans forme.
Chaque âme libérée qui le rejoint
le rend encore plus sublime, plus merveilleux.
Voici l'Arche de l'Humanité,
nous y avons tous une place.

L'Arche nous emmènera sur le fleuve d'Amour,
nous passerons par la nuit profonde,
et de cette matrice obscure,
nous renaîtrons à jamais à la Lumière, tous ensemble, UN.
Gloire sans fin !

Mais je dois quitter les confins du monde sans formes ;
une multitude d'illusions astrales réapparaissent :
cathédrales de verre, mosquées, temples de pierres précieuses.
Les foules désincarnées y rentrent en procession ;
en sortiront-elles un jour ?

Félicité et Sagesse viennent me chercher ;
mes amis m'accompagnent jusqu'au bord du précipice,
leur splendeur emplit l'éther.
Tout se reforme, tout se referme,
j'entends les plaintes monter de la vallée des larmes.

Le nouveau Gabriel

Esther accepta la demande d'Andrea, mais ne désira pas que l'on organise une grande cérémonie. Une petite chapelle sur les hauts de la ville fut choisie pour la célébration, ce qui limita le nombre de participants. Mais il s'en suivit une série de fêtes pour tous ceux qui n'avaient pas pu être invités.

Esther se remémorait la cérémonie dans leur petite chapelle en Sicile, ce mariage mystique opéré par son père. Elle se rendait compte maintenant que cette union du masculin et féminin devait se produire en elle-même, dans son âme, l'union terrestre n'étant qu'un symbole.

La famille Sciuffagni accueillit Esther avec beaucoup d'amour et de chaleur, elle se sentait à nouveau heureuse et aimée de tous, et elle n'avait de cesse de rendre cet amour.

Les frères Sciuffagni avaient insisté auprès de Jérémie pour qu'il les instruise dans la gnose. Ils étaient très réceptifs et firent bien des progrès. Ils désiraient aussi partager leurs expériences avec leurs amis artistes. Ainsi un petit groupe se forma, Jérémie demanda à ce que la chose reste discrète.

Cependant, la renommée de Jérémie devint apparente ; les esprits libres de la ville et des environs voulaient juger par eux-mêmes de la valeur de ce nouveau sage. Jérémie préféra partir, aller revoir ses amis dans le Saint-Empire.

Il trouvait que la nouvelle société florentine était le miroir de ce que le monde allait devenir : des gens qui ne croient plus à grand-chose, qui s'éloignent du divin et du sacré, sauf dans les apparences, mais qui sont prêts à croire à de nouvelles idées et théories sans même les avoir comprises ou testées. En un mot, une société superficielle, heureusement encore attirée par le beau et l'esthétique ; mais ceci suffirait-il à la sauver de la matérialité ?

Jérémie partit alors qu'Esther était enceinte, lui promettant de revenir pour la naissance de l'enfant. Esther était inquiète de le voir ainsi aller sur les chemins, seul ; les adieux furent déchirants.

Jérémie revint le 2 août 1405, au moment où Florence prenait possession de Pise. Esther donna naissance à un fils un peu plus tard, le 14 à midi, qu'elle appela : *Gabriel*. La naissance se fit presque sans douleur, le bébé ne pleura presque pas, il lui souriait.

Descente

L'âme sait ce qu'elle va endurer, le Plan est clair.
Félicité et Sagesse me soutiennent.
Nous passons les enfers sans nous arrêter :
obscurité et noirceur, si peu d'espoir,
et pourtant ici aussi les anges veillent.

Nous voici accompagnés d'une foule immense,
tous pleurent leur liberté bientôt perdue,
que vont-ils devenir dans la vallée des larmes ?
Oublieront-ils leurs âmes ?
Trouveront-ils un Sauveur ?

Sensations, odeurs, goûts, sons, visions,
tout revient, comme des souvenirs trop connus.
Les fruits se trouvent toujours sur l'Arbre de Connaissance,
mais le tentateur, lui aussi, est là.
Serons-nous à l'abri des illusions ?

Je dois réapprendre le monde,
aimer sans condition,
souffrir en silence,
donner pour recevoir,
laisser l'âme transparaître.

Esther… Jérémie… Andrea…
Je leur souris.
Le Grand Œuvre nous attend,
les outils sont sur la table du Magicien !
Quand partons-nous ?

Épilogue

L'enfant avait bientôt quatre ans, Jérémie avait rassemblé sur une table basse des objets devant lui. Esther reconnut la bague de Gabriel, le livre d'Attâr, la pique qui avait défiguré Mérifons, la Bible en anglais, tout ceci mélangé dans un fouillis d'autres choses, y compris des jouets et de la nourriture.

Andrea était aussi présent, assis aux côtés de son épouse, l'enfant s'appuyant sur son genou, très curieux de ce qui allait se passer.

— Gabriel, regarde ! Il y a des objets qui t'appartiennent sur cette table, viens les prendre ! demanda Jérémie de sa voix douce.

L'enfant s'approcha, il y avait bien des tentations sur la table, mais il n'hésita pas, prit la bague qu'il essaya de mettre à son doigt ; comme elle ne tenait pas, il alla la donner à sa maman, lui demandant de la garder pour lui. Puis il retourna vers la table, s'empara de la Bible, tourna les pages et s'arrêta au hasard, demandant à Jérémie de lui lire le passage.

Jérémie ne savait pas l'anglais, il dut lui promettre d'apprendre cette langue, avec lui ; l'enfant parut satisfait de la réponse. Puis il saisit la pique, la maniant à deux mains comme une épée ; s'approchant de son papa, il souffla sur la pointe décorée tout en disant : « chaud, très chaud, fais attention Gabriel ! » comme s'il se parlait à lui-même.

Laissant la pique à son père il alla prendre le livre d'Attâr, « pour maman ! » dit-il, et courut vers la table à nouveau saisissant une figue séchée qu'il dévora avant de revenir jouer avec la pique en fer.

Esther avait les larmes aux yeux, était-ce possible ? Même si elle avait voulu y croire auparavant, et qu'elle en avait eu l'intuition, cette démonstration la faisait passer de la croyance à la réalité de la réincarnation. Elle prit conscience de ce que son père avait essayé de lui faire comprendre concernant son attachement à Gabriel, et la nécessité de passer à un amour inconditionnel.

L'amour d'une mère pour son enfant est-il inconditionnel ? Elle en était persuadée, et elle savait aussi ce que pouvait être l'amour passionnel, elle l'avait connu et perdu, et retrouvé… mais cet amour possessif n'était qu'une expression d'un autre Amour, universel, maintenant toujours présent en son cœur et celui-ci, on ne pouvait le perdre.

Jérémie se chargea de l'éducation de Gabriel ; il trouva même quelqu'un qui parlait anglais, un jeune clerc qu'un marchand florentin avait ramené de ses voyages, allez savoir pourquoi ?

Le temps passa bien vite. Lorsqu'il grandit, Esther raconta à son fils l'histoire de cette Bible en anglais, de la pique en fer forgé et de la bague ; mais sans trop entrer dans les détails, se contentant de placer les objets dans leur contexte normand et sicilien.

Son fils voulut en savoir plus, insista, elle finit par lui conter à sa façon les aventures de l'autre Gabriel, le fils de Charles et Gelsey… Ce récit ressemblait à un conte pour enfants, cependant jamais très loin de la réalité…

Quelques années plus tard, Gabriel déclara qu'il voulait aller en Normandie. Ceci n'allait être possible que bien plus tard, car la France et l'Angleterre étaient de nouveau en guerre, et pour longtemps – un des enjeux étant cette même Normandie. Il devra attendre 1450 avant de pouvoir s'y rendre…

Entre temps, bien des choses se passèrent. Esther mourut soudainement à trente-sept ans lorsque Gabriel en avait quinze. Andrea n'arriva pas à s'en remettre, il sombra dans la mélancolie, il ne s'intéressait plus à son fils, ne voulant dessiner rien d'autre que des portraits d'Esther. Alors Jérémie devint le tuteur de son petit-fils et finalement, ils partirent pour le Saint-Empire afin de laisser ces tristes événements derrière eux.

Depuis 1410 et la mort du roi Robert, il y avait un nouvel empereur romain et germanique, Sigismond de Luxembourg, qui avait réussi là où tous les autres avaient échoué : mettre fin au schisme. De trois papes – le concile de Pise en 1409 avait abouti à en nommer un troisième, il n'en resta qu'un en 1418, Martin V.

C'est dans une Germanie quelque peu pacifiée qu'ils arrivèrent en 1420. Jérémie avait soixante-six ans, mais était encore bien vigoureux et sa sagesse s'imposait à tout le monde. Les petits groupes gnostiques furent réactivés, toujours dans une certaine clandestinité. Jérémie et Gabriel ne restaient jamais trop longtemps au même endroit.

En proie à une dénonciation, ils durent se réfugier en Bohème où les hussites menaient une révolte contre l'Église catholique, avec succès, malgré des croisades répétées pour les exterminer. Jean Huss avait été brulé vif lors du concile de Constance en 1415 – le concile qui avait finalement mis fin au schisme. Il s'y était rendu afin de s'expliquer sur sa foi qui consistait à déclarer, en autre :

« *Qu'aucun évêque, aucun prêtre, ni même aucun religieux ne peut prendre l'épée au nom du Christ : ils doivent prier pour les ennemis du Christ et bénir ceux qui le combattent. Le repentir de l'homme passe par l'humilité et non par l'argent, les armes ou le pouvoir* ».

Visiblement, ce point de vue très chrétien ne correspondait pas aux principes des cardinaux réunis à Constance, qui l'avaient condamné au bûcher.

Jean Huss était aussi en guerre contre le trafic des indulgences. Il avait été inspiré par les écrits de l'anglais John Wyclif, mort en Angleterre en 1384. Wycliff affirmait de son côté que : « *la seule église est l'Église invisible des chrétiens en état de grâce* », ceux que Jérémie appelait les *bateliers du vaisseau d'or*. Wycliff s'opposait à toute autorité ou hiérarchie dans l'Église. C'était lui qui avait entrepris la traduction en anglais, interdite à l'époque, de la *vulgate*, la Bible ; c'est une de ces bibles que Gabriel avait maintenant avec lui et qui avait appartenu à Gelsey Aubriot.

Depuis la Bohème où le mouvement hussite s'était transformé en guerre civile, ils passèrent en Angleterre. Parler anglais leur demanda quelques efforts, car depuis les leçons données par ce jeune homme à Florence, il s'était écoulé bien du temps.

En Angleterre, les disciples de Wyclif vivaient dans la clandestinité, toujours bien présents dans les campagnes, ce qui permit à Jérémie d'y exposer son enseignement. Ce fut grâce à la Bible de Gelsey qu'ils étaient rentrés en contact avec ces *lollards*, ces *pauvres prêcheurs*, disciples de Wyclif, lorsque l'un d'entre eux l'avait vue entre les mains de Gabriel qui la lisaient pour améliorer son anglais. Ils furent aussi aidés dans leur périple par la guilde des maçons tailleurs de pierre, toujours avides de recevoir les instructions de maître Jérémie, sur la gnose et sur l'architecture.

Ils devinrent ainsi pauvres et prêcheurs pendant quelque temps, puis s'installèrent à Oxford, car Jérémie pouvait y donner des leçons de grec et d'hébreu et instruire quelques *scholars* dans les sciences ésotériques et l'astrologie. Ils purent se refaire une petite fortune aussi, car Gabriel était un excellent copiste et enlumineur – il avait appris ceci avec son père, et les jolis manuscrits enluminés étaient toujours très recherchés.

Puis ils entendirent qu'une certaine Jeanne d'Arc avait fait des miracles en France, permettant au Dauphin d'être couronné à Reims, c'était en 1429. La guerre allait peut-être se terminer. Ainsi, en 1430, ils décidèrent de prendre un bateau pour la Guyenne et, de là, essayer de passer en France.

Mais, arrivés à Bordeaux, ils réalisèrent que la guerre était loin d'être finie ; Jeanne d'Arc allait être livrée aux Anglais et brûlée vive à Rouen en 1431, accusée d'hérésie... Ils ne pouvaient pas passer facilement en France et décidèrent d'aller en Aragon, Jérémie désirant retourner dans sa terre natale. Il y avait vécu jusqu'à ses dix ans, puis de nouveau quelques années à la naissance d'Esther, jusqu'à sa fuite en Sicile en 1387.

Il avait habité, petit, un village proche de carrières de pierres qui servaient à construire les monuments de Barcelone, comme la fameuse cathédrale, la *Seu*. Son grand-père était sculpteur de statues, son père était spécialisé dans les fenêtres, rosaces, portails et autres ouvertures ornées de ces édifices, alors que lui avait appris l'art des calculs de charges sur les murs et comment les contrebalancer.

Jérémie retrouva quelques membres de sa famille, car son père était venu s'installer ici avec deux de ses frères, aussi maçons, tailleurs de pierres. Après toutes ses années, la famille Lovinay s'était agrandie ; les retrouvailles engendrèrent bien des festivités.

Gabriel réalisa après quelque temps que Jérémie semblait fatigué et qu'il serait mieux, pour lui, de rester ici pour ses vieux jours ; il avait maintenant 77 ans.

Ils en discutèrent, Jérémie était effectivement soulagé de ne plus avoir à voyager, pour autant que Gabriel soit prêt à continuer l'enseignement de *Gnosis* et *Sophia* à sa place, là où son destin le mènerait. Gabriel accepta avec joie. D'autre part, il ne voulait pas rester dans cet endroit bien trop catholique à son goût. Il désirait retourner dans le Saint-Empire, il savait que là-bas l'Église avait de moins en moins d'autorité.

La décision de partir seul fut pour Gabriel comme une initiation, une remise de pouvoir, une révélation des Mystères ici et maintenant. Une nuit de ce mois de septembre 1431, il avait vingt-six ans, il fut emmené en songe à travers les séphiroth de l'Arbre de Vie.

Il passa de sphère en sphère depuis Malkuth, la Fondation, pour atteindre Tiphareth, la Beauté, la séphirah de l'Âme vivante, source d'Amour dans le Cœur. Il savait que cet Amour le protégerait quoiqu'il arrive et qu'il ne serait jamais seul : la Mère Divine, la Vierge Sophia, serait toujours là, à ses côtés.

Puis la lumière dorée de Tiphareth s'assombrit, il se sentit aspiré vers le haut, pris dans une substance à la fois noire et brillante ; il entrait dans la sphère du Grand Vide, Daath, la matrice de la Gnose, l'Omniscience. Il était passé dans le monde de Briah, la Création, le monde de la Conception du Plan.

La vision disparut, il se réveilla, l'extase dura encore quelques instants ; incapable de décrire en son esprit ce qu'il avait vraiment ressenti, il savait cependant qu'à tout moment il pouvait revenir dans cet espace, à la fois vide et plein, pour y trouver toute l'inspiration nécessaire à son enseignement.

Il se leva, se prépara, alla serrer longuement Jérémie dans ses bras et partit, les larmes aux yeux, ne sachant s'il le reverrait vivant dans ce bas monde, mais en même temps il était empli d'une joie sans limites. Il se savait être une âme vivante marchant sur cette terre, dont le seul but était d'aider ses frères et sœurs à arriver à cette même réalisation.

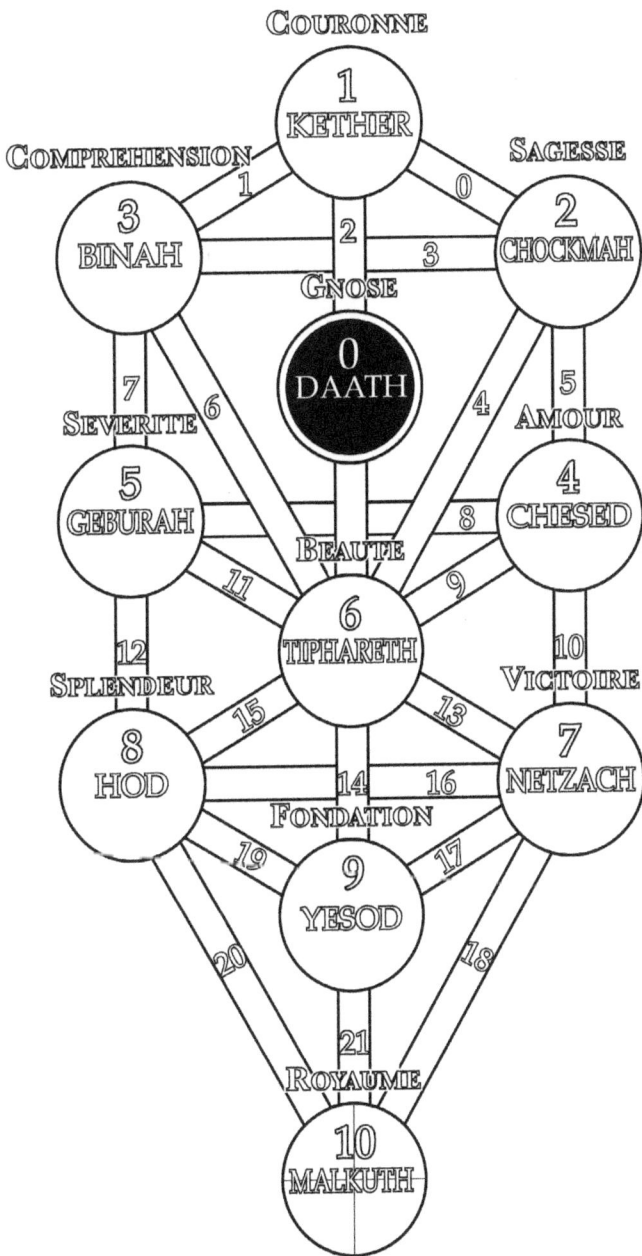

COURONNE

1
KETHER

COMPREHENSION

3
BINAH

SAGESSE

2
CHOCKMAH

1

2

3

0

GNOSE

0
DAATH

7

6

4

5

SEVERITE

AMOUR

5
GEBURAH

4
CHESED

8

BEAUTE

9

11

6
TIPHARETH

10

12

SPLENDEUR

VICTOIRE

15

13

8
HOD

14

16

7
NETZACH

FONDATION

19

17

9
YESOD

20

18

21

ROYAUME

10
MALKUTH

Les arcanes majeurs et les séphiroth dans l'Arbre de Vie

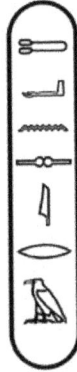

Sommaire

Table des illustrations

LES ÉDITIONS DE L'ŒIL DU SPHINX
36-42, rue de la Villette
75019 PARIS, France
ods @ oeildusphinx.com
http://www.oeildusphinx.com

*

Achevé d'imprimer en 2019
Dépôt légal : décembre 2019

www.ingramcontent.com/pod-product-compliance
Lightning Source LLC
Chambersburg PA
CBHW062357090426
42740CB00010B/1306